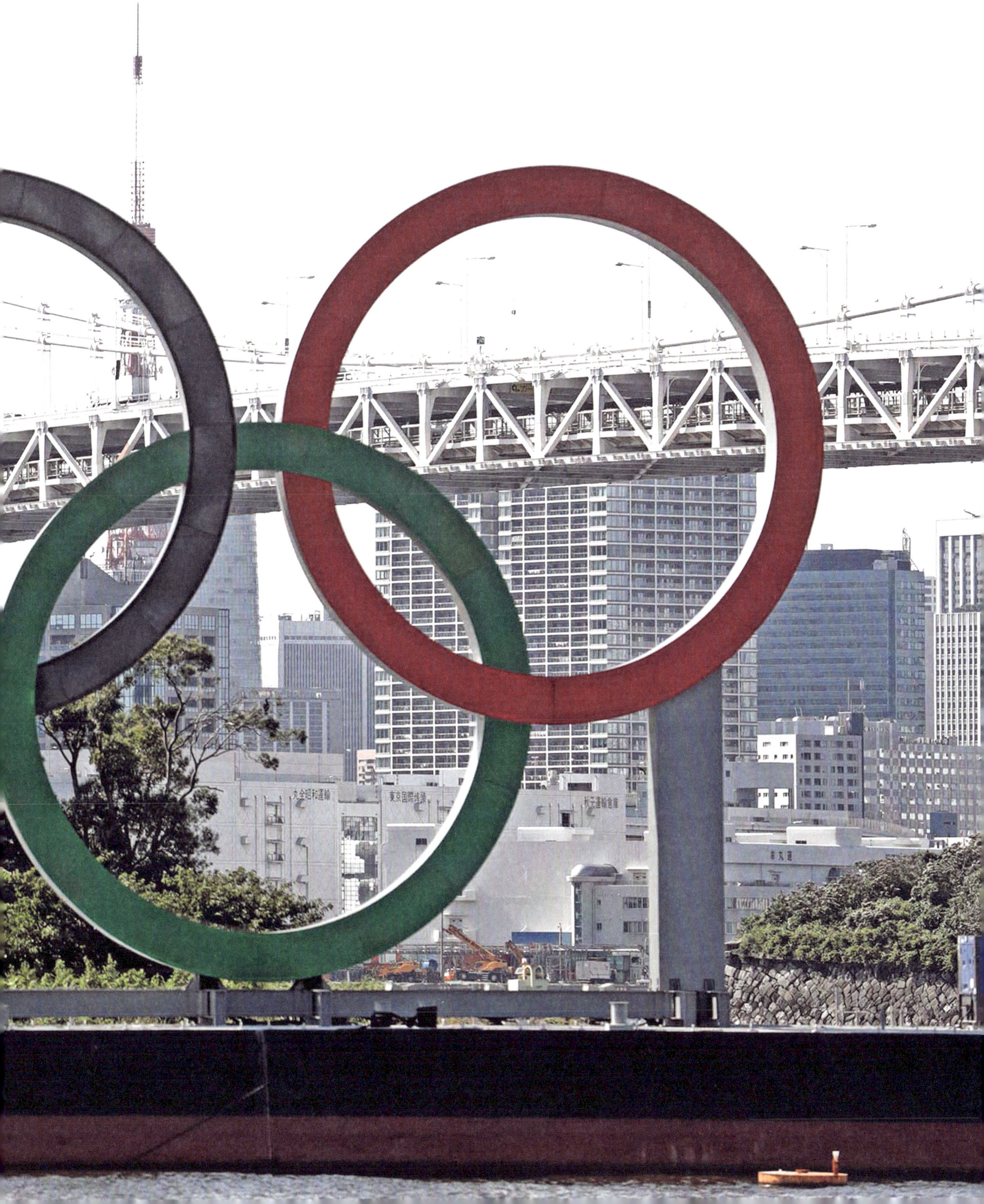

OLYMPISCHE SOMMERSPIELE

TOKYO 2021

Dino Reisner
Siegmund Dunker

pietsch

TAG 11 132 – 145

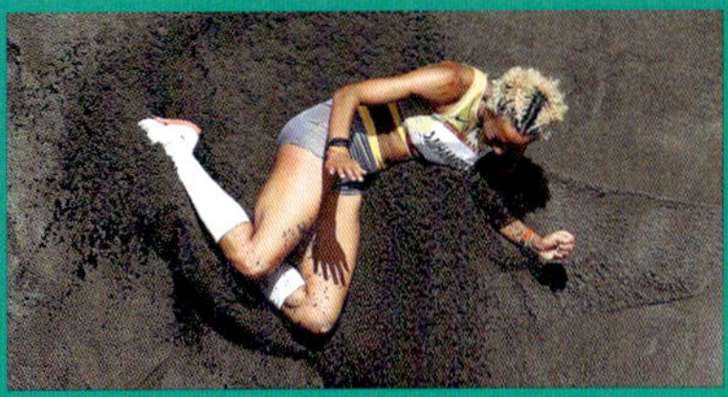

Erfolgreichster deutscher Tag mit zweimal Gold (u. a. Malaika Mihambo), zweimal Silber und dreimal Bronze.

TAG 12 146 – 149

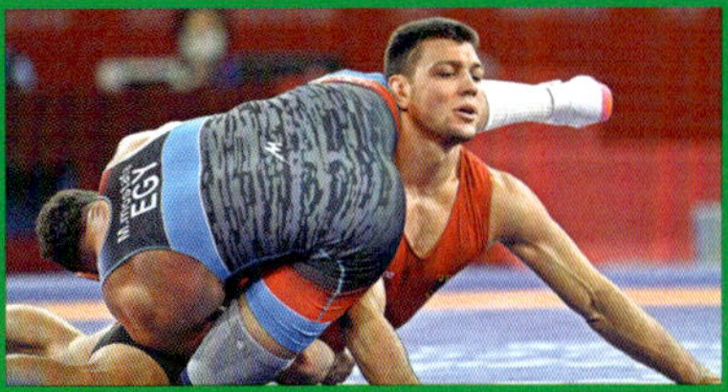

Die Ringer Denis Kudla und Frank Stäbler sorgen für die einzigen deutschen Medaillen am zwölften Tag.

TAG 13 150 – 155

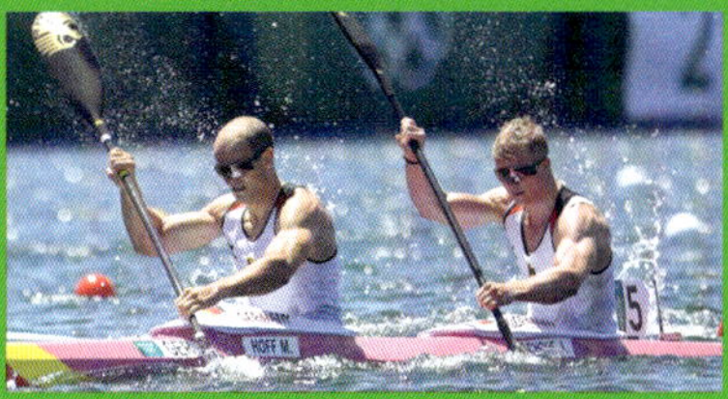

Die Kanuten Max Hoff und Jacob Schopf paddeln zu Silber. Florian Wellbrock schwimmt zu Gold im Freiwasser.

TAG 14 156 – 161

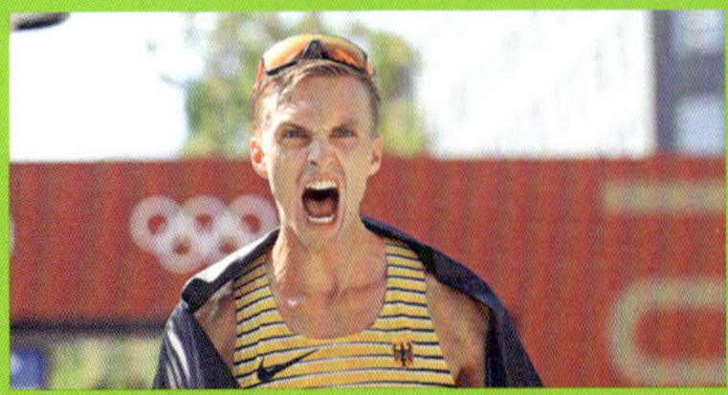

Silbercoup durch Jonathan Hilbert im Gehen. Die Tischtennismänner unterliegen im Finale gegen China.

TAG 15 162 – 171

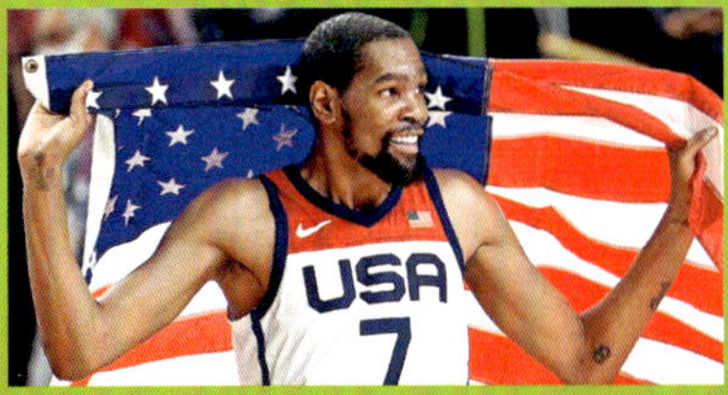

Finaltag im Ballsport. USA mit Gold im Basketball, Brasilien im Fußball, Frankreich im Handball und Volleyball.

TAG 16 172 – 175

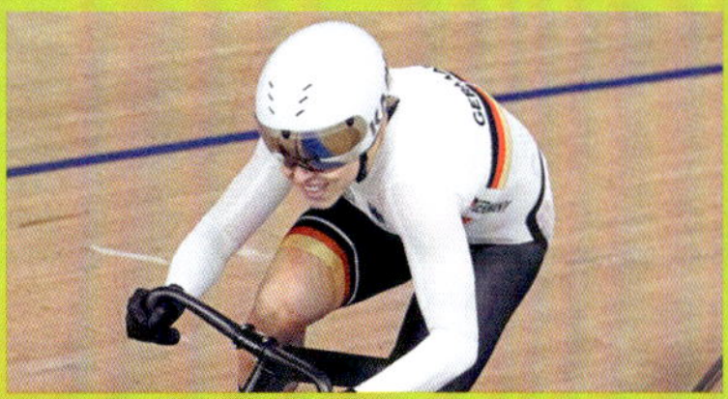

Emma Hinze verpasst im Bahnradsprint eine Medaille. Das letzte Gold geht an Serbiens Wasserballer.

IMPRESSUM

Einbandgestaltung: Luis dos Santos

Umschlagsbilder: **pa•picture alliance**

Alle Texte: Siegmund Dunker, Dino Reisner

Bildnachweis: Alle Bilder von **pa•picture alliance**

ISBN 978-3-613-50904-7

Sie finden uns im Internet unter
WWW.PIETSCH-VERLAG.DE

1. Auflage 2021

Projektkoordination und Lektorat: Niko Schmidt
Layoutkonzept: Luis dos Santos
Innengestaltung: tebitron gmbh, Gerlingen
Druck und Bindung: Grafisches Centrum Cuno GmbH & Co. KG
39240 Calbe (Saale)
Printed in Germany

DIE DEUTSCHEN OLYMPIASIEGER

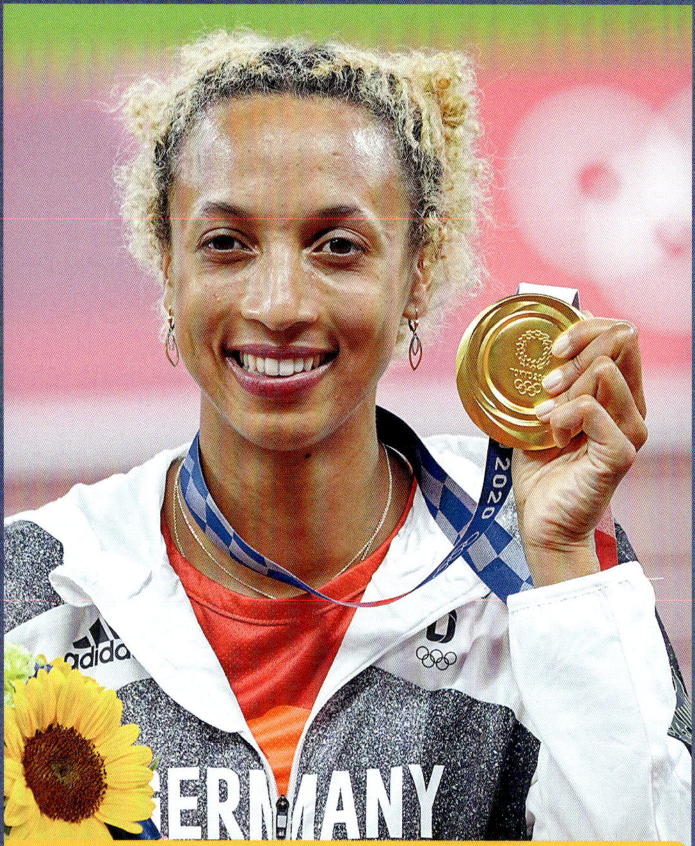

Gold im Weitsprung: Malaika Mihambo aus Heidelberg.

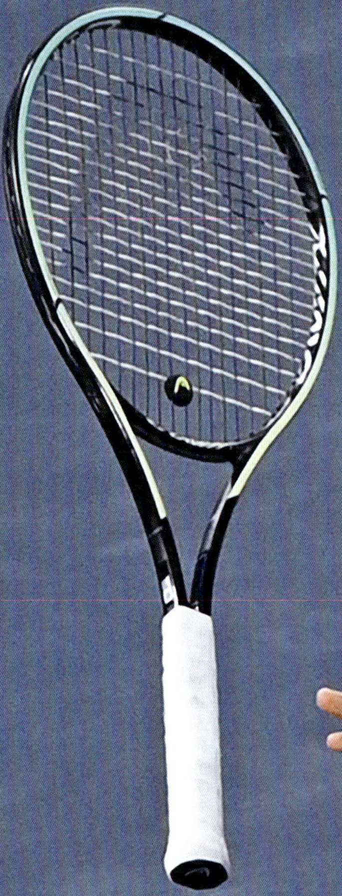

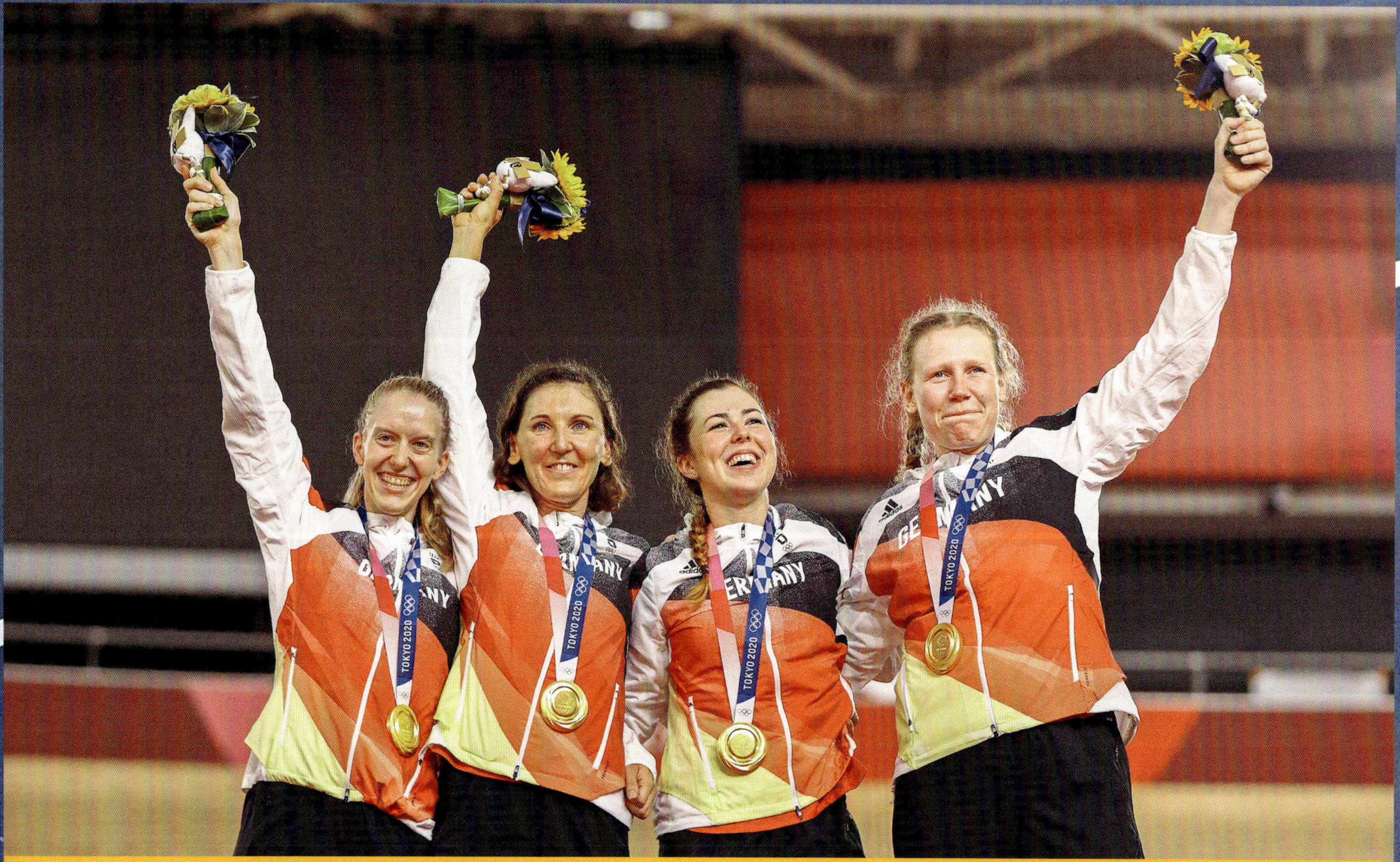

Gold in der Mannschaftsverfolgung: die Bahnradfahrerinnen Franziska Brauße, Lisa Brennauer, Lisa Klein und Mieke Kröger (von links).

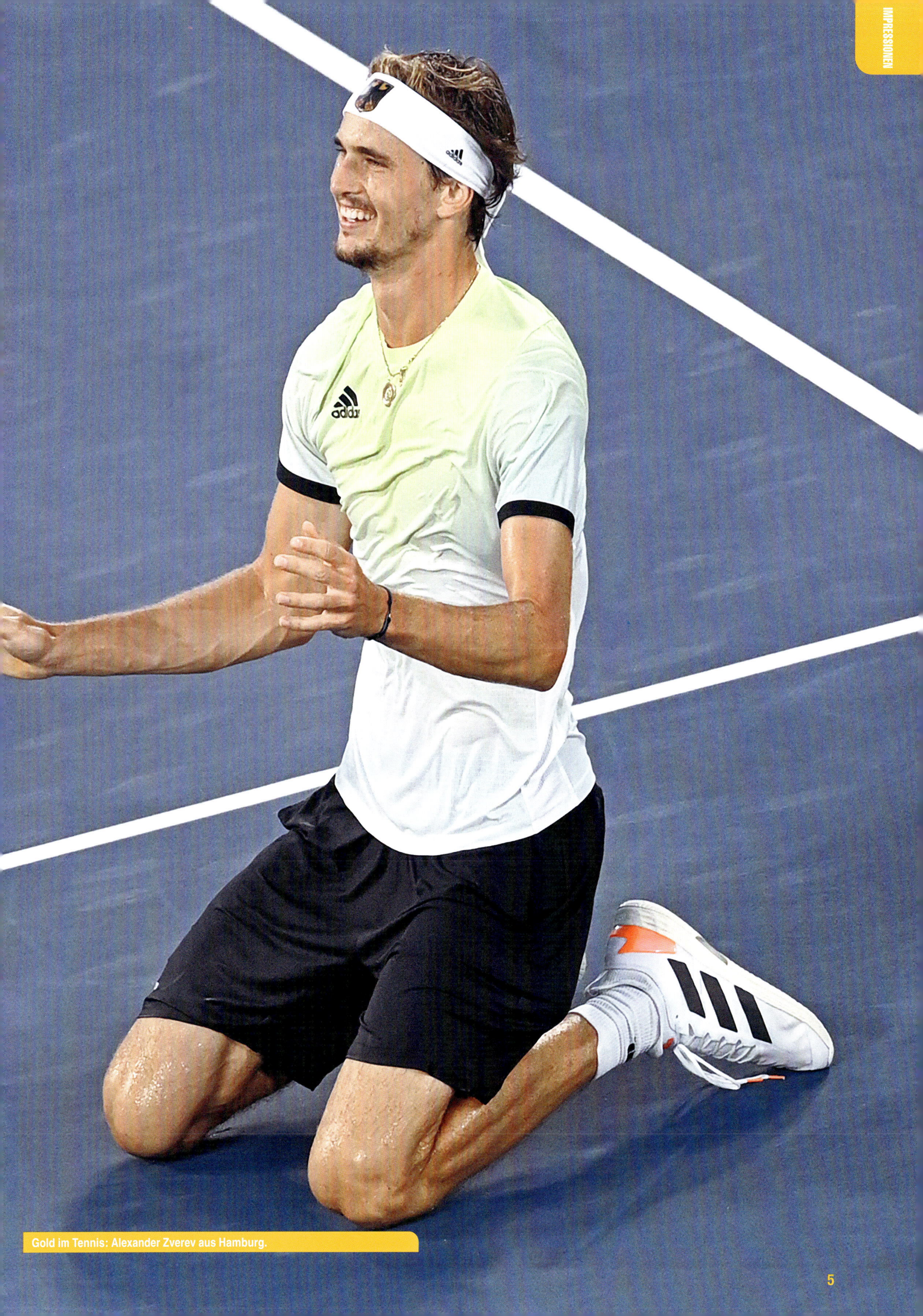

Gold im Tennis: Alexander Zverev aus Hamburg.

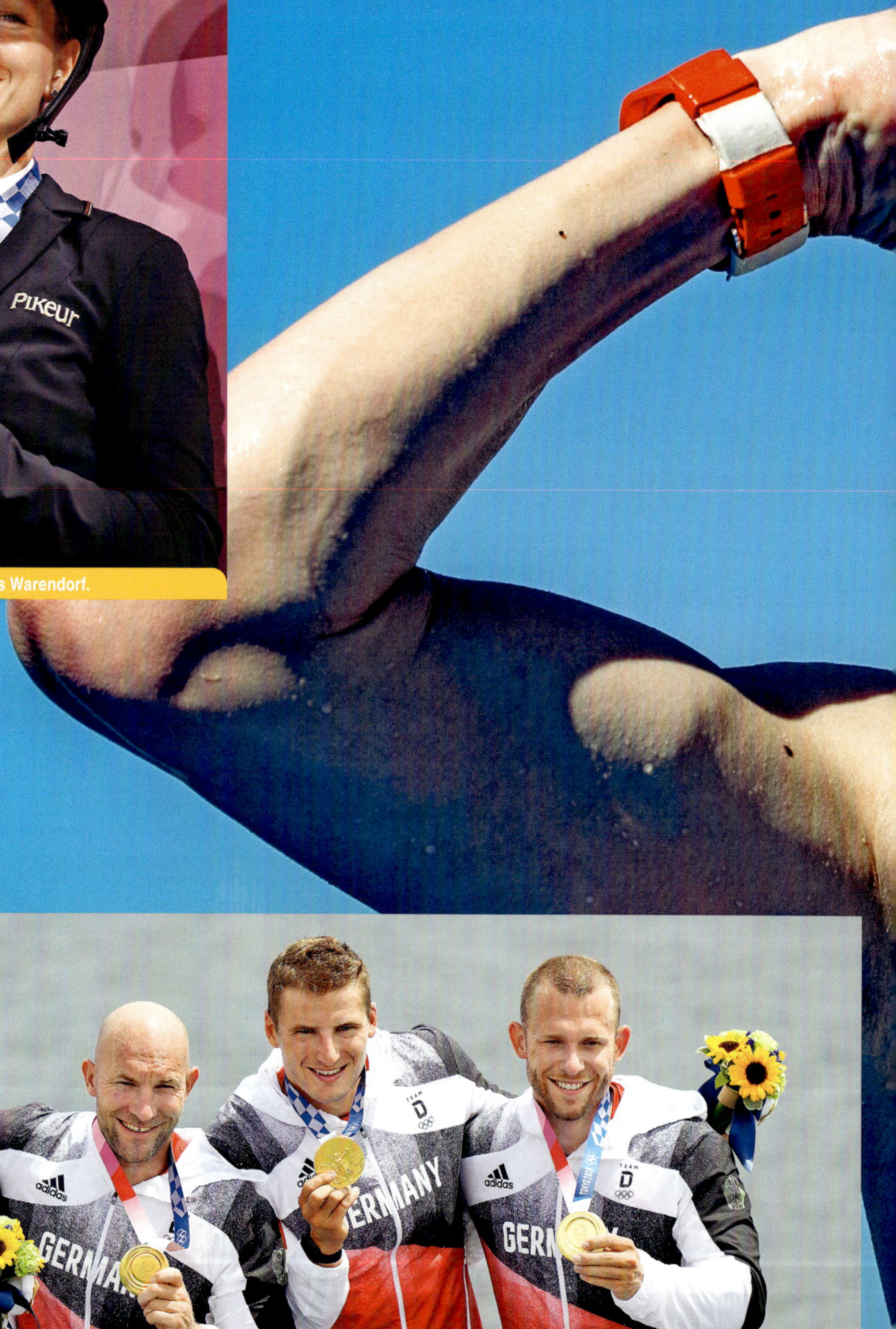

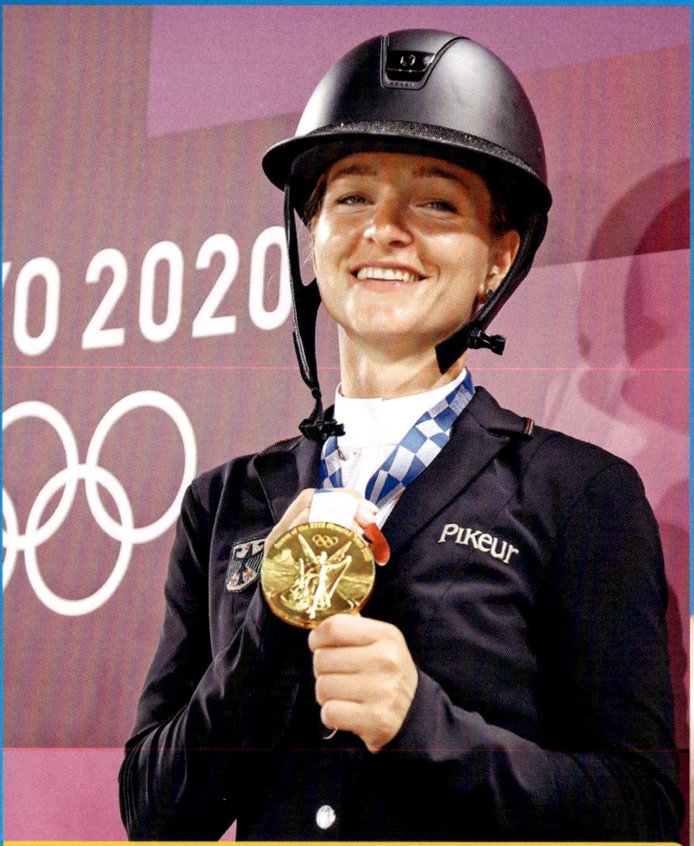

Gold im Vielseitigkeitsreiten: Julia Krajewski aus Warendorf.

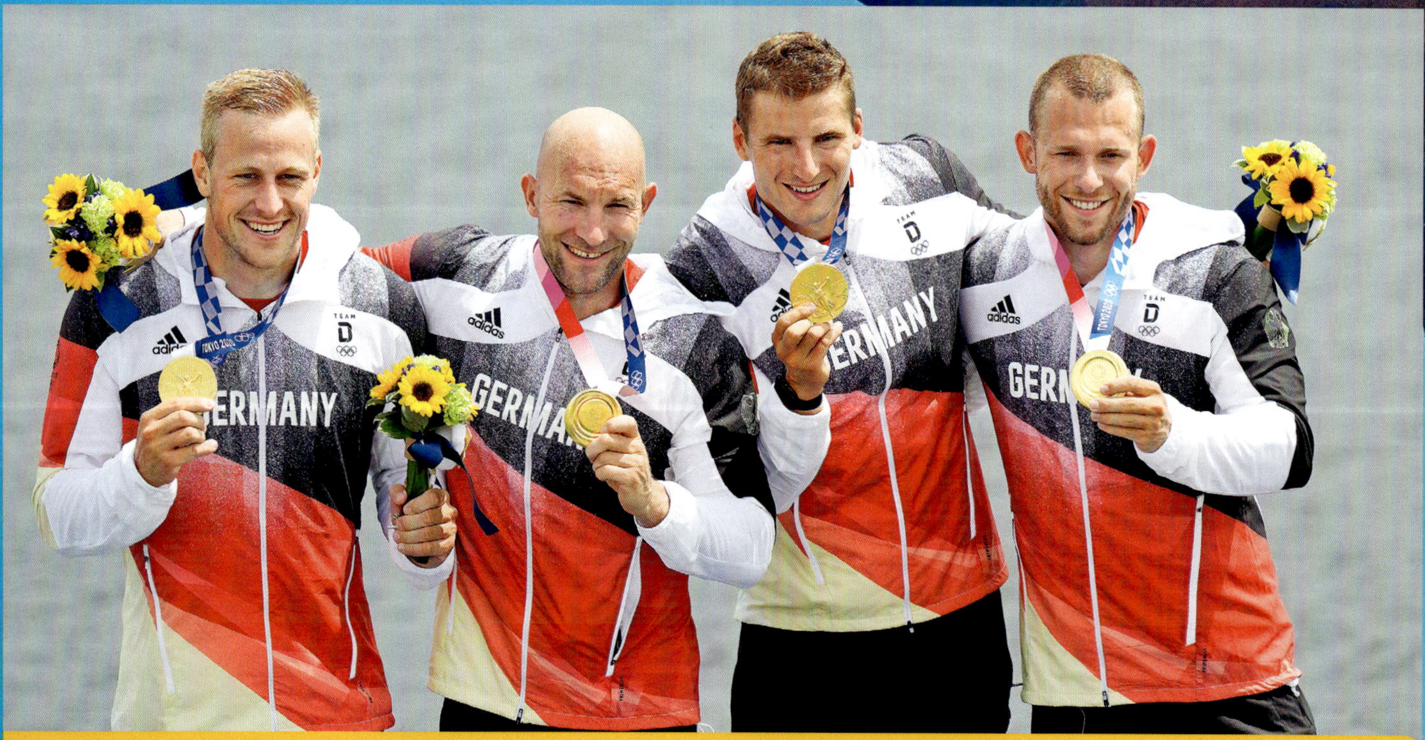

Gold im Kajak-Vierer: die Rennkanuten Max Rendschmidt, Ronald Rauhe, Tom Liebscher und Max Lemke (von links).

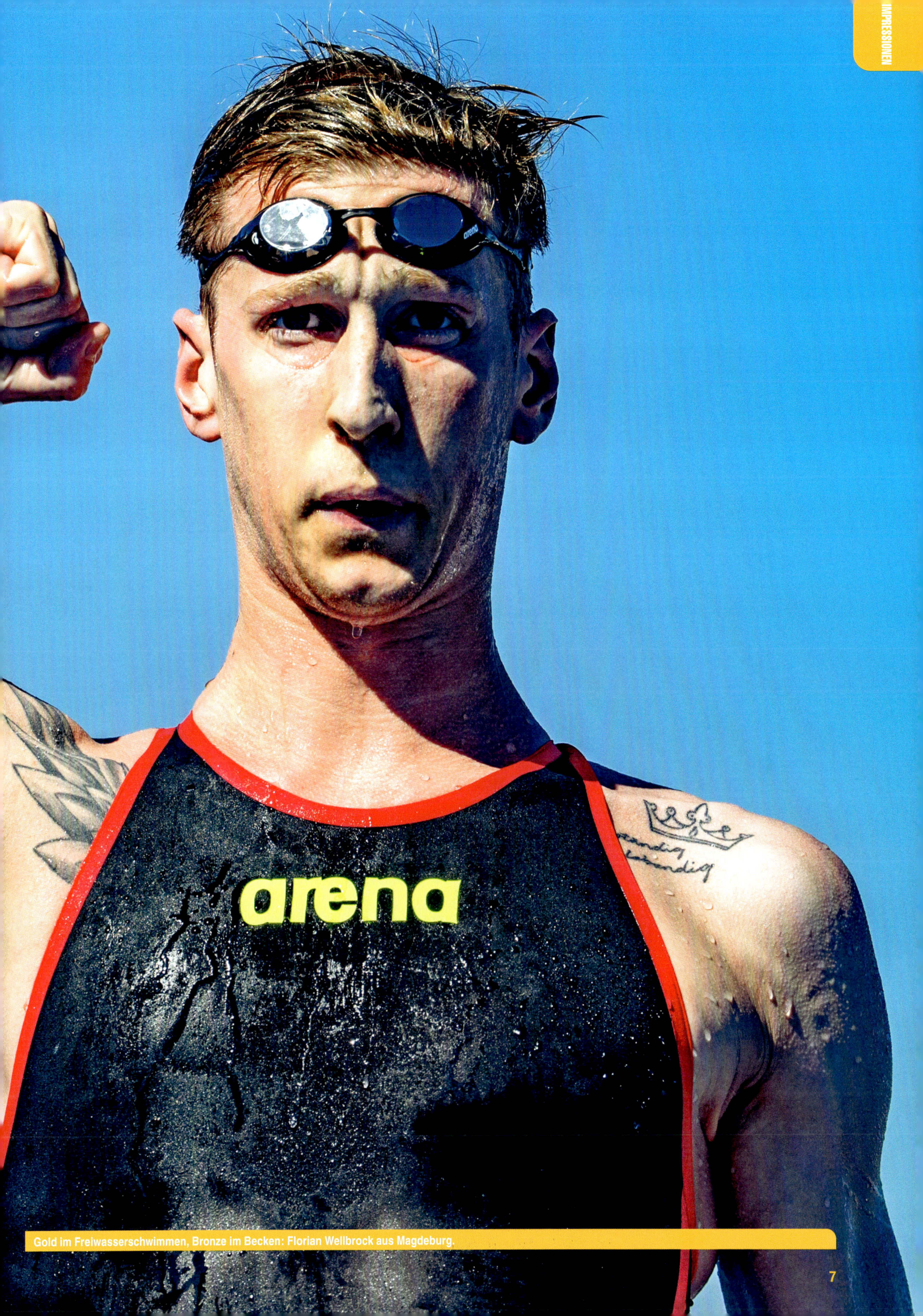

Gold im Freiwasserschwimmen, Bronze im Becken: Florian Wellbrock aus Magdeburg.

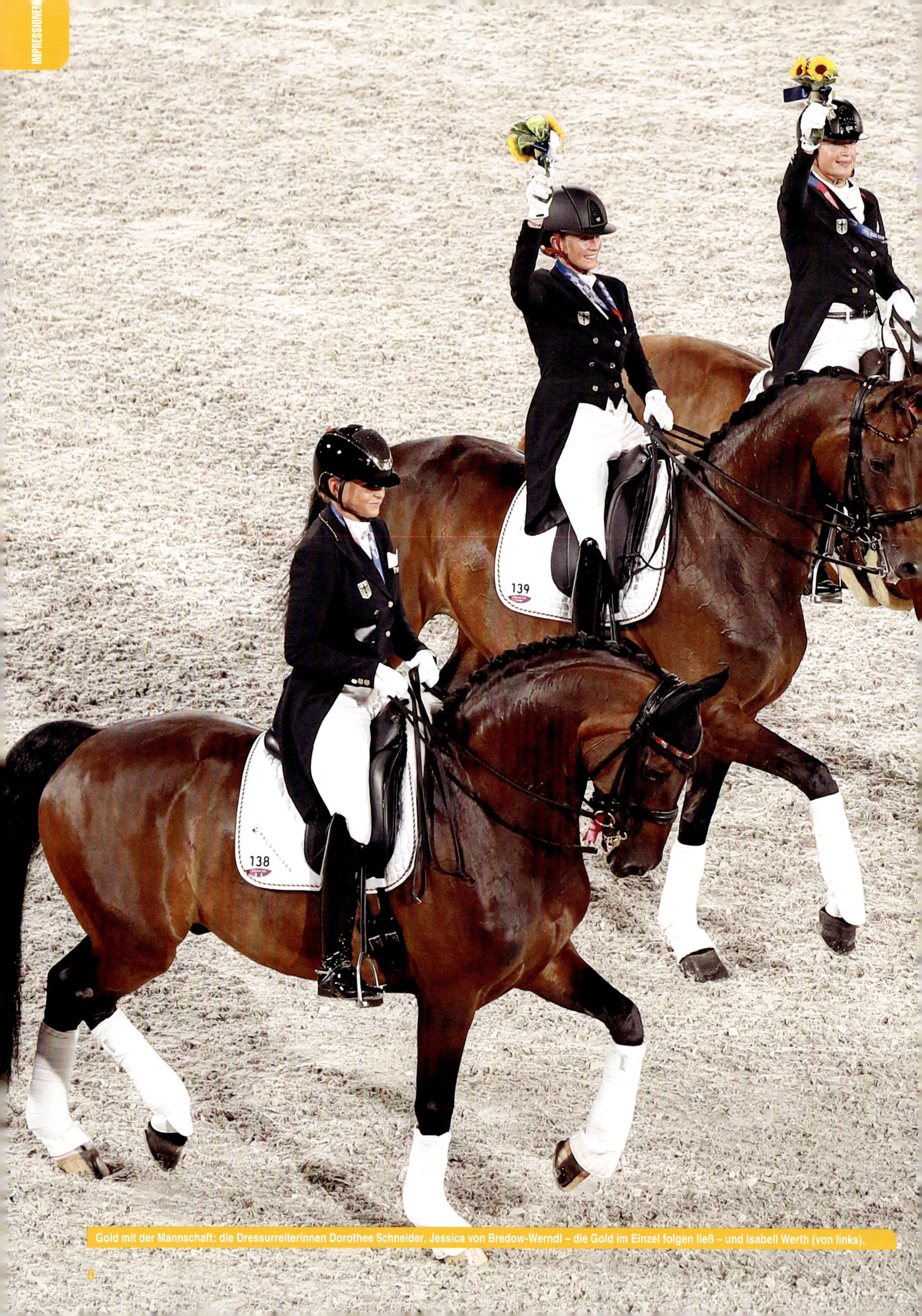

Gold mit der Mannschaft: die Dressurreiterinnen Dorothee Schneider, Jessica von Bredow-Werndl – die Gold im Einzel folgen ließ – und Isabell Werth (von links).

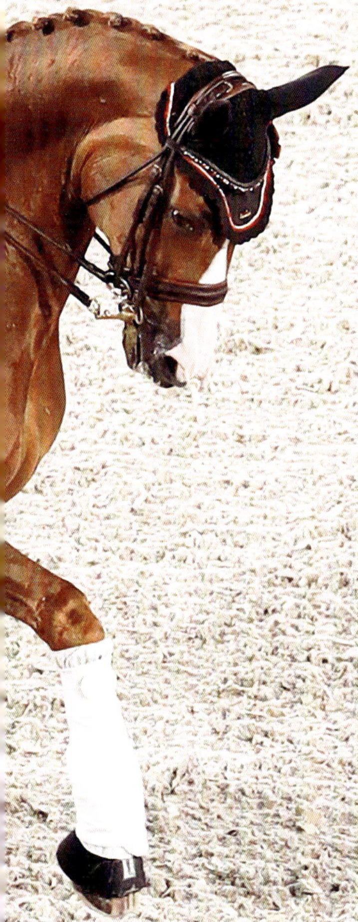

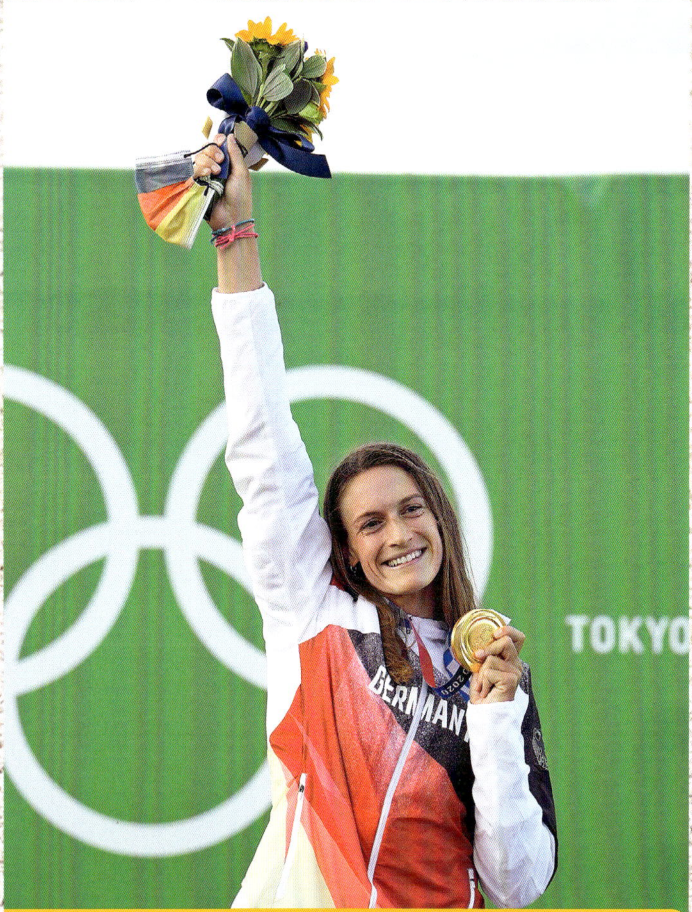

Gold im Kajak-Einer: Slalomkanutin Ricarda Funk aus Bad Kreuznach.

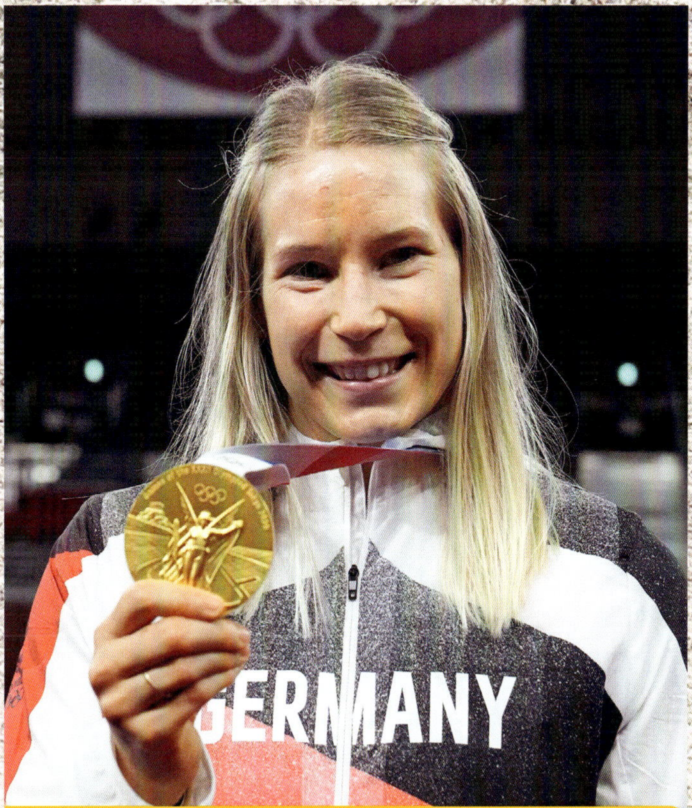

Gold im Ringen: Aline Rotter-Focken aus Krefeld.

STARS DER SPIELE

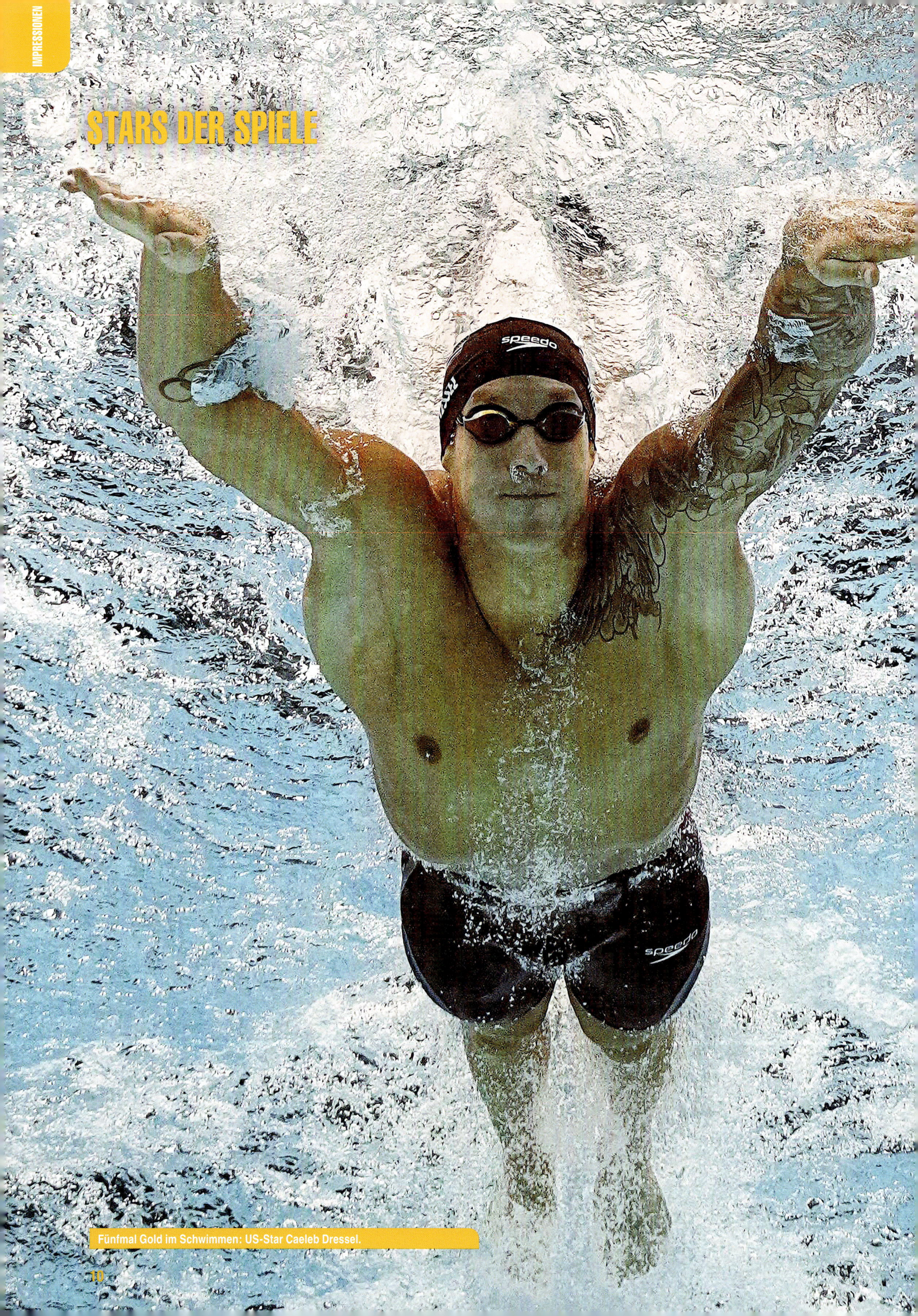

Fünfmal Gold im Schwimmen: US-Star Caeleb Dressel.

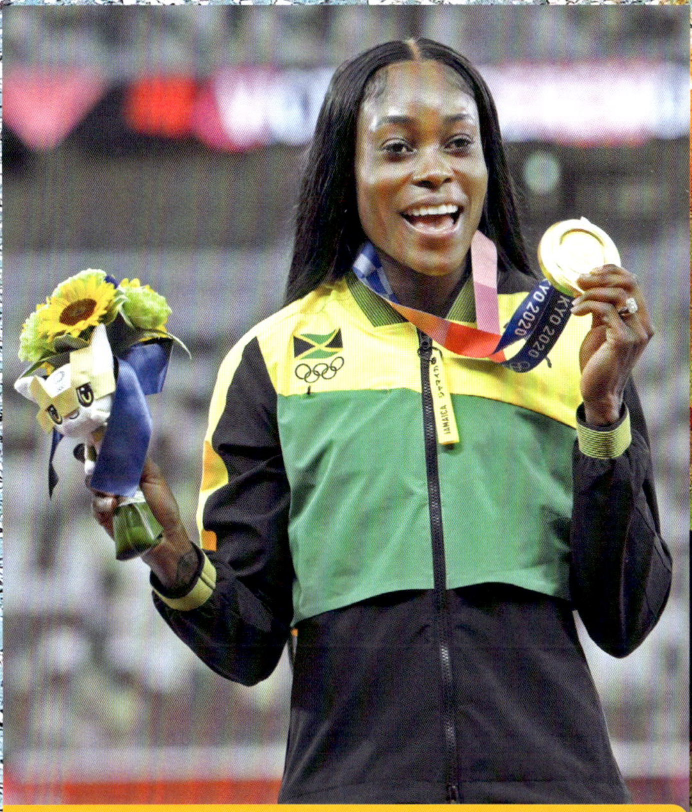

Dreimal Gold im Sprint: Elaine Thompson-Herah aus Jamaika.

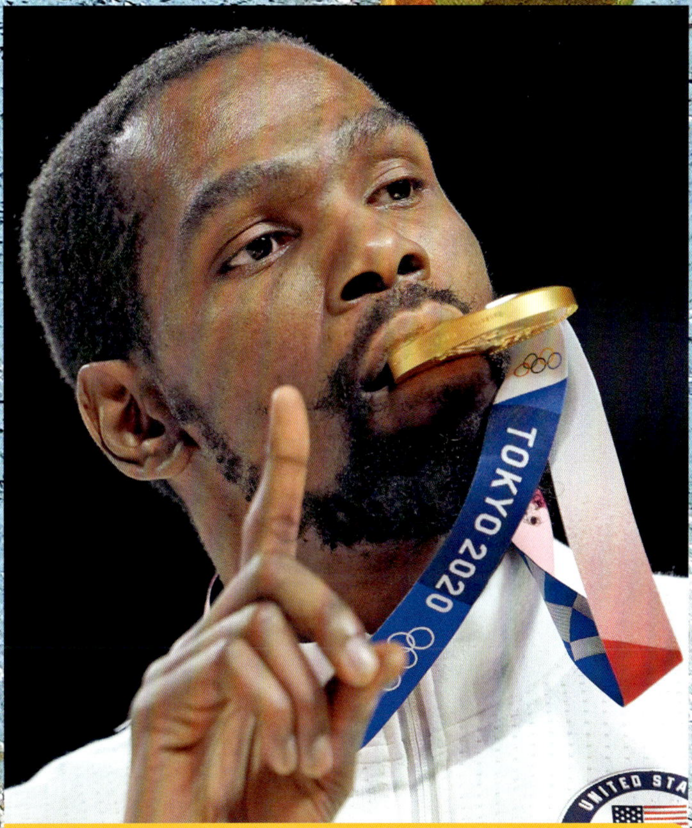

Gold im Basketball: US-Mannschaftskapitän Kevin Durant.

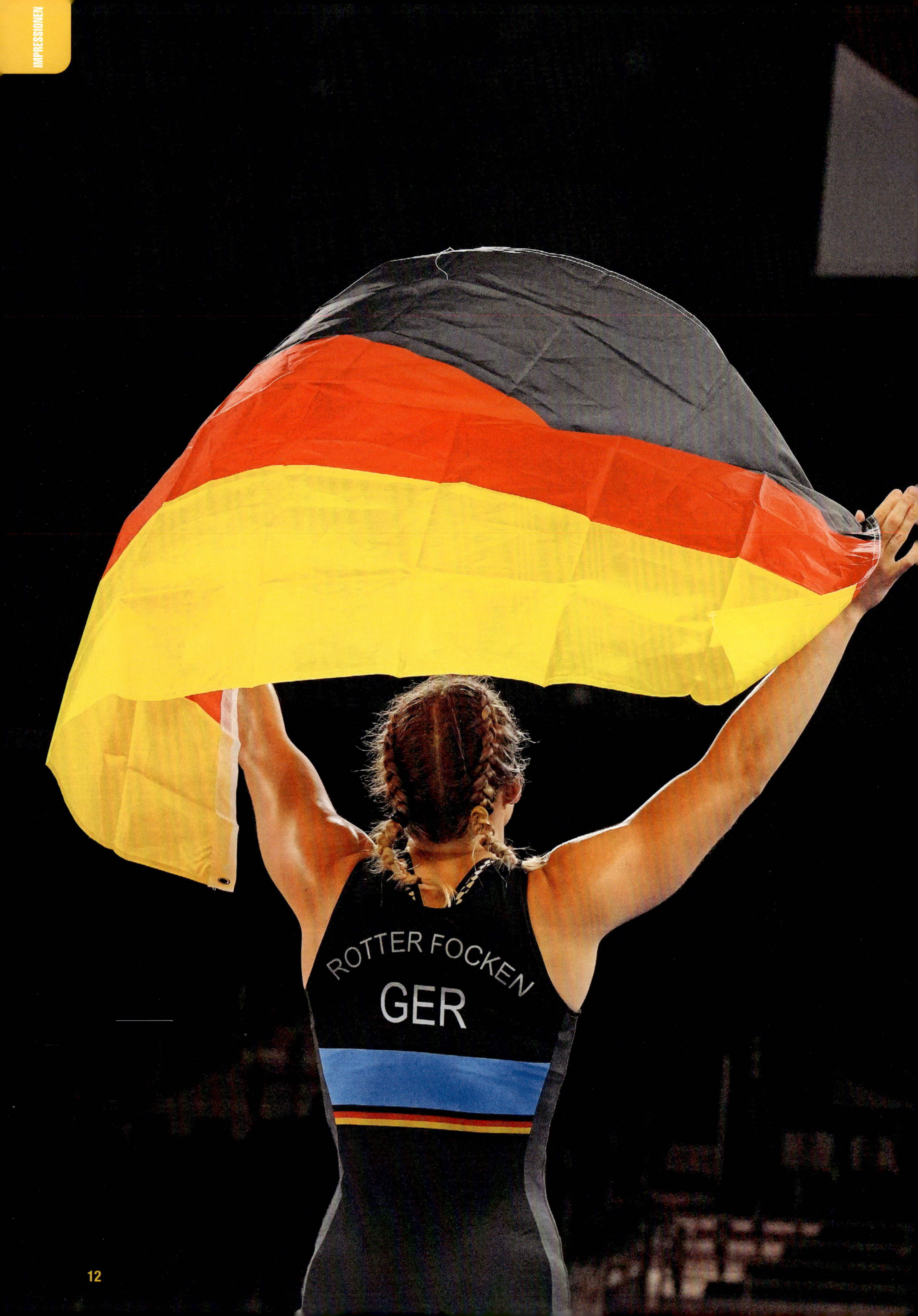
ROTTER FOCKEN
GER

Aline Rotter-Focken wird als erste deutsche Ringerin Olympiasiegerin.

XXXII. OLYMPISCHE SOMMERSPIELE

Mit 10-mal Gold, 11-mal Silber und 16-mal Bronze haben die deutschen Sportler 2021 in Tokio ihre schwächste Ausbeute seit der Wiedervereinigung erzielt. Fünf Jahre zuvor in Rio de Janeiro waren es fünf Medaillen mehr gewesen (17 – 10 – 15). Die Bestmarke seit der Wiedervereinigung wurde 1992 in Barcelona mit 82 Medaillen aufgestellt (33 – 21 – 28). Erfolgreichste deutsche Teilnehmer in Tokio waren die Dressurreiterinnen Jessica von Bredow-Werndl (zweimal Gold) und Isabell Werth (einmal Gold, einmal Silber) sowie Schwimmer Florian Wellbrock (einmal Gold, einmal Bronze). Zwei Medaillen gewannen auch Tischtennisspieler Dimitrij Ovtcharov (Silber, Bronze) sowie die Judoka Eduard Trippel (Silber, Bronze) und Anna-Maria Wagner (zweimal Bronze). Die Kanuten steuerten insgesamt sieben (2 – 1 – 4), die Reiter vier (3 – 1 – 0) Medaillen bei.
Im Medaillenspiegel belegte Deutschland nach allen 339 Entscheidungen den neunten Rang. An der Spitze zogen die USA am letztem Wettkampftag noch an China vorbei. Gastgeber Japan erzielte das beste Ergebnis seiner Olympiageschichte. Da Russland wegen staatlich manipulierter Dopingproben von der Teilnahme an den Sommerspielen ausgeschlossen wurde, gingen russische Athleten unter dem Teamnamen ROC (für Russian Olympic Committee) an den Start. Die nächsten Sommerspiele werden 2024 in Paris ausgetragen.

		Gold	Silber	Bronze	gesamt
1	USA	39	41	33	113
2	China	38	32	18	88
3	Japan	27	14	17	58
4	Großbritannien	22	21	22	65
5	ROC	20	28	23	71
6	Australien	17	7	22	46
7	Niederlande	10	12	14	36
8	Frankreich	10	12	11	33
9	Deutschland	10	11	16	37
10	Italien	10	10	20	40
11	Kanada	7	6	11	24
12	Brasilien	7	6	8	21
13	Neuseeland	7	6	7	20
14	Kuba	7	3	5	15
15	Ungarn	6	7	7	20
16	Südkorea	6	4	10	20
17	Polen	4	5	5	14
18	Tschechien	4	4	3	11
19	Kenia	4	4	2	10
20	Norwegen	4	2	2	8
21	Jamaika	4	1	4	9
22	Spanien	3	8	6	17
23	Schweden	3	6	0	9
24	Schweiz	3	4	6	13
25	Dänemark	3	4	4	11
26	Kroatien	3	3	2	8
27	Iran	3	2	2	7
28	Serbien	3	1	5	9
29	Belgien	3	1	3	7
30	Bulgarien	3	1	2	6

STARS UND STORYS

ROJAS VERZAUBERT VENEZUELA

Yulimar Rojas kann den Menschen in ihrer Heimat Venezuela nicht die Sorgen nehmen, mit ihrem Olympiasieg im Dreisprung schenkte sie ihnen aber zumindest einen glücklichen Moment. Schon vor ihrem letzten Versuch stand sie als Siegerin fest, doch dann pulverisierte sie auch noch den 26 Jahre alten Weltrekord der Ukrainerin Inessa Krawez und sprang 17 Zentimeter weiter. Beinahe hätten das die Menschen in Venezuela aber live gar nicht mitbekommen. Ihre Regierung hatte zwar einen Teil der Übertragungsrechte an den Sommerspielen erworben, doch die USA hatten die letzte Rate aufgrund der verhängten Wirtschaftssanktionen zunächst blockiert. Erst kurz vor den Spielen gab es grünes Licht für das TV-Signal.

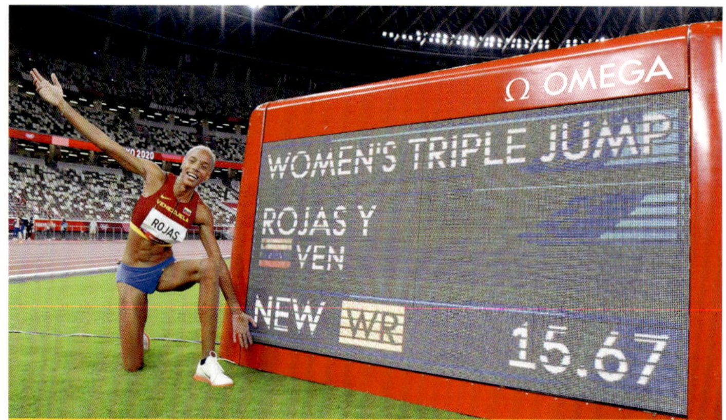

Balsam für die venezolanische Seele: Yulimar Rojas siegt im Dreisprung mit einer Weltrekordweite.

DER TRAGISCHE ZEHNKÄMPFER

Mit Medaillenhoffnungen gestartet, musste Zehnkämpfer Thomas van der Plaetsen das Olympiastadion von Tokio vorzeitig im Rollstuhl verlassen. Der Belgier hatte sich im Weitsprung beim Absprung am ohnehin schon lädierten Oberschenkel verletzt und war kopfüber in die Grube gefallen. Der 30-Jährige kennt sich mit Leid aus: 2014 war er positiv auf das Hormon HCG getestet worden. Van der Plaetsen war sich jedoch sicher, keine verbotene Substanz eingenommen zu haben. Wie sich schließlich herausstellte, war die positive Dopingprobe auf eine noch unerkannte Hodenkrebserkrankung zurückzuführen. Van der Plaetsen kämpfte sich zurück und wurde 2016 Europameister. In Tokio avancierte er wieder zur tragischen Figur.

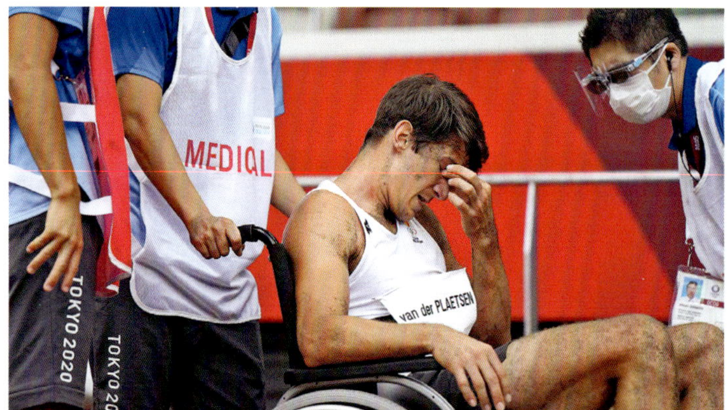

Trauriges Ende aller Medaillenträume: Der belgische Zehnkämpfer Thomas van der Plaetsen verlässt das Olympiastadion im Rollstuhl.

VON DER SPRINTERIN ZUR STAATSFEINDIN

Diese Spiele werden auch wegen eines Politkrimis in Erinnerung bleiben. Dabei hatte die belarussische Sprinterin Kristina Timanowskaja nichts weiter getan, als bei Instagram ihre Nominierung für die 4 x 400-Meter-Staffel zu kritisieren. Schließlich war sie noch nie zuvor über diese Distanz angetreten. Dies genügte,, um die unfreiwillige Wandlung von der Sprinterin zur Staatsfeindin zu vollziehen. Timanowskaja sollte gegen ihren Willen außer Landes gebracht werden – unter Ankündigung von Sanktionen in ihrem Heimatland. Auf dem Flughafen wandte sich die verängstigte Athletin an die Polizei, die sie in Sicherheit brachte. Mittlerweile hat Timanowskaja in Polen humanitäres Asyl erhalten. Ihre Karriere will sie fortsetzen.

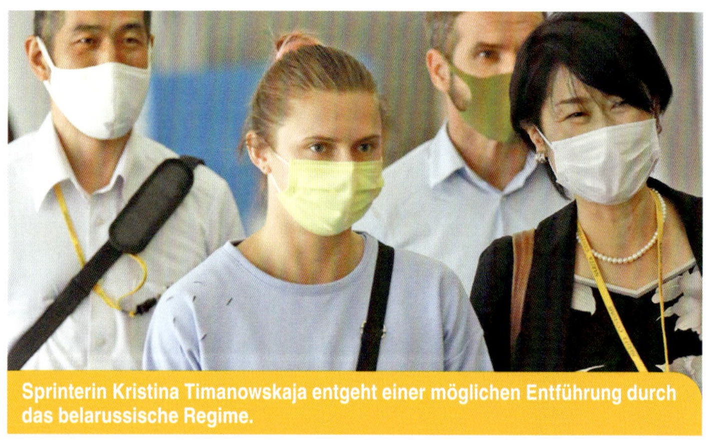
Sprinterin Kristina Timanowskaja entgeht einer möglichen Entführung durch das belarussische Regime.

MOSTER SORGT FÜR EKLAT

Über die Leistungen der deutschen Radprofis sprach nach dem Zeitfahren der Männer fast niemand, und das lag an Patrick Moster. Der Sportdirektor vom Bund Deutscher Radfahrer (BDR) hatte mit einer rassistischen Entgleisung für einen der finstersten Momente bei diesen Sommerspielen gesorgt. »Hol die Kameltreiber, komm!«, hatte er seinem Schützling Nikias Arndt zugerufen. Vor Arndt waren zu diesem Zeitpunkt der Algerier Azzedine Lagab und der Eritreer Amanuel Ghebreigzabiher auf der Strecke unterwegs. Mit einer halbgaren Entschuldigung machte Moster die Situation hinterher nicht besser. Der Weltverband UCI sperrte Moster bis Ende 2021.

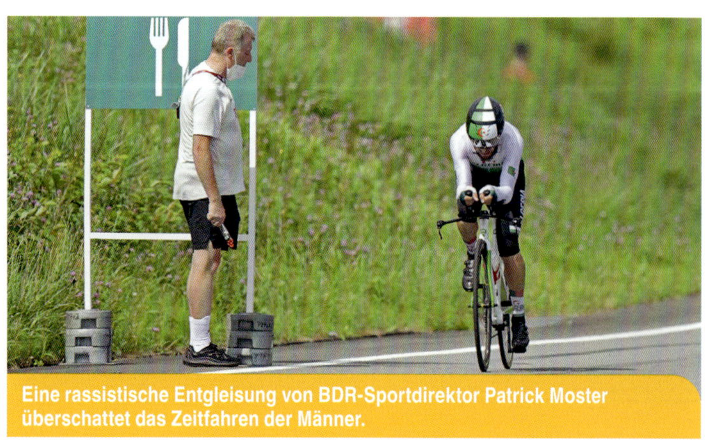
Eine rassistische Entgleisung von BDR-Sportdirektor Patrick Moster überschattet das Zeitfahren der Männer.

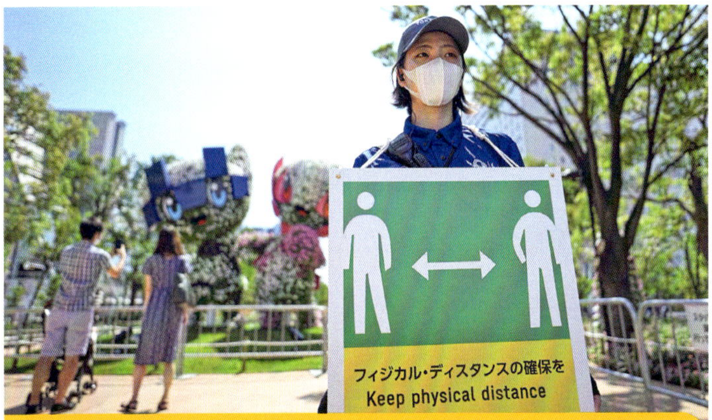

Strenge Regeln in Tokio: Eine Volunteerin weist auf die Einhaltung des Mindestabstandes hin.

HYGIENE UND SICHERHEIT

Leere Tribünen boten kein schönes, aber nach eineinhalb Jahren Pandemie kein ungewohntes Bild. Umso schöner, dass den Radrennen, dem Triathlon, dem Marathon und dem Gehen sowie einigen Fußball-, Baseball- und einigen Fußball-, Baseball- und Softballspielen außerhalb Tokios Zuschauer bewohnen durften. Damit die Spiele überhaupt durchgeführt werden konnten, mussten Sportler und Mannschaftsmitglieder zahlreiche Einschränkungen in Kauf nehmen. Die Hygiene- und Sicherheitsmaßnahmen umfassten neben regelmäßigen Coronatests, Abstandsgebot und Maskenpflicht auch die sogenannte Olympiablase. Das Athletendorf durfte nur für Training, Wettkämpfe, Medientermine und Arztbesuche verlassen werden. Sightseeing und Besuche anderer Sportarten waren nicht erlaubt.

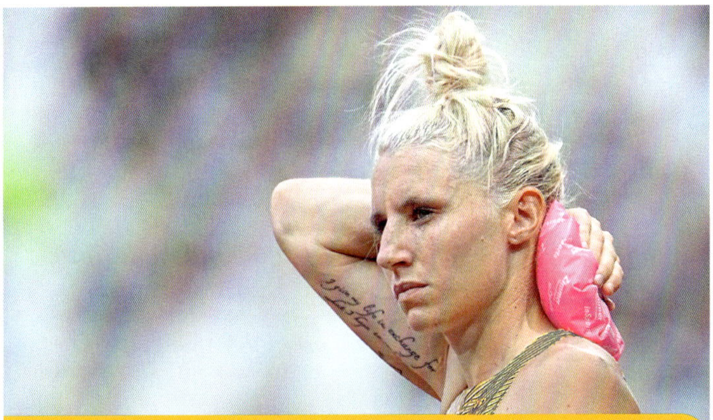
Hilfsmittel: Mit einem Eisbeutel im Nacken kämpft Siebenkämpferin Carolin Schäfer gegen die Hitze in Tokio an.

BRÜTENDE HITZE

Die Teilnehmer waren vor der brütenden Hitze in Tokios Sommer mit Temperaturen weit über 30 Grad gewarnt. Das IOC hatte die Marathonläufe und Geherwettbewerbe schon vorsichtshalber ins 900 Kilometer nördlichere Sapporo verlegt. Besonders für die Freiluftsportler herrschten grenzwertige Bedingungen. Spielfelder verwandelten sich in Herdplatten, Leichtathleten und Tennisspieler konnten ihr Sportgerät kaum in den feuchten Händen halten, die Beachvolleyballer versengten sich im Sand die Füße. Mit Hilfsmitteln wie Kühlwesten, Eisbeuteln, Eistüchern oder Eistonnen versuchten die Sportler, der Hitze Herr zu werden. Florian Wellbrock hingegen stieg zur Vorbereitung auf das Freiwasserschwimmen in ein Wärmebad. Selbst das Wasser hatte sich auf 30 Grad erhitzt.

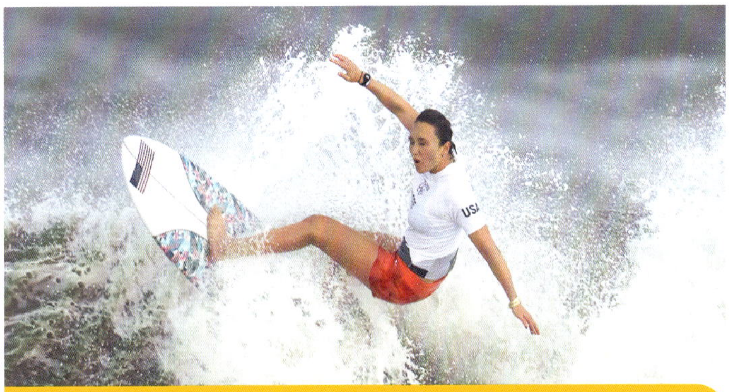
Die 18-jährige US-Amerikanerin Carissa Moore geht als erste Olympiasiegerin im Surfen in die Geschichte ein.

NEUE SPORTARTEN

Mit Karate, Skateboard, Sportklettern und Surfen feierten in Tokio vier Sportarten ihre olympische Premiere, Basketball wurde um die 3 x 3-Variante erweitert, Baseball und Softball kehrten nach 13 Jahren zurück. Die Anzahl der Entscheidungen stieg gegenüber den Sommerspielen 2016 in Rio de Janeiro um 33 auf 339, die Anzahl der Teilnehmer um knapp 500 auf über 11 000. Die Erweiterung des Programms resultierte aus der neuen olympischen Agenda, die eine Berücksichtigung von Sportarten vorsieht, die im Gastgeberland besonders populär sind. Surfen, Sportklettern und Skateboarding werden den Sommerspielen 2024 in Paris erhalten bleiben. Karate, Baseball und Softball werden durch Breakdance ersetzt.

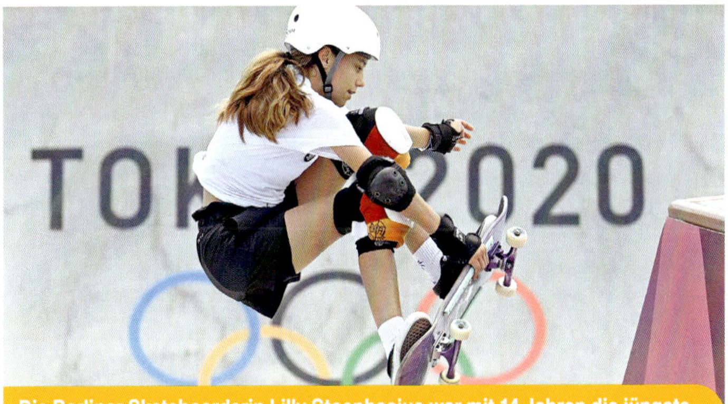
Die Berliner Skateboarderin Lilly Stoephasius war mit 14 Jahren die jüngste deutsche Olympiateilnehmerin.

JUNG UND ALT

38 Jahre lagen zwischen der ältesten deutschen Olympiateilnehmerin, Goldreiterin Isabell Werth (52), und der jüngsten, Skateboarderin Lilly Stoephasius (14). Gar 54 Jahre waren es zwischen der ältesten Teilnehmerin der Sommerspiele, Reiterin Mary Hanna (66) aus Australien, und der jüngsten, Tischtennisspielerin Hend Zaza (12) aus Syrien. Werth und Hanna nahmen jeweils zum sechsten Mal an Sommerspielen teil. Übertroffen wurden sie vom spanischen Geher Jesus Angel Garcia (51 Jahre) und der brasilianischen Fußballerin Miraildes Maciel Mota, kurz Formiga (43), die in Tokio zum achten Mal bei Olympia starteten. Formiga war seit Aufnahme des Frauenfußballs ins olympische Programm 1992 in Barcelona immer dabei.

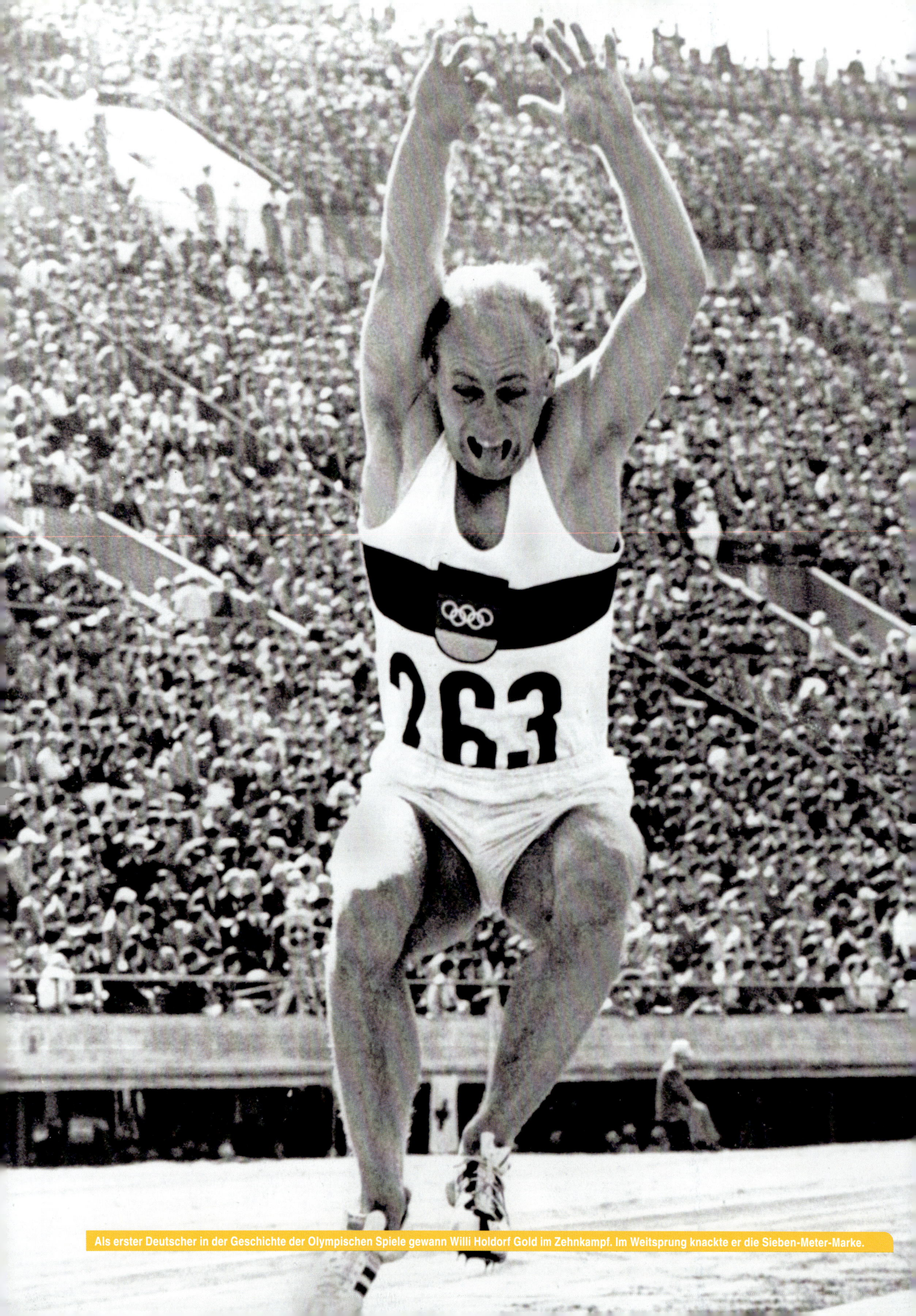

Als erster Deutscher in der Geschichte der Olympischen Spiele gewann Willi Holdorf Gold im Zehnkampf. Im Weitsprung knackte er die Sieben-Meter-Marke.

1964: TOKIO FEIERT OLYMPIADEBÜT

Als Tokio erstmals bei Olympischen Sommerspielen in die Gastgeberrolle schlüpfte, flimmerten in Deutschland noch Schwarz-Weiß-Bilder über die Mattscheibe. Der FC Bayern München spielte in der Fußball-Regionalliga, und niemand ahnte, dass der hochbegabte Franz Beckenbauer einmal als Kaiser Franz bekannt werden würde. Einen Kaiser hatte zu jener Zeit nur Japan zu bieten. Kaiser Hirohito eröffnete am 10. Oktober 1964 die 13. Olympischen Spiele, es waren die ersten auf dem asiatischen Kontinent. Schon 1940 war Tokio als Olympiagastgeber vorgesehen gewesen, gab die Ausrichtung der Sommerspiele wegen des Zweiten Japanisch-Chinesischen Krieges aber an das Internationale Olympische Komitee (IOC) zurück. Seine zweite Chance ergriff Tokio 24 Jahre später mit großem Ehrgeiz. Es galt, die Weltgemeinschaft zu beeindrucken. Umgerechnet 3,8 Milliarden Euro steckten die Gastgeber in die Infrastruktur und den Bau von Sportstätten, die neue architektonische Maßstäbe setzten. 5130 Athletinnen und Athleten kämpften in 163 Wettbewerben um Olympische Medaillen. Zum Vergleich: In diesem Jahr fanden 339 Wettbewerbe mit über 11 000 Athleten statt.
Nicht nur die kleinere Anzahl an Wettbewerben, sondern auch politische Konflikte wirkten sich 1964 auf die Teilnehmerzahl aus. So verzichtete China aus Protest gegen die Teilnahme Taiwans auf die Spiele. Andere Nationen wie Südafrika, Nordvietnam und Nordkorea wurden ausgeschlossen. Für Deutschland trat letztmals eine gesamtdeutsche Mannschaft an, die mit 336 Sportlern zudem die größte Delegation stellte. Mit 50 Medaillen (10-mal Gold, 22-mal Silber, 18-mal Bronze) erreichte Deutschland Platz vier im Medaillenspiegel hinter Gastgeber Japan und den Supermächten Sowjetunion und USA. Fünf der zehn Goldmedaillen holte das deutsche Team im Wasser. Dabei beeindruckte vor allem die deutsche Fahnenträgerin und Wasserspringerin Ingrid Engel-Krämer, die als 21-Jährige ihren Olympiasieg vom Drei-Meter-Brett aus dem Jahr 1960 wiederholte. Willi Holdorf krönte sich im Zehnkampf zum König der Leichtathleten. In insgesamt 30 Disziplinen wurden während der Spiele neue Weltrekorde aufgestellt.

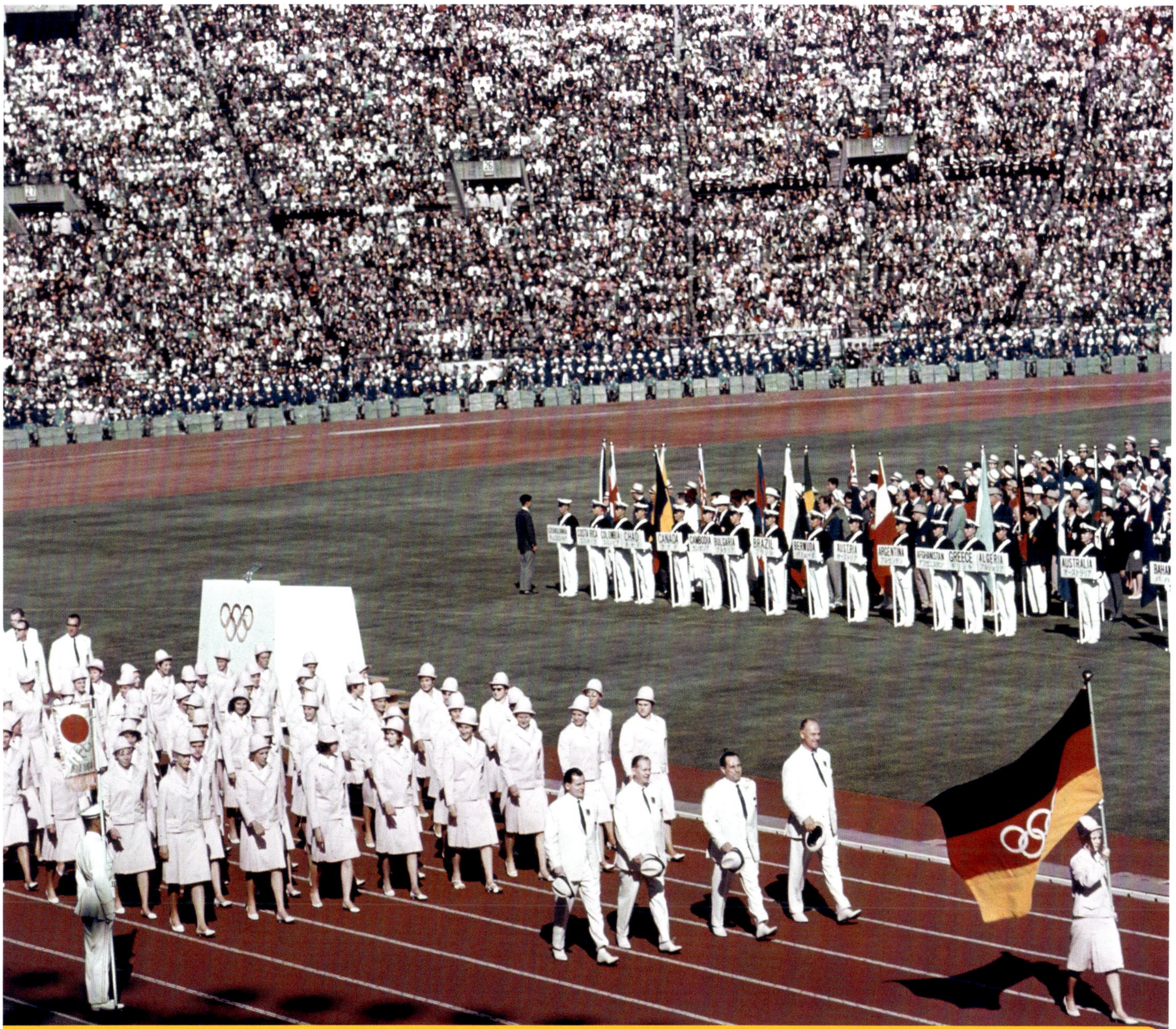

Eröffnungsfeier 1964: Wasserspringerin Ingrid Engel-Krämer, die später Gold vom Drei-Meter-Brett holte, trug bei der Eröffnungsfeier im Olympiastadion von Tokio die deutsche Fahne.

EIN CHRONOLOGISCHER ABRISS

13. September 2007: Tokio entscheidet sich, zum zweiten Mal nach 1964 Olympische Sommerspiele ausrichten zu wollen und reicht beim IOC seine Bewerbung für 2016 ein.

2. Oktober 2009: Beim IOC-Kongress in Kopenhagen scheidet Tokio bei der Abstimmung über die Ausrichtung der Sommerspiele 2016 im zweiten Wahlgang aus. Den Zuschlag erhält in der dritten Runde Rio de Janeiro, das sich gegen Madrid durchsetzt.

1. September 2011: Tokio reicht beim IOC seine Bewerbung für die Ausrichtung der Sommerspiele 2020 ein, ebenso wie Madrid, Rom, Istanbul, Doha und Baku.

23. Mai 2012: Nach Sichtung der Bewerbungsunterlagen werden Tokio, Istanbul und Madrid vom IOC zu den offiziellen Kandidatenstädten ernannt.

7. September 2013: Beim IOC-Kongress in Buenos Aires erhält Tokio den Zuschlag für die Ausrichtung der Olympischen Sommerspiele 2020 und der Paralympischen Sommerspiele im selben Jahr. Schon im ersten Wahlgang lag es mit 42 Stimmen deutlich vor Madrid und Istanbul (je 26). Im zweiten Durchgang setzte es sich mit 60:36 Stimmen gegen Madrid durch.

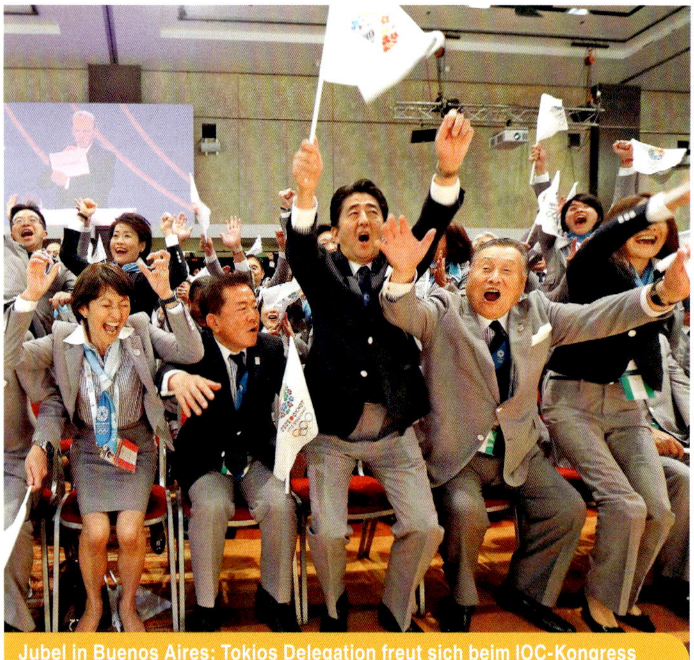

Jubel in Buenos Aires: Tokios Delegation freut sich beim IOC-Kongress am 7. September 2013 über den Zuschlag für die Sommerspiele 2020.

24. Januar 2014: Das Organisationskomitee TOCOG (Tokyo Organising Committee of the Olympic and Paralympic Games) wird gegründet.

25. April 2016: TOCOG präsentiert das offizielle Logo der Spiele. Der vom Tokioter Künstler Asao Tokolo entworfene karierte Ring soll die unterschiedlichen Länder, Kulturen und Denkweisen der an den Olympischen Spielen teilnehmenden Nationen darstellen.

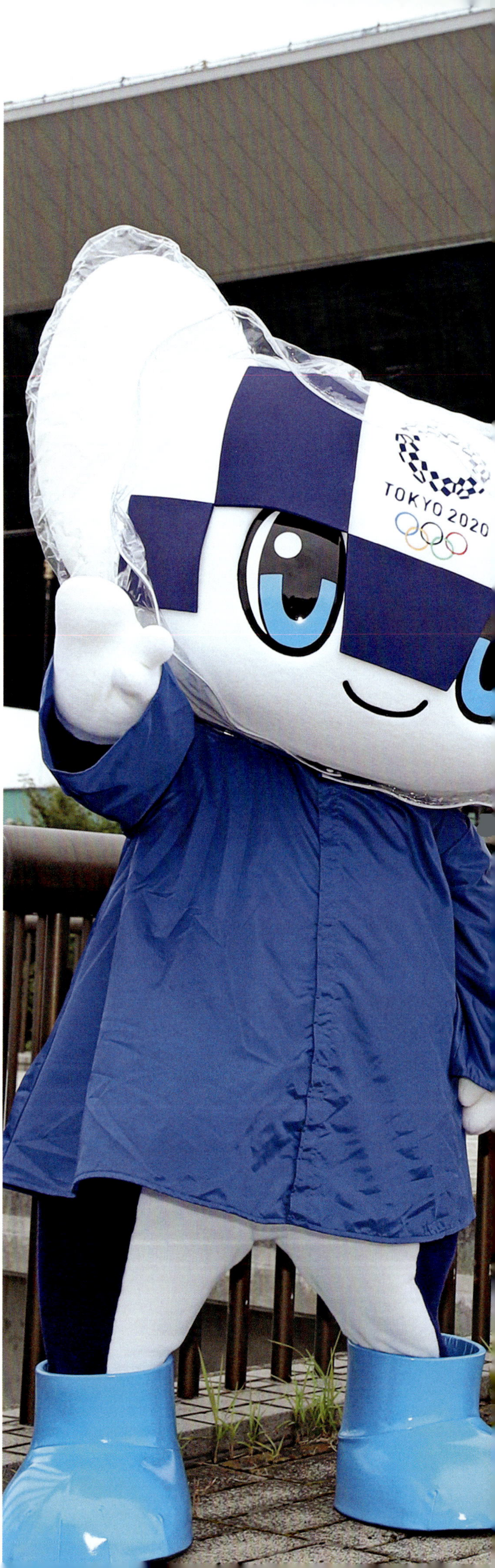

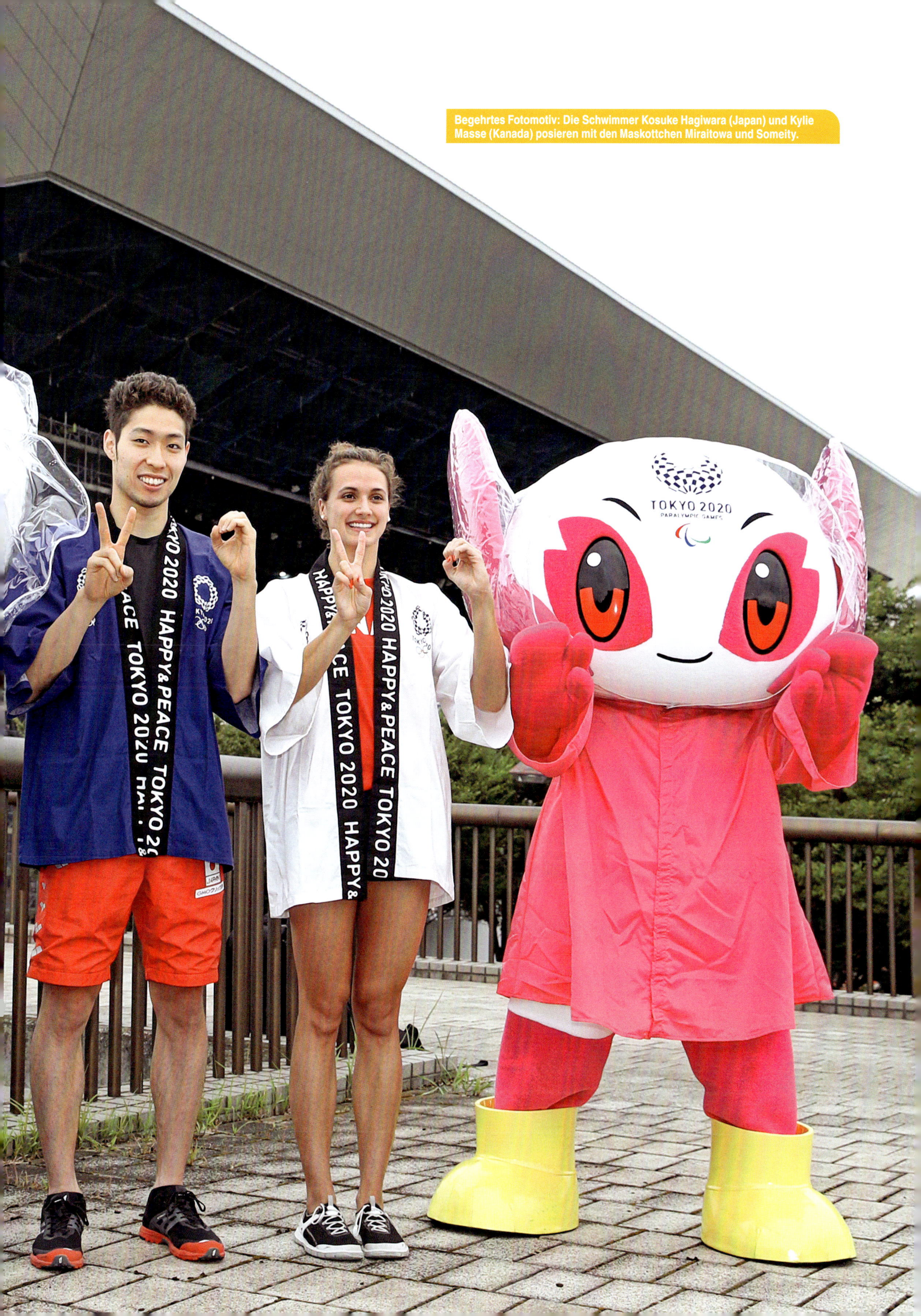

Begehrtes Fotomotiv: Die Schwimmer Kosuke Hagiwara (Japan) und Kylie Masse (Kanada) posieren mit den Maskottchen Miraitowa und Someity.

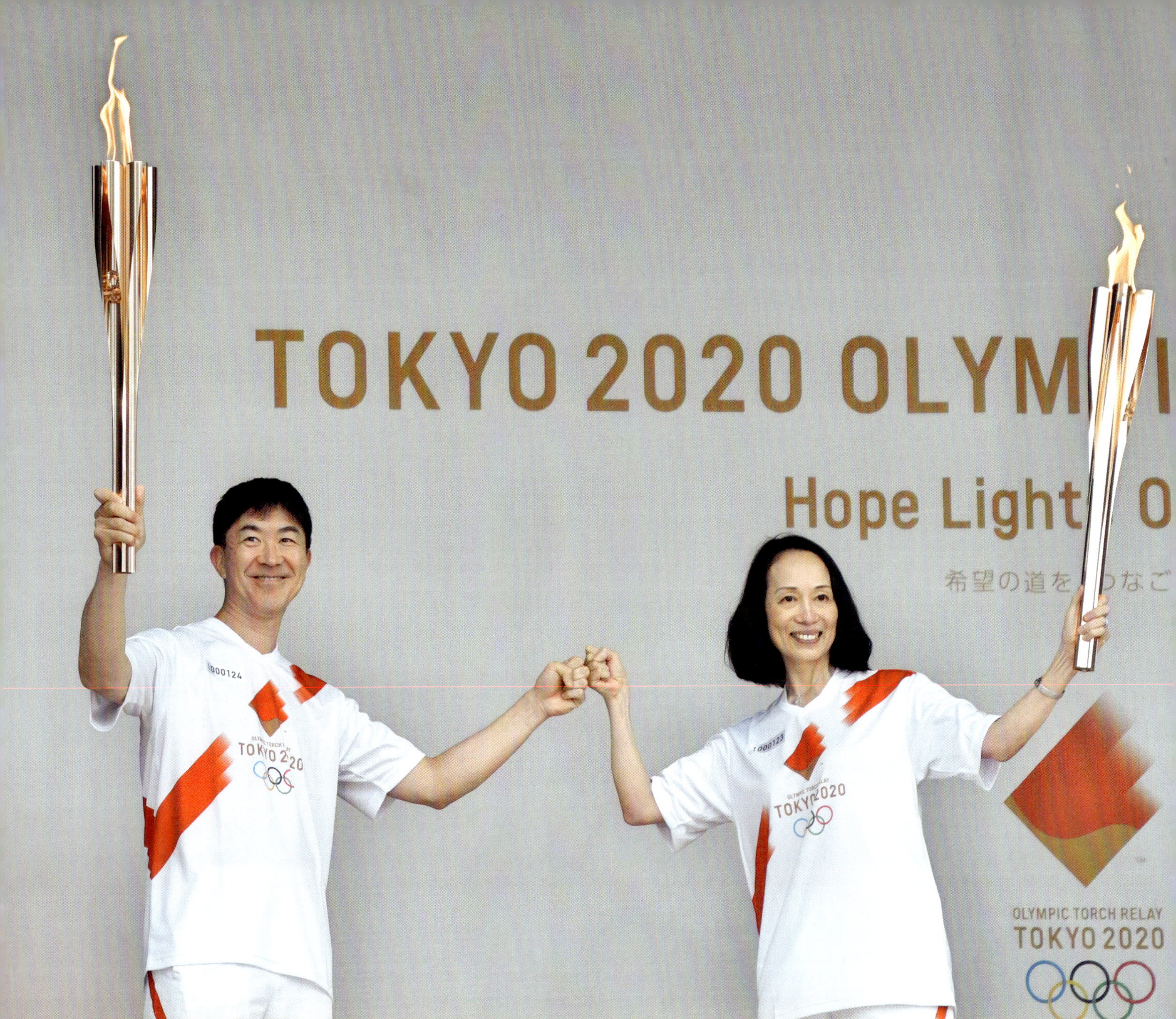

Freudige Gesichter: Nach einem Fackellauf durch alle 47 Präfekturen Japans erreicht die Olympische Fackel am 9. Juli 2021 endlich Tokio.

22. Juli 2018: Das Maskottchen Miraitowa wird vorgestellt. Der japanische Künstler Ryo Taniguchi erschuf die futuristisch anmutende, blaukarierte Figur mit großem Kopf, großen Augen und großen Ohren. Der Name besteht aus den japanischen Wörtern »mirai« (Zukunft) und »towa« (Ewigkeit). Gleichzeitig wird Someity, Miraitowas dunkelrote Schwester, als Maskottchen für die Paralympischen Spiele präsentiert.

31. Oktober 2019: Das IOC verlegt die Marathonläufe der Männer und der Frauen von Tokio in die 900 Kilometer nördlicher gelegene Stadt Sapporo, den Austragungsort der Olympischen Winterspiele 1972. Grund für die Verlegung ist die drohende Hitze und hohe Luftfeuchtigkeit in der Hauptstadt. In Sapporo ist es im Hochsommer deutlich kühler.

9. Dezember 2019: Die Welt-Anti-Doping-Agentur schließt Russland wegen manipulierter Dopingproben für vier Jahre von allen sportlichen Großereignissen aus. Nicht in den Staatsdopingskandal verwickelte russische Athleten dürfen, wie bereits bei den Winterspielen 2018 in Pyeongchang, unter neutraler Flagge starten.

21. Dezember 2019: Nach dreijähriger Bauzeit wird das Neue Nationalstadion feierlich eröffnet, das während der Sommerspiele den Namen Olympiastadion trug. Mit der Eröffnungs- und Schlussfeier sowie den Leichtathletikwettbewerben war es der zentrale Schauplatz der Sommerspiele. Das umgerechnet 1,2 Milliarden Euro teure Oval entstand an der gleichen Stelle des 2014 abgerissenen Stadions der Sommerspiele 1964.

17. Februar 2020: »United by Emotion« wird als offizielles Motto bekanntgegeben. Es soll Menschen mit unterschiedlichem Hintergrund dazu inspirieren, sich gegenseitig anzuerkennen und durch die bei den Olympischen Spielen hervorgerufenen Emotionen eine Verbindung herzustellen.

9. März 2020: Im griechischen Heiligtum Olympia, dem Austragungsort der Olympischen Spiele der Antike, wird die Olympische Fackel entzündet.

19. März 2020: Die Olympische Fackel erreicht Athen, den Austragungsort der ersten Olympischen Spiele der Neuzeit 1896.

Von dort aus wird sie per Flugzeug nach Japan transportiert und drei Tage später in Sendai der Öffentlichkeit präsentiert.

24. März 2020: Das IOC trifft eine historische Entscheidung: Auf Grund der Coronapandemie werden die Sommerspiele ins Jahr 2021 verschoben. Abgesehen von den abgesagten Spielen während der zwei Weltkriege finden die Sommerspiele somit erstmals nicht im Vierjahresrhythmus statt. Aus Vermarktungsgründen soll der Name »Tokyo 2020« beibehalten werden.

2. Februar 2021: Das IOC beginnt mit dem Versand eines sogenannten Playbooks für Athleten, Offizielle, Medienvertreter und Volunteers, in dem Verhaltens- und Hygieneregeln für den Ablauf der Sommerspiele vorgestellt werden.

20. März 2021: IOC und TOCOG geben bekannt, dass wegen der weiterhin grassierenden Coronapandemie ausländischen Besuchern die Einreise zu den Sommerspielen verwehrt wird.

25. März 2021: Über ein Jahr nach Ankunft des olympischen Feuers beginnt in Naraha nahe Fukushima der Fackellauf in Japan. Dessen Weg führt weitgehend unter Ausschluss der Öffentlichkeit 121 Tage lang durch alle 47 Präfekturen des Landes.

25. März 2021: Nordkorea sagt seine Teilnahme ab. Offizielle Begründung ist der Schutz der Athleten vor der weltweiten Gesundheitskrise.

21. Juni 2021: Das OK teilt mit, dass in den Wettkampfstätten nur die Hälfte aller Plätze belegt werden darf, bis zu einem Maximum von 10 000 Zuschauern in den großen Hallen und Stadien.

4. Juli 2021: Die Ruderer treffen als erste deutsche Sportler in Japan ein und beziehen in Kinosaki/Toyooka rund 600 Kilometer westlich von Tokio ihr vorolympisches Quartier.

8. Juli 2021: Aufgrund der weiterhin hohen Infektionszahlen und der schleppend verlaufenden Impfkampagne ruft die japanische Regierung für Tokio zum vierten Mal den Coronanotstand aus, diesmal bis zum 22. August. Dies bedeutet, dass nahezu alle Wettbewerbe ohne Zuschauer stattfinden werden.

9. Juli 2021: Die Olympische Fackel erreicht Tokio.

15. Juli 2021: Unter strengen Sicherheitsvorkehrungen beziehen die ersten Sportler und Offiziellen das Olympische Dorf in der Bucht von Tokio.

23. Juli bis 8. August 2021: Japan ist zum vierten Mal nach Tokio 1964 und den Winterspielen 1972 in Sapporo und 1998 in Nagano Gastgeber Olympischer Spiele. Über 11 000 Sportler aus 204 Nationen nehmen teil, hinzu kommen das Refugee Olympic Team (Flüchtlingsteam) und das Team ROC der russischen Athleten. 339 Olympiasieger werden ermittelt.

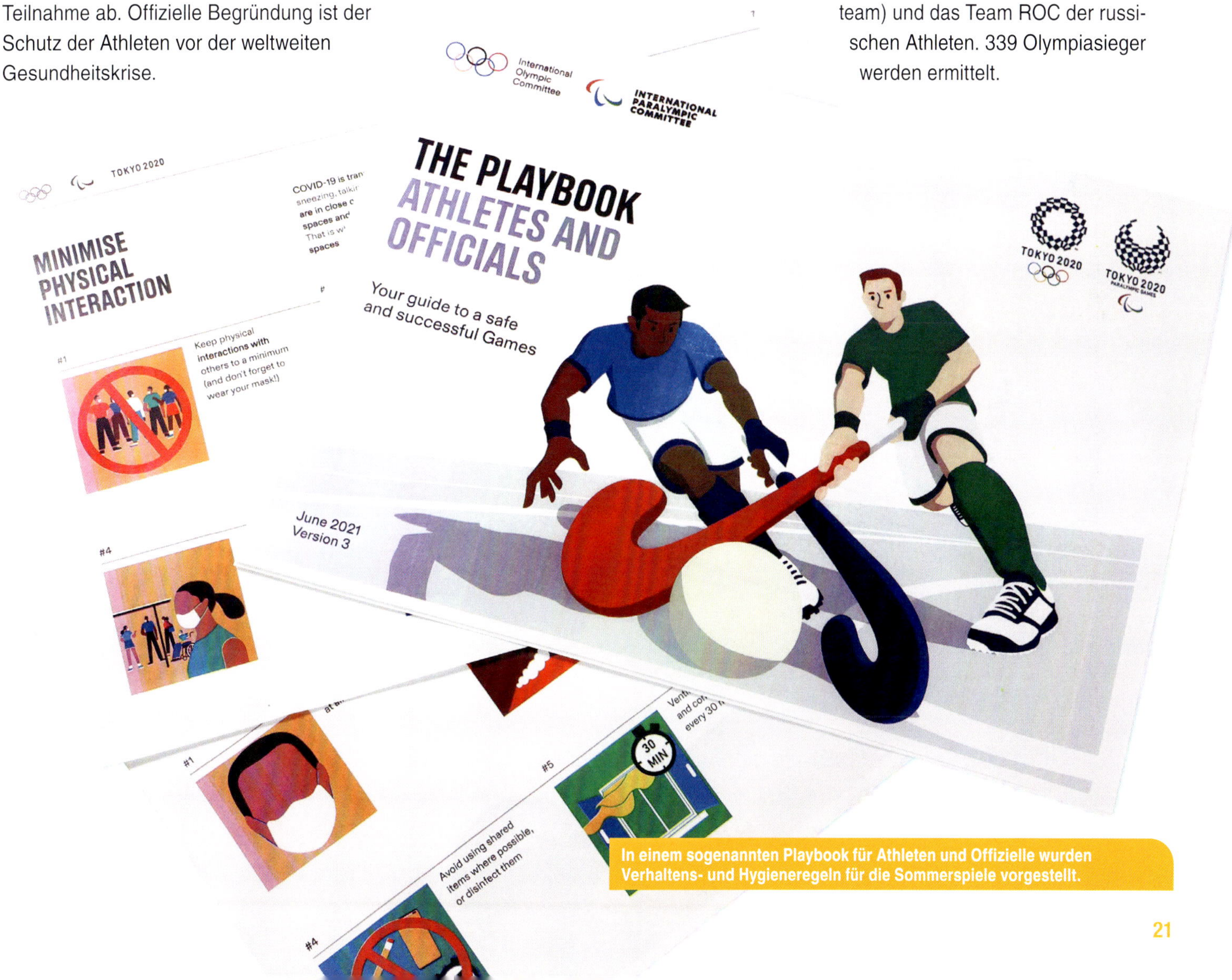

In einem sogenannten Playbook für Athleten und Offizielle wurden Verhaltens- und Hygieneregeln für die Sommerspiele vorgestellt.

BUNTE SHOW

Mit einer vierstündigen Zeremonie im Olympiastadion von Tokio wurden am Freitag, 23. Juli 2021, die XXXII. Olympischen Sommerspiele eröffnet. Aufgrund der Sicherheitsbestimmungen fielen die Feierlichkeiten weniger pompös aus als bei vorangegangenen Spielen. Einer bunten und kurzweiligen Show, die Einblicke in japanische Kultur und Traditionen gab, folgte bei schwülwarmen Bedingungen der Einmarsch der Athleten. Stimmungsvoll und freudestrahlend schwenkten sie kleine Nationalflaggen, weder von Corona noch von der negativen Berichterstattung rund um das Event ließen sie sich die Laune in einem der größten Momente ihres Sportlerlebens verderben. Neben den 6000 Sportlern im Innenraum des Stadions durften der Eröffnungsfeier auf den Tribünen nur knapp 1000 Ehrengäste, darunter 15 Staatsoberhäupter, und rund 4000 Medienvertreter beiwohnen.

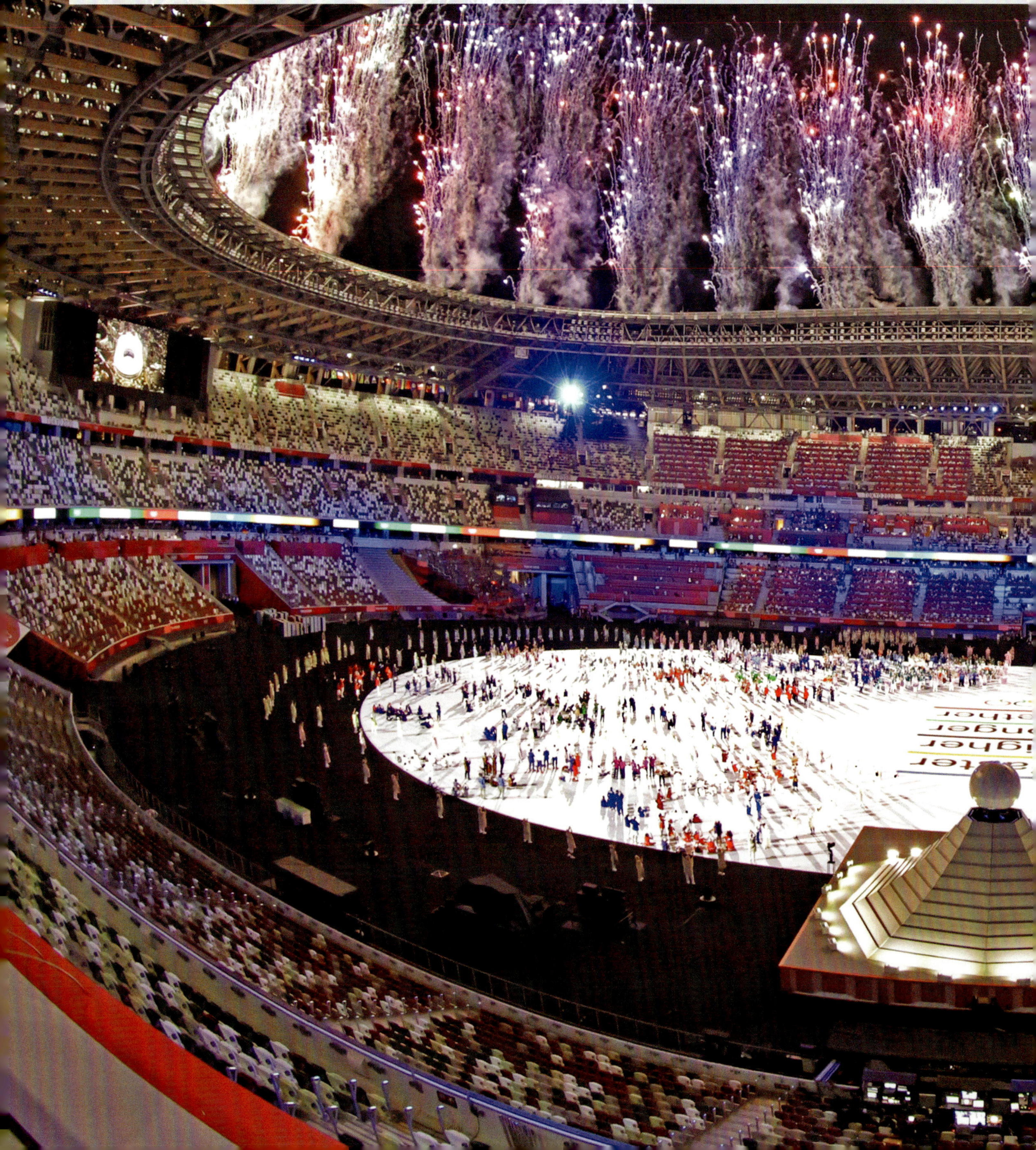

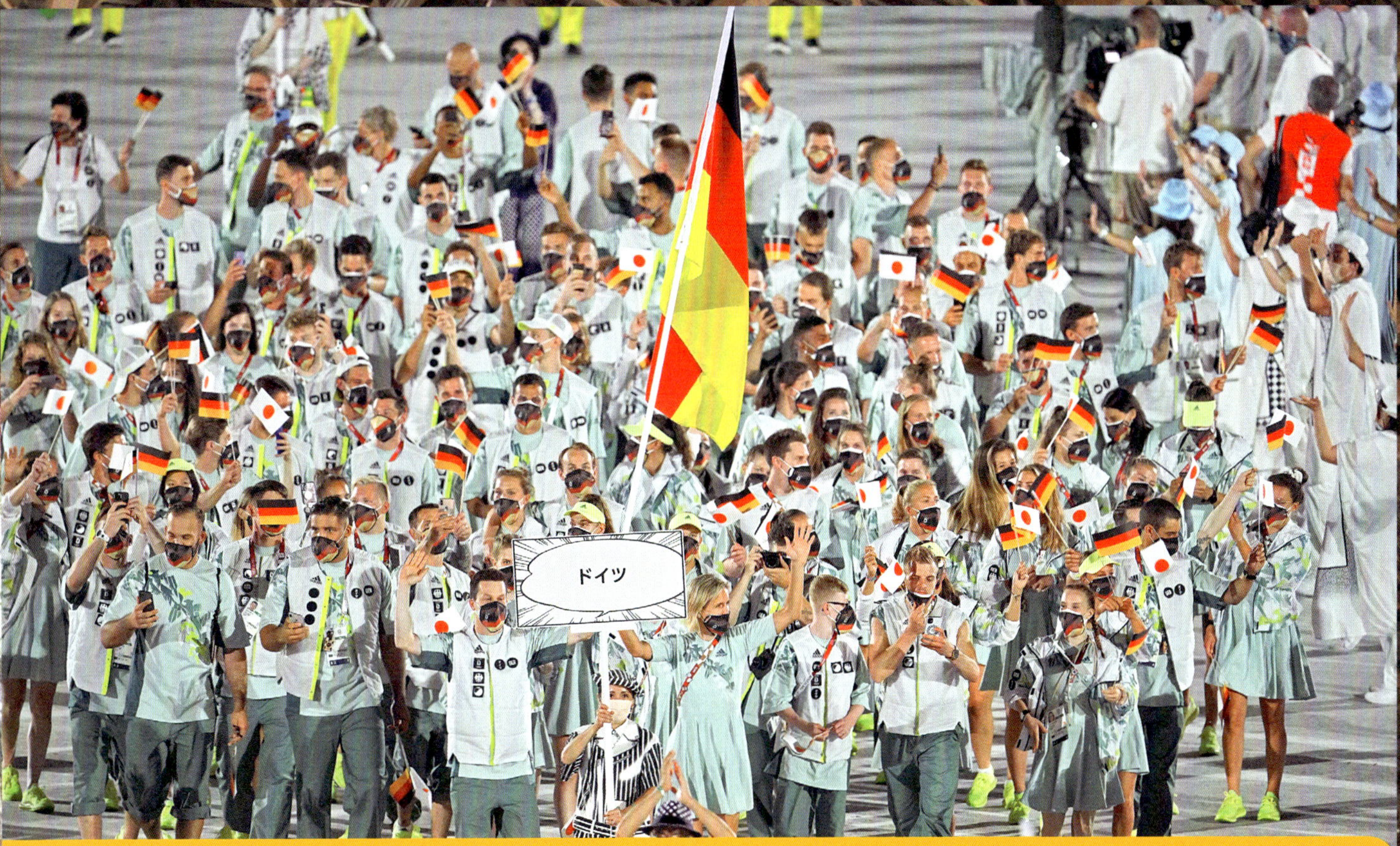

Angeführt von den Fahnenträgern Laura Ludwig und Patrick Hausding liefen die deutschen Sportler – gemäß dem japanischen Alphabet – als 115. Mannschaft ins Stadion ein. 106 der 442 deutschen Olympiateilnehmer nahmen an der Eröffnungsfeier teil. Auf Wunsch des IOC sollte erstmals ein Duo aus Frau und Mann die Nationalflagge tragen, nahezu alle Nationen kamen diesem nach. Beachvolleyballerin Ludwig und Wasserspringer Hausding hatten sich bei der Wahl von Sportfans und Athleten durchgesetzt. »Für mich ist es noch spezieller, Fahnenträger zu sein, als eine Medaille zu gewinnen, weil es viel weniger Menschen gibt, die eine Fahne tragen, als Menschen, die eine Medaille gewinnen«, sagte Ludwig.

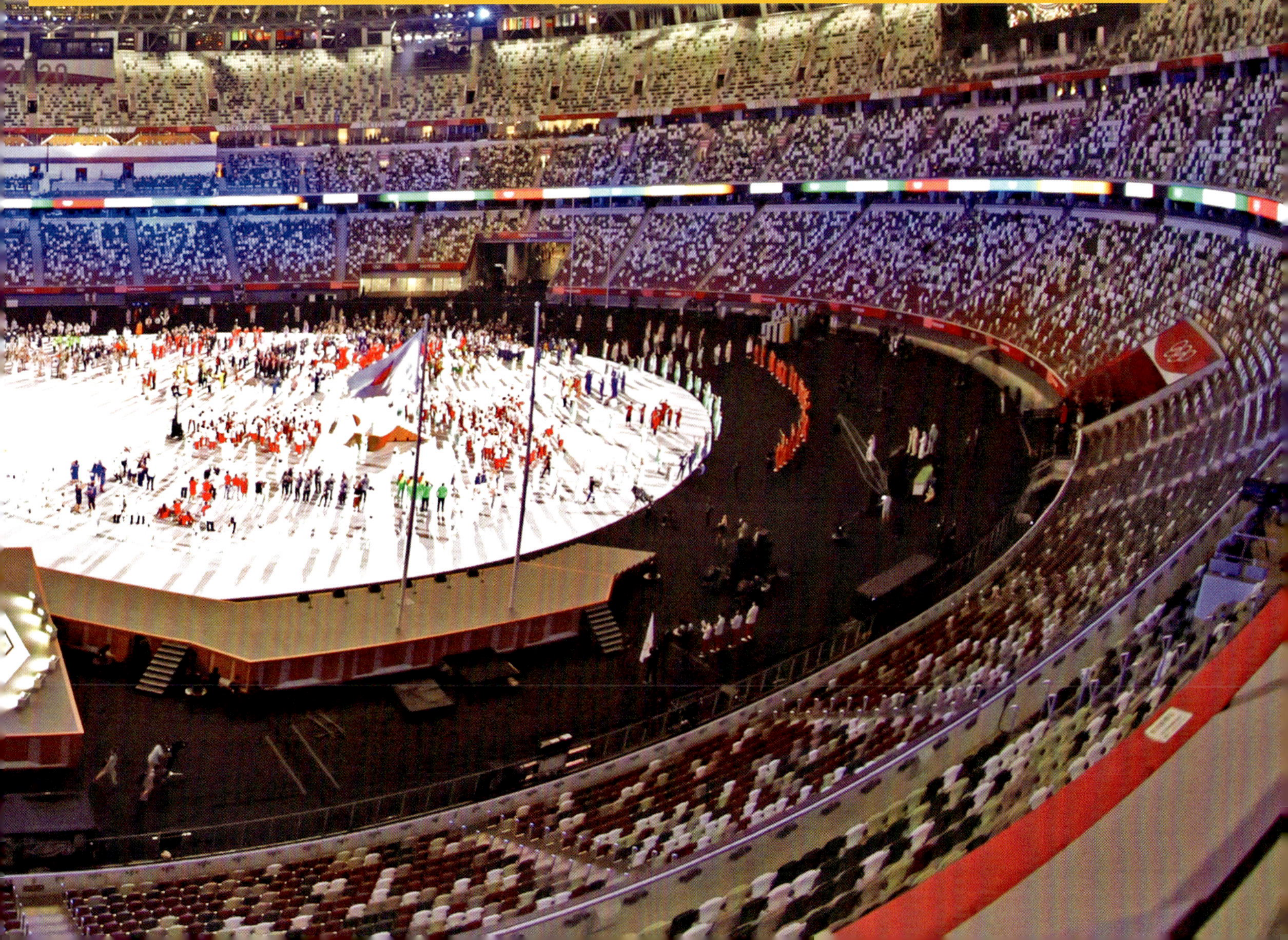

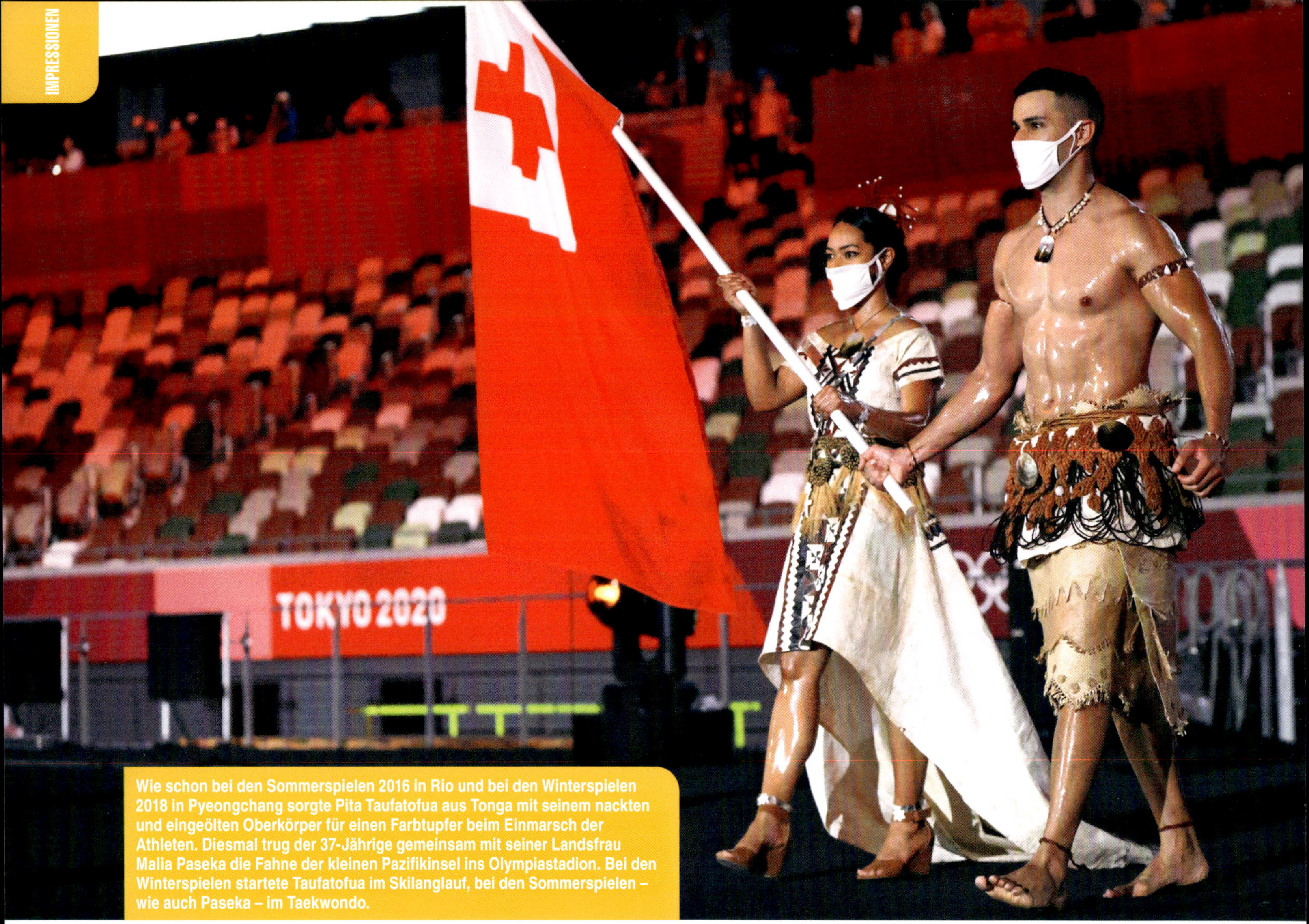

Wie schon bei den Sommerspielen 2016 in Rio und bei den Winterspielen 2018 in Pyeongchang sorgte Pita Taufatofua aus Tonga mit seinem nackten und eingeölten Oberkörper für einen Farbtupfer beim Einmarsch der Athleten. Diesmal trug der 37-Jährige gemeinsam mit seiner Landsfrau Malia Paseka die Fahne der kleinen Pazifikinsel ins Olympiastadion. Bei den Winterspielen startete Taufatofua im Skilanglauf, bei den Sommerspielen – wie auch Paseka – im Taekwondo.

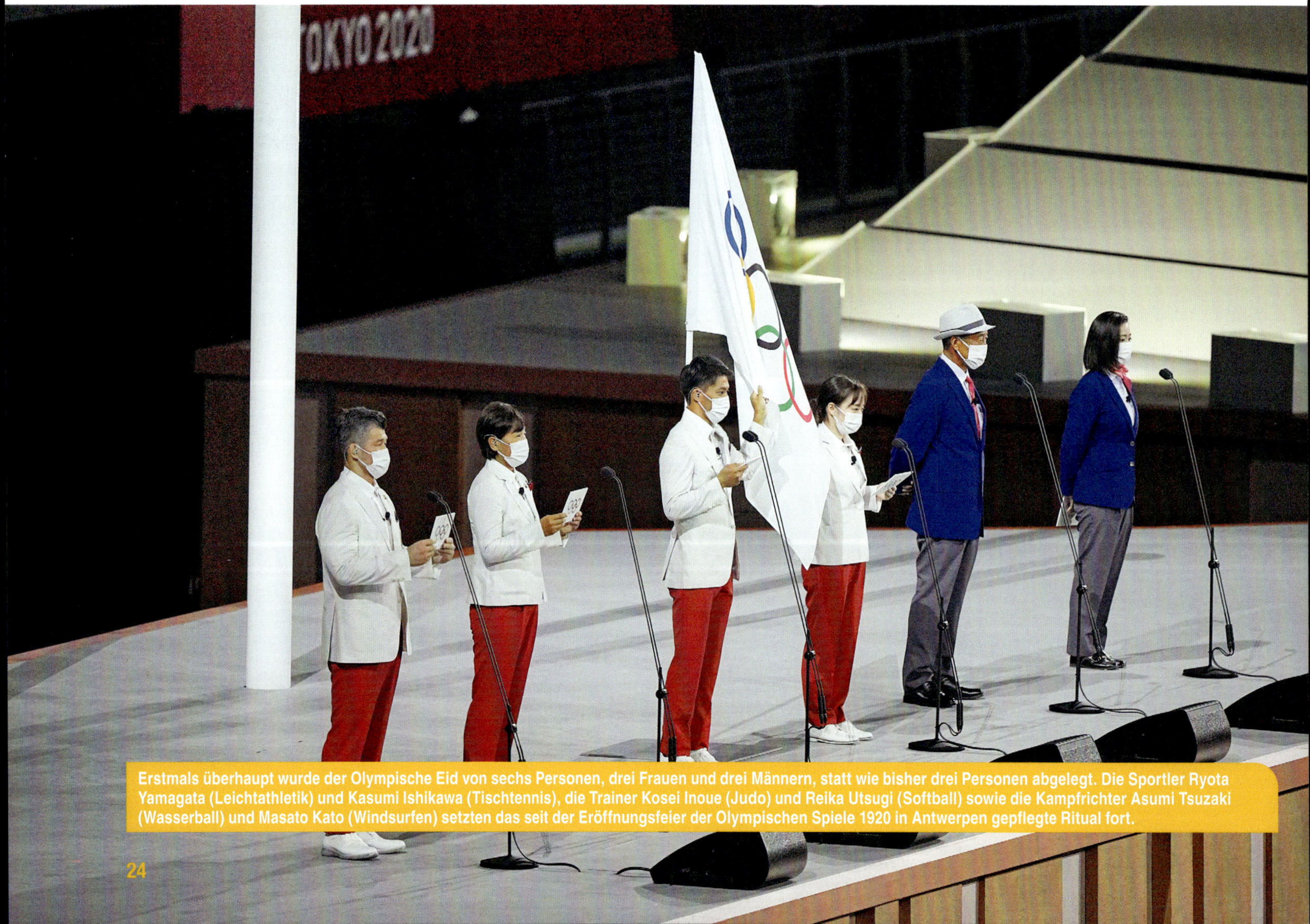

Erstmals überhaupt wurde der Olympische Eid von sechs Personen, drei Frauen und drei Männern, statt wie bisher drei Personen abgelegt. Die Sportler Ryota Yamagata (Leichtathletik) und Kasumi Ishikawa (Tischtennis), die Trainer Kosei Inoue (Judo) und Reika Utsugi (Softball) sowie die Kampfrichter Asumi Tsuzaki (Wasserball) und Masato Kato (Windsurfen) setzten das seit der Eröffnungsfeier der Olympischen Spiele 1920 in Antwerpen gepflegte Ritual fort.

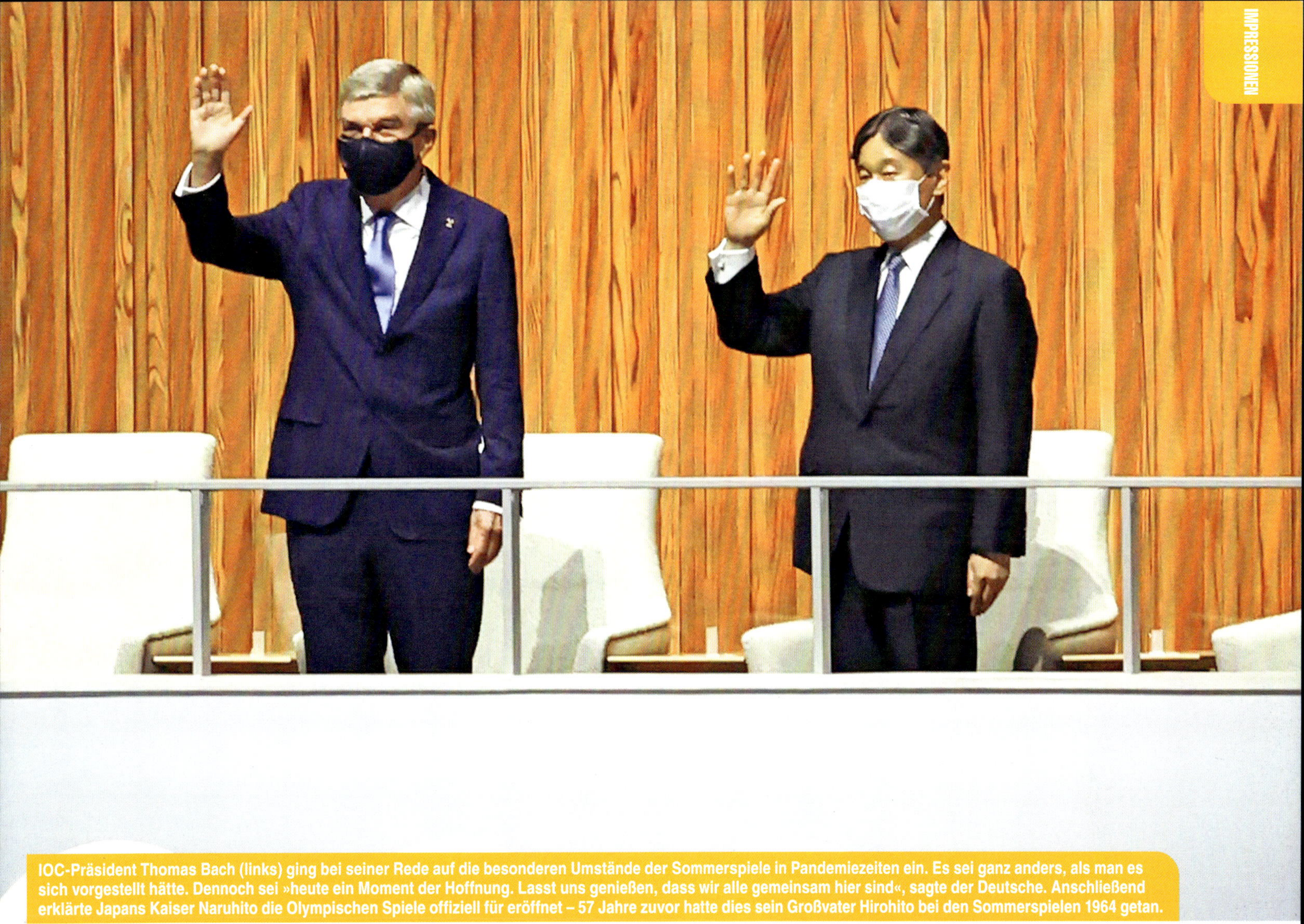

IOC-Präsident Thomas Bach (links) ging bei seiner Rede auf die besonderen Umstände der Sommerspiele in Pandemiezeiten ein. Es sei ganz anders, als man es sich vorgestellt hätte. Dennoch sei »heute ein Moment der Hoffnung. Lasst uns genießen, dass wir alle gemeinsam hier sind«, sagte der Deutsche. Anschließend erklärte Japans Kaiser Naruhito die Olympischen Spiele offiziell für eröffnet – 57 Jahre zuvor hatte dies sein Großvater Hirohito bei den Sommerspielen 1964 getan.

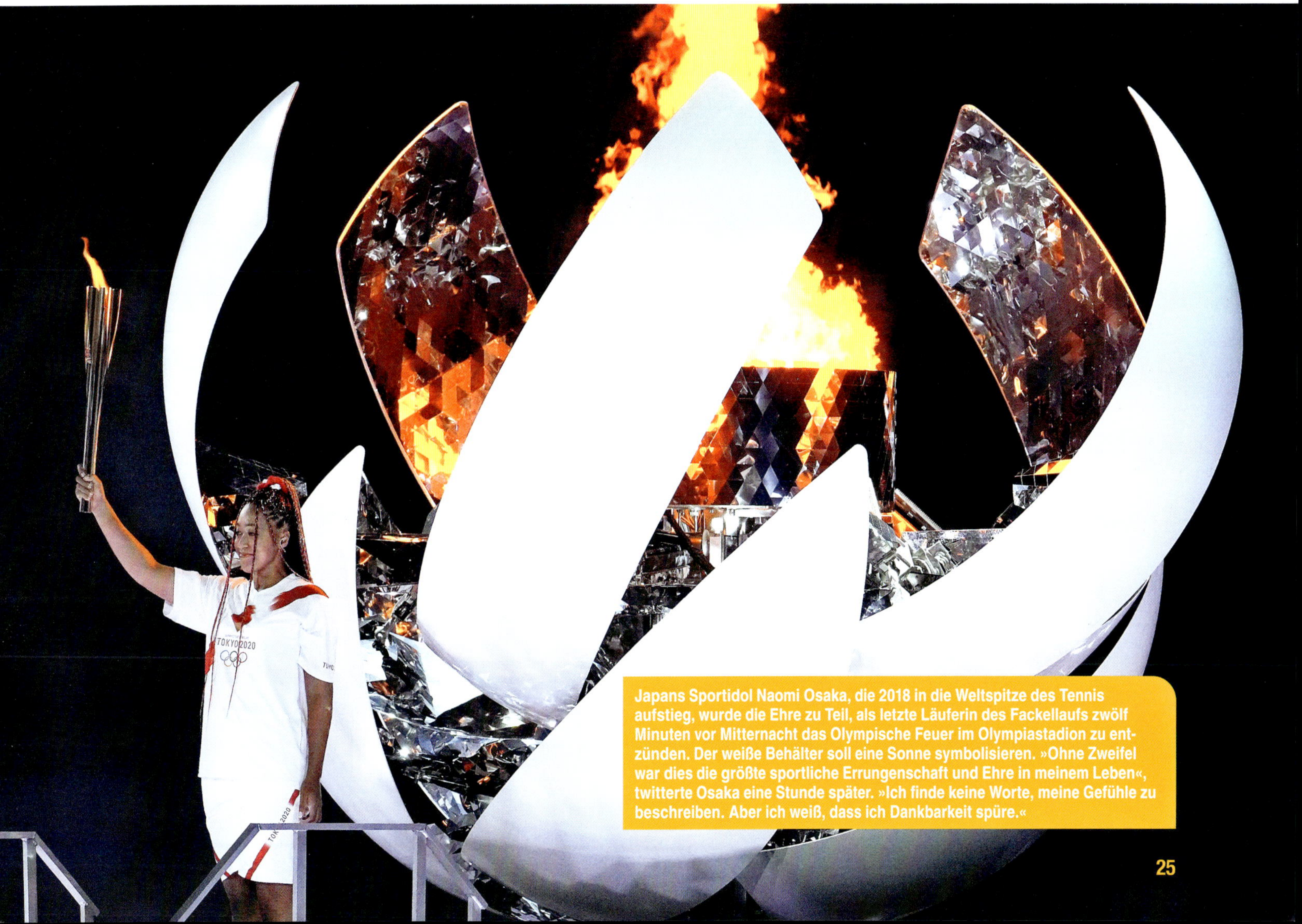

Japans Sportidol Naomi Osaka, die 2018 in die Weltspitze des Tennis aufstieg, wurde die Ehre zu Teil, als letzte Läuferin des Fackellaufs zwölf Minuten vor Mitternacht das Olympische Feuer im Olympiastadion zu entzünden. Der weiße Behälter soll eine Sonne symbolisieren. »Ohne Zweifel war dies die größte sportliche Errungenschaft und Ehre in meinem Leben«, twitterte Osaka eine Stunde später. »Ich finde keine Worte, meine Gefühle zu beschreiben. Aber ich weiß, dass ich Dankbarkeit spüre.«

TAGEBUCH DER SPIELE

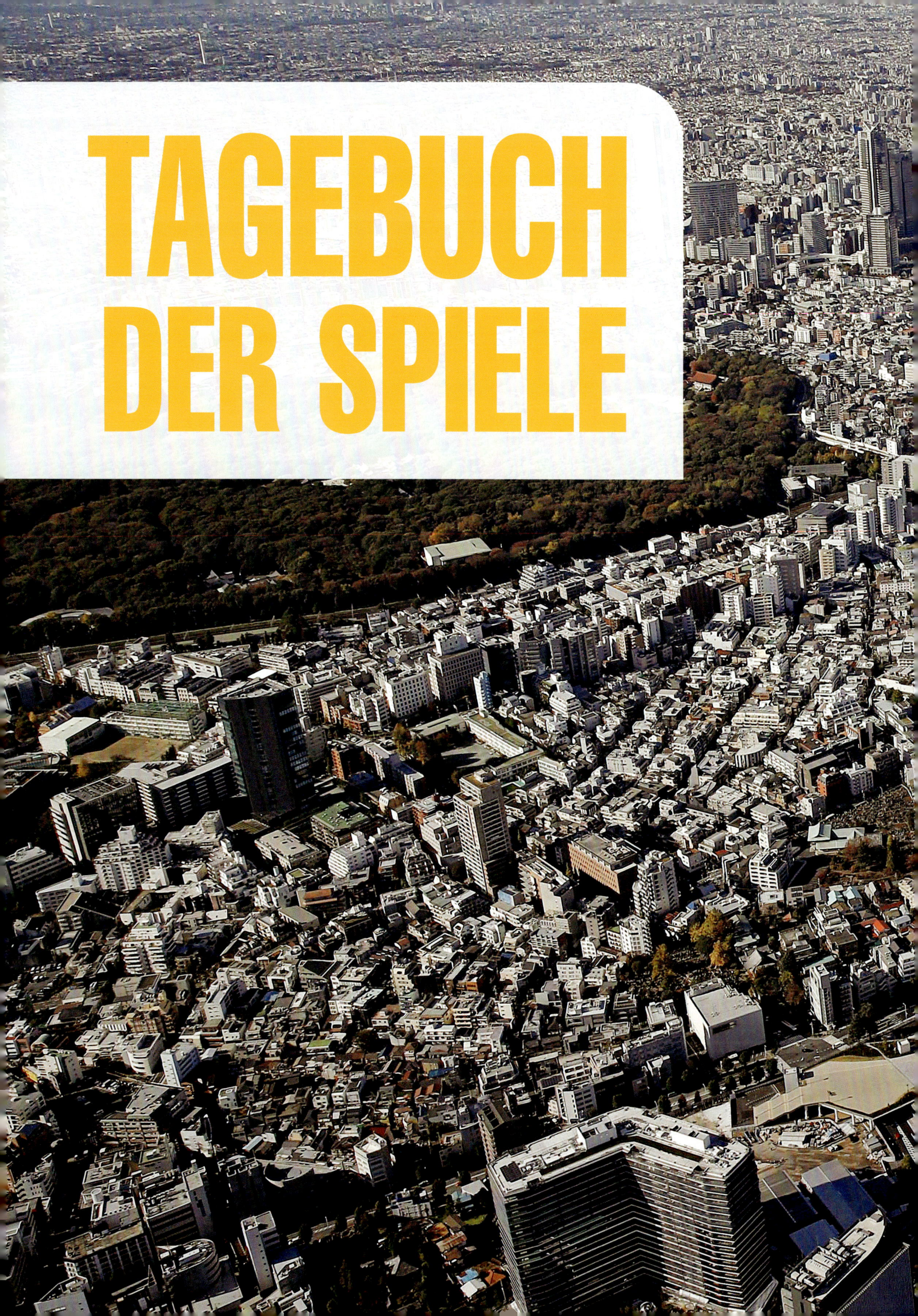

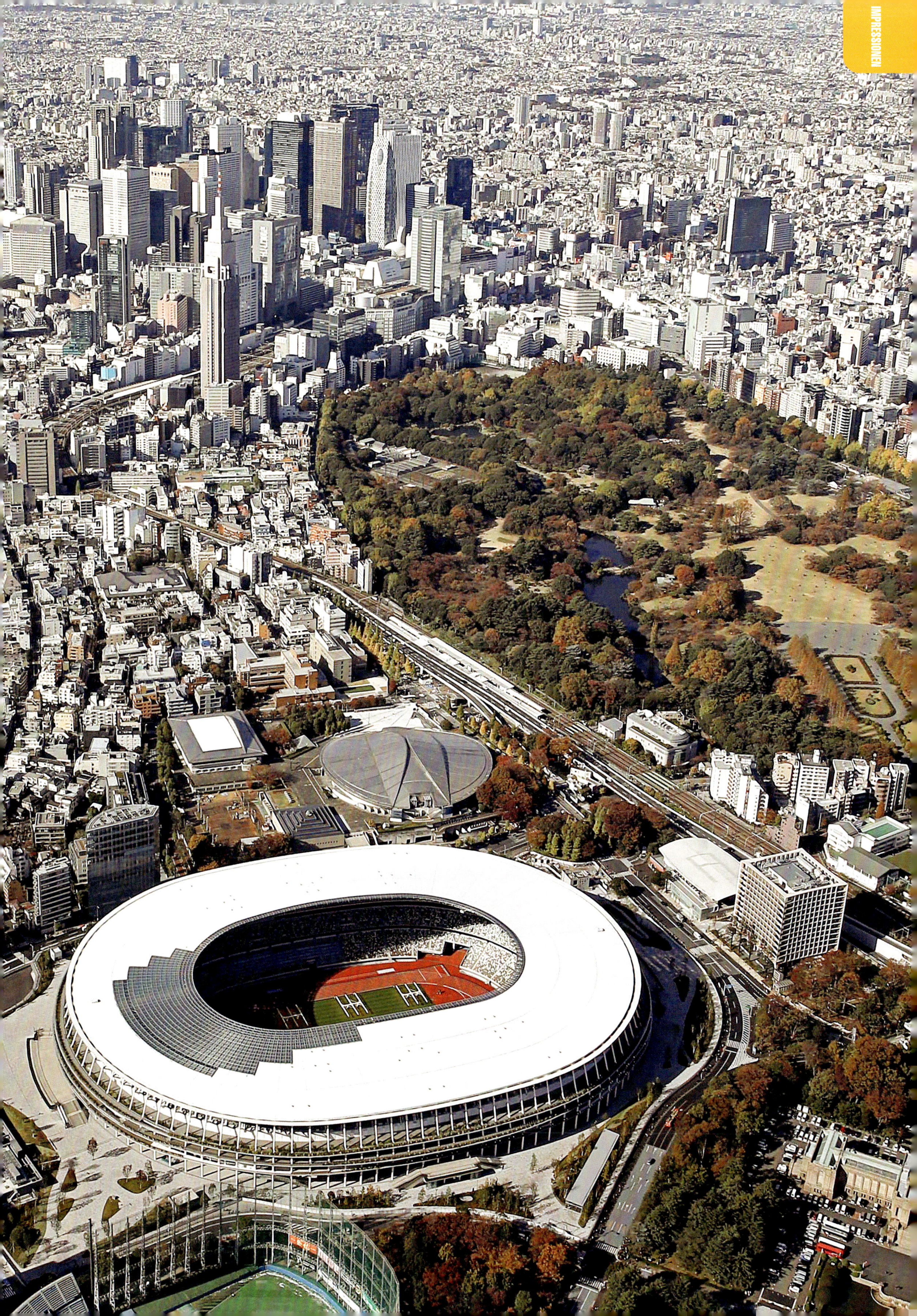

FUSSBALL

Manchmal muss sich der Zauber Olympischer Spiele dem Pragmatismus beugen. Bereits einen Tag vor der offiziellen Eröffnungsfeier starteten die deutschen Fußballer ins olympische Turnier. Der frühe Auftakt diente dem Zweck, die körperliche Belastung auf mehr Tage verteilen zu können, trübte aber das olympische Flair. Das 70 000 Zuschauer fassende, menschenleere Stadion von Yokohama bildete zudem einen gespenstisch anmutenden Rahmen für die Neuauflage des Olympiaendspiels von 2016. Damals hatte sich Gastgeber Brasilien erst im Elfmeterschießen gegen das DFB-Team durchgesetzt. Diesmal dominierte die Seleção in der ersten Halbzeit mit erstaunlicher Leichtigkeit gegen eine grotesk überforderte deutsche Mannschaft. Dem völlig unbehelligten Richarlison gelang ein lupenreiner Hattrick (8., 22. und 30. Minute), per Elfmeter hätte Sturmkollege Matheus Cunha kurz vor der Pause sogar auf 4:0 erhöhen können, scheiterte aber an DFB-Torwart Florian Müller. Es wirkte fast so, als wollte Brasiliens Olympiaauswahl jene Schmach tilgen, die seit dem 1:7-Debakel gegen Deutschland im WM-Halbfinale 2014 auf der Nation lastet. Nach der Pause berappelte sich die deutsche Mannschaft jedoch. Nadiem Amiri verkürzte unter gütiger Mithilfe des brasilianischen Torhüters auf 1:3 (57.), und nach Ragnar Aches Kopfball zum 2:3 (83.) kam plötzlich noch einmal Spannung auf. In der Nachspielzeit beseitigte schließlich Paulinho die letzten Zweifel am verdienten Sieg der Brasilianer (90.+4).

Brasilien – Deutschland 4:2 (3:0)
Deutschland: Müller – Henrichs, Pieper (46. Torunarigha), Uduokhai, Raum, Arnold, Maier, Stach (80. K. Schlotterbeck), Richter (68. Ache), Kruse (68. Löwen), Amiri (74. Teuchert).
Tore: 1:0, 2:0 und 3:0 Richarlison (8., 22., 30.), 3:1 Amiri (57.), 3:2 Ache (83.), 4:2 Paulinho (90.+4).

FUSSBALL (MÄNNER)

Vorrunde, Gruppe A				
Mexiko – Frankreich 4:1				
Japan – Südafrika 1:0				
1.	Mexiko	1	4:1	3
2.	Japan	1	1:0	3
3.	Südafrika	1	0:1	0
4.	Frankreich	1	1:4	0
Vorrunde, Gruppe B				
Neuseeland – Südkorea 1:0				
Honduras – Rumänien 0:1				
1.	Neuseeland	1	1:0	3
1.	Rumänien	1	1:0	3
3.	Honduras	1	0:1	0
3.	Südkorea	1	0:1	0
Vorrunde, Gruppe C				
Ägypten – Spanien 0:0				
Argentinien – Australien 0:2				
1.	Australien	1	2:0	3
2.	Ägypten	1	0:0	1
2.	Spanien	1	0:0	1
4.	Argentinien	1	0:2	0
Vorrunde, Gruppe D				
Elfenbeinküste – Saudi-Arabien 2:1				
Brasilien – Deutschland 4:2				
1.	Brasilien	1	4:2	3
2.	Elfenbeinküste	1	2:1	3
3.	Saudi-Arabien	1	1:2	0
4.	Deutschland	1	2:4	0

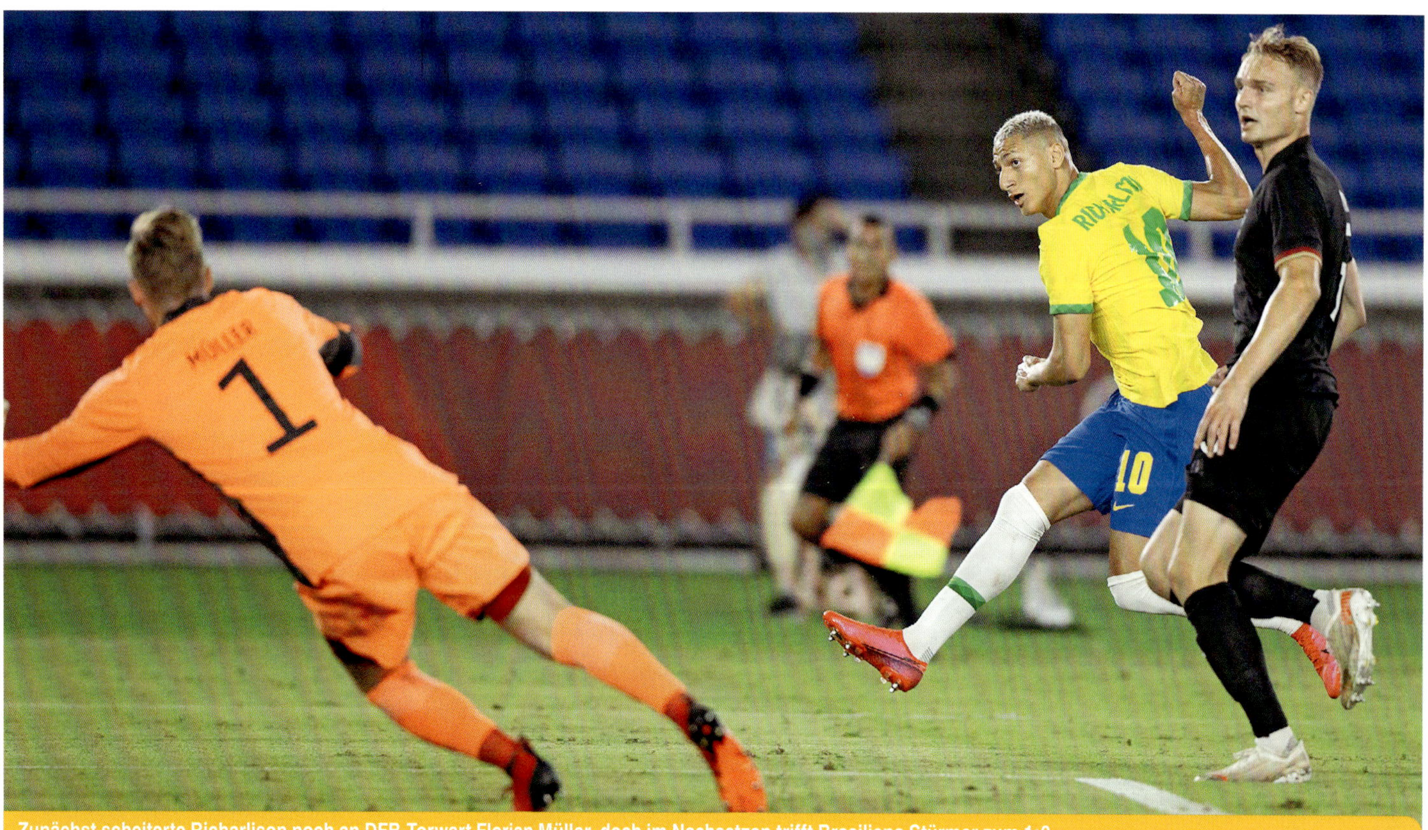

Zunächst scheiterte Richarlison noch an DFB-Torwart Florian Müller, doch im Nachsetzen trifft Brasiliens Stürmer zum 1:0.

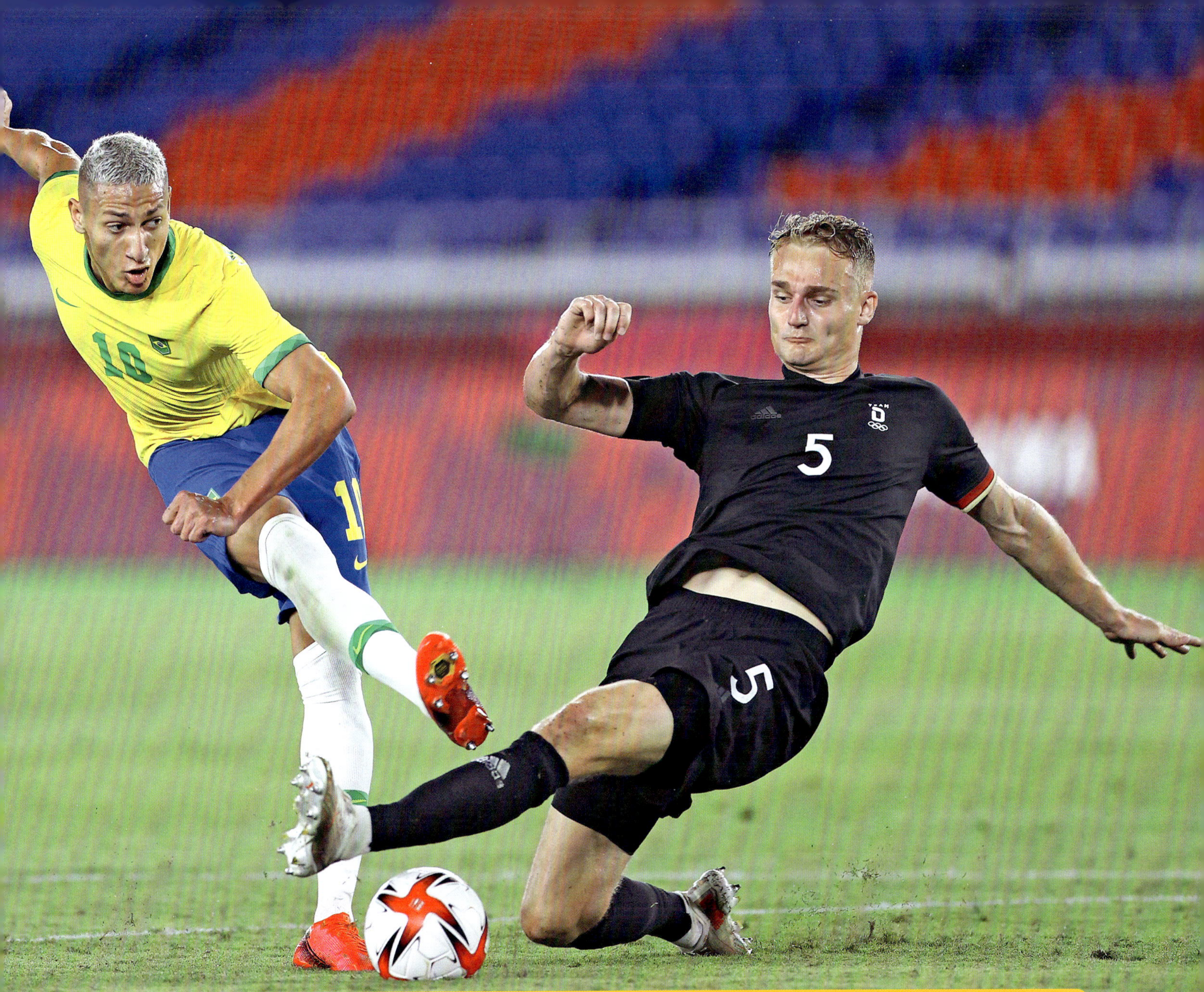

Immer wieder seziert Richarlison die deutsche Abwehr. In dieser Szene blockt Amos Pieper jedoch den Schuss des dreifachen Torschützen.

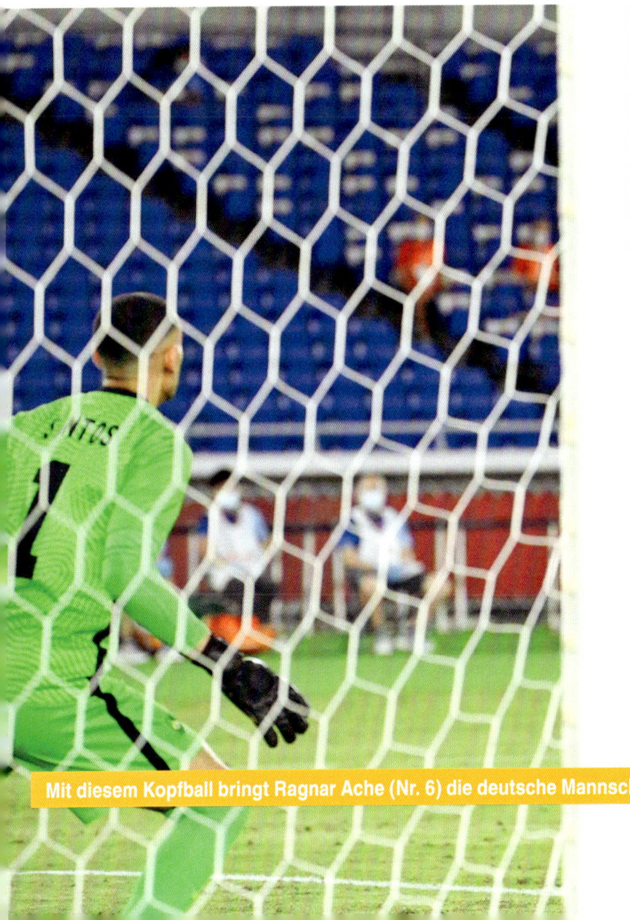

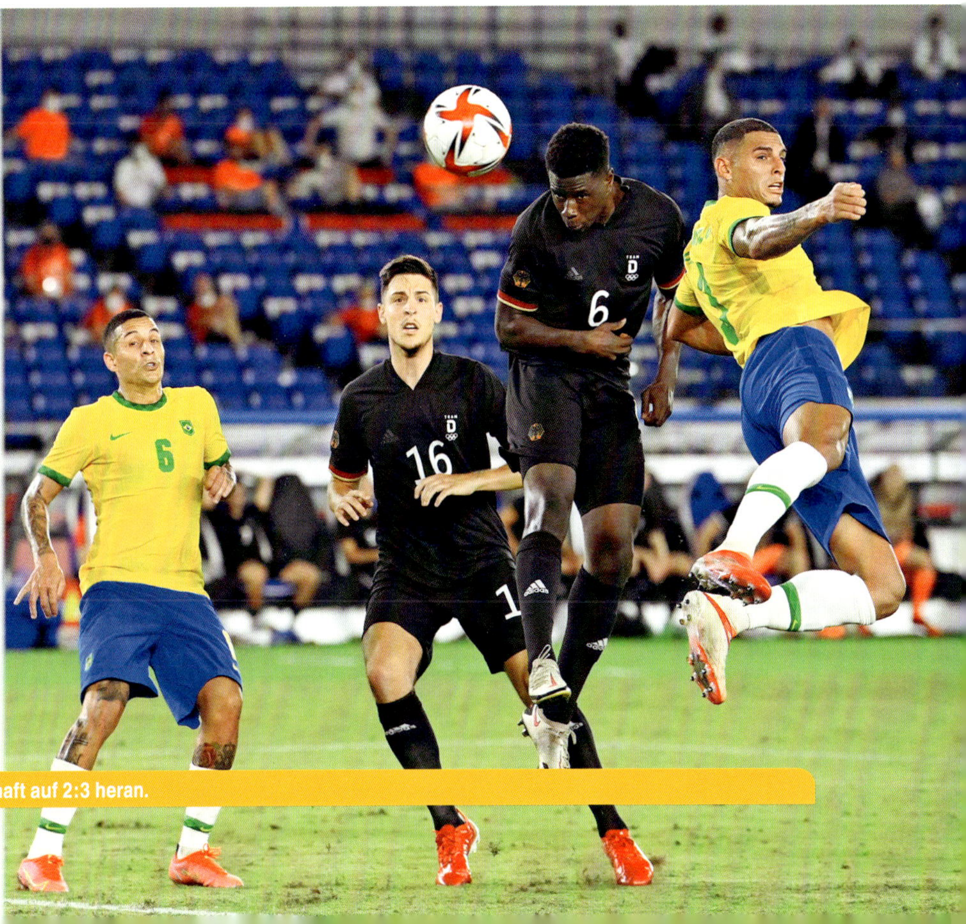

Mit diesem Kopfball bringt Ragnar Ache (Nr. 6) die deutsche Mannschaft auf 2:3 heran.

TAG 1
SA., 24.07.

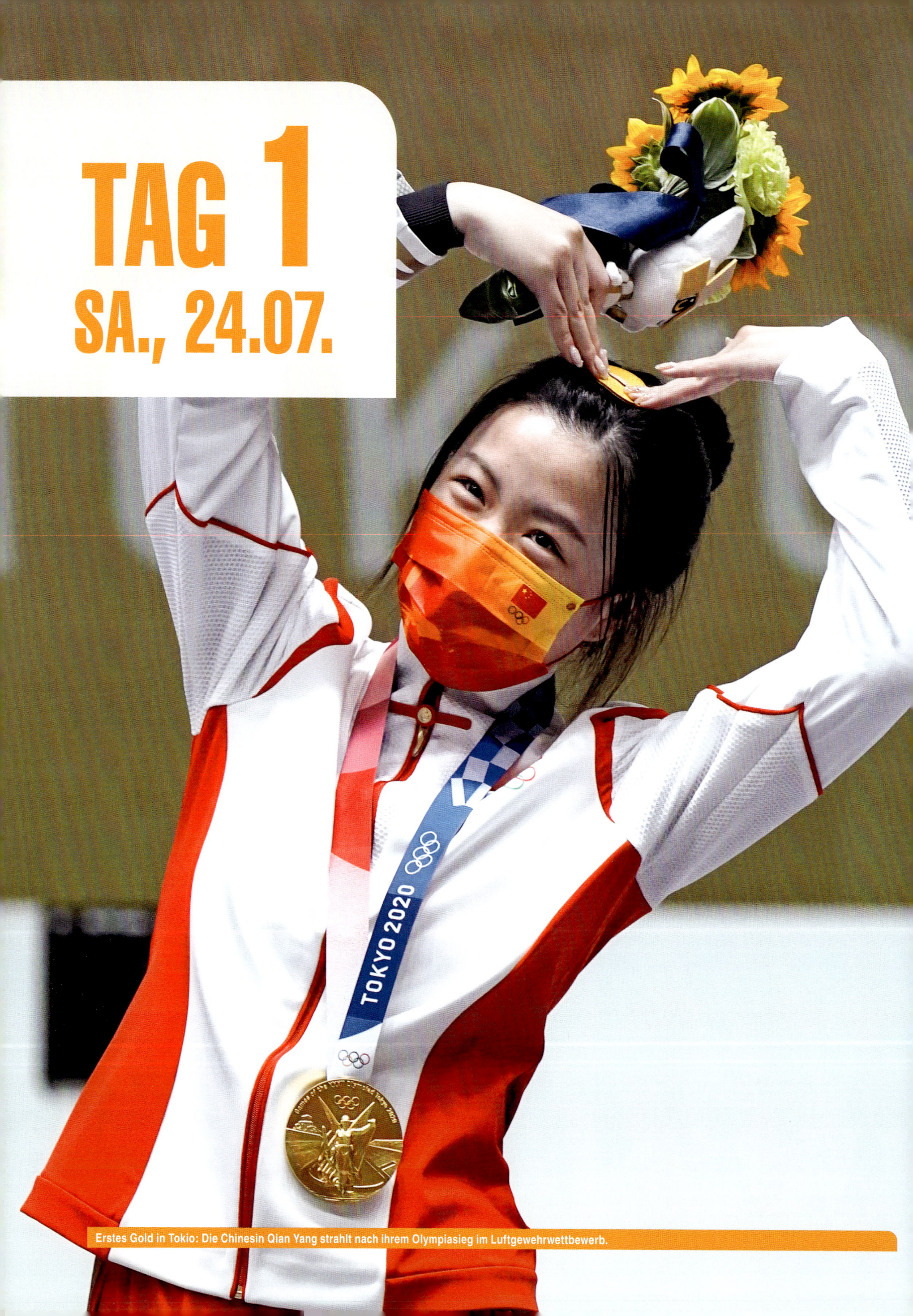

Erstes Gold in Tokio: Die Chinesin Qian Yang strahlt nach ihrem Olympiasieg im Luftgewehrwettbewerb.

DER AUFTAKT

Mit einem olympischen Rekord hat Qian Yang die erste Goldmedaille in Tokio gewonnen. Die chinesische Sportschützin entschied den Luftgewehrwettbewerb mit 251,8 Ringen für sich. Überhaupt stand der erste Wettkampftag ganz im Zeichen der Athletinnen aus dem Reich der Mitte, das sich mit dreimal Gold an die Spitze des Medaillenspiegels setzte. Auch Gewichtheberin Hou Zhihui und Degenfechterin Sun Yiwen standen auf dem Siegertreppchen ganz oben.
Höhepunkt des Tages war das Straßenradrennen, bei dem rund 10 000 Zuschauer auf den Tribünen des Fuji International Speedway südwestlich von Tokio den souveränen Sieg von Richard Carapaz bejubelten. Auch auf der 234 Kilometer langen Strecke säumten, entgegen dem Rat der Behörden, viele Japaner den Straßenrand. Ein Verbot gab es jedoch nicht. Carapaz, eine Woche zuvor Dritter bei der Tour de France, bescherte seinem Heimatland Ecuador damit die erst zweite Goldmedaille der Olympiageschichte. Toursieger Tadej Pogacar aus Slowenien wurde Dritter. Der Berliner Maximilian Schachmann überquerte als Zehnter die Ziellinie. Der gebürtige Berliner Simon Geschke musste das Rennen aus einem Quarantänehotel verfolgen, nachdem er tags zuvor positiv auf Corona getestet wurde.
Ansonsten gab es aus deutscher Sicht Licht und Schatten. Säbelfechter Max Hartung schied im letzten Einzelwettkampf seiner Karriere bereits im Achtelfinale aus. Die Beachvolleyballerinnen Laura Ludwig und Margareta Kozuch mussten sich nach einem vergebenen Matchball dem Duo Nina Betschart/Tanja Hüberli aus der Schweiz 1:2 geschlagen geben.
Dafür sorgten die Tennisstars Alexander Zverev und Jan-Lennard Struff in ihrem erst zweiten gemeinsamen Doppelauftritt mit einem Zweisatzsieg gegen die polnischen Mitfavoriten Hubert Hurkacz/ Lukasz Kubot für eine Überraschung. Die Hockeymänner ließen beim souveränen 7:1 (4:1) gegen Kanada nichts anbrennen.

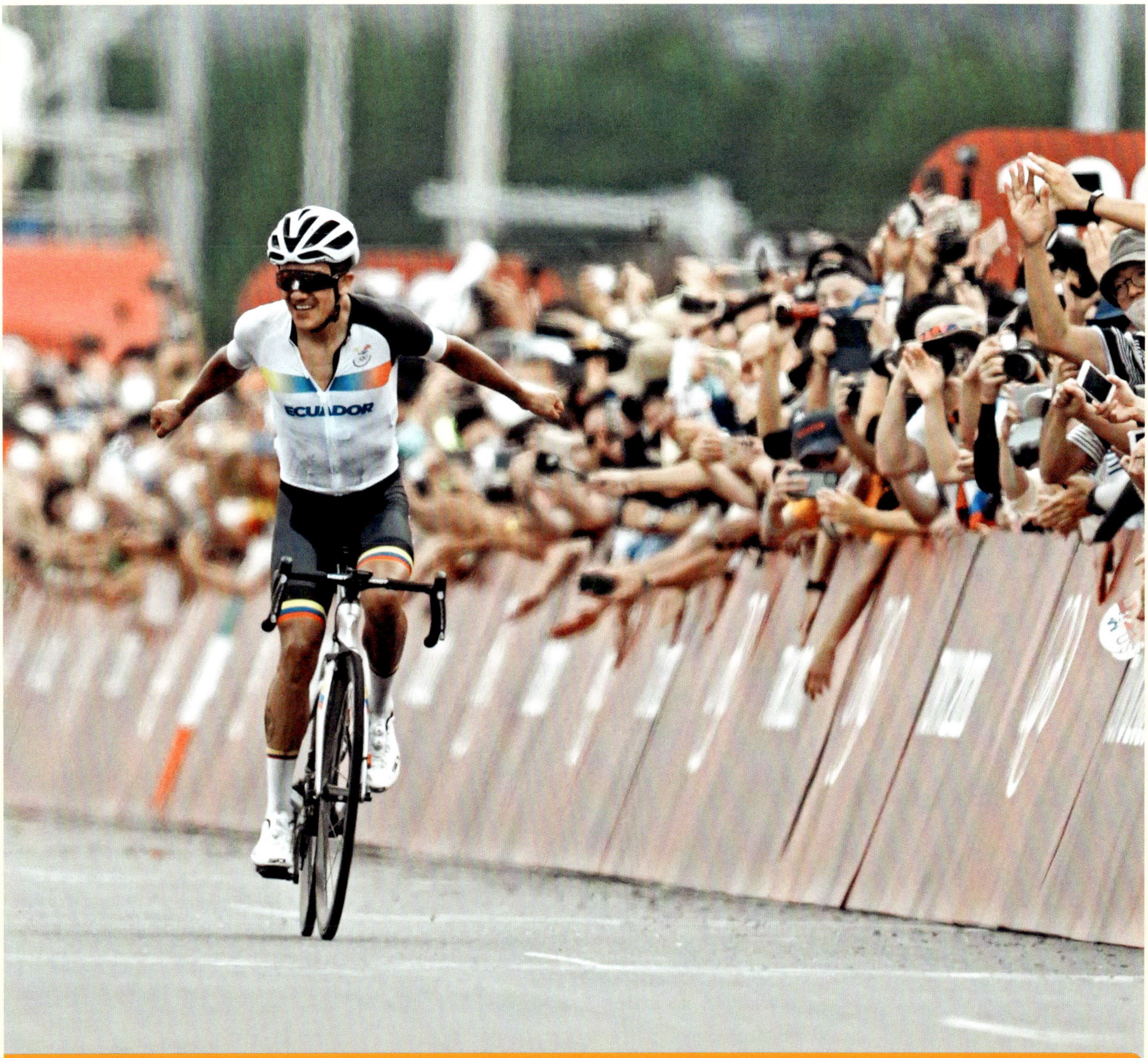

Seltenes Bild in Tokio: Zuschauer bejubeln den Sieger. Der Ecuadorianer Richard Carapaz genießt die Atmosphäre am Fuji International Speedway sichtlich.

TAG 1

HANDBALL

Mangelndes Selbstbewusstsein kann man den deutschen Handballern nun wirklich nicht vorwerfen. Sechs Monate vor dem olympischen Turnier schlossen sie die Weltmeisterschaft in Ägypten auf einem historisch schlechten zwölften Platz ab, doch das hinderte niemanden daran, für die Olympischen Spiele eine Medaille als Ziel zu formulieren. In Ägypten, so der Tenor, hätten schließlich etliche Leistungsträger gefehlt. In Tokio sollte gleich der Auftakt in die Spiele als Gradmesser für die deutschen Ambitionen dienen. Gegner war Europameister Spanien, dessen Mannschaft nicht gerade jugendlichen Elan verströmte, mit einem Durchschnittsalter von 33,4 Jahren aber Unmengen an Erfahrung auf die Platte brachte. Deutschland fand zunächst nicht ins Spiel und hatte es lediglich dem glänzend aufgelegten Torhüter Johannes Bitter zu verdanken, dass die Spanier nicht frühzeitig davonzogen. Als Hendrik Pekeler in der achten Minute endlich der zweite Treffer für die DHB-Auswahl gelang, fiel die Nervosität schlagartig ab. Spielmacher Philipp Weber sezierte nun ein ums andere Mal mit wohltemperierten Zuspielen den spanischen Mittelblock und prägte damit eine starke Phase, in der die deutsche Mannschaft einen 1:3-Rückstand in eine 10:7-Führung umwandelte. Zu Beginn der zweiten Halbzeit eroberte Spanien die Führung jedoch zurück. Mit personellen Wechseln schaffte es Trainer Alfred Gislason jedoch, das deutsche Spiel zu vitalisieren. Das DHB-Team nutzte nun vermehrt seine Tempovorteile und führte nach Uwe Gensheimers Siebenmeter-Tor mit 27:26 (58. Minute). Bei ihren letzten beiden Angriffen leisteten sich die Deutschen jedoch zwei diskutable Offensivfouls und gaben den Sieg noch aus den Händen.

Deutschland – Spanien 27:28 (13:12)
Deutschland: Bitter, Wolff – Weinhold (5 Tore), Pekeler (4), Gensheimer (3/2), Kastening (3), Golla (3), Drux (2), Kühn (2), Schiller (2/1), Weber (2), Knorr (1), Häfner, Lemke.

HANDBALL (MÄNNER)

Vorrunde, Gruppe A				
Deutschland – Spanien 27:28 (13:12)				
Norwegen – Brasilien 27:24 (12:13)				
Frankreich – Argentinien 33:27 (12:10)				
1.	Frankreich	1	33:27	2
2.	Norwegen	1	27:24	2
3.	Spanien	1	28:27	2
4.	Deutschland	1	27:28	0
5.	Brasilien	1	24:27	0
6.	Argentinien	1	27:33	0
Vorrunde, Gruppe B				
Schweden – Bahrain 32:31 (16:18)				
Portugal – Ägypten 31:37 (15:15)				
Dänemark – Japan 47:30 (25:14)				
1.	Dänemark	1	47:30	2
2.	Ägypten	1	37:31	2
3.	Schweden	1	32:31	2
4.	Bahrain	1	31:32	0
5.	Portugal	1	31:37	0
6.	Japan	1	30:47	0

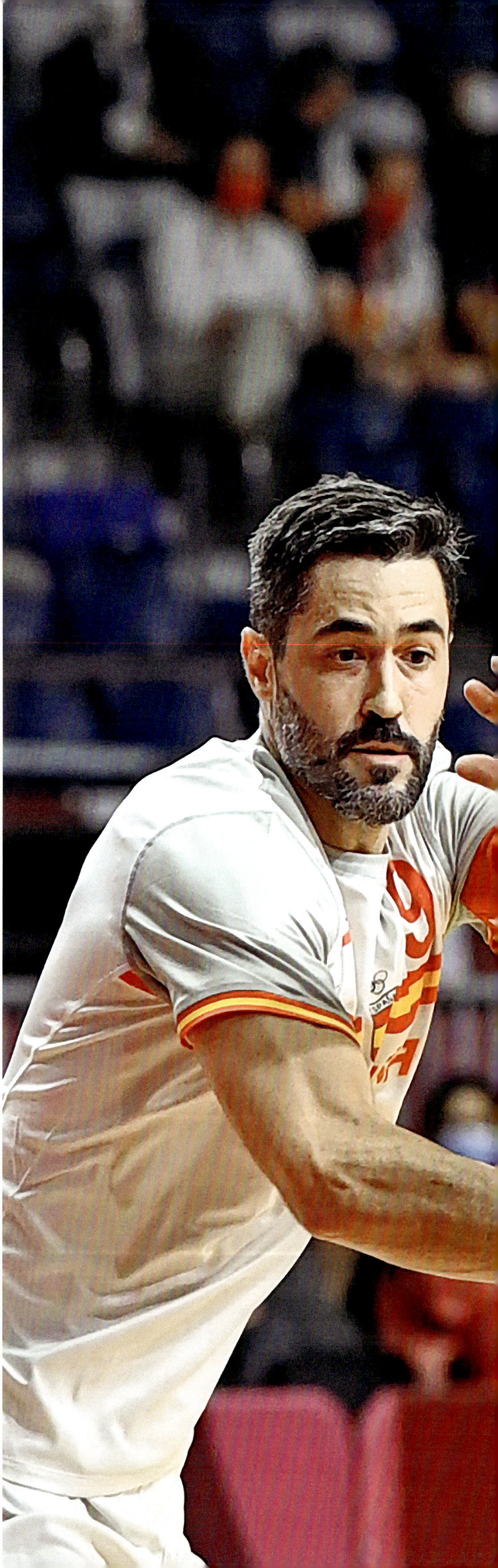

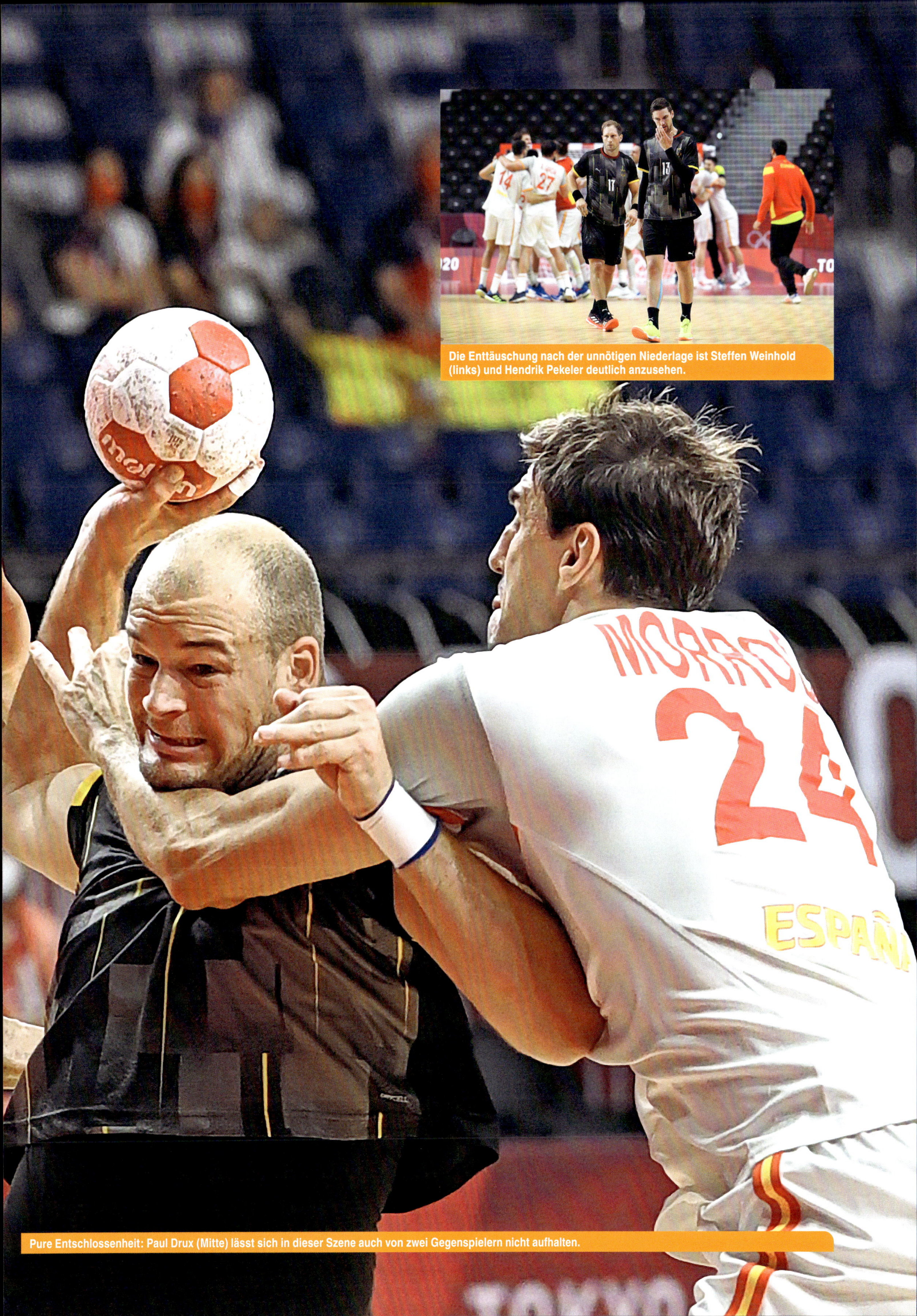

Die Enttäuschung nach der unnötigen Niederlage ist Steffen Weinhold (links) und Hendrik Pekeler deutlich anzusehen.

Pure Entschlossenheit: Paul Drux (Mitte) lässt sich in dieser Szene auch von zwei Gegenspielern nicht aufhalten.

TAG 2
SO., 25.07.

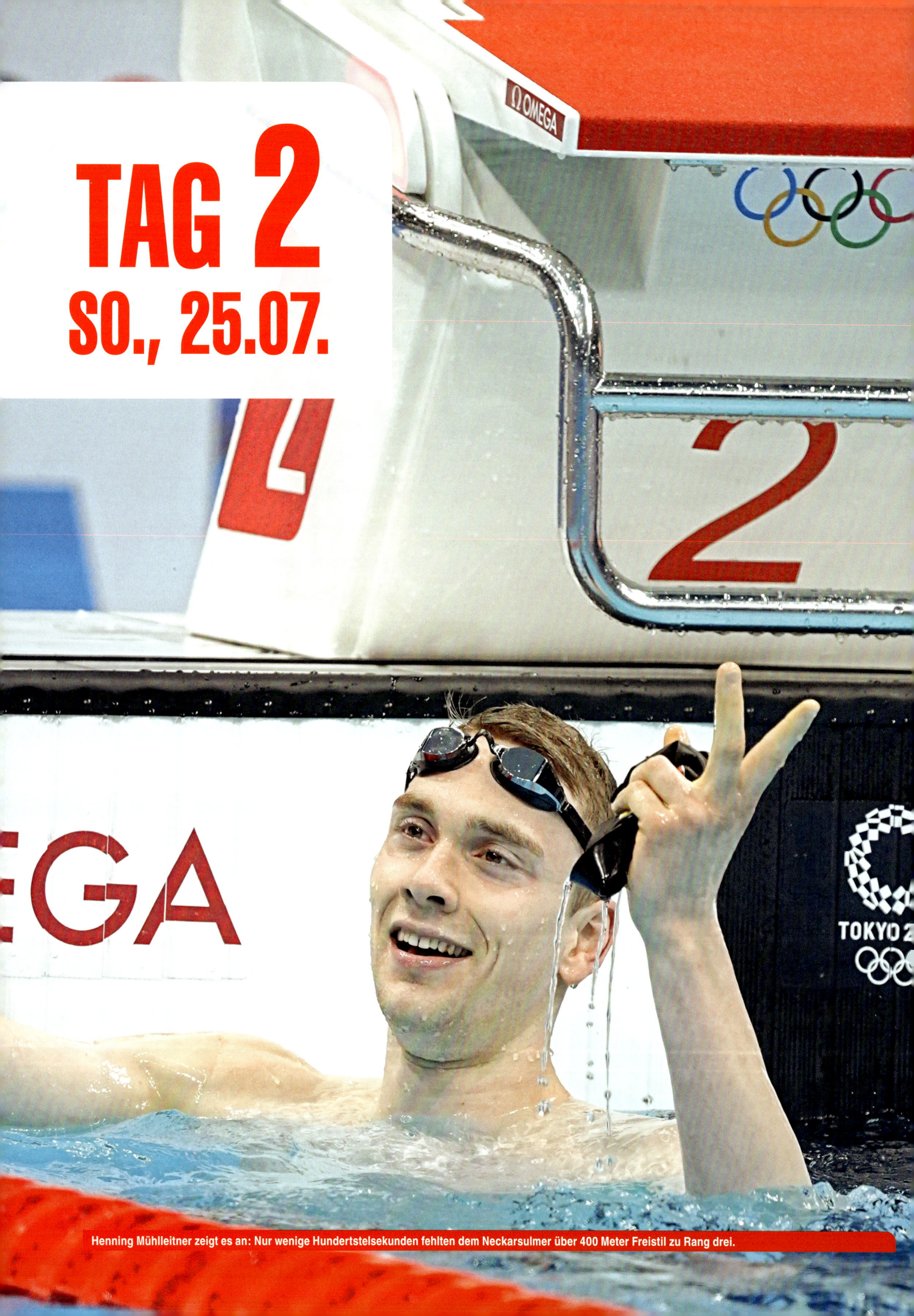

Henning Mühlleitner zeigt es an: Nur wenige Hundertstelsekunden fehlten dem Neckarsulmer über 400 Meter Freistil zu Rang drei.

SCHWIMMEN

Eine knapp verpasste Medaille, ein sensationeller Außenseitersieg und ein neuer Weltrekord – der erste Finaltag der Schwimmer im Tokyo Aquatics Centre hatte es in sich. Nach Bestzeit im Vorlauf über 400 Meter Freistil schwamm der Neckarsulmer Henning Mühlleitner im Endlauf nur um 13 Hundertstelsekunden an Bronze vorbei – es wäre das erste Edelmetall eines deutschen Beckenschwimmers seit Stev Theloke 21 Jahre (!) zuvor in Sydney gewesen. Mühlleitner ging den Endlauf wohl zu langsam an: Nach 300 Metern lag er nur auf Rang sechs. Hinterher war der 24-jährige Schwabe, der nur durch den Verzicht von Florian Wellbrock auf die 400 Meter ins Teilnehmerfeld gerutscht war, dennoch glücklich: »Es war wieder ein megageiles Rennen. Ich bin maximal zufrieden.« Auf Platz eins kraulte der erst 18 Jahre alte Nobody Ahmed Hafnaoui aus Tunesien, der damit für eine der größten Sensationen der jüngeren Schwimmgeschichte sorgte. Auf Außenbahn 8 setzte Hafnaoui mit drei Zehnteln Rückstand auf den letzten 50 Metern zu einem nicht für möglich gehaltenen Schlussspurt an und überholte noch den Australier Jack McLoughlin.
Dessen Landsfrauen sorgten kurz darauf in der Staffel über 4 x 100 Meter Freistil für den ersten Weltrekord. Um 36 Hundertstelsekunden unterboten die Schwestern Bronte und Cate Campbell, Meg Harris und Emma McKeon die bisherige Bestmarke, die sie drei Jahre zuvor in nahezu identischer Besetzung bei den Commonwealth Games im eigenen Land aufgestellt hatten. Für die Australierinnen war es der dritte Olympiasieg auf dieser Strecke hintereinander, Cate Campbell war immer dabei. Insgesamt bestimmten den ersten Finaltag die US-Amerikaner mit gleich sechs Medaillen. Chase Kalisz holte sich Gold über 400 Meter Lagen. Topfavorit Daiya Seto aus Japan wollte tags zuvor im Vorlauf Kräfte sparen und schied aus.

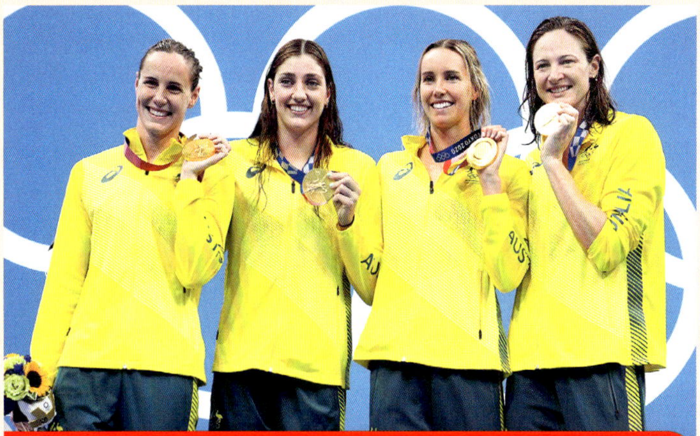

Die Australierinnen Bronte Campbell, Meg Harris, Emma McKeon und Cate Campbell (von links) präsentieren stolz ihre Goldmedaillen in der Freistilstaffel über 4 x 100 Meter.

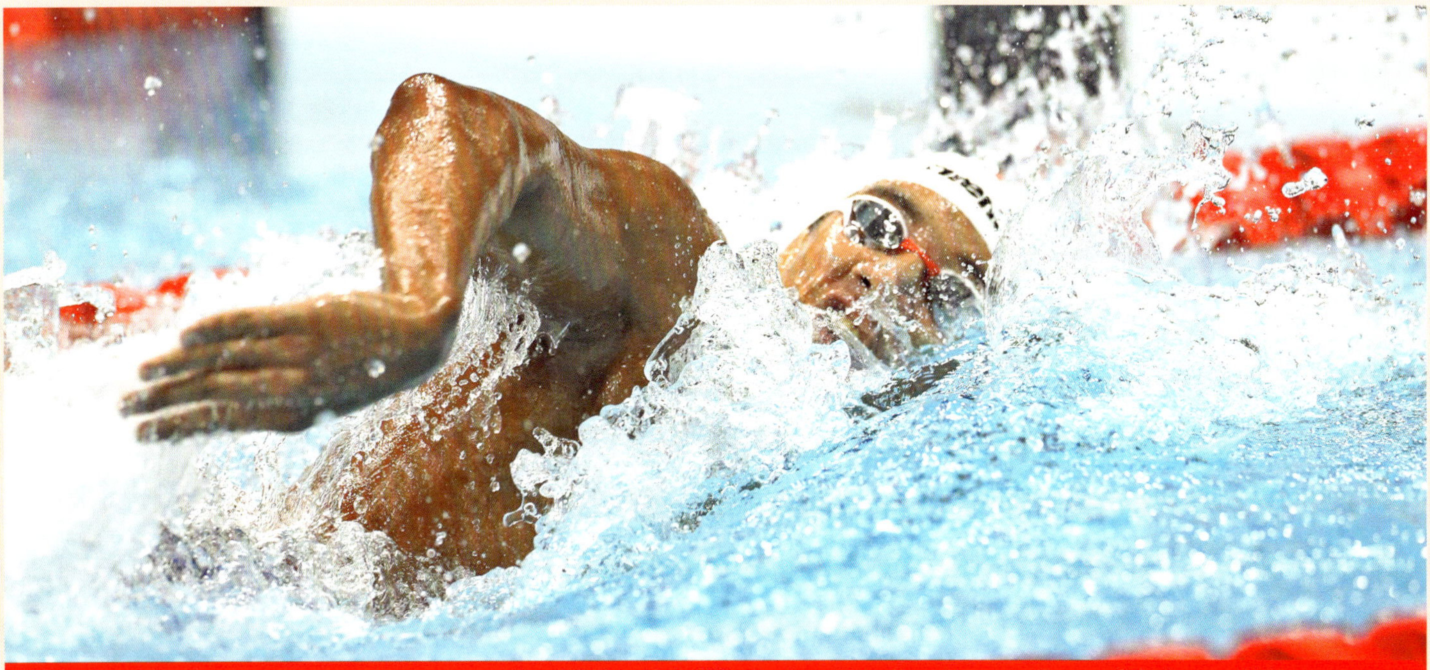

Kräftige Kraulzüge: Der Tunesier Ahmed Hafnaoui sorgt über 400 Meter Freistil für eine der größten Sensationen der jüngeren Schwimmgeschichte.

400 METER LAGEN (MÄNNER)

1	Chase Kalisz	USA	4:09,42 Minuten
2	Jay Litherland	USA	+ 0,86 Sekunden
3	Brendon Smith	AUS	+ 0,96

Jacob Heidtmann im Vorlauf ausgeschieden

400 METER LAGEN (FRAUEN)

1	Yui Ohashi	JPN	4:32,08 Minuten
2	Emma Weyant	USA	+ 0,68 Sekunden
3	Hali Flickinger	USA	+ 2,82

400 METER FREISTIL (MÄNNER)

1	Ahmed Hafnaoui	TUN	3:43,36 Minuten
2	Jack McLoughlin	AUS	+ 0,16 Sekunden
3	Kieran Smith	USA	+ 0,58

4. Henning Mühlleitner + 0,71

4 x 100 METER FREISTIL (FRAUEN)

1	Australien	AUS	3:29,69 Minuten
2	Kanada	CAN	+ 3,09 Sekunden
3	USA	USA	+ 3,12

Deutschland im Vorlauf ausgeschieden

WEITERE ENTSCHEIDUNGEN

Der Traum von einer Olympiamedaille erfordert manchmal auch unbequeme Entscheidungen. Wasserspringerin Lena Hentschel zog von Berlin nach Dresden und verschob ihr Abitur, um noch intensiver mit Tina Punzel trainieren zu können. Im Synchronspringen kommt es auf blindes Verständnis an, und das entwickelt sich nun mal nicht über Nacht.

In Tokio starteten die Europameisterinnen mit einem geglückten Delfinkopfsprung, die Konkurrenz sprang jedoch ebenfalls auf hohem Niveau. Nach vier von fünf Durchgängen belegte das deutsche Duo Rang vier, hauchdünn hinter den Italienerinnen Elena Bertocchi und Chiara Pellacani. Alles außer Gold schien noch möglich. Bei ihrem letzten Versuch bewahrten Punzel und Hentschel die Nerven, Abzüge gab es lediglich für die Eintauchphase Hentschels. Der Druck auf die Italienerinnen war nun enorm, und tatsächlich verpatzte Bertocchi ihren zweieinhalbfachen Rückwärtssalto derart, dass sich Punzel und Hentschel noch auf den Bronzerang vorschoben. Ein wenig ungläubig bejubelten sie ihre ersehnte Medaille. Es war die erste für Deutschland bei diesen Sommerspielen.

Nur 45 Minuten später bescherten die Bogenschützinnen um Lisa Unruh, Michelle Kroppen und Charline Schwarz dem deutschen Team die zweite Medaille. Auch sie holten Bronze. Unruh, die im Einzel bei den Olympischen Sommerspielen in Rio de Janeiro 2016 Silber gewonnen hatte, erlebte diesmal ein emotionales Auf und Ab. Im Halbfinale leitete sie mit einem katastrophalen Schuss im zweiten Satz die deutsche 1:5-Niederlage gegen das russische Trio ein, schoss dafür aber im Duell um Bronze gegen Belarus nahezu perfekt.

Mit Medaillenhoffnungen ging auch Radprofi Lisa Brennauer in das Straßenrennen der Frauen über 137 Kilometer, das den Athletinnen 2700 Höhenmeter abverlangte. Die 33-jährige Allgäuerin zeigte eine starke Leistung, musste sich am Ende aber mit Rang sechs begnügen. Den Sieg sicherte sich völlig überraschend die Österreicherin Anna Kiesenhofer, die bereits nach einem Kilometer einen Fluchtversuch startete und sich am Ende von ihren Begleiterinnen absetzte. Kurios: Die Niederländerin Annemiek van Vleuten freute sich, als sie als Zweite

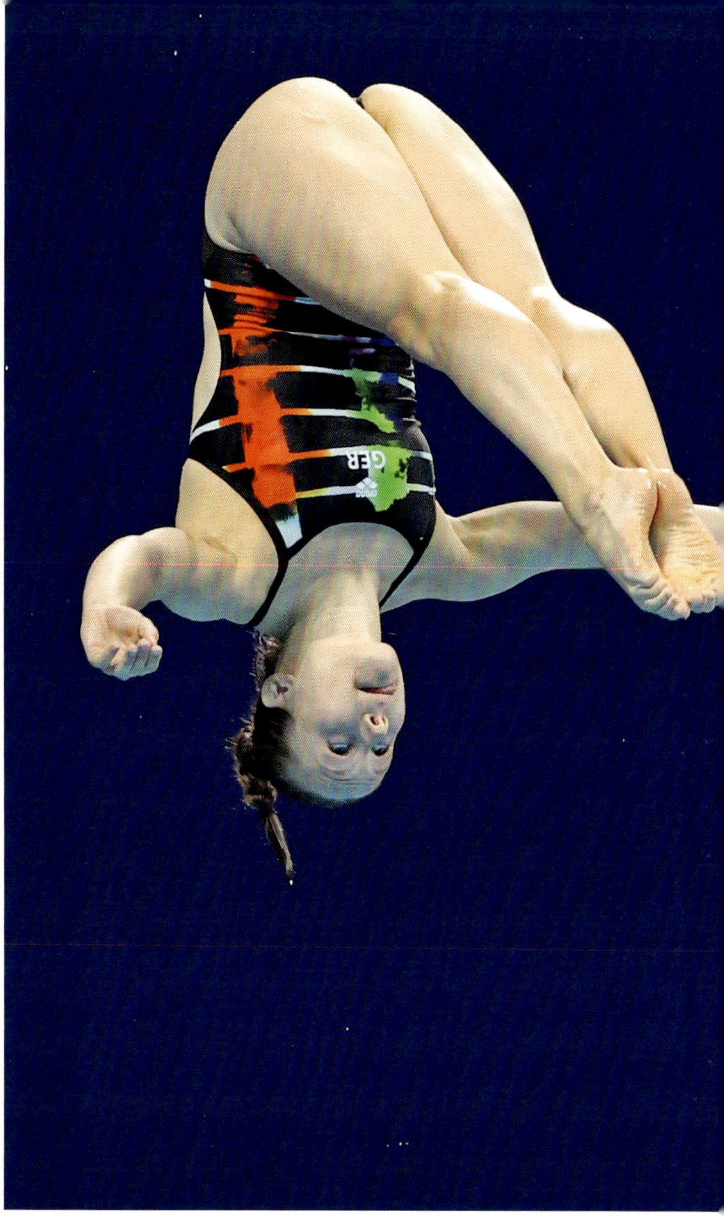

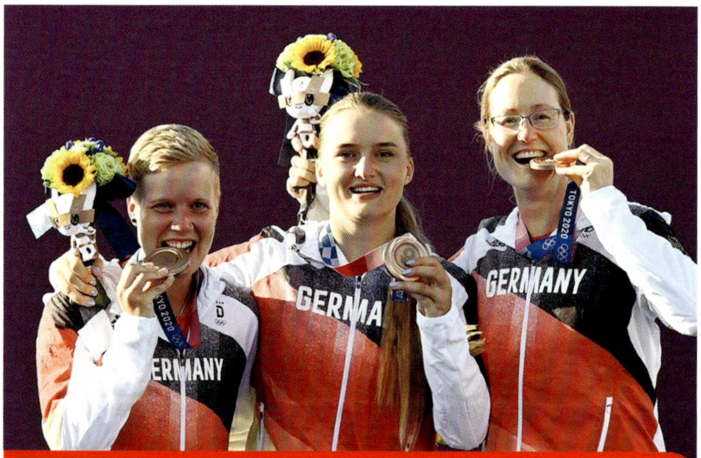

Michelle Kroppen, Charline Schwarz und Lisa Unruh (von links) gewinnen Bronze im Bogenschießen.

SCHIESSEN LUFTGEWEHR (MÄNNER)

1	William Shaner	USA	251,6 Ringe
2	Sheng Lihao	CHN	250,9
3	Yang Haoran	CHN	229,4

SCHIESSEN LUFTPISTOLE (FRAUEN)

1	Witalina Bazaraschkina	ROC	240,3 Ringe
2	Antoaneta Kostadinowa	BUL	239,4
3	Jiang Ranxin	CHN	218,0

Carina Wimmer in Qualifikation gescheitert

WASSERSPRINGEN DREI-METER-BRETT SYNCHRON (FRAUEN)

1	Shi Tingmao/Wang Han	CHN	326,40 Punkte
2	Jennifer Abel/Melissa Citrini Beaulieu	CAN	300,78
3	Tina Punzel/Lena Hentschel	GER	284,97

BOGENSCHIESSEN TEAMWETTBEWERB (FRAUEN)

1	Südkorea	KOR
2	ROC	ROC
3	Deutschland	GER

RADSPORT STRASSENRENNEN (FRAUEN)

1	Anna Kiesenhofer	AUT	3:52:45 Stunden
2	Annemiek van Vleuten	NED	+ 1:15 Minuten
3	Elisa Longo Borghini	ITA	+ 1:29

6. Lisa Brennauer + 1:46

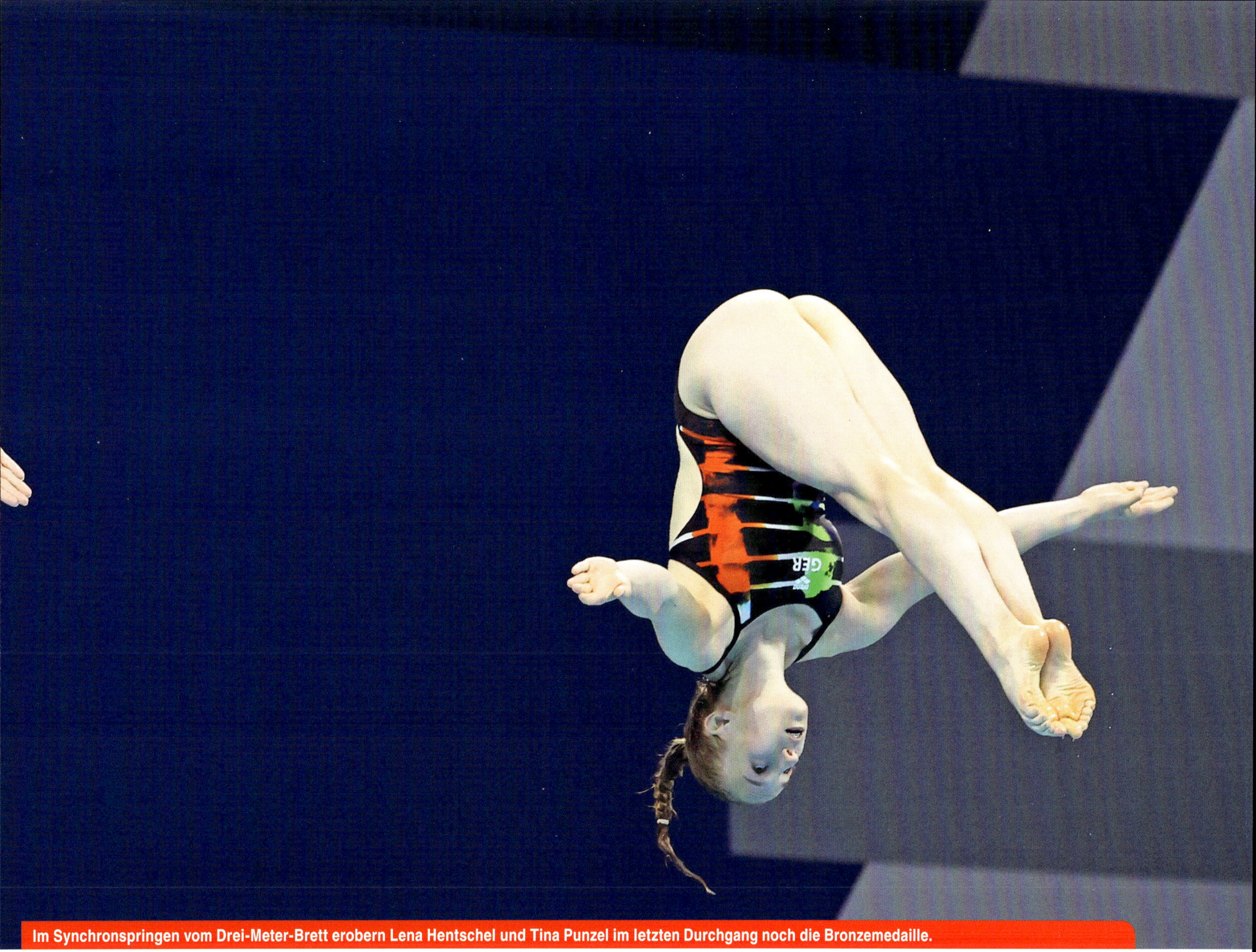

Im Synchronspringen vom Drei-Meter-Brett erobern Lena Hentschel und Tina Punzel im letzten Durchgang noch die Bronzemedaille.

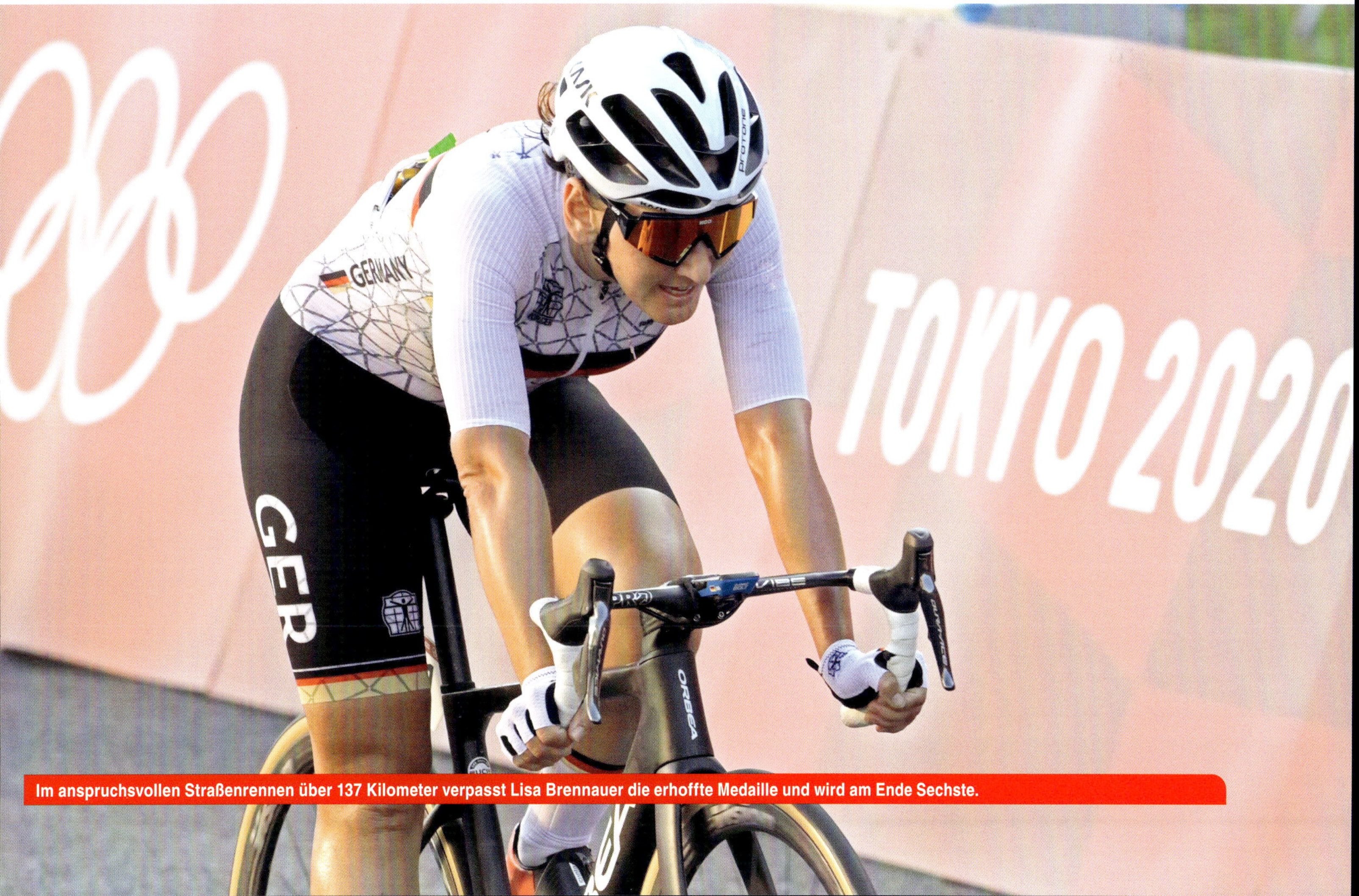

Im anspruchsvollen Straßenrennen über 137 Kilometer verpasst Lisa Brennauer die erhoffte Medaille und wird am Ende Sechste.

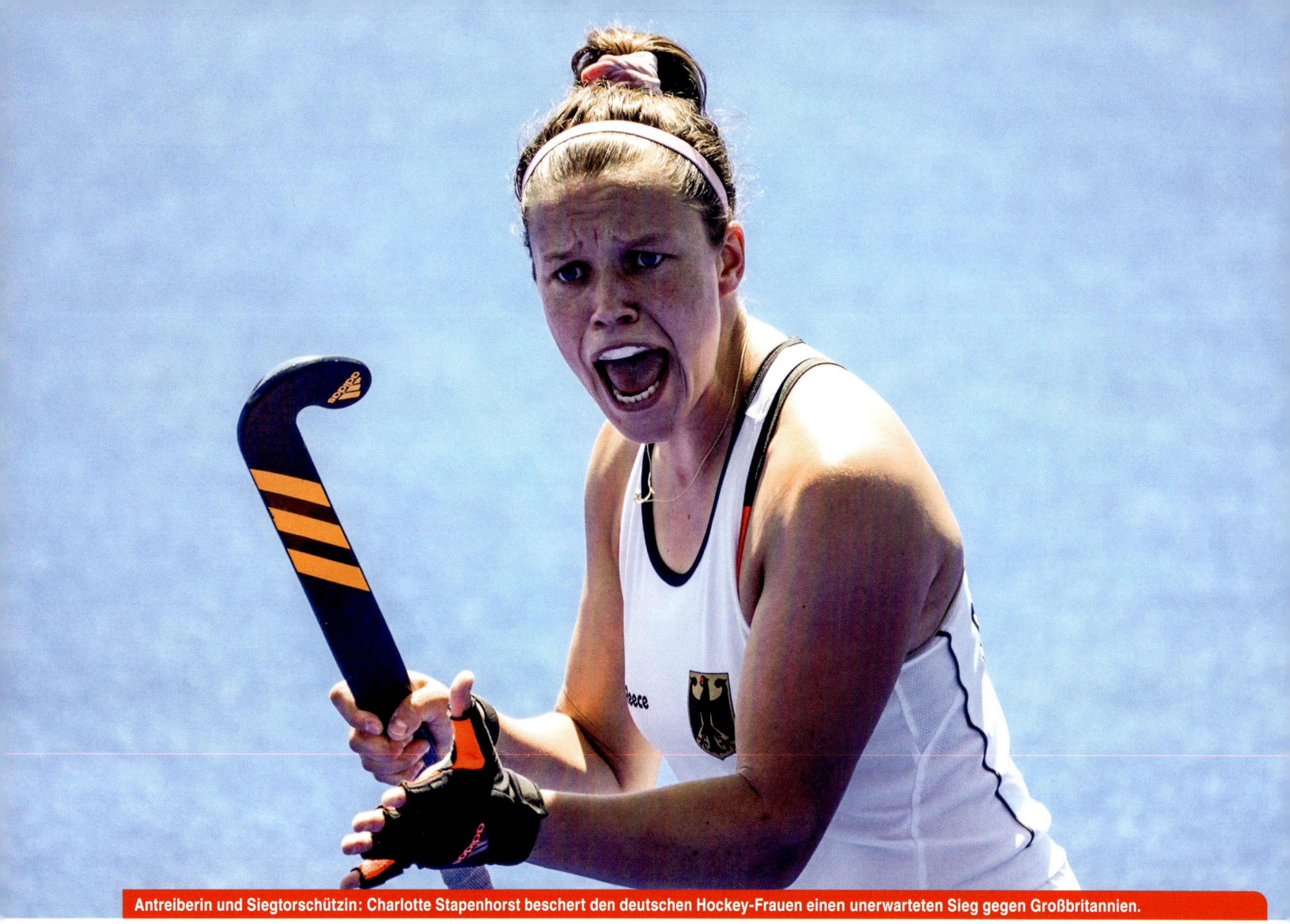

Antreiberin und Siegtorschützin: Charlotte Stapenhorst beschert den deutschen Hockey-Frauen einen unerwarteten Sieg gegen Großbritannien.

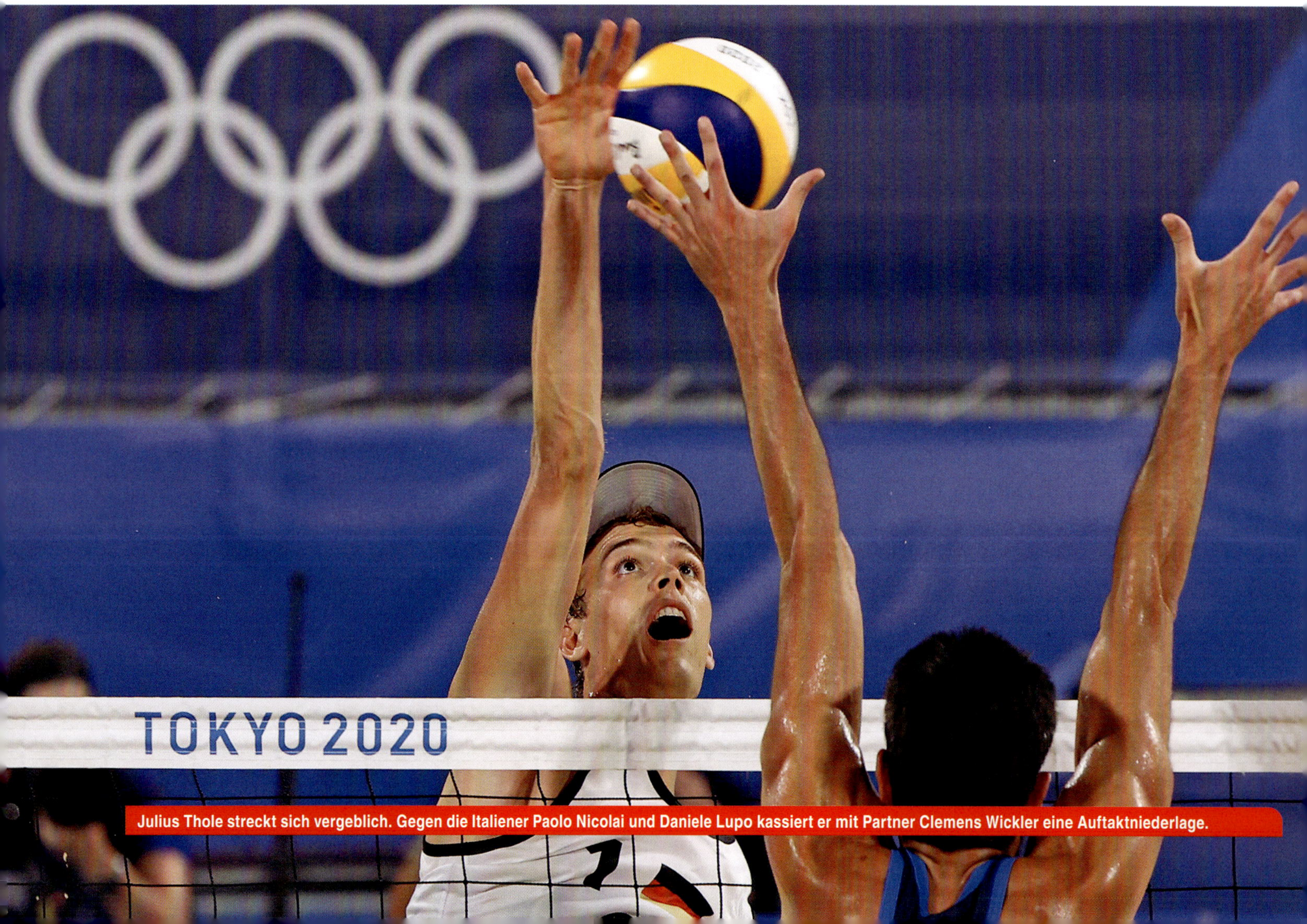

Julius Thole streckt sich vergeblich. Gegen die Italiener Paolo Nicolai und Daniele Lupo kassiert er mit Partner Clemens Wickler eine Auftaktniederlage.

über die Ziellinie fuhr, fälschlicherweise über Gold. Sie und ihre Kolleginnen in der großen Gruppe hatten offenbar nicht mitbekommen, dass Kiesenhofer als Ausreißerin noch allein an der Spitze unterwegs war. Gold ging damit an eine 30-jährige Mathematikerin ohne Profivertrag.
Die deutschen Hockey-Frauen starteten bei großer Hitze dank Toren von Viktoria Huse und Charlotte Stapenhorst mit einem 2:1-Coup gegen den amtierenden Olympiasieger Großbritannien ins Turnier.

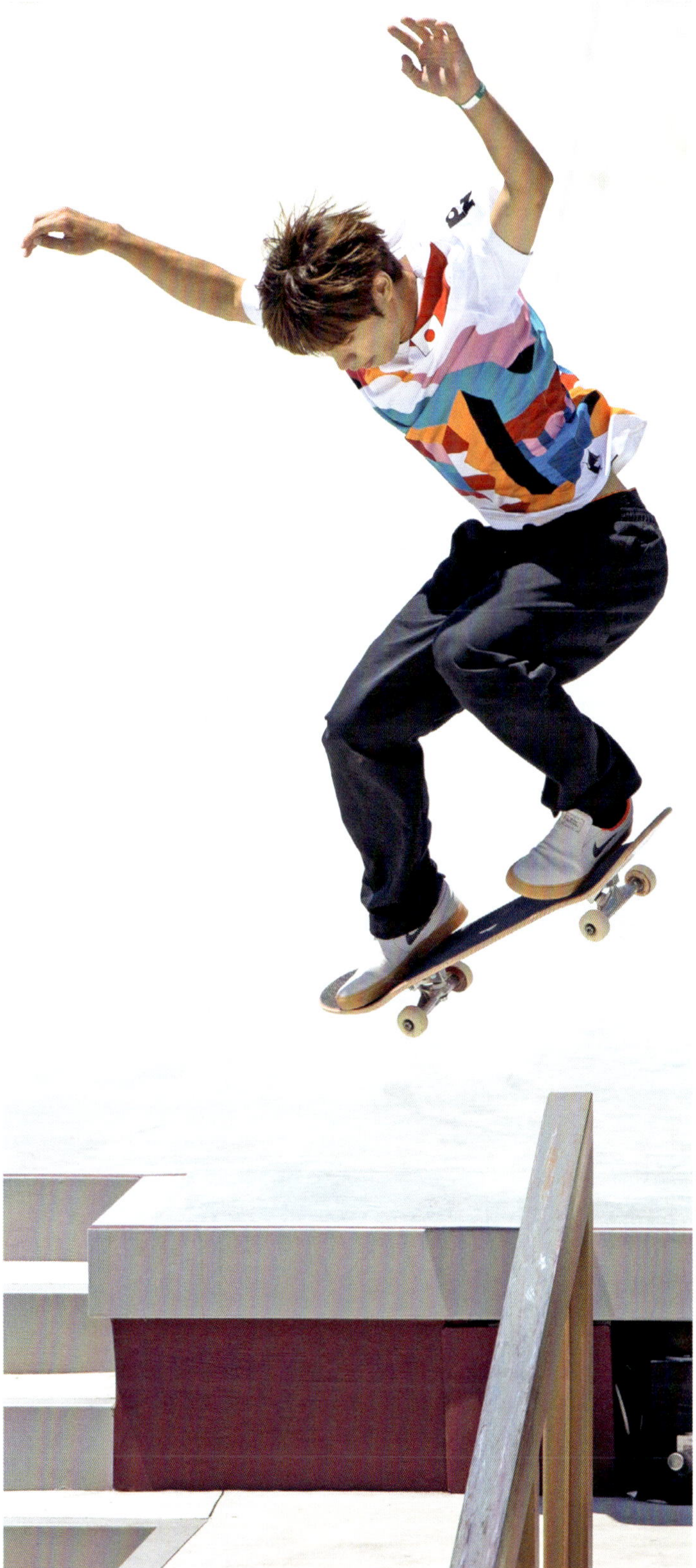

Das erste Skateboard-Gold in der Geschichte der Olympischen Spiele geht an den Japaner Yuto Horigome. Es ist zugleich der erste Triumph für die Gastgeber bei diesen Spielen.

Einen Fehlstart legten dagegen Julius Thole und Clemens Wickler im Beachvolleyball hin. Sie unterlagen den Italienern Paolo Nicolai und Daniele Lupo knapp mit 1:2.

TAG 2

GEWICHTHEBEN BIS 61 KG (MÄNNER)

1	Li Fabin	CHN	313 Kilogramm
2	Eko Yuli Irawan	INA	302
3	Igor Son	KAZ	294

9. Simon Brandhuber 268

GEWICHTHEBEN BIS 68 KG (MÄNNER)

1	Chen Lijun	CHN	332 Kilogramm
2	Luis Javier Lozano	COL	331
3	Mirko Zanni	ITA	322

SKATEBOARD STREET (MÄNNER)

1	Yuto Horigome	JPN	37,18 Punkte
2	Kelvin Hoefler	BRA	36,15
3	Jagger Eaton	USA	35,35

JUDO BIS 52 KG (FRAUEN)

1	Uta Abe	JPN
2	Amandine Buchard	FRA
3	Odette Giuffrida	ITA
3	Chelsie Giles	GBR

JUDO BIS 66 KG (MÄNNER)

1	Hifumi Abe	JPN
2	Wascha Margwelaschwili	GEO
3	An Baul	KOR
3	Daniel Cargnin	BRA

Sebastian Seidl in erster Runde ausgeschieden

FECHTEN DEGEN (MÄNNER)

1	Romain Cannone	FRA
2	Gergely Siklosi	HUN
3	Igor Reislin	UKR

FECHTEN FLORETT (FRAUEN)

1	Lee Kiefer	USA
2	Inna Deriglasowa	ROC
3	Larisa Korobejnikowa	ROC

Leonie Ebert im Achtelfinale ausgeschieden

TAEKWONDO BIS 68 KG (MÄNNER)

1	Ulugbek Raschitow	UZB
2	Bradley Sinden	GBR
3	Zao Shuai	CHN
3	Hakan Recber	TUR

TAEKWONDO BIS 57 KG (FRAUEN)

1	Anastasija Zolotic	USA
2	Tatiana Minina	ROC
3	Lo Chia-Ling	TPE
3	Hatice Kubra Ilgun	TUR

BASKETBALL

Erst drei Wochen zuvor hatten die deutschen Basketballer das Ticket für Tokio gelöst. Bei den vier Siegen beim Qualifikationsturnier im kroatischen Split zeigten die Mannen von Bundestrainer Henrik Rödl vor allem in den Schlussminuten ihre ganze Qualität. Beim Auftakt in der Saitama Super Arena, dem ersten Olympiaauftritt seit 13 Jahren, verloren sie jedoch ausgerechnet am Ende den Faden und das Spiel mit 82:92. »Frustrierend«, fand der Berliner Maodo Lo, mit 24 Punkten Topscorer der Partie. »Ein Rückschlag«, meinte Johannes Thiemann, sein Kollege in Verein und Nationalmannschaft. Auch ohne den besten deutschen Basketballer der Gegenwart, Dennis Schröder, dessen Teilnahme aus versicherungstechnischen Gründen gescheitert war, kam ein stark besetzter Kader zusammen: Die Hälfte der Spieler stand im Ausland unter Vertrag, Isaac Bonga und Moritz Wagner sogar in der NBA. Eine Kontroverse bei der Nominierung hatte es um Joshiko Saibou gegeben, der im Sommer 2020 durch die Teilnahme an Querdenkerdemos aufgefallen war. 36 Minuten lang begegneten die Deutschen den Italienern auf Augenhöhe, lagen selbst die meiste Zeit in Führung: zu Beginn des zweiten Viertels sogar mit 34:22, zur Halbzeit knapp mit 46:45 und auch noch vier Minuten vor Spielende mit 82:80. Doch dann ging auf einmal nichts mehr. Die letzten zwölf Punkte der Partie erzielten allesamt die Italiener. Eine Überraschung gab es im letzten Spiel des Tages, das die USA gegen Frankreich 76:83 (45:37) verloren – für den Rekordsieger (16-mal Gold) die erste Olympiapleite seit dem Halbfinale 2004 in Athen.

Deutschland – Italien 82:92 (46:45)
Deutschland: Lo (24 Punkte), Bonga (13), Obst (12), Wagner (12), Saibou (6), Barthel (5), Thiemann (4), Giffey (3), Voigtmann (3), Benzing, Wank, Wimberg.

BASKETBALL (MÄNNER)

Vorrunde, Gruppe A			
Iran – Tschechien 78:84 (30:46)			
Frankreich – USA 83:76 (37:45)			
1.	Frankreich	83:76	1:0 Siege
2.	Tschechien	84:78	1:0
3.	Iran	78:84	0:1
4.	USA	76:83	0:1
Vorrunde, Gruppe B			
Deutschland – Italien 82:92 (46:45)			
Australien – Nigeria 84:67 (43:40)			
1.	Australien	84:65	1:0 Siege
2.	Italien	92:82	1:0
3.	Deutschland	82:92	0:1
4.	Nigeria	67:84	0:1
Vorrunde, Gruppe C			
Argentinien – Slowenien 100:118 (42:62)			
Japan – Spanien 77:88 (28:48)			
1.	Slowenien	118:100	1:0 Siege
2.	Spanien	88:77	1:0
3.	Japan	77:88	0:1
4.	Argentinien	100:118	0:1

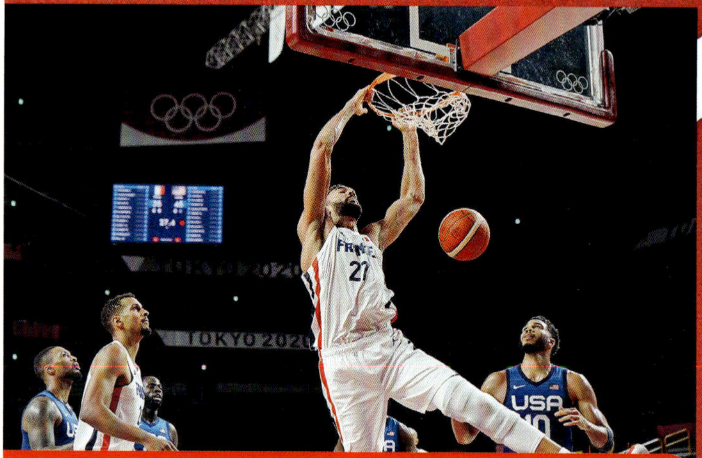

Per Dunking lässt es der französische Center Rudy Gobert im Korb der US-Amerikaner krachen. Jayson Tatum (rechts) bleibt nur die Zuschauerrolle.

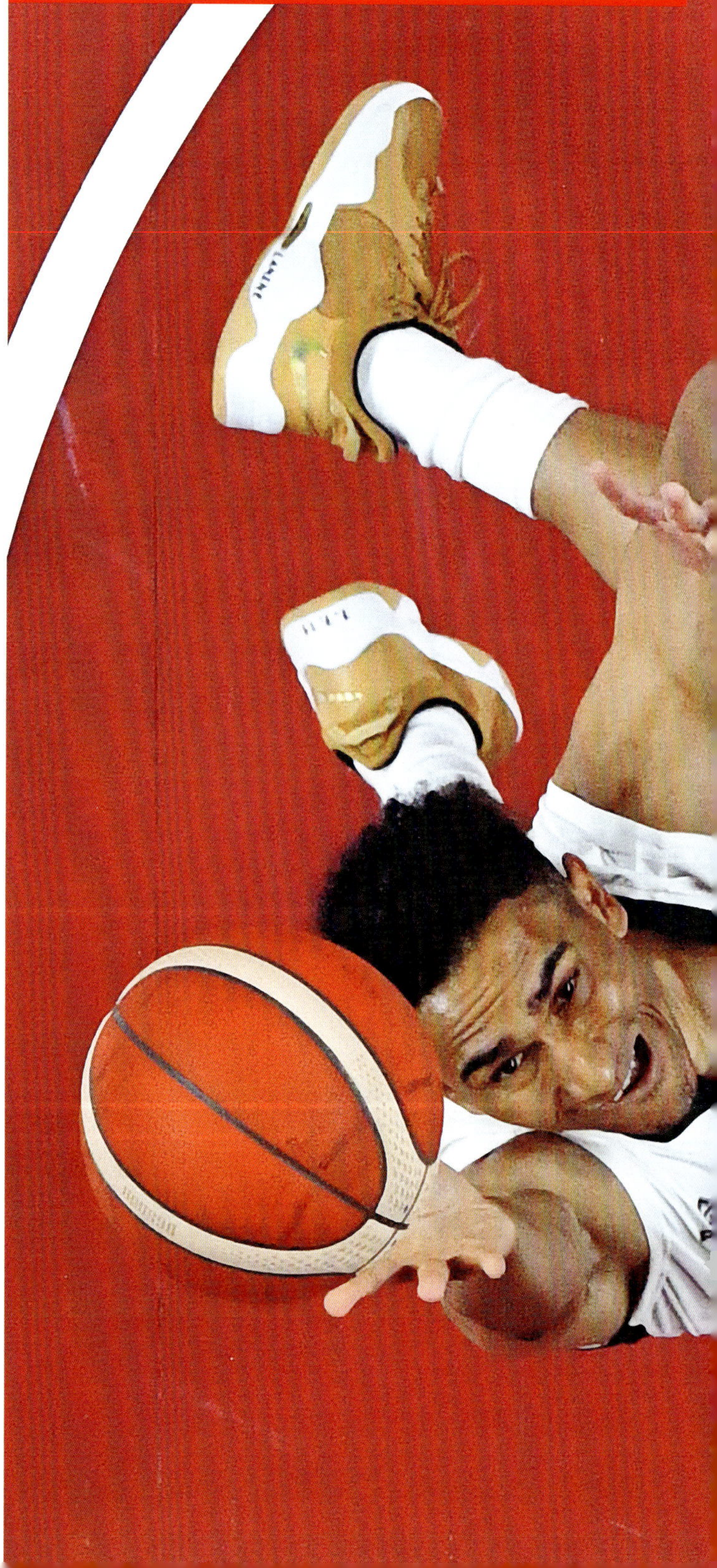

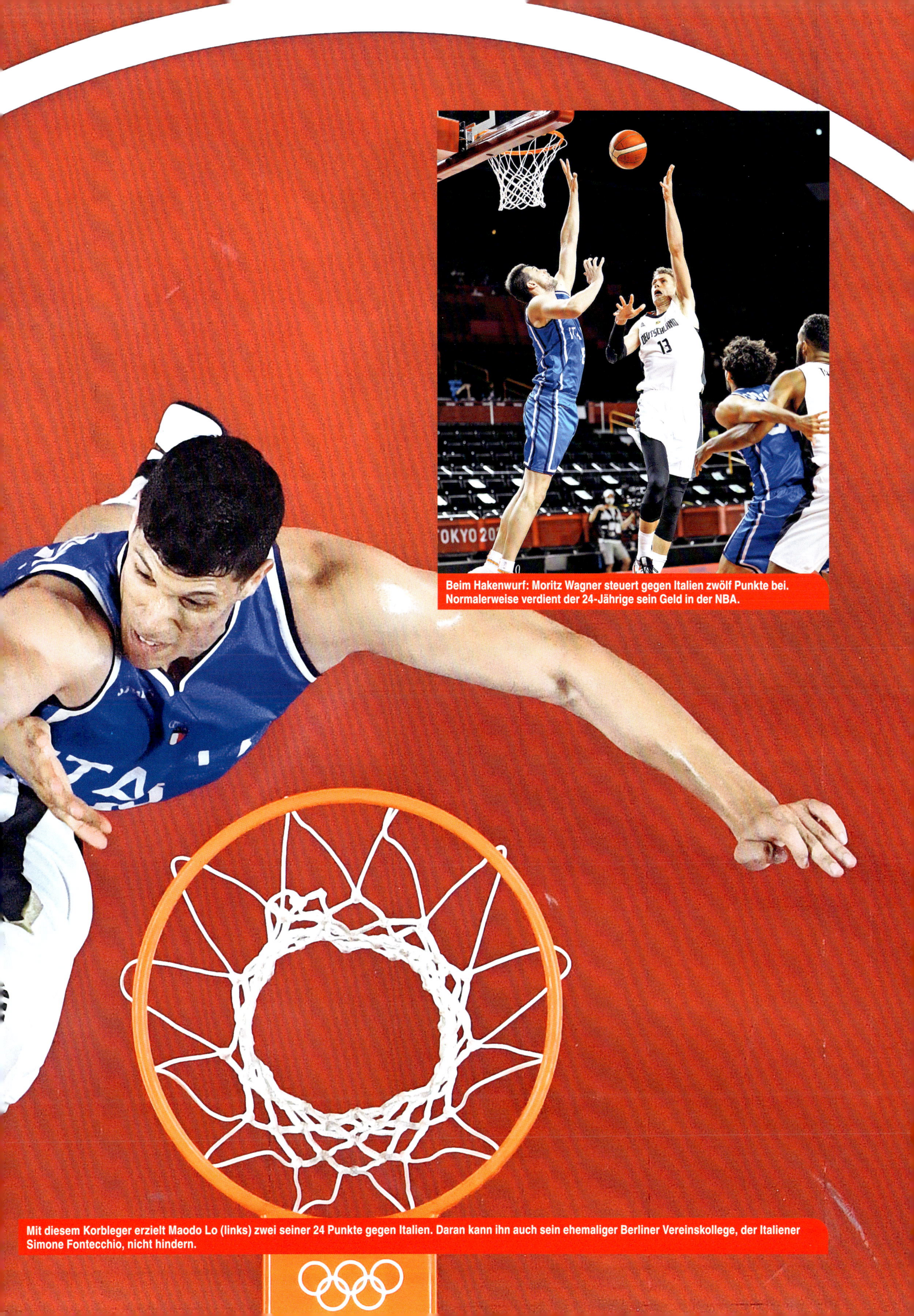

Beim Hakenwurf: Moritz Wagner steuert gegen Italien zwölf Punkte bei. Normalerweise verdient der 24-Jährige sein Geld in der NBA.

Mit diesem Korbleger erzielt Maodo Lo (links) zwei seiner 24 Punkte gegen Italien. Daran kann ihn auch sein ehemaliger Berliner Vereinskollege, der Italiener Simone Fontecchio, nicht hindern.

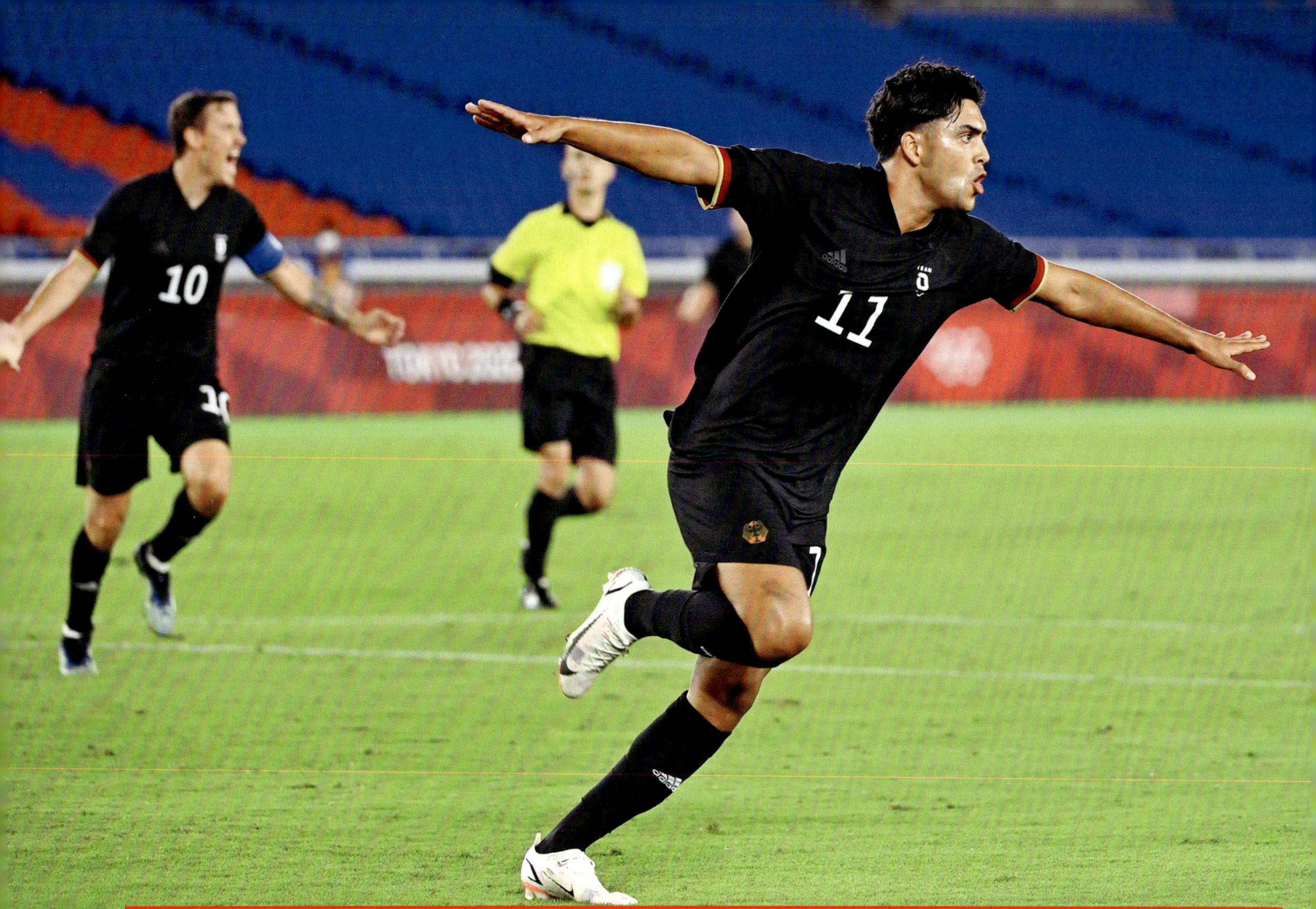

Nadiem Amiri dreht nach seinem Führungstor jubelnd ab. Im Hintergrund freut sich Max Kruse, der erst nach dem Spiel seinen großen Auftritt hatte.

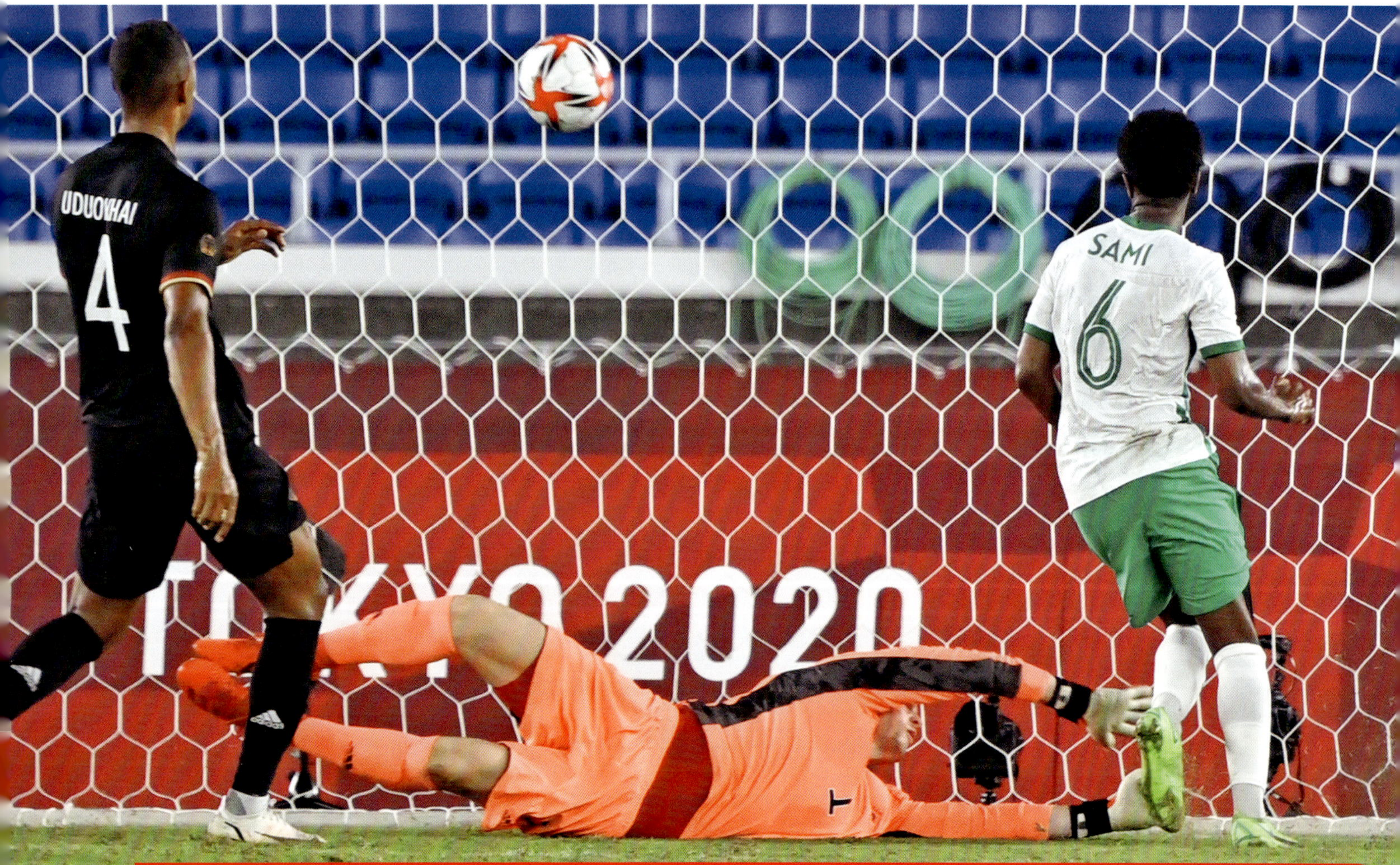

Sami Al-Najei nutzt die Schwächen in der deutschen Abwehr und trifft in dieser Szene zum 1:1.

FUSSBALL

Erst nach dem Schlusspfiff hatte Max Kruse seinen großen Auftritt. Vor laufenden Kameras machte er seiner Freundin Dilara einen Heiratsantrag, und wie sich wenig später herausstellte, fiel die Antwort positiv aus. Das einzig Positive am zweiten Olympiaauftritt der deutschen Fußballer war hingegen nur das Ergebnis. Gegen Saudi-Arabien quälte sich die Mannschaft von Trainer Stefan Kuntz zu einem 3:2 (2:1)-Erfolg. Wieder erweckte die deutsche Mannschaft aber nicht gerade den Eindruck eines Medaillenkandidaten. Zwar brachte Nadiem Amiri die DFB-Elf früh in Führung (11. Minute), doch Sicherheit verlieh dieser Treffer nicht. Vor allem in der Abwehr präsentierte sich der Favorit verwundbar und kassierte folgerichtig durch Sami Al-Najei den Ausgleich (30.). Der saudische Mittelfeldspieler war es auch, der die erneute deutsche Führung durch Ragnar Ache (43.) kurz nach der Pause egalisierte (50.). Als Amos Pieper Mitte der zweiten Halbzeit nach einer Notbremse vom Feld flog, sprach nicht mehr viel für die müde wirkenden Deutschen, doch nach einer Ecke traf der aufgerückte Innenverteidiger Felix Uduokhai per Kopfball zum 3:2 (75.). Diesen Vorsprung brachte die DFB-Elf mit Ach und Krach ins Ziel und bescherte sich so ein Endspiel um den Viertelfinaleinzug im letzten Gruppenspiel gegen die Elfenbeinküste.

Saudi-Arabien – Deutschland 2:3 (1:2)
Deutschland: Müller – Henrichs, Pieper, Uduokhai, Raum, Maier (71. Stach), Löwen, Teuchert (69. Torunarigha), Kruse, Amiri (73. K. Schlotterbeck), Ache (83. Richter).
Tore: 0:1 Amiri (11.), 1:1 Al-Najei (30.), 1:2 Ache (43.), 2:2 Al-Najei (50.), 2:3 Uduokhai (75.).

FUSSBALL (MÄNNER)

Vorrunde, Gruppe A				
Frankreich – Südafrika 4:3 (0:0)				
Japan – Mexiko 2:1 (2:0)				
1.	Japan	2	3:1	6
2.	Mexiko	2	5:3	3
3.	Frankreich	2	5:7	3
4.	Südafrika	2	3:5	0
Vorrunde, Gruppe B				
Neuseeland – Honduras 2:3 (1:1)				
Rumänien – Südkorea 0:4 (0:1)				
1.	Südkorea	2	4:1	3
2.	Honduras	2	3:3	3
3.	Neuseeland	2	3:3	3
4.	Rumänien	2	1:4	3
Vorrunde, Gruppe C				
Ägypten – Argentinien 0:1 (0:0)				
Australien – Spanien 0:1 (0:0)				
1.	Spanien	2	1:0	4
2.	Australien	2	2:1	3
3.	Argentinien	2	1:2	3
4.	Ägypten	2	0:1	1
Vorrunde, Gruppe D				
Brasilien – Elfenbeinküste 0:0				
Saudi-Arabien – Deutschland 2:3 (1:2)				
1.	Brasilien	2	4:2	4
2.	Elfenbeinküste	2	2:1	3
3.	Deutschland	2	5:6	3
4.	Saudi-Arabien	2	3:5	0

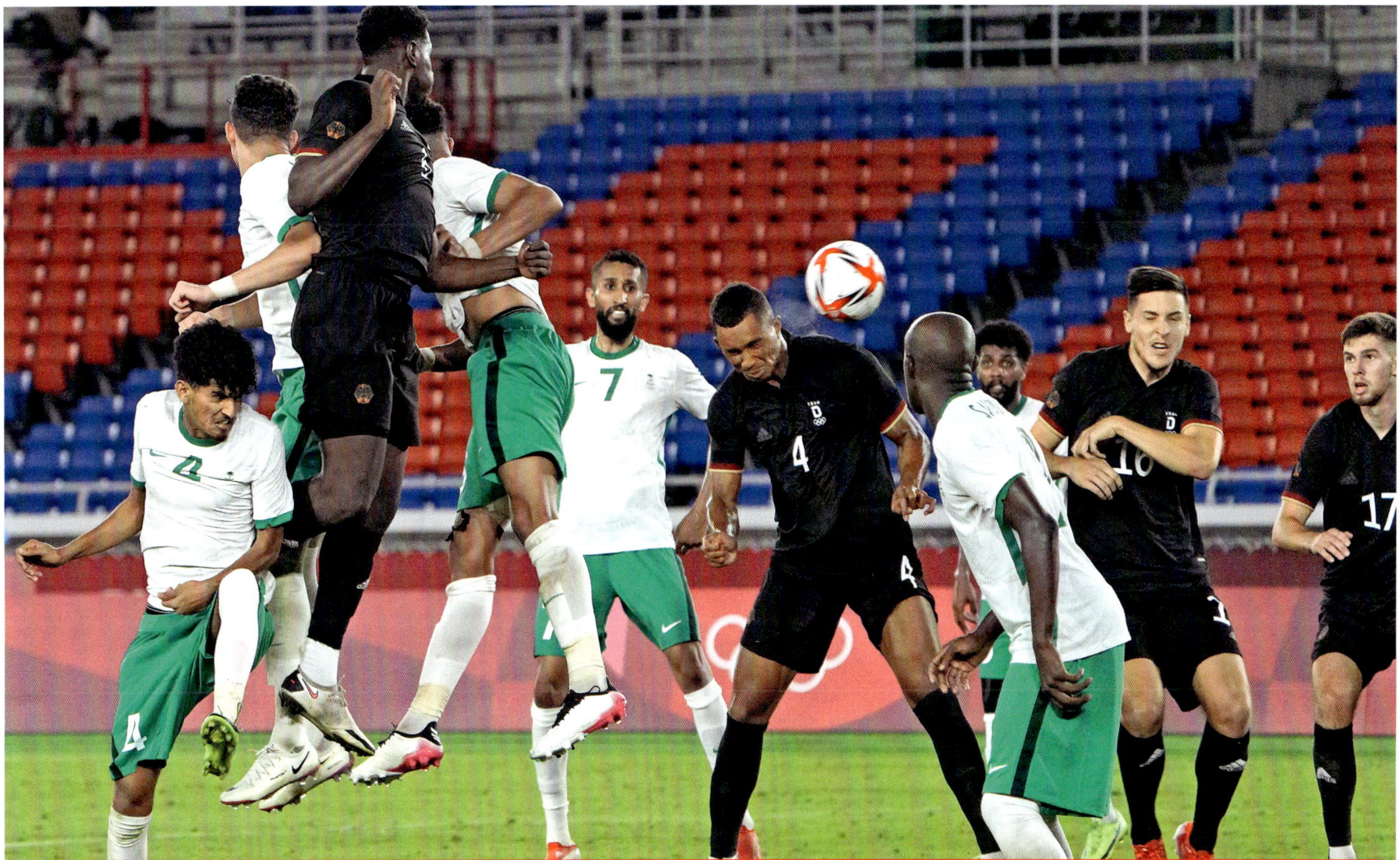

Mit diesem Kopfball erzielt Felix Uduokhai (Nr. 4) das erlösende Siegtor für die deutsche Mannschaft.

TAG 3
MO., 26.07.

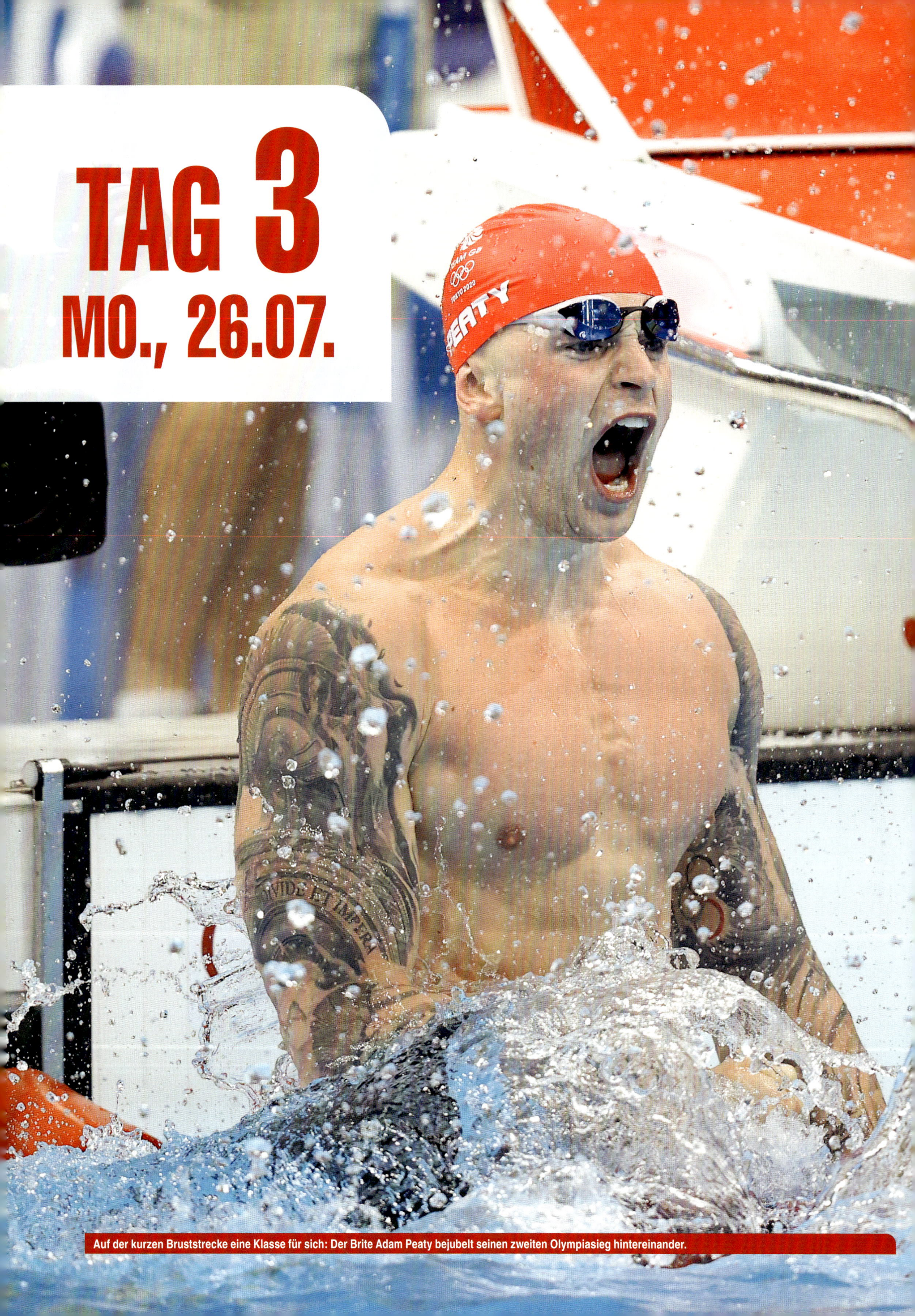

Auf der kurzen Bruststrecke eine Klasse für sich: Der Brite Adam Peaty bejubelt seinen zweiten Olympiasieg hintereinander.

SCHWIMMEN

Der Brite Adam Peaty hat am zweiten Finaltag der Schwimmer im Tokyo Aquatics Centre seine Dominanz auf der kurzen Bruststrecke eindrucksvoll unterstrichen. US-Star Katie Ledecky hingegen musste die Goldmedaille über 400 Meter Freistil der aufstrebenden Australierin Ariarne Titmus überlassen.
Peaty hatte über 100 Meter Brust bereits 2016 in Rio de Janeiro Gold gewonnen und ist auf seiner Paradestrecke seit nunmehr sieben Jahren ungeschlagen. Fünfmal verbesserte er in dieser Zeit den Weltrekord. In Tokio verwies der 26-Jährige seinen Herausforderer Arno Kamminga (Niederlande) deutlich auf den zweiten Rang. »So gut habe ich mich seit 2016 nicht mehr gefühlt«, sagte er hinterher.
Ein spannender Zweikampf wurde über die 400 Meter Freistil der Frauen zwischen Titelverteidigerin und Weltrekordhalterin Katie Ledecky und der Weltjahresbesten Ariarne Titmus vorhergesagt. Das Rennen übertraf sogar noch die Erwartungen. Ledecky steuerte auf Goldkurs, auf den letzten zwei Bahnen zog jedoch die erst 20-jährige Australierin Titmus vorbei. Die Magdeburgerin Isabel Gose wurde Sechste. Auch wenn sie 1,77 Sekunden über ihrem deutschen Rekord im Vorlauf blieb, sagte die 19-Jährige: »Über den sechsten Platz kann ich nicht meckern.«
Ähnlich spannend verliefen die 100 Meter Schmetterling der Frauen, auf denen die Kanadierin Margaret MacNeil in der Ausgleitphase noch die Chinesin Zhang Yufei überholte. Die Schwedin Sarah Sjöström, Titelverteidigerin und Weltrekordhalterin auf dieser Strecke, konnte fünf Monate nach ihrem Ellbogenbruch nicht in den Medaillenkampf eingreifen und wurde Siebte.
Nichts anbrennen ließen die US-Amerikaner in der 4 x 100-Meter-Freistilstaffel. Starschwimmer Caeleb Dressel und seine Kollegen Blake Pieroni, Bowen Becker und Zach Apple wurden ihrer Favoritenrolle gerecht und verwiesen die Italiener und Australier auf die Ränge.

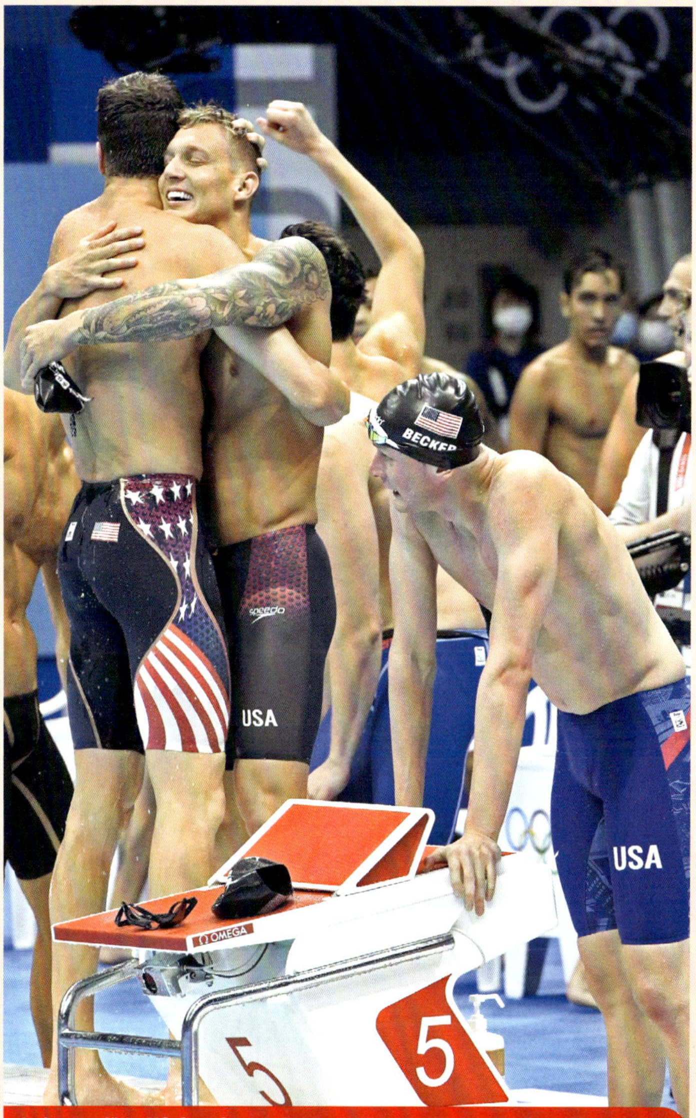

Auftrag erfüllt: US-Star Caeleb Dressel (Mitte) freut sich mit Schlussschwimmer Zach Apple, der den Olympiasieg ins Ziel brachte.

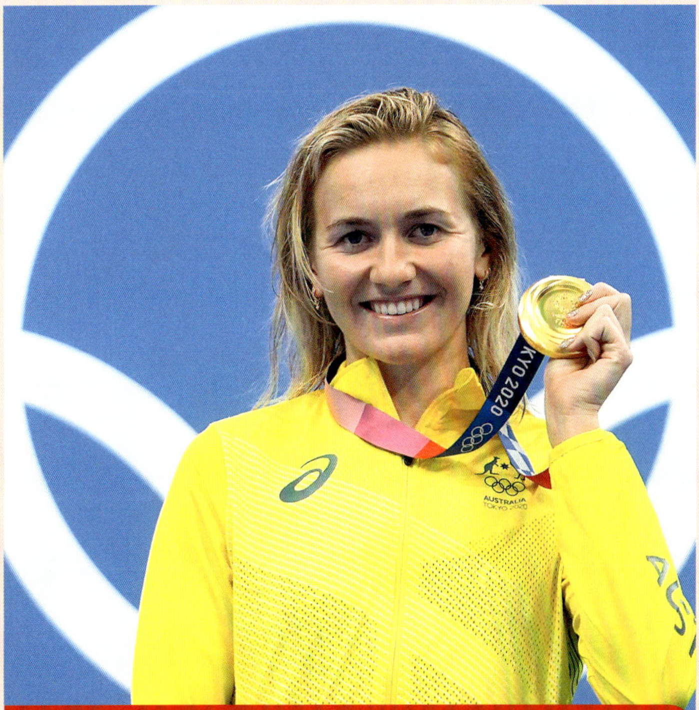

Mit der Goldmedaille: Die Australierin Ariarne Titmus entthront US-Star Katie Ledecky über 400 Meter Freistil.

100 METER SCHMETTERLING (FRAUEN)

1	Margaret MacNeil		CAN	55,59 Sekunden
2	Zhang Yufei		CHN	+ 0,05 Sekunden
3	Emma McKeon		AUS	+ 0,13

100 METER BRUST (MÄNNER)

1	Adam Peaty		GBR	57,37 Sekunden
2	Arno Kamminga		NED	+ 0,63 Sekunden
3	Nicolo Martinenghi		ITA	+ 0,96

Lucas Matzerath und Fabian Schwingenschlögl im Halbfinale ausgeschieden

400 METER FREISTIL (FRAUEN)

1	Ariarne Titmus		AUS	3:56,69 Minuten
2	Katie Ledecky		USA	+ 0,67 Sekunden
3	Li Bingjie		CHN	+ 4,39

6. Isabel Gose + 8,29

4 x 100 METER FREISTIL (MÄNNER)

1	USA		USA	3:08,97 Minuten
2	Italien		ITA	+ 1,15 Sekunden
3	Australien		AUS	+ 1,26

Deutschland im Vorlauf ausgeschieden

TAG 3

TRIATHLON MÄNNER

Er verzerrte das Gesicht, schnappte nach Luft, sein Oberkörper rotierte heftig. Ja, man sah Kristian Blummenfelt die Qualen an. Beim Zehn-Kilometer-Lauf, der letzten Disziplin im olympischen Triathlon, war der Norweger längst im roten Bereich unterwegs. Aus dem Spitzentrio, das sich beim Laufen vom Rest des Feldes abgesetzt hatte, schien deshalb nicht Blummenfelt, sondern der elegante Alex Yee die weitaus größten Chancen auf Gold zu besitzen. Umso überraschender war es Blummenfelt, der zwei Kilometer vor dem Ziel noch einmal antrat, angetrieben von einem unbändigen Siegeswillen. Yee und Hayden Wilde konnten die Tempoverschärfung nicht mitgehen. Blummenfelt lief unaufhaltsam der Goldmedaille entgegen, immer wieder fasste er sich auf den letzten Metern ungläubig an den Kopf und schrie seine Freude in den heißen Himmel von Tokio. Nach dem Zieleinlauf sackte er schließlich zusammen, übergab sich und verließ den Zielbereich später in einem Rollstuhl. Blummenfelt war über seine Grenze gegangen, aber Gold, sagte er später, sei es wert gewesen. Eine weitere denkwürdige Szene hatte sich bereits am Start abgespielt. Als das Startsignal ertönte, blockierte ein Kameraboot mehrere Athleten. Doch nicht alle bekamen diese Situation mit und schwammen unbekümmert weiter. Helfer auf Jetskis mussten ausrücken, um die Athleten wieder einzufangen. Immerhin: Der folgende Startversuch glückte. Nur eine Nebenrolle spielten die deutschen Teilnehmer. Jonas Schomburg kam zwar nach 1500 Metern als Drittplatzierter aus dem Wasser, verlor aber nach einem Unfall auf der 40 Kilometer langen Radstrecke wertvolle Zeit und kam schließlich als 38. ins Ziel. Justus Nieschlag belegte Rang 40.

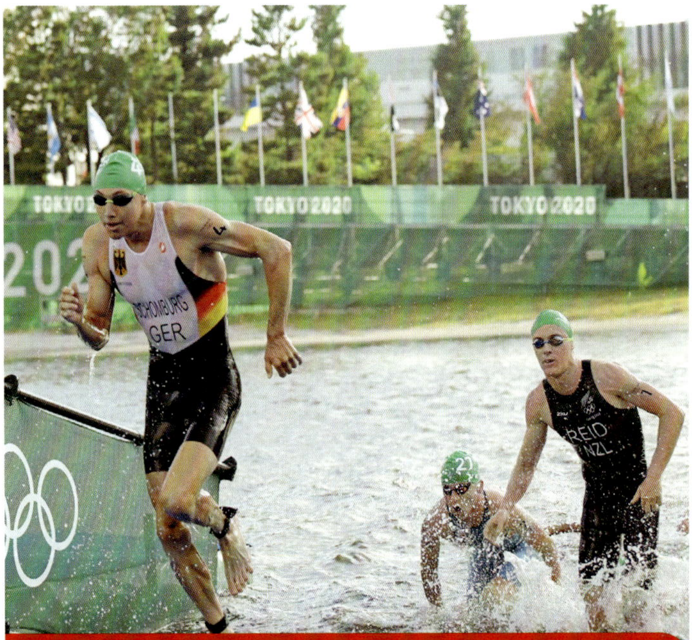

Nach dem Schwimmen steuert der Hannoveraner Jonas Schomburg noch auf Medaillenkurs. Als Drittplatzierter erreicht er die Wechselzone.

TRIATHLON (MÄNNER)

1	Kristian Blummenfelt	NOR	1:45:04 Stunden
2	Alex Yee	GBR	+ 0:11 Minuten
3	Hayden Wilde	NZL	+ 0:20

38. Jonas Schomburg 4:30

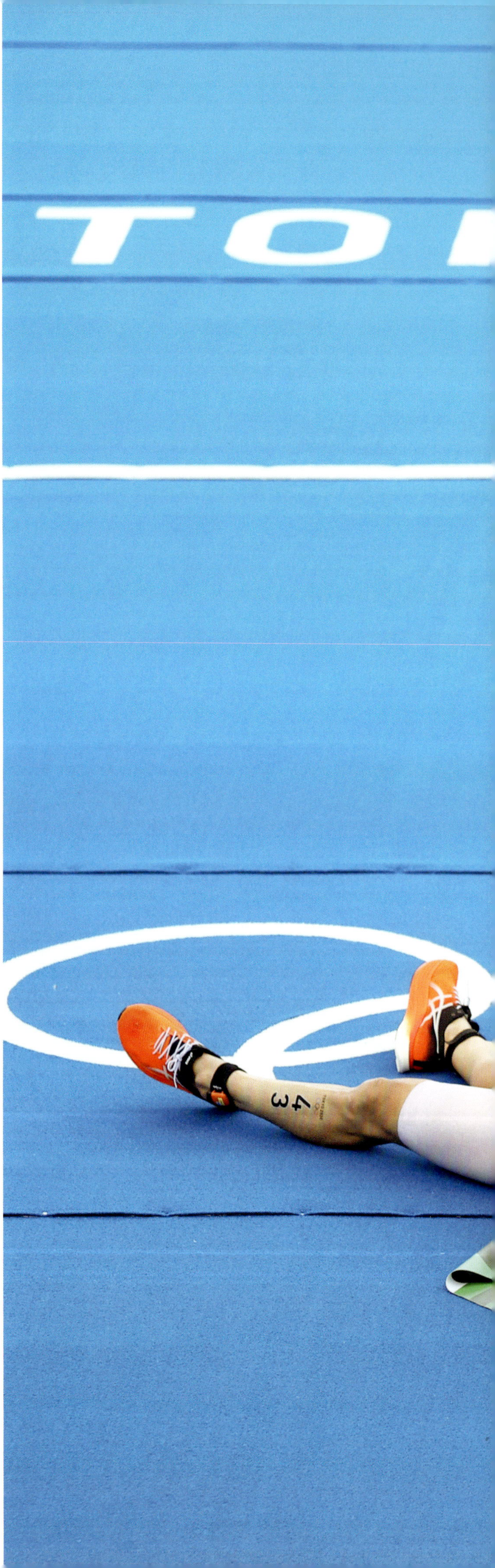

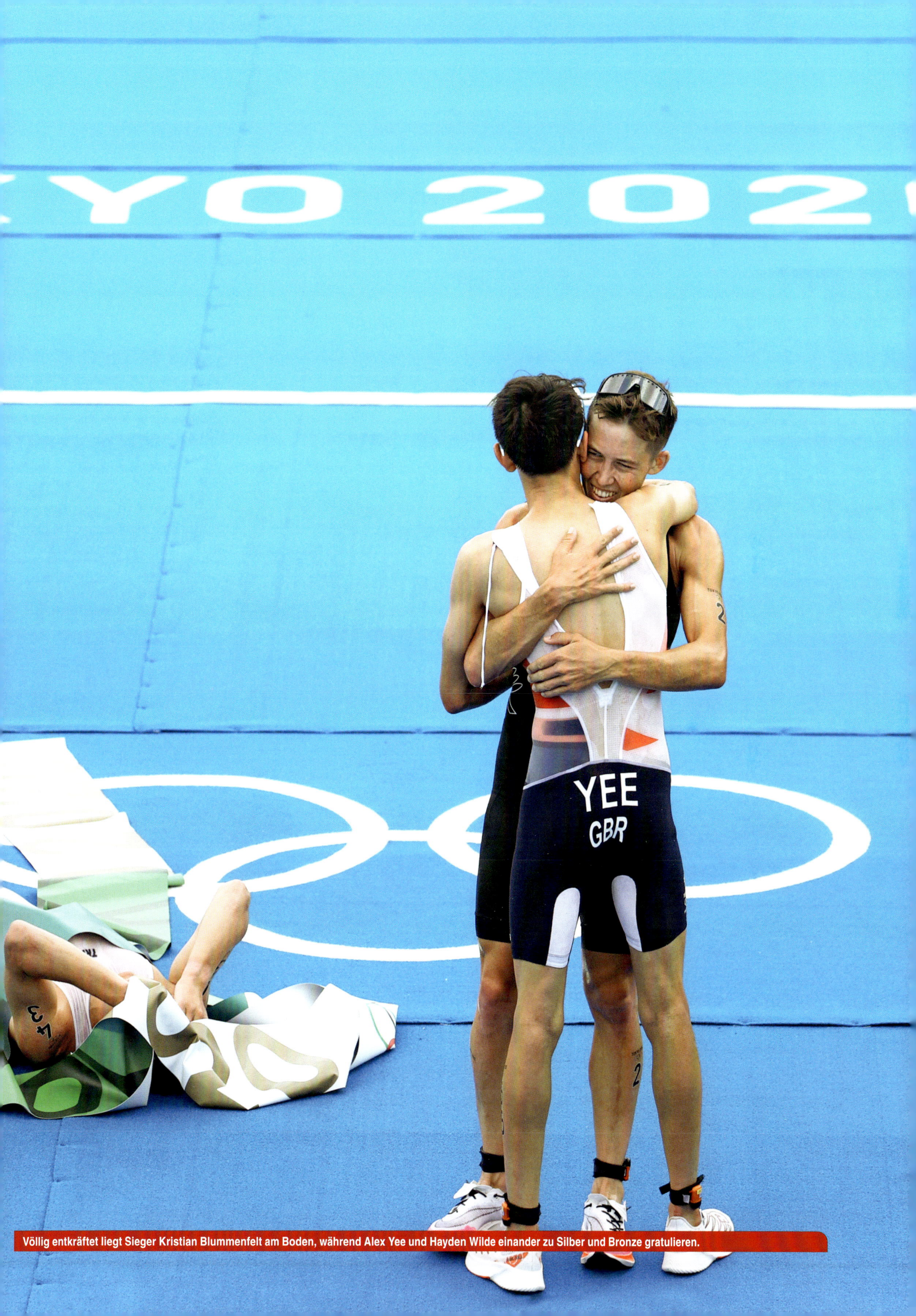

Völlig entkräftet liegt Sieger Kristian Blummenfelt am Boden, während Alex Yee und Hayden Wilde einander zu Silber und Bronze gratulieren.

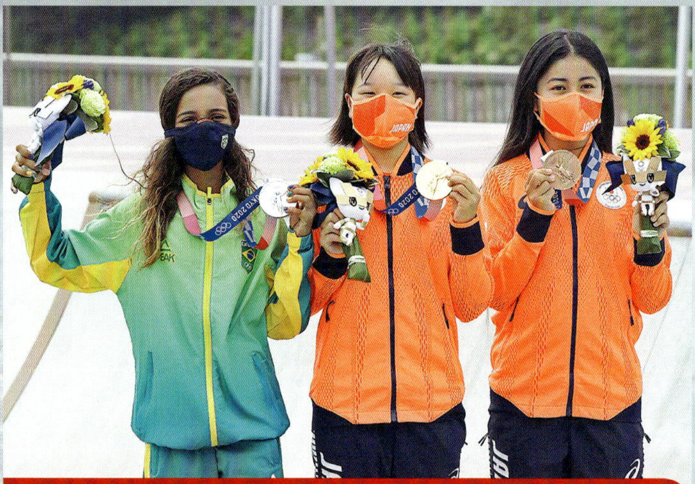

Das jüngste Siegerpodium der Olympiageschichte in einem Einzelwettbewerb: Gold für Momiji Nishiya (13 Jahre) beim Skateboard-Street-Event, eingerahmt von der Brasilianerin Rayssa Leal (13) und ihrer Landsfrau Funa Nakayama (16).

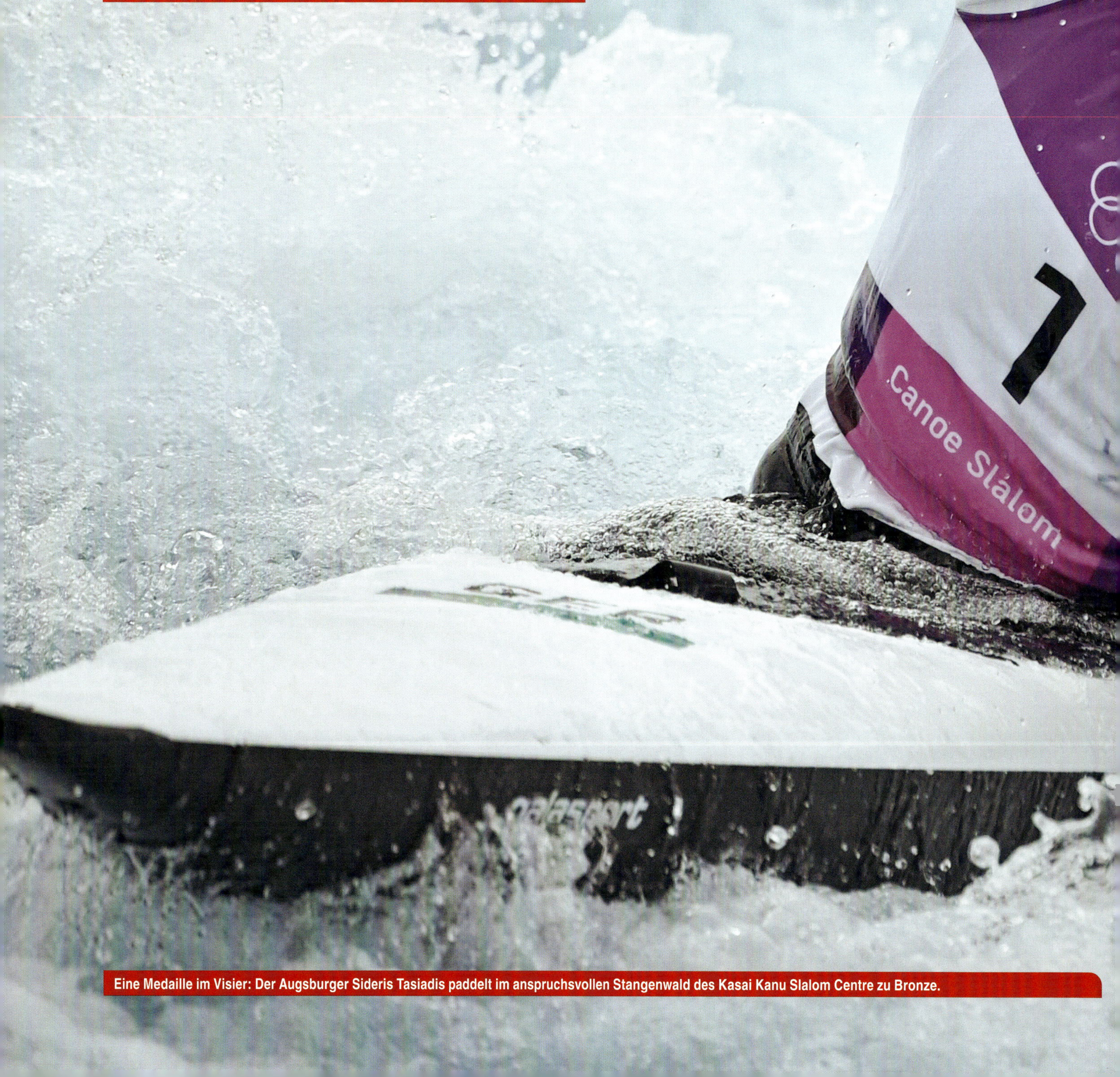

Eine Medaille im Visier: Der Augsburger Sideris Tasiadis paddelt im anspruchsvollen Stangenwald des Kasai Kanu Slalom Centre zu Bronze.

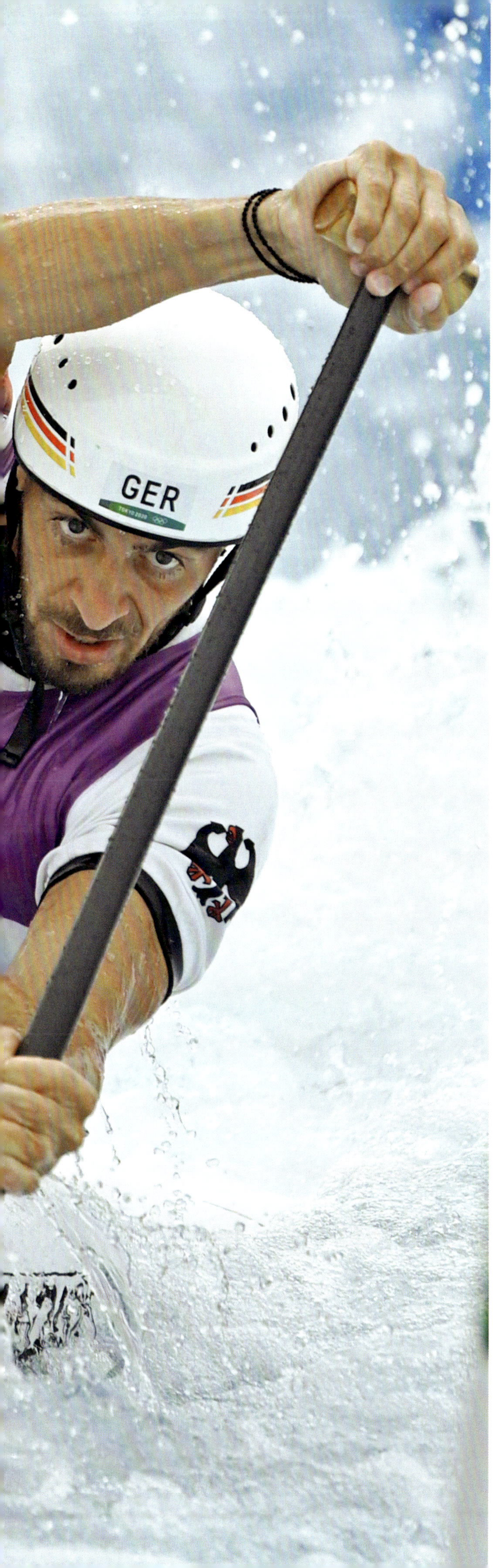

WEITERE ENTSCHEIDUNGEN

2012 in London war Sideris Tasiadis als Außenseiter zu Silber gepaddelt. Nun, Jahre später, wurde der Augsburger auf dem anspruchsvollen Kurs im Kasai Kanu Slalom Centre seiner Rolle als Medaillenanwärter gerecht. Im Canadier-Einer gewann der 31-Jährige mit 5,45 Sekunden Rückstand auf den Slowaken Benjamin Savsek und 1,71 Sekunden hinter dem Tschechen Lukas Rohan die Bronzemedaille – die dritte für Deutschland bei Olympia 2021. »Ich habe mich heute für die harte Arbeit der vergangenen Jahre belohnt«, sagte Tasiadis, der 2015 mit dem frühen Tod seiner Lebensgefährtin einen persönlichen Schicksalsschlag und 2016 mit dem fünften Platz 2016 in Rio de Janeiro eine sportliche Enttäuschung erlebt hatte. Im Zielbereich wurde er von IOC-Präsident Thomas Bach höchstpersönlich beglückwünscht. Ohne den Problemen an Tor 19 wäre wohl sogar mehr als Bronze drin gewesen.

Es sollte die einzige deutsche Medaille am dritten Wettkampftag bleiben. Eine herbe Enttäuschung erlebten die deutschen Kunstturner, die im Mannschaftsmehrkampffinale den achten und letzten Platz belegten. Man habe sich »verturnt«, meinte Andreas Toba. Mit 238,495 Punkten blieben der Hannoveraner und seine Teamkollegen Lukas Dauser (Unterhaching), Nils Dunkel (Erfurt) und Philipp Herder (Berlin) mehr als elf Punkte unter ihrer Leistung in der Qualifikation zwei Tage zuvor. Die Florettfechter Peter Joppich (Koblenz), Benjamin Kleibrink (Düsseldorf) und Andre Sanita (Bonn) blieben frühzeitig auf der Strecke. Cheung Ka Long holte für Hongkong die erst zweite Goldmedaille der Olympiageschichte. Schlagzeilen schrieb am dritten Wettkampftag auch

KANUSLALOM CANADIER-EINER (MÄNNER)

1	Benjamin Savsek	SLO	98,25 Sekunden
2	Lukas Rohan	CZE	+ 3,71 Sekunden
3	Sideris Tasiadis	GER	+ 5,45

KUNSTTURNEN MEHRKAMPF TEAM (MÄNNER)

1	ROC	ROC	262,500 Punkte
2	Japan	JPN	262,397
3	China	CHN	261,894

8. Deutschland 238,495

FECHTEN FLORETT (MÄNNER)

1	Cheung Ka Long	HKG
2	Daniele Garozzo	ITA
3	Alexander Choupenitch	CZE

Peter Joppich im Achtelfinale ausgeschieden

FECHTEN SÄBEL (FRAUEN)

1	Sofia Posdnijakowa	ROC
2	Sofya Welikaja	ROC
3	Manon Brunet	FRA

SKATEBOARD STREET (FRAUEN)

1	Momiji Nishiya	JPN	15,26 Punkte
2	Rayssa Leal	BRA	14,64
3	Funa Nakayama	JPN	14,49

die erst 13 Jahre alte Japanerin Momiji Nishiya, die sich einen Tag nach ihrem Landsmann Yuto Horigome als erste Olympiasiegerin im Skateboard in die Geschichtsbücher eintrug. Die zweitplatzierte Brasilianerin Rayssa Leal war sogar noch einige Monate jünger und hätte nach 85 Jahren beinahe US-Schwimmerin Marjorie Gestring als jüngste Goldmedaillengewinnerin der Olympiageschichte abgelöst.

Was sonst noch geschah? Die Beachvolleyballerinnen Laura Ludwig/Margareta Kozuch qualifizierten sich mit einem 2:0 gegen die Lokalmatadorinnen Miki Ishii/Megumi Murikami fürs Achtelfinale. In die Runde der letzten 16 schafften es auch Tischtennisstar Timo Boll nach einem 4:1 gegen den Kasachen Kirill Gerassimenko und Tennisprofi Alexander Zverev nach einem ungefährdeten 6:2, 6:2 gegen den kolumbianischen Außenseiter Daniel Elahi Galan. Sein Kollege Jan-Lennard Struff hingegen war beim 4:6, 3:6 gegen Topfavorit Novak Djokovic chancenlos. Die Hockeymänner mussten in ihrem zweiten Spiel mit 1:3 (0:2) gegen Weltmeister Belgien die erste Niederlage hinnehmen. Die Mannschaft von Bundestrainer Kais al Saadi lag bereits nach sieben Minuten mit zwei Toren zurück. Die Hockeyfrauen indes ließen nur einen Tag nach dem 2:1 gegen Titelverteidiger Großbritannien ein 2:0 (1:0) gegen Indien folgen. Durch den Sensationssieg von Jun Mizutani und Mima Ito im Tischtennis-Mixed, der letzten Entscheidung des Tages, übernahm Gastgeber Japan mit acht Goldenen die alleinige Führung im Medaillenspiegel vor den USA (sieben) und China (sechs). Mizutani/Ito bezwangen im Finale der neuen Olympiadisziplin die chinesischen Weltmeister Xu Xin/Liu Shiwen 4:3. Damit ging auch eine einmalige Dominanz zu Ende: Chinesische Spieler hatten 2008 in Peking, 2012 in London und 2016 in Rio de Janeiro sämtliche Goldmedaillen im Tischtennis gewonnen.

TISCHTENNIS (MIXED)

1	Jun Mizutani/Mima Ito	JPN
2	Xu Xin/Liu Shiwen	CHN
3	Lin Yun Ju/Cheng I-Chin	TPE

Patrick Franziska/Petrissa Solja im Viertelfinale ausgeschieden

TAEKWONDO BIS 67 KG (FRAUEN)

1	Matea Jelic	CRO
2	Lauren Williams	GBR
3	Hedaya Wahba	EGY
3	Ruth Gbagbi	CIV

TAEKWONDO BIS 80 KG (MÄNNER)

1	Maxim Chramtcow	ROC
2	Saleh Elsharabaty	JOR
3	Toni Kanaet	CRO
3	Seif Eissa	EGY

JUDO BIS 57 KG (FRAUEN)

1	Nora Gjakova	KOS
2	Sarah-Leonie Cysique	FRA
3	Tsukasa Yoshida	JPN
3	Jessica Klimkait	CAN

Theresa Stoll im Achtelfinale ausgeschieden

JUDO BIS 73 KG (MÄNNER)

1	Shohei Ono	JPN
2	Lascha Schawdatujaschwili	GEO
3	An Changrim	KOR
3	Tsogtbaatar Tsend-Ochir	MGL

Igor Wandtke in der 1. Runde ausgeschieden

WASSERSPRINGEN TURM SYNCHRON (MÄNNER)

1	Thomas Daley/Matty Lee	GBR	471,81 Punkte
2	Cao Yuan/Chen Aisen	CHN	470,58
3	Alexander Bondar/Wiktor Minibajew	ROC	439,92

RADSPORT MOUNTAINBIKE CROSS-COUNTRY (MÄNNER)

1	Thomas Pidcock	GBR	1:25:14 Stunden
2	Mathias Flückiger	SUI	+ 0:20 Minuten
3	David Valero	ESP	+ 0:34

21. Maximilian Brandl + 4:35

GEWICHTHEBEN BIS 55 KG (FRAUEN)

1	Hidilyn Diaz	PHI	224 Kilogramm
2	Liao Qiuyun	CHN	223
3	Sulfija Tschinschanlo	KAZ	213

SCHIESSEN SKEET (FRAUEN)

1	Amber English	USA	56 Treffer
2	Diana Bacosi	ITA	55
3	Wei Meng	CHN	46

5. Nadine Messerschmidt 26

BOGENSCHIESSEN TEAM (MÄNNER)

1	Südkorea	KOR
2	Taiwan	TPE
3	Japan	JPN

SCHIESSEN SKEET (MÄNNER)

1	Vincent Hancock	USA	59 Treffer
2	Jesper Hansen	DEN	55
3	Abdullah Al-Rashidi	KUW	46

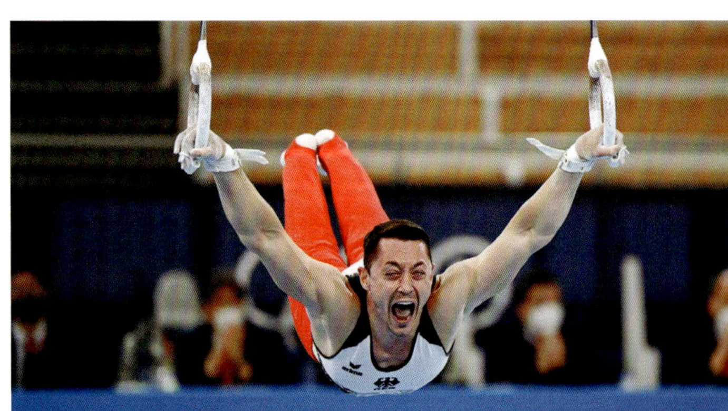

Aller Einsatz ist vergebens: Die deutschen Turner – hier Andreas Toba an den Ringen – können im Mehrkampffinale nicht in die Medaillenentscheidung eingreifen.

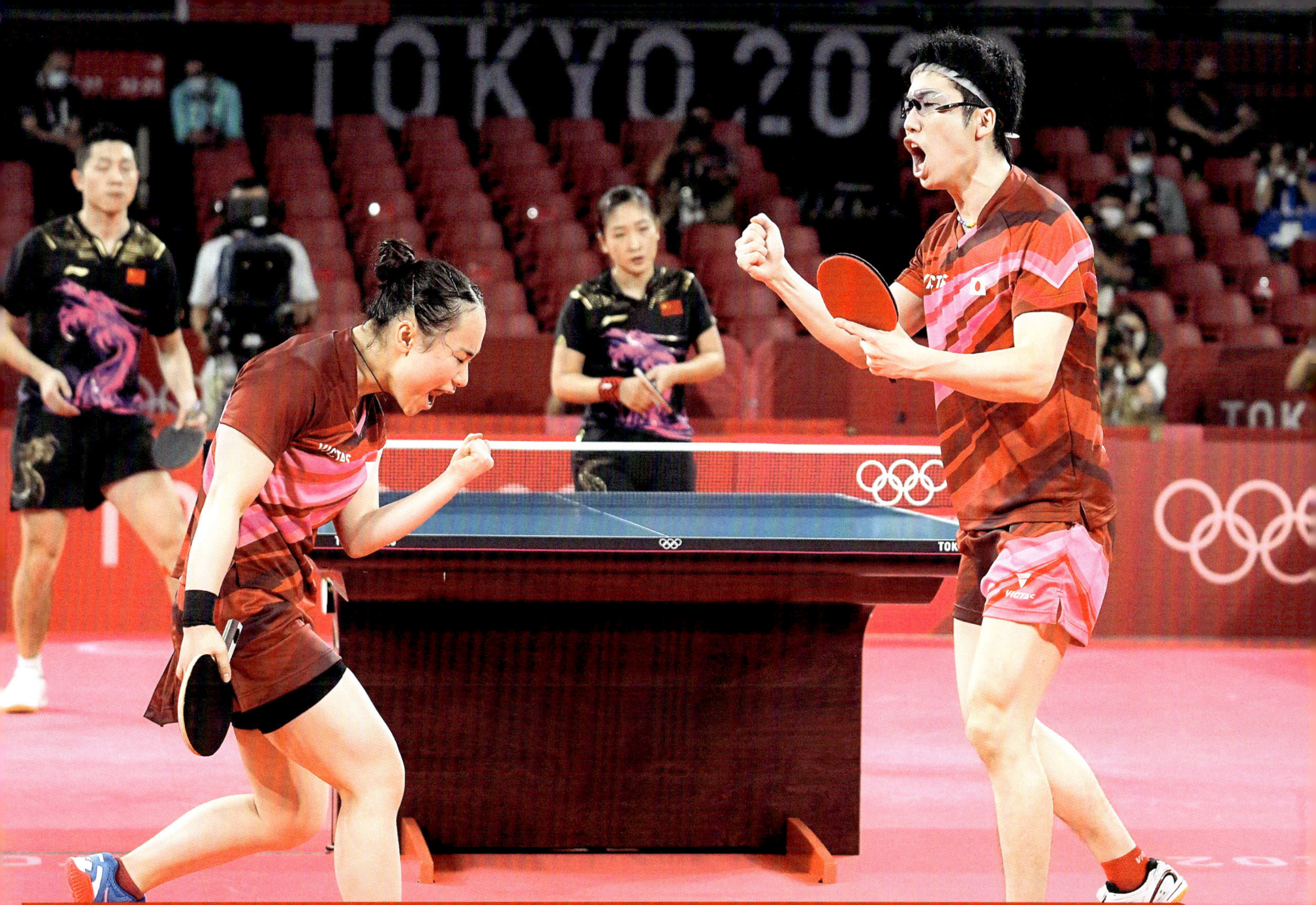

Die Freude muss raus: Bei der Olympiapremiere des gemischten Tischtennisdoppels beenden Jun Mizutani und Mima Ito die chinesische Dominanz auf der Platte.

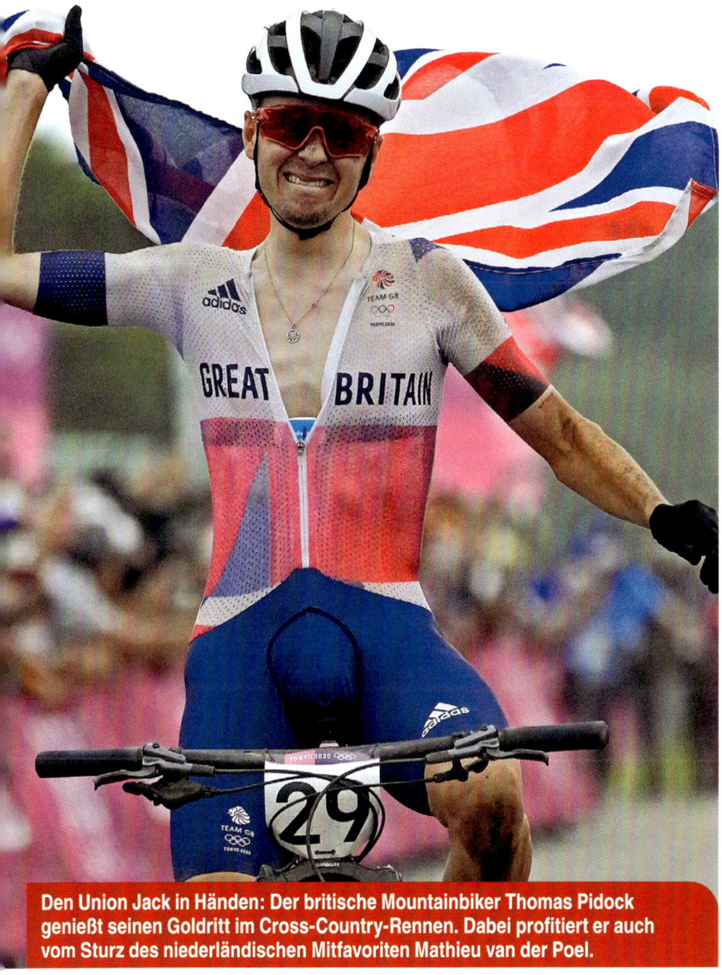

Den Union Jack in Händen: Der britische Mountainbiker Thomas Pidock genießt seinen Goldritt im Cross-Country-Rennen. Dabei profitiert er auch vom Sturz des niederländischen Mitfavoriten Mathieu van der Poel.

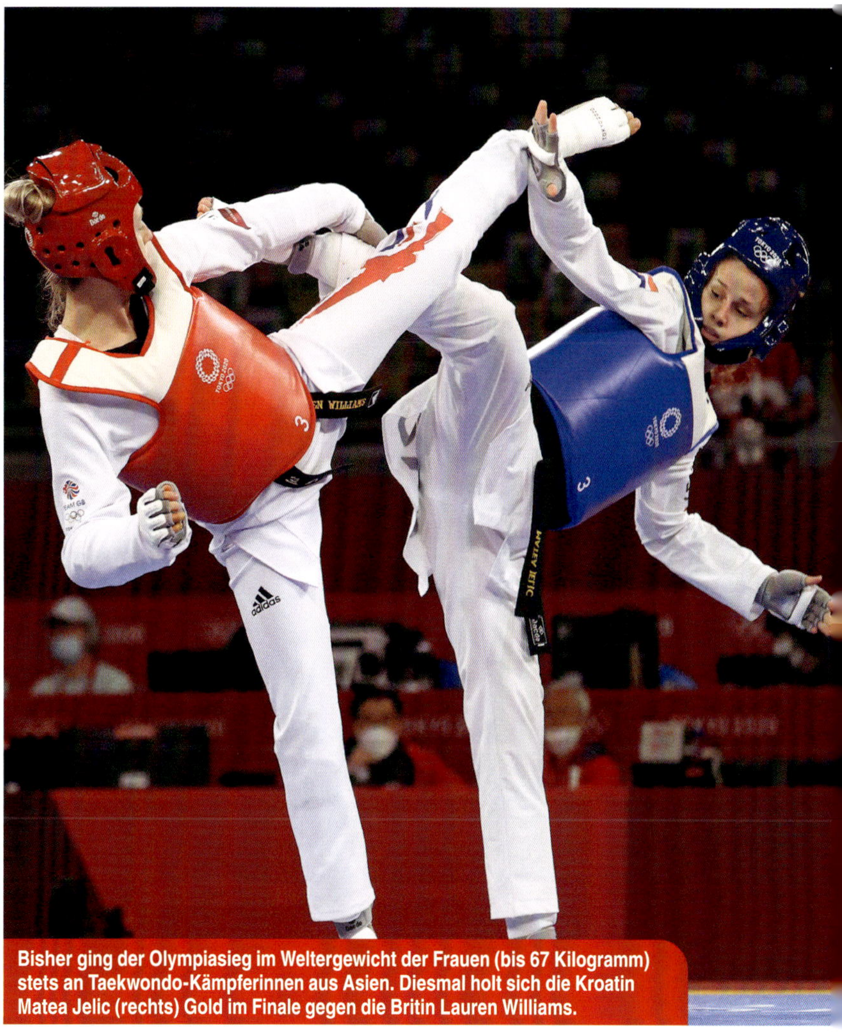

Bisher ging der Olympiasieg im Weltergewicht der Frauen (bis 67 Kilogramm) stets an Taekwondo-Kämpferinnen aus Asien. Diesmal holt sich die Kroatin Matea Jelic (rechts) Gold im Finale gegen die Britin Lauren Williams.

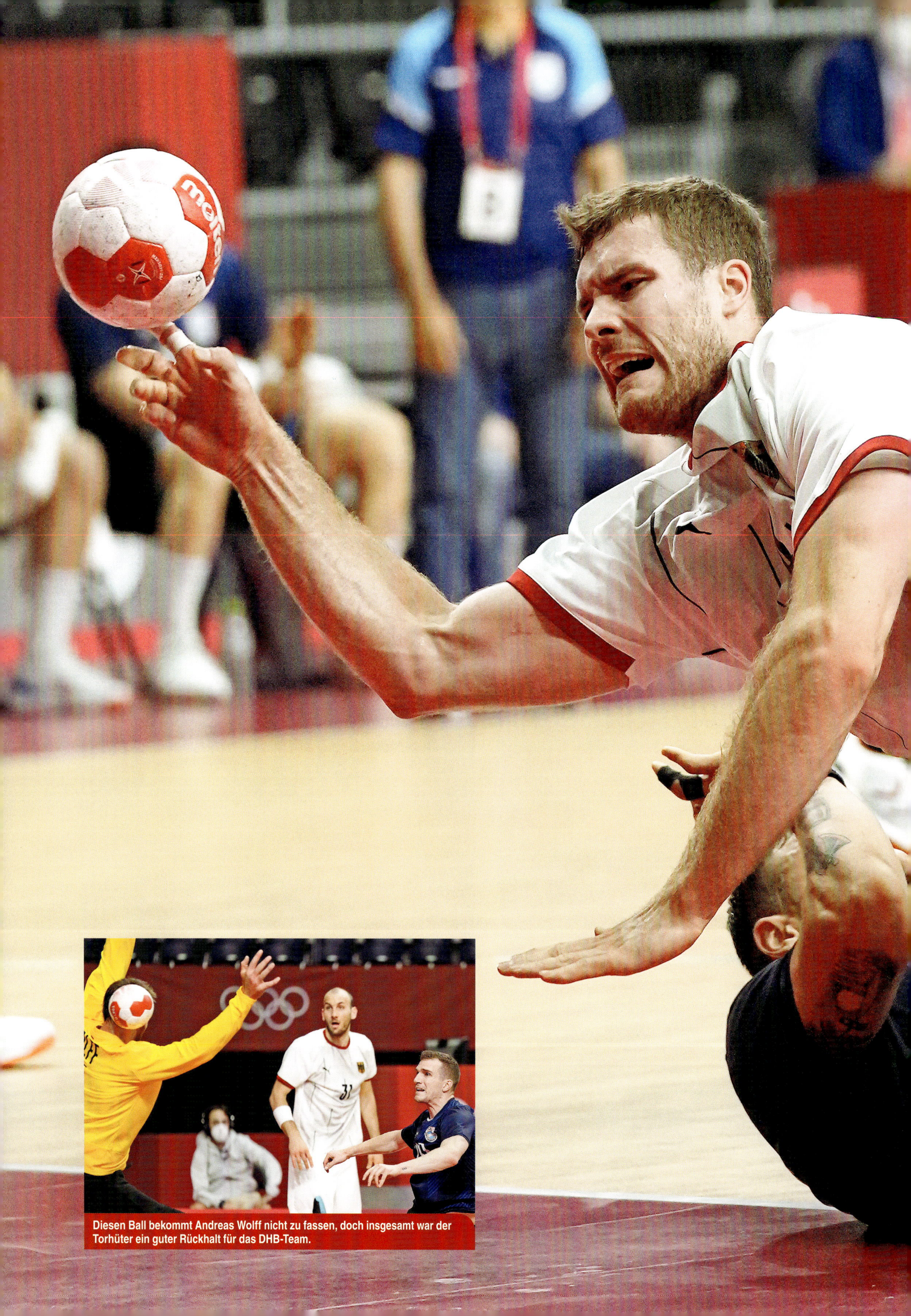

Diesen Ball bekommt Andreas Wolff nicht zu fassen, doch insgesamt war der Torhüter ein guter Rückhalt für das DHB-Team.

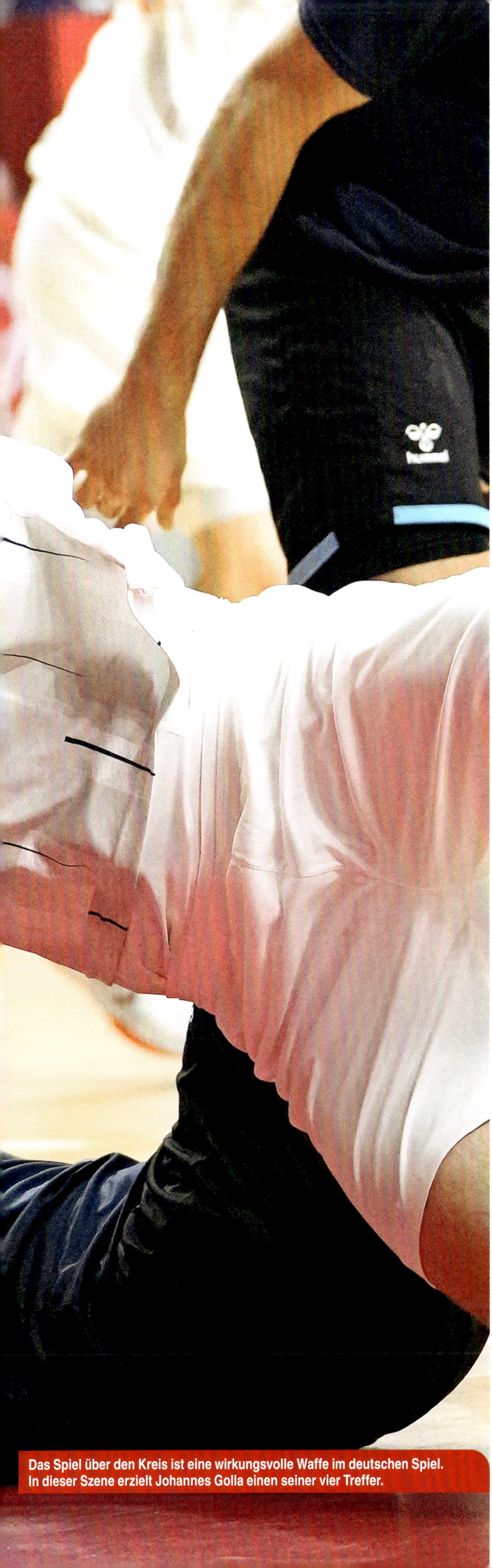

Das Spiel über den Kreis ist eine wirkungsvolle Waffe im deutschen Spiel. In dieser Szene erzielt Johannes Golla einen seiner vier Treffer.

HANDBALL

Nach dem verlorenen Auftaktspiel gegen Spanien (27:28) brach sich die Wut der deutschen Handballer Bahn. Sie schimpften auf die Schiedsrichter, die in der Schlussphase sehr fragwürdige Entscheidungen getroffen hatten, sie ereiferten sich an unfairen Aktionen der Spanier und sie ärgerten sich auch über sich selbst. Wer nun gedacht hatte, dass die DHB-Auswahl im zweiten Gruppenspiel gegen Argentinien mit viel Energie auf die Platte gehen würde, sah sich allerdings getäuscht. Gegen aggressiv verteidigende Südamerikaner mangelte es dem deutschen Spiel anfangs an Tempo und Ideen. Der Außenseiter erspielte sich eine 8:5-Führung, ehe die Deutschen endlich in der Defensive zupackten und den Ball in der Offensive besser bewegten. Mit fünf Treffern in Serie drehten die Schützlinge von Trainer Alfred Gislason die Partie, verfielen dann jedoch wieder in das alte Phlegma und gerieten nach der Pause sogar noch einmal in Rückstand. Erst Mitte der zweiten Halbzeit gelang es dem Favoriten, sich allmählich abzusetzen. Philipp Weber führte im Rückraum geschickt Regie, zudem zeigte die deutsche Mannschaft nun eindrucksvoll ihre Variabilität und traf zuverlässig von sämtlichen Positionen gegen müder werdende Argentinier. So gewannen die Deutschen doch souverän und sammelten Selbstbewusstsein für den Klassiker gegen Frankreich zwei Tage später. Etwas unglücklich war nach dem Spiel nur Uwe Gensheimer. Sein 200. Länderspiel verbrachte der Kapitän 46 Minuten lang auf der Bank, ehe er für einen Siebenmeter eingewechselt wurde. Bei diesem traf er den argentinischen Torwart Juan Manuel Bar am Kopf und erhielt regelkonform die Rote Karte.

Argentinien – Deutschland 25:33 (13:14)
Deutschland: Wolff, Bitter – Kastening (7 Tore), Schiller (7), Weinhold (5), Weber (4), Golla (4), Drux (2), Häfner (2), Kühn (2), Pekeler, Gensheimer, Knorr, Lemke.

HANDBALL (MÄNNER)

Vorrunde, Gruppe A				
Argentinien – Deutschland 25:33 (13:14)				
Brasilien – Frankreich 29:34 (13:16)				
Spanien – Norwegen 28:27 (13:14)				
1.	Frankreich	2	67:56	4
2.	Spanien	2	56:54	4
3.	Deutschland	2	60:53	2
4.	Norwegen	2	54:52	2
5.	Brasilien	2	53:61	0
6.	Argentinien	2	52:66	0
Vorrunde, Gruppe B				
Ägypten – Dänemark 27:32 (15:14)				
Bahrain – Portugal 25:26 (15:14)				
Japan – Schweden 26:28 (14:17)				
1.	Dänemark	2	79:57	4
2.	Schweden	2	60:57	4
3.	Ägypten	2	64:63	2
4.	Portugal	2	57:62	2
5.	Bahrain	2	56:58	0
6.	Japan	2	56:75	0

TAG 4
DI., 27.07.

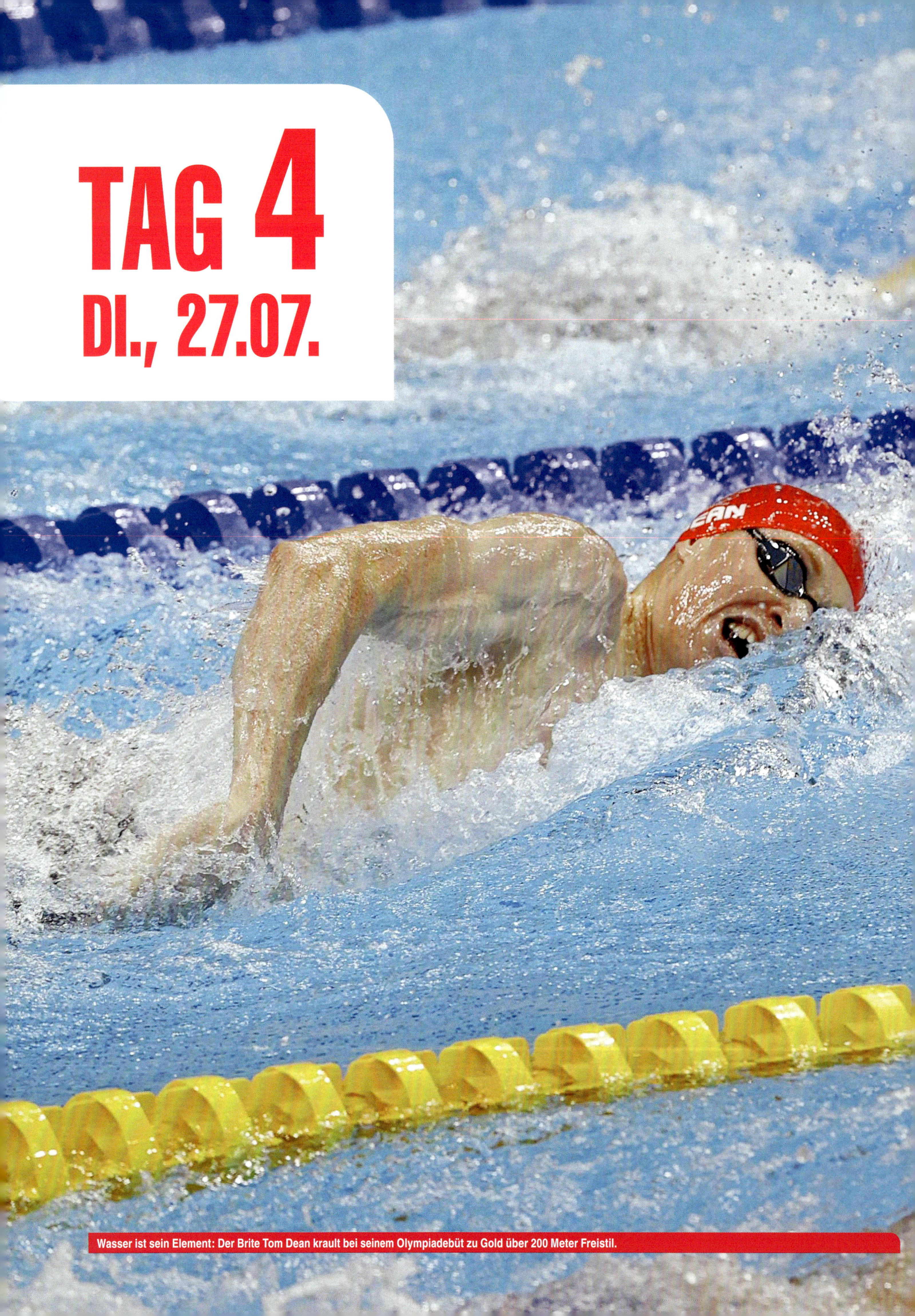

Wasser ist sein Element: Der Brite Tom Dean krault bei seinem Olympiadebüt zu Gold über 200 Meter Freistil.

SCHWIMMEN

Im Zeichen aufstrebender Newcomer stand der dritte Finaltag der Schwimmer im Tokyo Aquatics Centre. Über die 200 Meter Freistil gewann der 21-jährige Brite Tom Dean bei seinem Olympiadebüt auf Anhieb die Goldmedaille. Der 21-Jährige schlug seinen drei Jahre älteren, favorisierten Landsmann und Zimmerkollegen Duncan Scott um vier Hundertstelsekunden. Das erst 16 Jahre alte rumänische Ausnahmetalent David Popovici verfehlte Bronze um lediglich zwei Hundertstel.

Dean sprach nach dem Rennen vom »unglaublichen Ende einer sehr holprigen Reise«. Gleich zweimal war er im Herbst und Winter an Corona erkrankt und musste deshalb wochenlang mit dem Training aussetzen. »Umso glücklicher bin ich nun, dass die Goldmedaille um meinen Hals baumelt.«

Über die 100 Meter Rücken der Frauen setzte die erst zwei Wochen zuvor 20 Jahre alt gewordene Australierin Kaylee McKeown ihren Höhenflug im Jahr 2021 fort. Im Juni in Adelaide hatte sie auf dieser Strecke einen neuen Weltrekord aufgestellt. In Tokio verwies sie in olympischer Rekordzeit Weltmeisterin Kylie Masse aus Kanada und das amerikanische Wunderkind Regan Smith (18 Jahre) auf die Ränge.

Eine andere Teenagerin aus den USA sorgte über 100 Meter Brust für eine Sensation. Als sich auf den letzten Metern alle Augen auf den Zweikampf zwischen Titelverteidigerin und Weltrekordlerin Lilly King (USA) und Tatjana Schoenmaker (Südafrika) gerichtet hatten, zog Lydia Jacoby vorbei. »Irre, einfach nur Wahnsinn«, sagte die 17-Jährige, die in den USA keiner der großen Kaderschmieden angehört, sondern in ihrer Heimat Alaska in einem 25-Meter-Becken trainiert.

Über die 100 Meter Rücken der Männer feierten Jewgeni Rylow und Kliment Kolesnikow einen russischen Doppelsieg. Weltrekordler Ryan Murphy (USA) blieb nur Bronze.

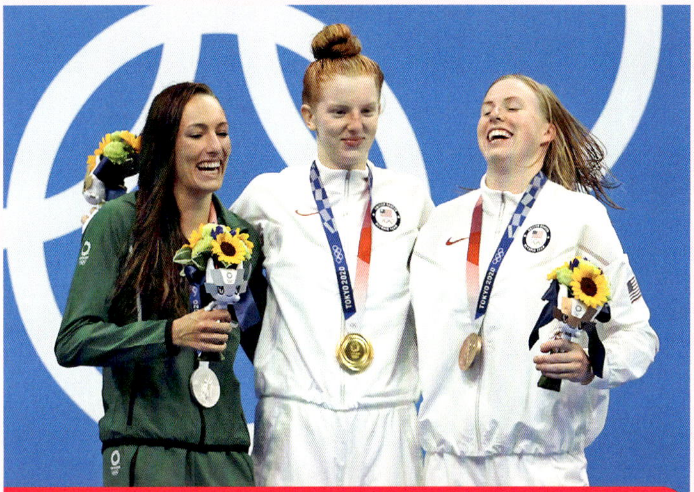

Sensation: die erst 17 Jahre alte Goldmedaillengewinnerin Lydia Jacoby zwischen der Zweiten Tatjana Schoenmaker und der Dritten Lilly King.

200 METER FREISTIL (MÄNNER)

1	Tom Dean	GBR	1:44,22 Minuten
2	Duncan Scott	GBR	+ 0,04 Sekunden
3	Fernando Scheffer	BRA	+ 0,44

Jacob Heidtmann und Lukas Märtens im Vorlauf ausgeschieden

100 METER RÜCKEN (MÄNNER)

1	Jewgeni Rylow	ROC	51,98 Sekunden
2	Kliment Kolesnikow	ROC	0,02 Sekunden
3	Ryan Murphy	USA	0,21

Marek Ulrich im Halbfinale ausgeschieden

100 METER RÜCKEN (FRAUEN)

1	Kaylee McKeown	AUS	57,47 Sekunden
2	Kylie Masse	CAN	+ 0,25 Sekunden
3	Regan Smith	USA	+ 0,58

Im Vorlauf ausgeschieden: Laura Riedemann

100 METER BRUST (FRAUEN)

1	Lydia Jacoby	USA	1:04,95 Minuten
2	Tatjana Schoenmaker	RSA	+ 0,27 Sekunden
3	Lilly King	USA	+ 0,59

Anna Elendt im Halbfinale ausgeschieden

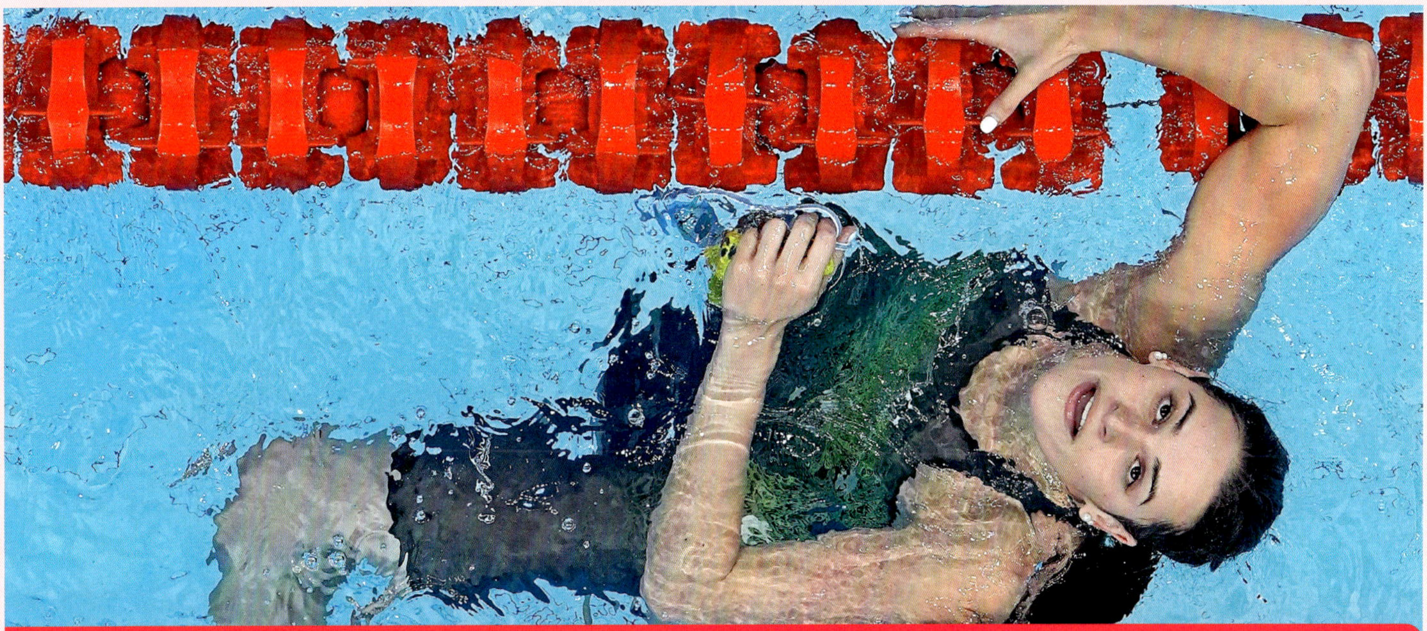

Blick zur Hallendecke: Die Australierin Kaylee McKeown schaut nach ihrem Erfolg über 100 Meter Rücken etwas ungläubig drein.

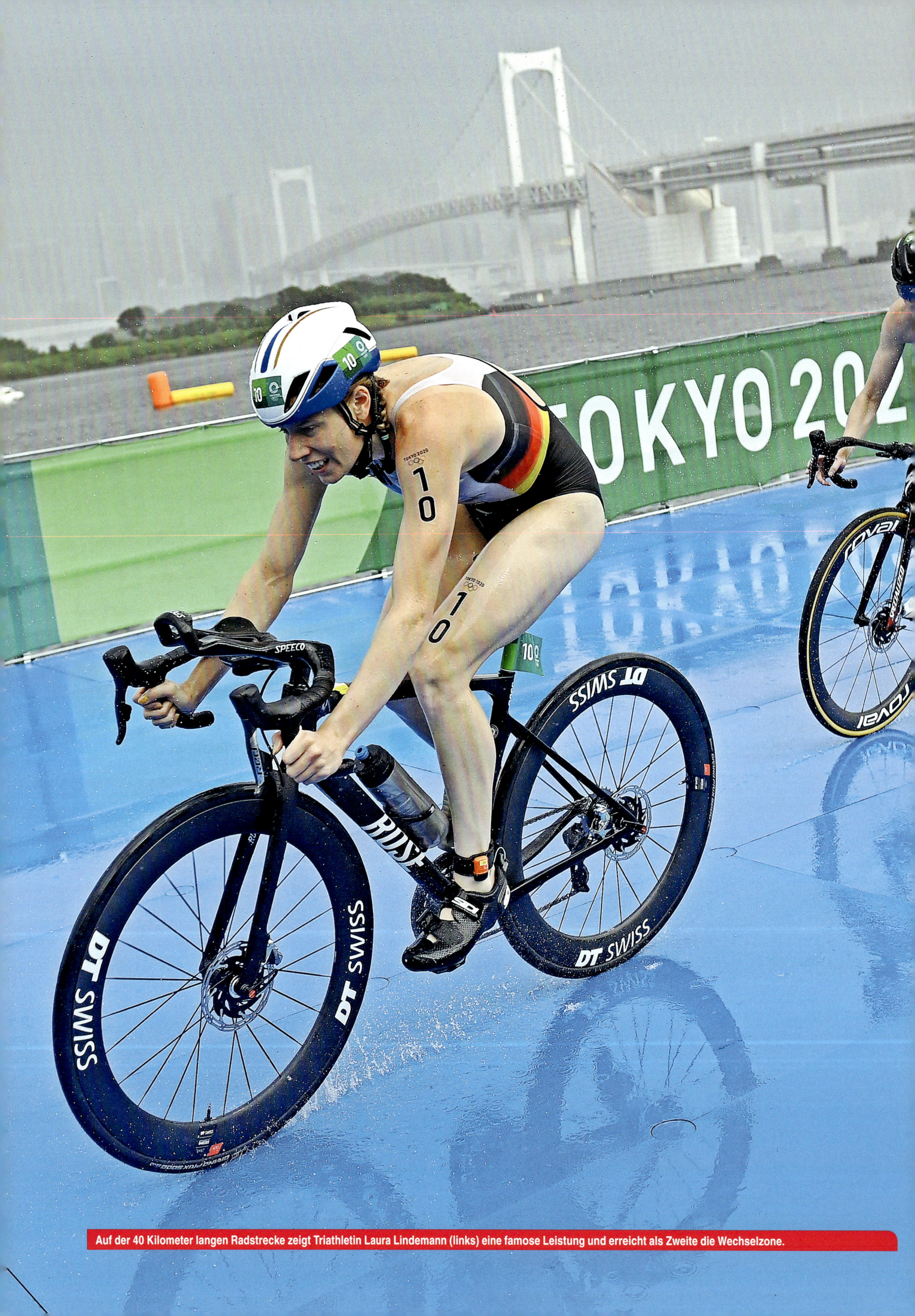

Auf der 40 Kilometer langen Radstrecke zeigt Triathletin Laura Lindemann (links) eine famose Leistung und erreicht als Zweite die Wechselzone.

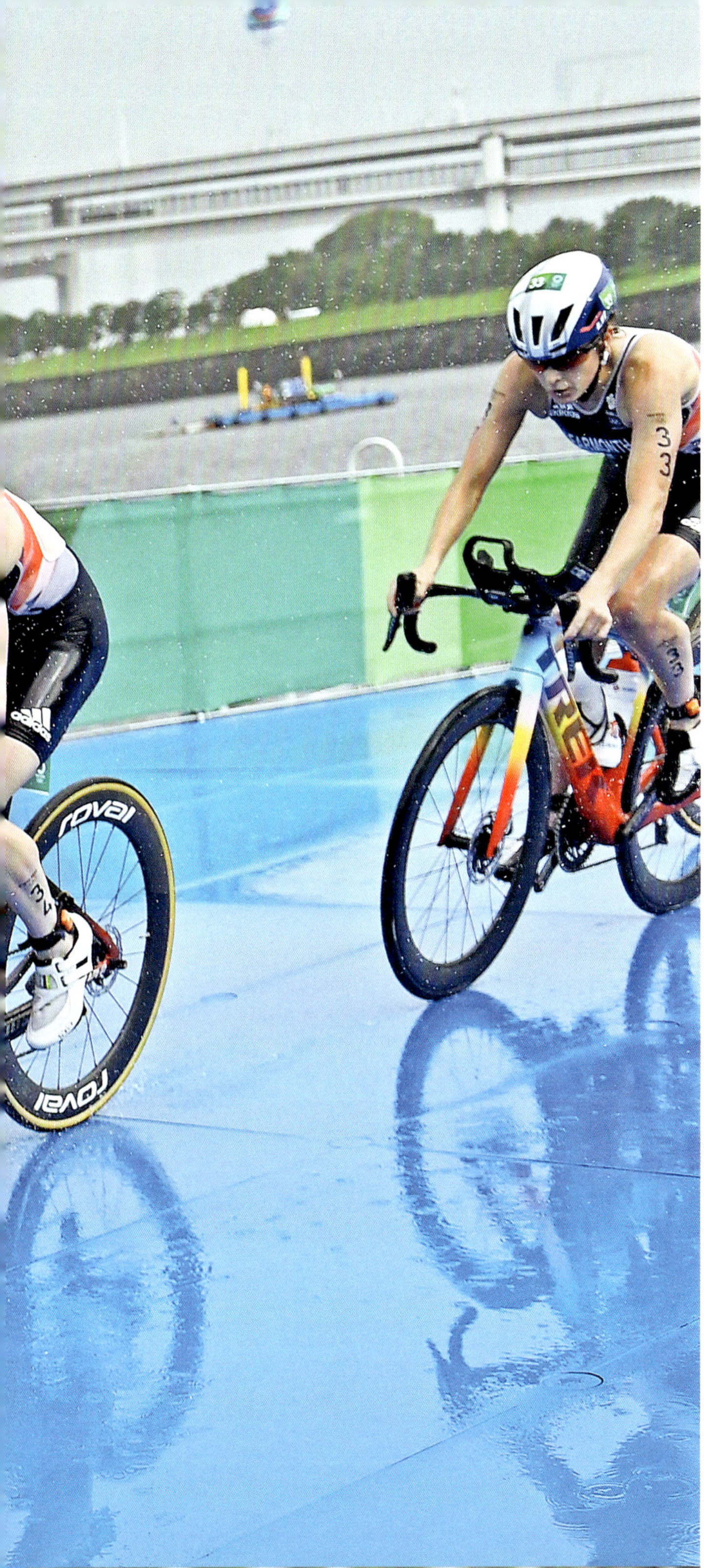

TRIATHLON FRAUEN

Laura Lindemann hatte mit großer Hitze gerechnet, doch stattdessen regnete es in Strömen. Es regnete so stark, dass der Start der Frauenkonkurrenz um 15 Minuten nach hinten verlegt werden musste. Die 25-jährige deutsche Medaillenanwärter fand damit völlig andere Startbedingungen vor als ihre Teamkollegen Jonas Schomburg und Justus Nieschlag, die ihren Wettkampf tags zuvor bei sengender Hitze bestritten hatten. Lindemann ließ sich jedoch nicht beeindrucken, tauchte nach 1500 Meter Schwimmen in der Bucht von Tokio als Siebtplatzierte aus dem Wasser und sortierte sich auf dem Rad gleich in der Spitzengruppe ein. Auf der nassen Strecke war höchste Konzentration gefordert, um einen Unfall zu vermeiden. Der Potsdamerin gelang nicht nur das, sie kam sogar als Zweite in die Wechselzone. Nur der Zehn-Kilometer-Lauf trennte Lindemann noch von einer Medaille. Nur? Lindemann ahnte zu diesem Zeitpunkt bereits, dass eine Medaille eine schöne Illusion bleiben würde. Sie hatte sich auf dem Rad völlig verausgabt und stellte auf der Laufstrecke rasch fest, dass ihr die Körner fehlen, um mit den anderen Medaillenanwärterinnen mithalten zu können. Am Ende kam Lindemann mit einem Rückstand von 2:48 Minuten auf Siegerin Flora Duffy als Achte ins Ziel, zur Bronzemedaille fehlten ihr 1:21 Minuten. Die 25-Jährige konnte sich immerhin damit trösten, das beste Resultat einer deutschen Triathletin bei Olympischen Spielen erzielt zu haben. Anja Dittmer (2004) und Anne Haug (2012) hatten sich jeweils mit den Plätzen elf zufriedengeben müssen. Als zweite deutsche Starterin landete Anabel Knoll in Tokio abgeschlagen auf Rang 31. Die souveräne Siegerin Duffy schrieb hingegen Geschichte. Die 33-Jährige bescherte dem nur 64 000 Einwohner zählenden Inselstaat Bermuda das erste Olympiagold. Der Boxer Clarence Hill hatte 1976 bei den Sommerspielen in Montréal mit Bronze im Boxen die einzige weitere Medaille für Bermuda gewonnen.

TRIATHLON (FRAUEN)

1	Flora Duffy	BER	1:55:36 Stunden
2	Georgia Taylor-Brown	GBR	+ 1:14 Minuten
3	Katie Zaferes	USA	+ 1:27

8. Laura Lindemann + 2:48

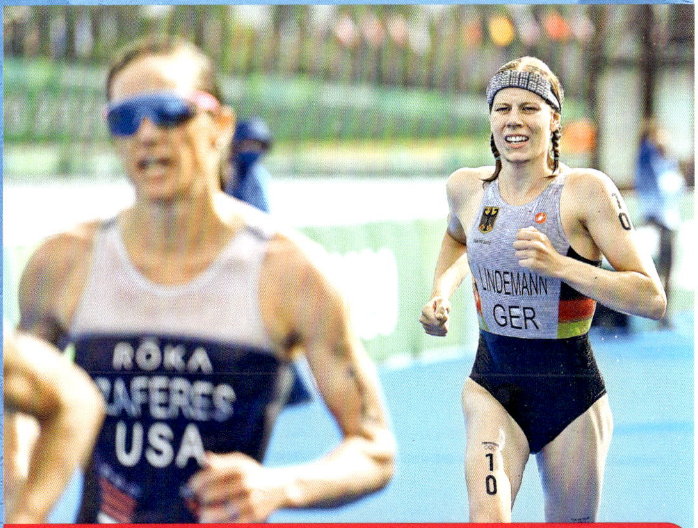

Die Anstrengung ist ihr anzusehen: Beim Laufen verlassen Laura Lindemann aus Berlin (rechts) schließlich die Kräfte.

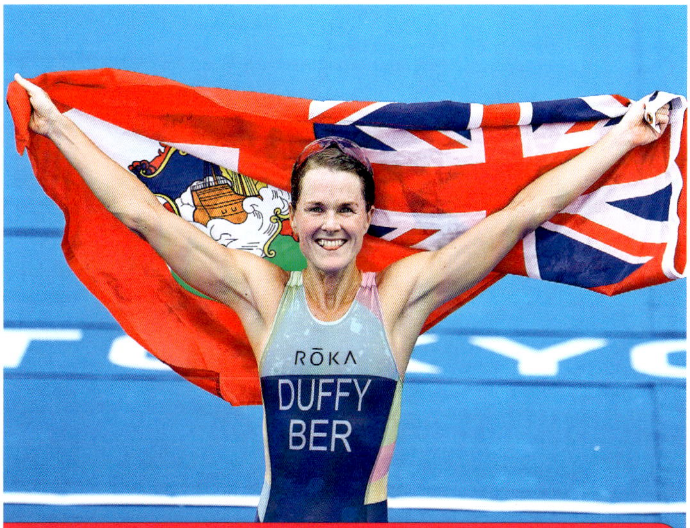

Flora Duffy gewinnt die erste Goldmedaille für Bermuda in der Geschichte der Olympischen Spiele.

WEITERE ENTSCHEIDUNGEN

Als der größte Erfolg ihrer Karriere feststand, konnte Ricarda Funk die Tränen nicht mehr zurückhalten. Dabei war es nicht nur der Olympiasieg im Kajak-Einer, der die 29-Jährige aufwühlte. Im Moment ihres größten Triumphs dachte sie an ihre vom Hochwasser schlimm getroffene Heimat und richtete aufbauende Worte an die Menschen im Ahrtal. Sie erinnerte zudem an Stefan Henze, den ehemaligen Kanu-Bundestrainer, der bei den Sommerspielen in Rio de Janeiro vor fünf Jahren an den Folgen eines Autounfalls verstorben war. Funk schien vor Emotionen fast zu zerplatzen, nachdem sie das Rennen ihres Lebens hingelegt hatte. Mit wilder Entschlossenheit stürzte sie sich auf die 230 Meter lange Strecke und vermählte hohe Risikobereitschaft mit maximalem Fokus. Als die Eins auf der Anzeigentafel aufleuchtete, war ihr Bronze bereits sicher. Zwei Starterinnen folgten noch – und das große Zittern begann. Die Slowakin Eliska Mintalova schaffte es nicht, Funks Zeit zu unterbieten. Als letzte Teilnehmerin enterte die große Goldfavoritin Jessica Fox den Stangenwald. Der Australierin flatterten jedoch die Nerven, sie erlaubte sich zwei Stangenberührungen und kassierte dadurch vier Strafsekunden. Zu viele, um den Sieg von Funk, die 2016 die Qualifikation für die Olympischen Spiele sensationell verpasst hatte, zu gefährden.
Später am Tag bescherte die famose Dressur-Equipe um Jessica van Bredow-Werndl, Dorothee Schneider und Isabell Werth dem deutschen Team die zweite Goldmedaille. Der Sieg der Favoritinnen konnte zwar niemanden überraschen, doch mit welcher Leichtigkeit das deutsche Trio die Konkurrenz in Schach hielt, war beeindruckend. Ausnahmekönnerin Werth gewann damit bereits ihre siebte Goldmedaille bei Olympischen Spielen, einzig die Kanutin Birgit Fischer liegt in Deutschland mit acht Siegen noch vor ihr.

KANUSLALOM KAJAK-EINER (FRAUEN)

1	Ricarda Funk	GER	105,50 Sekunden
2	Maialen Courraut	ESP	+ 1,13 Sekunden
3	Jessica Fox	AUS	+ 1,23

REITSPORT DRESSUR (TEAM)

1	Deutschland	GER	8178,0 Punkte
2	USA	USA	7747,0
3	Großbritannien	GBR	7723,0

FECHTEN DEGEN MANNSCHAFT (FRAUEN)

1	Estland	EST
2	Südkorea	KOR
3	Italien	ITA

SCHIESSEN LUFTGEWEHR (MIXEDTEAM)

1	Yang Qian/Yang Haoran	CHN
2	Mary Tucker/Lucas Kozeniesky	USA
3	Julia Karimowa/Sergej Kamenskij	ROC

SCHIESSEN LUFTPISTOLE (MIXEDTEAM)

1	Jiang Ranxin/Pang Wei	CHN
2	Witalina Bazaraschkina/Artem Tschernussow	ROC
3	Olena Kostewytsch/Oleg Omeltschuk	UKR

Christian Reitz/Carina Wimmer in Qualifikation gescheitert

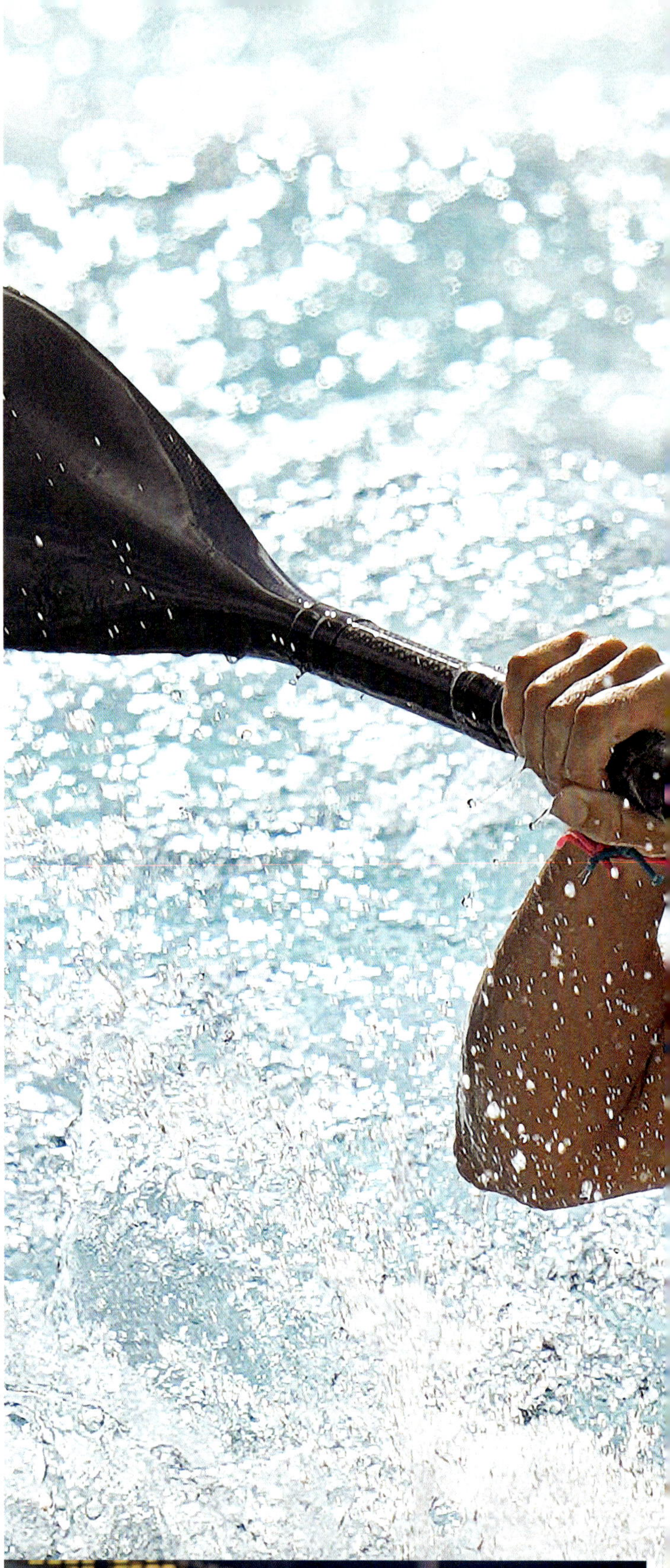

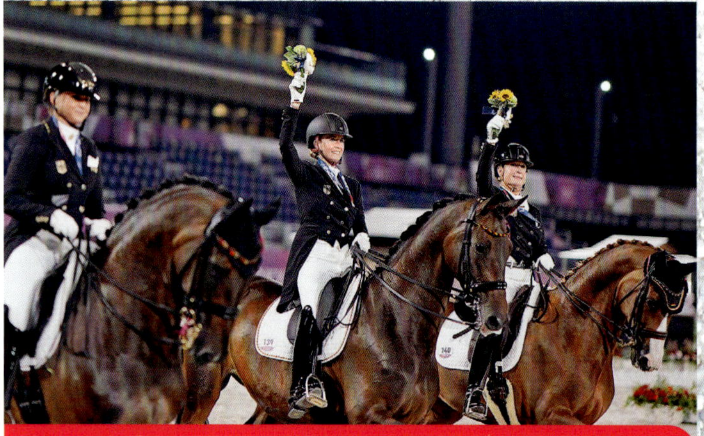

Die deutsche Dressur-Equipe mit Dorothee Schneider, Jessica van Bredow-Werndl und Isabell Werth (von links) dreht nach dem Olympiasieg eine verdiente Ehrenrunde.

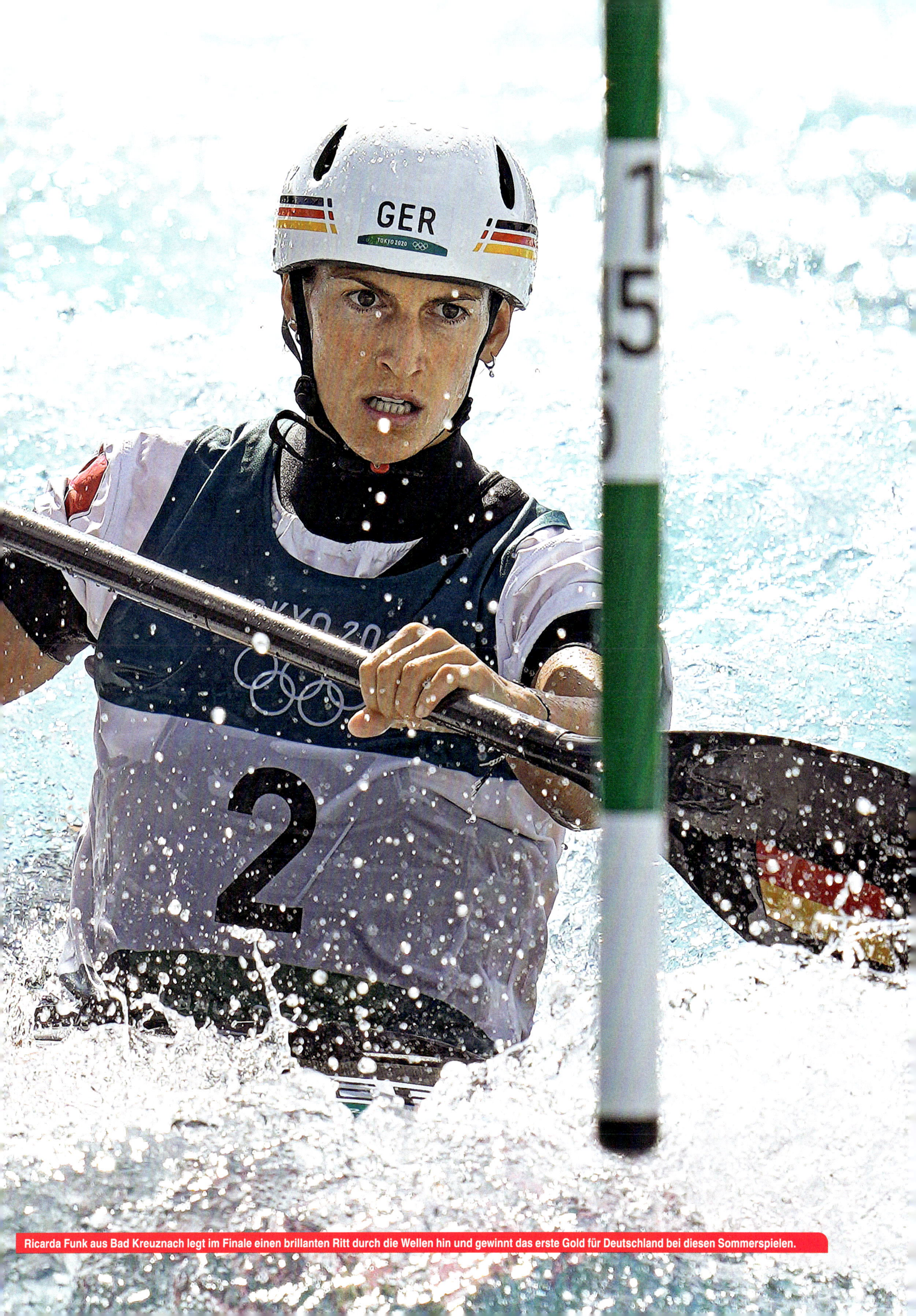

Ricarda Funk aus Bad Kreuznach legt im Finale einen brillanten Ritt durch die Wellen hin und gewinnt das erste Gold für Deutschland bei diesen Sommerspielen.

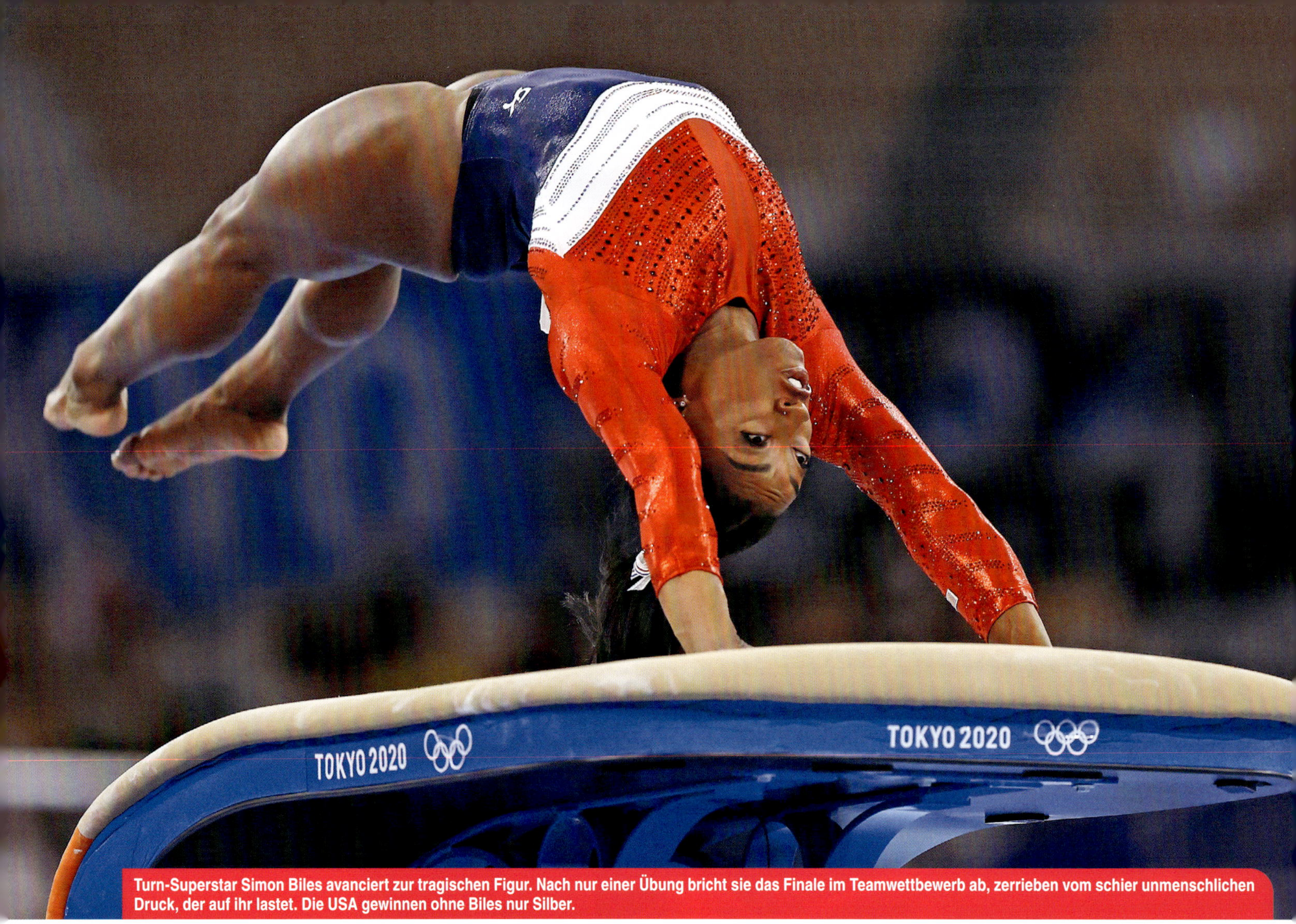

Turn-Superstar Simon Biles avanciert zur tragischen Figur. Nach nur einer Übung bricht sie das Finale im Teamwettbewerb ab, zerrieben vom schier unmenschlichen Druck, der auf ihr lastet. Die USA gewinnen ohne Biles nur Silber.

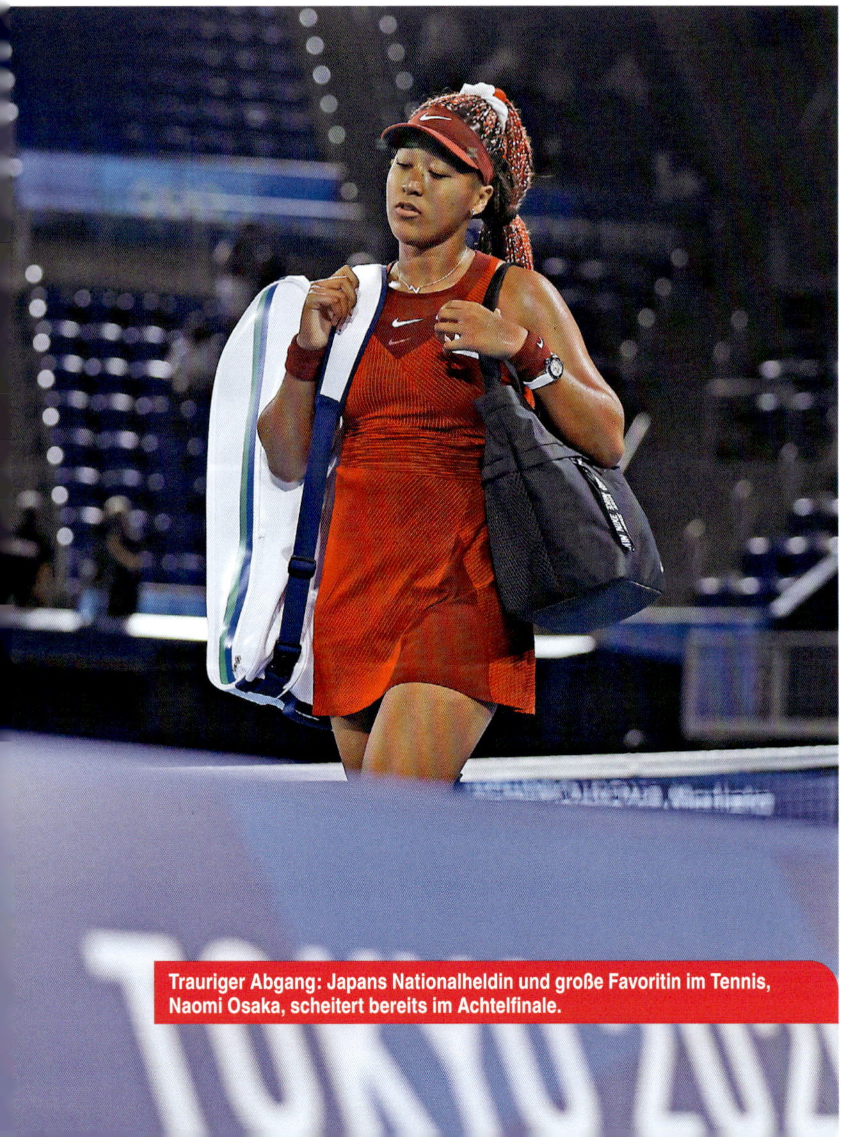

Trauriger Abgang: Japans Nationalheldin und große Favoritin im Tennis, Naomi Osaka, scheitert bereits im Achtelfinale.

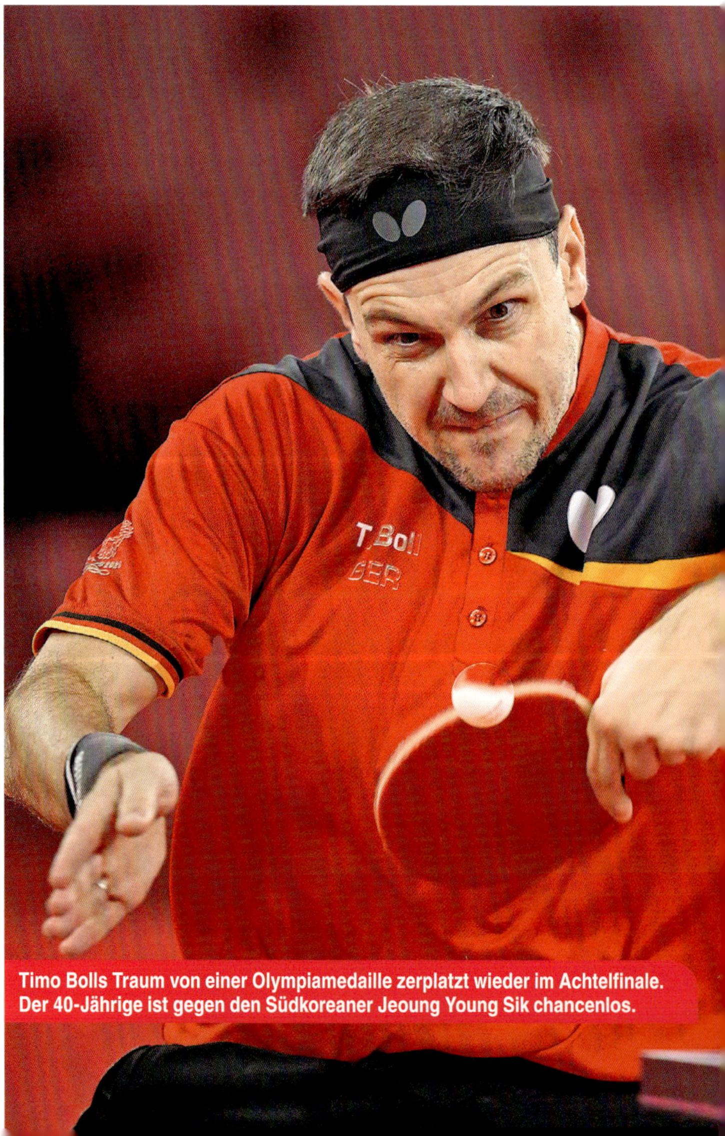

Timo Bolls Traum von einer Olympiamedaille zerplatzt wieder im Achtelfinale. Der 40-Jährige ist gegen den Südkoreaner Jeoung Young Sik chancenlos.

Einen grandiosen Wettkampf legte auch Judoka Dominic Ressel hin. Im Kampf um Bronze geriet der 27-Jährige jedoch rasch ins Hintertreffen und verlor letztlich klar gegen den Österreicher Shamil Borchashvili.
Deutschlands Tischtennis-Star Timo Boll musste die Hoffnung auf seine erste Olympiamedaille im Einzel dagegen bereits im Achtelfinale begraben. Der 40-jährige Europameister unterlag dem Südkoreaner Jeoung Young Sik mit 1:4 Sätzen.
Eine eindrucksvolle Reaktion auf die 1:3-Niederlage gegen Belgien zeigten die deutschen Hockey-Männer. Angeführt vom dreifachen Torschützen Florian Fuchs bezwang die DHB-Auswahl den amtierenden Olympiasieger Großbritannien mit 5:1 (1:1).

JUDO BIS 81 KG (MÄNNER)

1	Takanori Nagase	JPN
2	Saeid Mollaei	MGL
3	Shamil Borchashvili	AUT
3	Matthias Casse	BEL

5. Dominic Ressel

JUDO BIS 63 KG (FRAUEN)

1	Clarisse Agbegnenou	FRA
2	Tina Trstenjak	SLO
3	Maria Centracchio	ITA
3	Catherine Beauchemin-Pinard	CAN

Martyna Trajods im Sechzehntelfinale ausgeschieden

SOFTBALL (FRAUEN)

1	Japan	JPN
2	USA	USA
3	Kanada	CAN

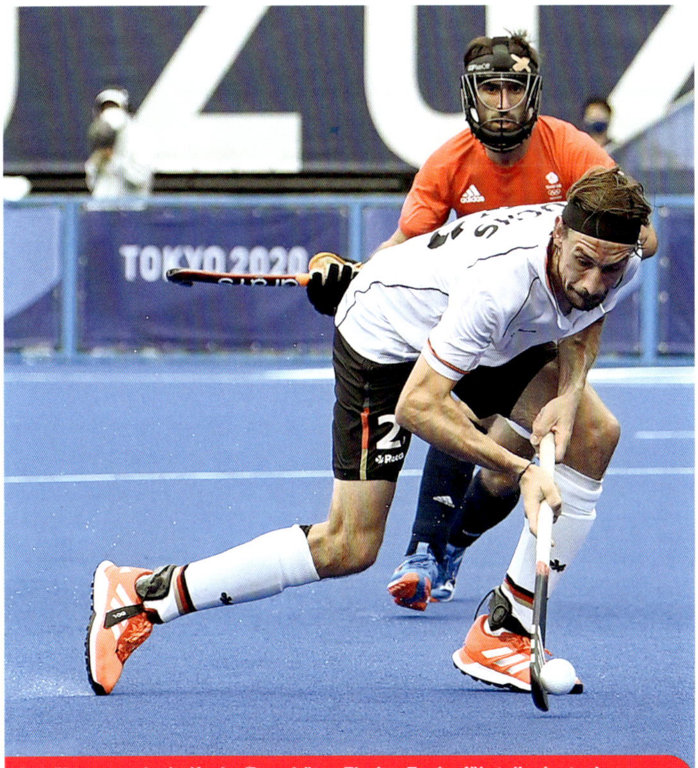

Der überragende dreifache Torschütze Florian Fuchs führt die deutschen Hockey-Männer zu einem eindrucksvollen 5:1-Sieg im zweiten Vorrundenspiel gegen Großbritannien.

TAEKWONDO ÜBER 80 KG (MÄNNER)

1	Wladislaw Larin	ROC
2	Dejan Georgievski	MKD
3	In Kyo Don	KOR
3	Rafel Yunier Alba Castillo	CUB

11. Alexander Bachmann im Achtelfinale gescheitert

TAEKWONDO ÜBER 67 KG (FRAUEN)

1	Milica Mandic	SRB
2	Lee Dabin	KOR
3	Althea Laurin	FRA
3	Bianca Waldkin	GBR

KUNSTTURNEN MEHRKAMPF TEAM (FRAUEN)

1	ROC	ROC	169,528 Punkte
2	USA	USA	166,096
3	Großbritannien	GBR	164,096

9. Deutschland in Qualifikation gescheitert

WASSERSPRINGEN TURM SYNCHRON (FRAUEN)

1	Chen Yuxi/Zhang Jiaqi	CHN	363,78 Punkte
2	Jessica Parratto/Delaney Schnell	USA	310,80
3	Gabriela Agundez/Alejandra Orozco	MEX	299,70

5. Tina Punzel/Christina Wassen 292,86

SURFEN SHORTBOARD (MÄNNER)

1	Italo Ferreira	BRA
2	Kanoa Igarashi	JPN
3	Owen Wright	AUS

Leon Glatzer in Hoffnungsrunde ausgeschieden

SURFEN SHORTBOARD (FRAUEN)

1	Carissa Moore	USA
2	Bianca Buitendag	RSA
3	Amuro Tsuzuki	JPN

GEWICHTHEBEN BIS 59 KG (FRAUEN)

1	Kuo Hsing-Chun	TPE	236 Kilogramm
2	Polina Gurjewa	TKM	217
3	Mikiko Andoh	JPN	214

10. Sabine Kusterer 198

GEWICHTHEBEN BIS 64 KG (FRAUEN)

1	Maude Charron	CAN	236 Kilogramm
2	Giorgia Bordignon	ITA	232
3	Chen Wen-Huei	TPE	230

10. Lisa Marie Schweizer 217

MOUNTAINBIKE CROSS-COUNTRY (FRAUEN)

1	Jolanda Neff	SUI	1:15:46 Stunden
2	Sina Frei	SUI	+ 1:11 Minuten
3	Linda Indergand	SUI	+ 1:19

19. Ronja Eibl + 8:13

TAG 4

TAG 5
MI., 28.07.

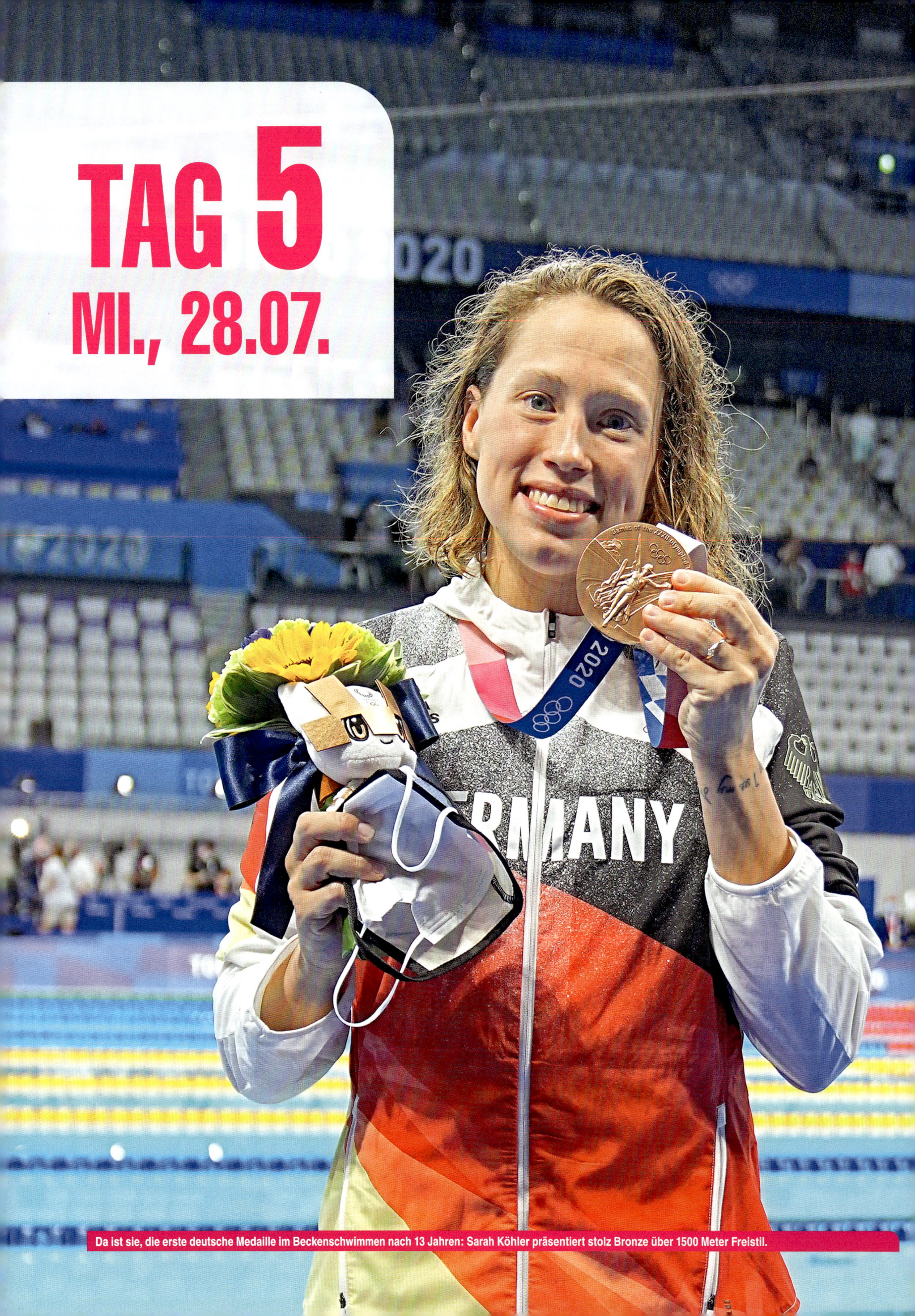

Da ist sie, die erste deutsche Medaille im Beckenschwimmen nach 13 Jahren: Sarah Köhler präsentiert stolz Bronze über 1500 Meter Freistil.

SCHWIMMEN

Die 13-jährige deutsche Durststrecke im Beckenschwimmen wurde beendet. 2008 in Peking hatte Britta Steffen Doppelgold über 50 und 100 Meter Freistil gewonnen. Am vierten Finaltag im Tokyo Aquatics Centre holte Sarah Köhler in persönlicher Bestzeit Bronze über 1500 Meter Freistil – die Strecke wurde bei Olympischen Spielen erstmals auch von Frauen geschwommen. 2012 in London und 2016 in Rio de Janeiro hatte es für Deutschland keine Medaillen im Becken gegeben.

Von einem »Kampf gegen den inneren Schweinehund«, berichtete Köhler. »Ich habe aber versucht, den Schmerz zu ignorieren.« Mit einer klugen Renneinteilung verbesserte die 27 Jahre alte Vizeweltmeisterin aus Magdeburg den von ihr selbst gehaltenen deutschen Rekord um mehr als sechs Sekunden. Zu Beginn nutzte sie die neben ihr schwimmende Weltmeisterin Simona Quadarella aus Italien als Tempomacherin (»An ihr musste ich dranbleiben«). Zur Mitte des Rennens zog sie an Quadarella und der Chinesin Wang Jianjiahe vorbei auf den zweiten Platz (»Diese Chance musste ich nutzen«). Auf den letzten 200 Metern musste sie allerdings noch die erst 20-jährige US-Amerikanern Erica Sullivan passieren lassen (»Sie hatte ich nicht auf dem Zettel«). Die Goldmedaille holte sich mit souveränem Vorsprung US-Star Katie Ledecky.

Bei ihrem ersten Finale an diesem Tag musste sich die Amerikanerin über 200 Meter Freistil mit dem siebten Rang zufriedengeben. Gold gewann, wie schon zwei Tage zuvor über die doppelte Distanz, die Australierin Ariarne Titmus. Die Briten Tom Dean und Duncan Scott führten einen Tag nach ihrem Doppelsieg über 200 Meter Freistil ihre Staffel zu Gold. Die US-Amerikaner erlebten hingegen nach jahrelanger Dominanz auf dieser Strecke ein Debakel und wurden nur Vierte. Die deutsche Staffel schlug als siebte an.

1500 METER FREISTIL (FRAUEN)

1	Katie Ledecky	USA	15:37,34 Minuten
2	Erica Sullivan	USA	+ 4,07 Sekunden
3	Sarah Köhler	GER	+ 5,57

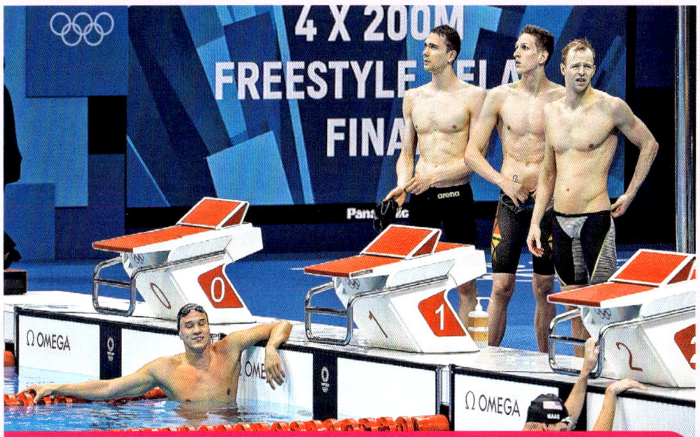

Die deutsche Staffel mit – von links – Jacob Heidtmann (Elmshorn), Henning Mühlleitner (Neckarsulm), Lukas Märtens (Magdeburg) und Poul Zellmann (Essen) wurde Siebte über 4 x 200 Meter Freistil.

TAG 5

200 METER FREISTIL (FRAUEN)

1	Ariarne Titmus	AUS	1:53,50 Minuten
2	Siobhan Bernadette Haughey	HKG	+ 0,42 Sekunden
3	Penny Oleksiak	CAN	+ 1,2

Annika Bruhn und Isabel Gose im Halbfinale ausgeschieden

200 METER SCHMETTERLING (MÄNNER)

1	Kristof Milak	HUN	1:51,25 Minuten
2	Tomoru Honda	JPN	+ 2,48 Sekunden
3	Federico Burdisso	ITA	+ 3,2

David Thomasberger im Vorlauf ausgeschieden

200 METER LAGEN (FRAUEN)

1	Yui Ohashi	JPN	2:08,52 Minuten
2	Alexandra Walsh	USA	+ 0,13 Sekunden
3	Kate Douglass	USA	+ 0,52

4 x 200 METER FREISTIL (MÄNNER)

1	Großbritannien	GBR	6:58,58 Minuten
2	ROC	ROC	+ 3,23 Sekunden
3	Australien	AUS	+ 3,26

7. Deutschland + 7,93

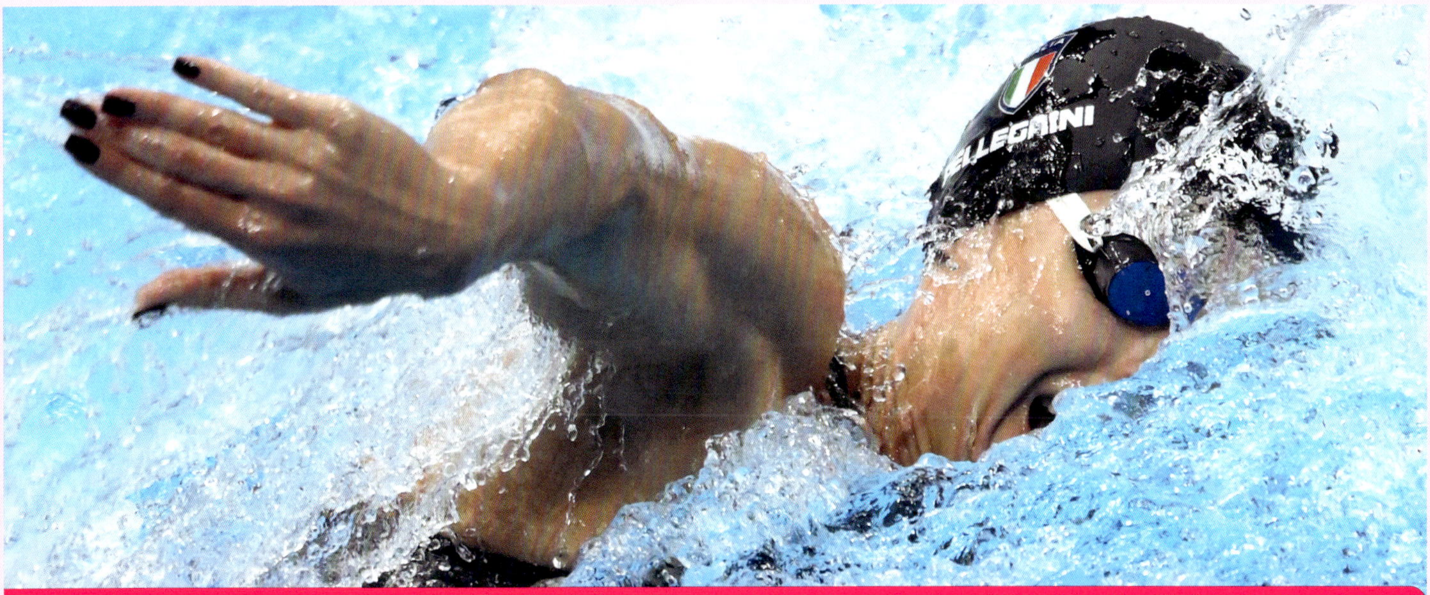

Die Italienerin Federica Pellegrini, Olympiasiegerin 2008 und Idol in ihrem Heimatland, beendet ihre Profikarriere mit Platz sieben über 200 Meter Freistil.

WEITERE ENTSCHEIDUNGEN

Nachdem sie mit der Dressur-Equipe ihr siebtes Olympiagold gewonnen hatte, verzichtete Isabell Werth auf ausgiebige Jubelarien und richtete den Blick schnell nach vorn auf das Einzel. Subtil schob sie dabei ihrer Teamkollegin Jessica von Bredow-Werndl die Favoritenrolle zu. Den zusätzlichen Druck streifte von Bredow-Werndl tags darauf allerdings ab wie eine lästige Fliege. Sie legte im Finale auf Stute Dalera einen brillanten Ritt hin, graziös und ohne Wackler. Werth konterte auf Bella Rose ihrerseits mit einer großartigen Darbietung, doch den Sieg ihrer Stallrivalin konnte sie nicht gefährden. Bronze ging an die Britin Charlotte Dujardin auf Showtime.

Sekunden können sich manchmal wie eine Ewigkeit anfühlen. Als die Wasserspringer Patrick Hausding und Lars Rüdiger nach ihrem letzten Sprung im Synchronspringen vom Drei-Meter-Brett am Beckenrand auf die Wertung der Kampfrichter warteten, schien die Zeit still zu stehen. Mit einem tollen Sprung hatten sie zuvor die Chance auf die Bronzemedaille gewahrt, doch war er auch gut genug, um noch an den Mexikanern vorbeizuziehen? Ja! Hausding schrie seine Freude derart laut heraus, dass man sich Sorgen um die Statik des Tokyo Aquatics Centre machen musste. Der Jubel fiel auch deshalb so überschwänglich aus, weil das deutsche Duo nicht mehr mit einer Medaille gerechnet hatte, wie Hausding später zugab. Vor dem letzten Durchgang hatten die Deutschen nur auf Platz sechs gelegen.

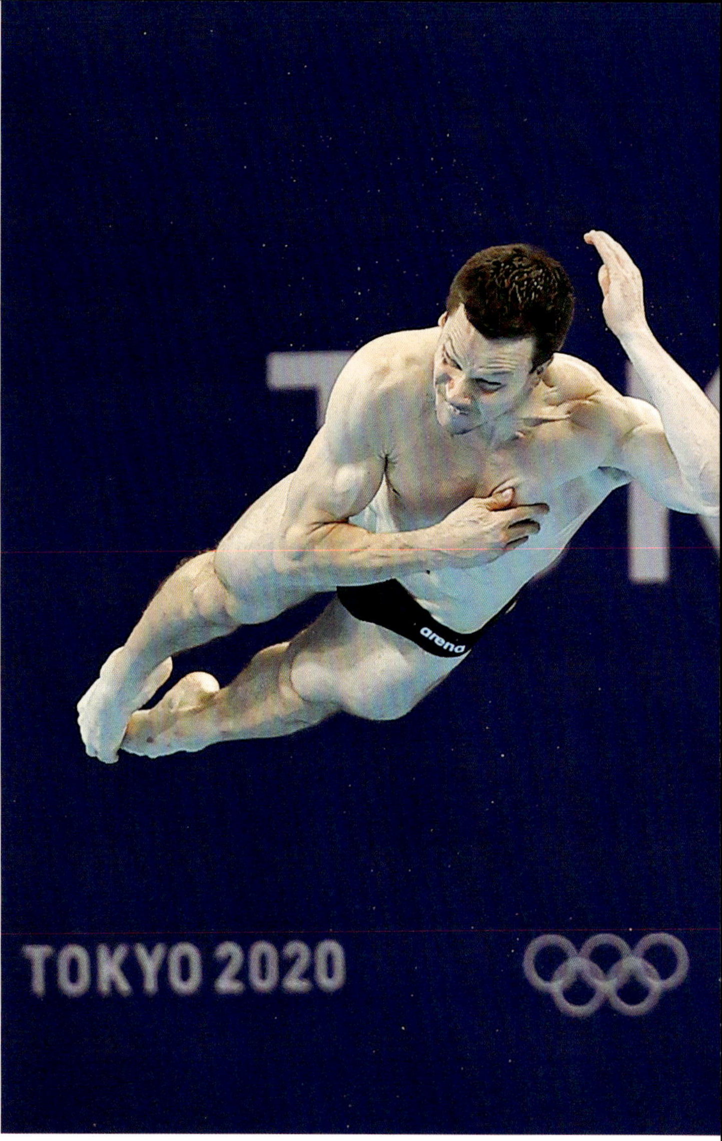

WASSERSPRINGEN DREI-METER-BRETT SYNCHRON (MÄNNER)

1	Wang Zongyuan/Xie Siyi		CHN	467,82 Punkte
2	Andrew Capobianco/Michael Hixon		USA	444,36
3	Patrick Hausding/Lars Rüdiger		GER	404,73

FECHTEN SÄBEL MANNSCHAFT (MÄNNER)

1	Südkorea		KOR	
2	Italien		ITA	
3	Ungarn		HUN	

4. Deutschland

RADSPORT ZEITFAHREN (FRAUEN)

1	Annemiek van Vleuten		NED	30:13:49 Minuten
2	Marlen Reusser		SUI	+ 0:56 Minuten
3	Anna van der Breggen		NED	+ 1:01

6. Lisa Brennauer + 1:57

RADSPORT ZEITFAHREN (MÄNNER)

1	Primoz Roglic		SLO	55:04:19 Minuten
2	Tom Dumoulin		NED	+ 1:01 Minuten
3	Rohan Dennis		AUS	+ 1:03

15. Maximilian Schachmann + 3:29

KUNSTTURNEN MEHRKAMPF EINZEL (MÄNNER)

1	Daiki Hashimoto		JPN	88,465 Punkte
2	Xiao Ruoteng		CHN	88,065
3	Nikita Nagornyj		ROC	88,031

18. Lukas Dauser 81,290

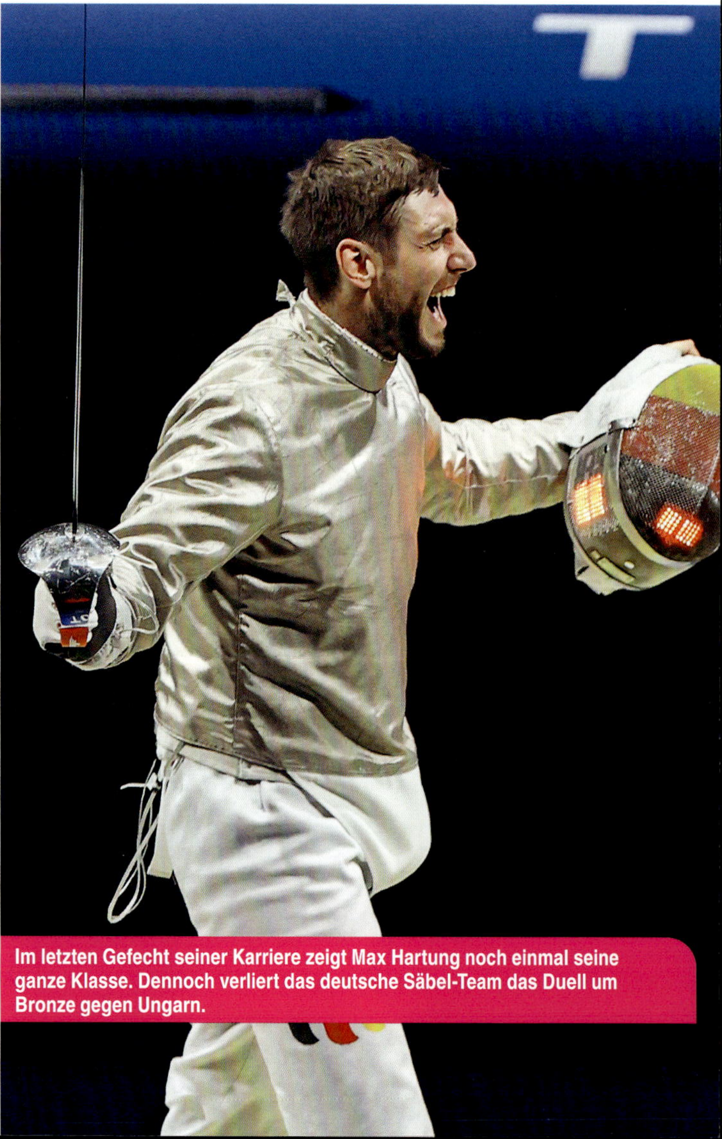

Im letzten Gefecht seiner Karriere zeigt Max Hartung noch einmal seine ganze Klasse. Dennoch verliert das deutsche Säbel-Team das Duell um Bronze gegen Ungarn.

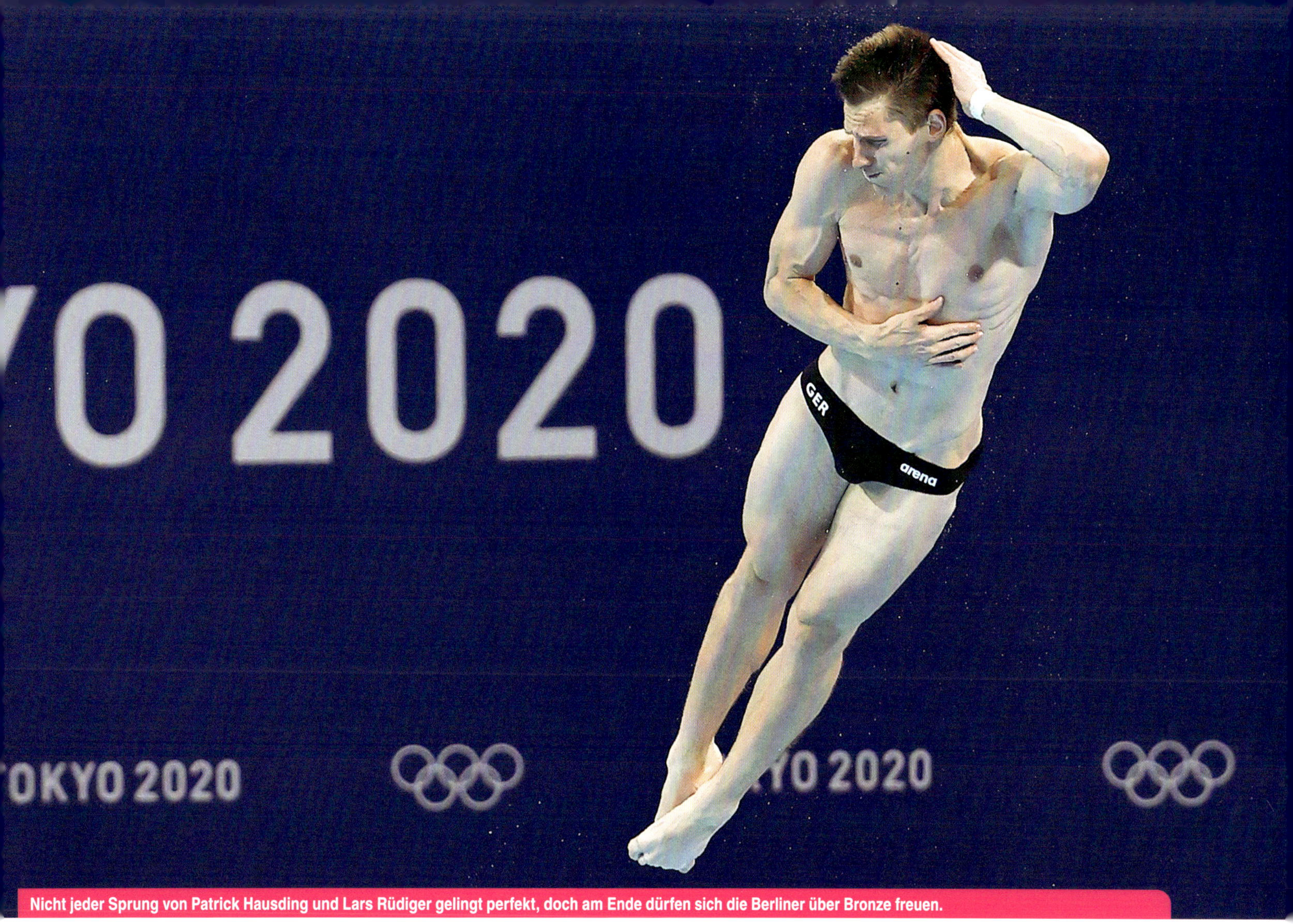

Nicht jeder Sprung von Patrick Hausding und Lars Rüdiger gelingt perfekt, doch am Ende dürfen sich die Berliner über Bronze freuen.

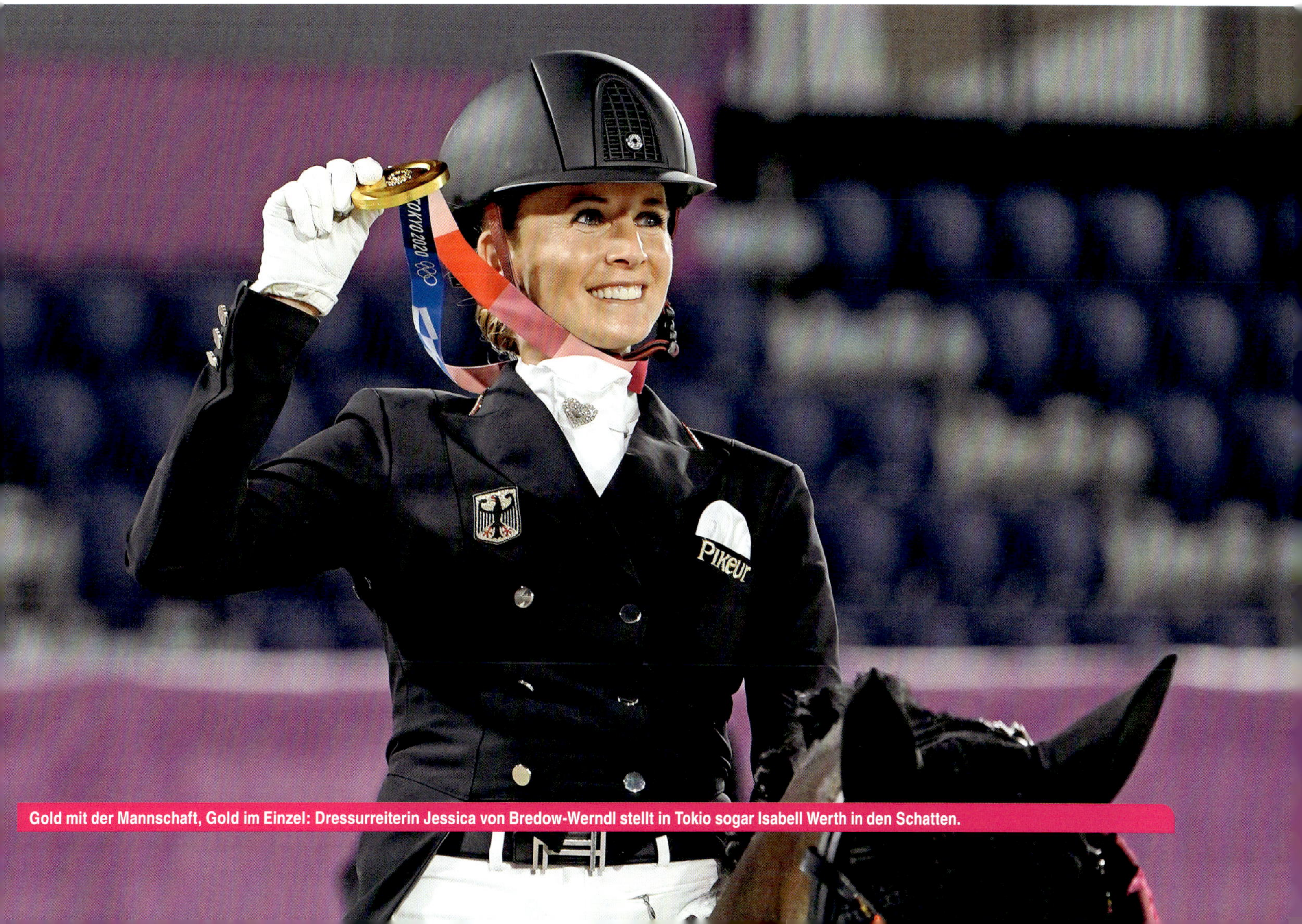

Gold mit der Mannschaft, Gold im Einzel: Dressurreiterin Jessica von Bredow-Werndl stellt in Tokio sogar Isabell Werth in den Schatten.

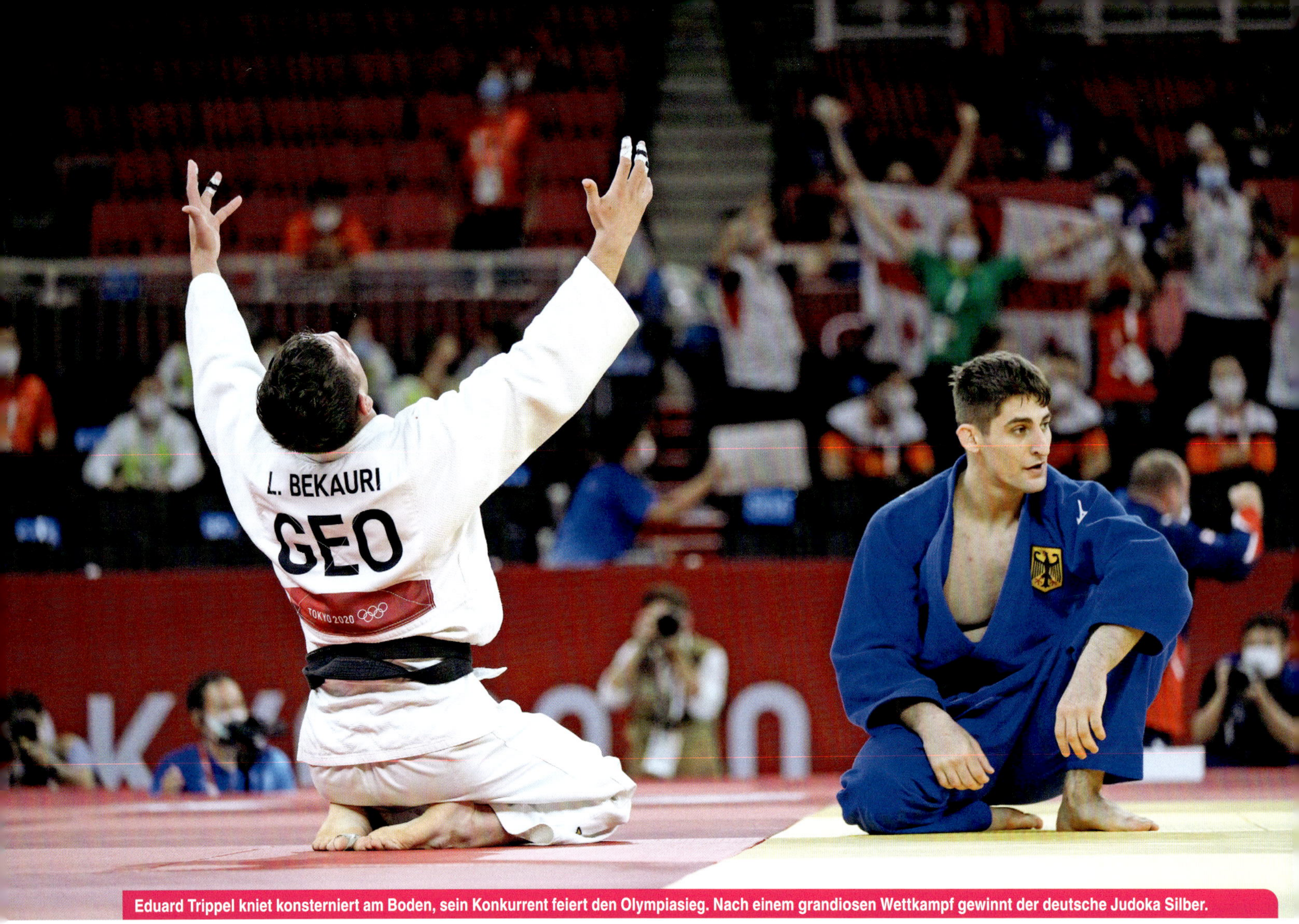

Eduard Trippel kniet konsterniert am Boden, sein Konkurrent feiert den Olympiasieg. Nach einem grandiosen Wettkampf gewinnt der deutsche Judoka Silber.

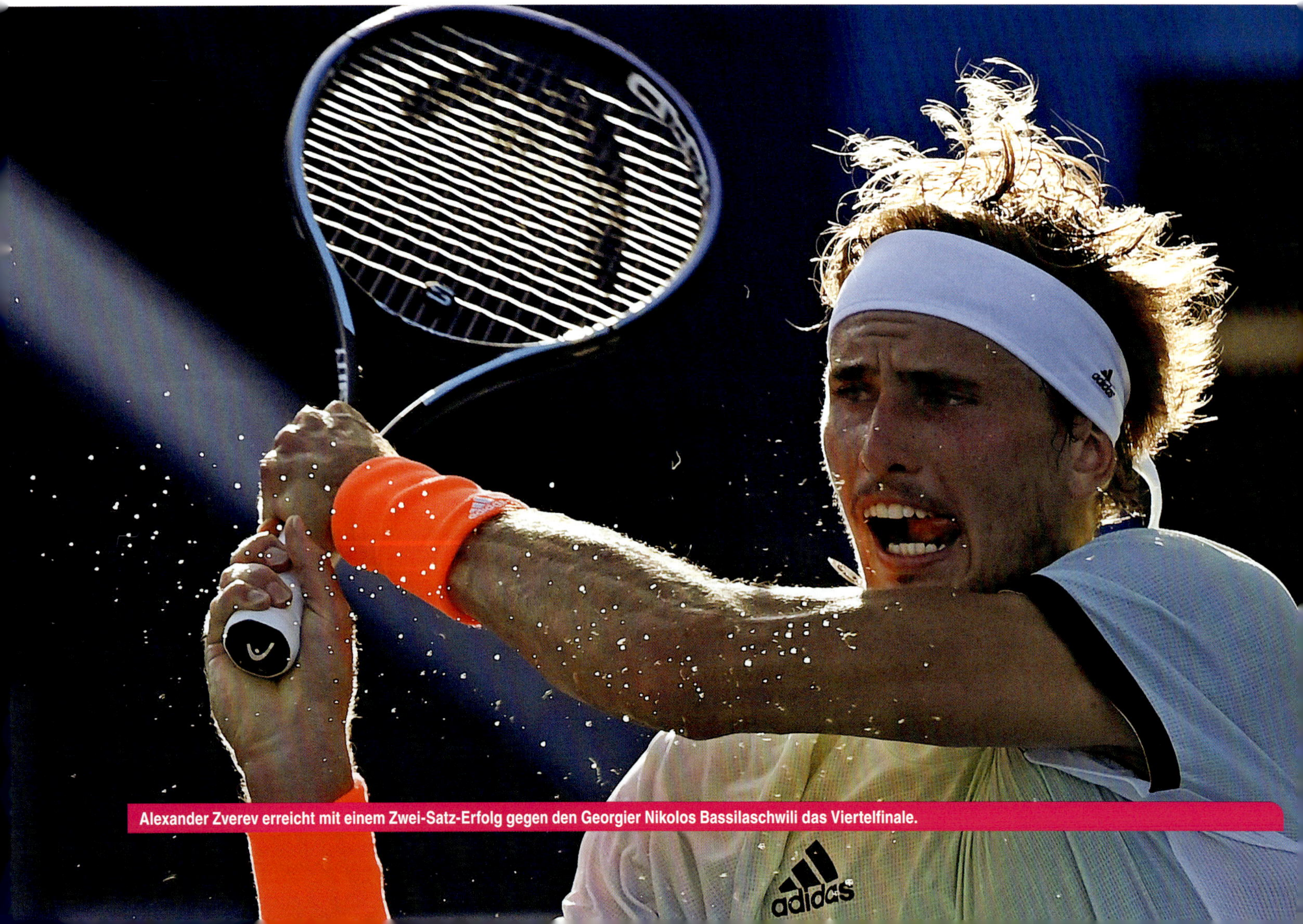

Alexander Zverev erreicht mit einem Zwei-Satz-Erfolg gegen den Georgier Nikolos Bassilaschwili das Viertelfinale.

Nein, Eduard Trippel hatte nicht Gold verloren, sondern Silber gewonnen. Einen kurzen Moment benötigte der deutsche Judoka, um die knappe Finalniederlage in der Mittelgewichtsklasse gegen den Georgier Lascha Bekauri zu verarbeiten, dann brach sich beim Rüsselsheimer die Freude Bahn über einen sensationellen Wettkampf, der mit der ersten deutschen Medaille eines männlichen deutschen Judokas seit Ole Bischoff im Jahr 2012 endete. Freud und Leid lagen an diesem Judo-Tag jedoch nah beieinander. Giovanna Scoccimarro lieferte sich im Duell um Bronze ein dramatisches Duell mit der Niederländerin Sanne van Dijke, scheiterte jedoch nach Verlängerung.
Eine riesige Enttäuschung erlebten auch die deutschen Ruderfrauen im Doppelvierer. Bis 250 Meter vor dem Ziel steuerten Frieda Hämmerling, Daniela Schultze, Franziska Kampmann und Carlotta Nwadje bei schwierigen Bedingungen nach einem starken Rennen auf Silberkurs. Doch dann verkantete ein Ruderblatt von Bugfrau Schultze, der Rhythmus ging völlig verloren, das deutsche Boot kam sogar kurzzeitig zum Stoppen. Diesen Fauxpas nutzten die Konkurrentinnen gnadenlos aus und schoben sich am deutschen Doppelvierer vorbei. Am Ende reichte es für Hämmerling und Co. nur zu Platz fünf, im Ziel flossen die Tränen.

TAG 5

JUDO MITTELGEWICHT (MÄNNER)

1	Lascha Bekauri		GEO
2	Eduard Trippel		GER
3	Dawlat Bobonow		UZB
3	Krisztian Toth		HUN

RUDERN DOPPELVIERER (MÄNNER)

1	Niederlande		NED	5:32:03 Minuten
2	Großbritannien		GBR	+ 1,72 Sekunden
3	Australien		AUS	+ 1,94

Deutschland im Hoffnungslauf ausgeschieden

RUDERN VIERER (MÄNNER)

1	Australien		AUS	5:42:76 Minuten
2	Rumänien		ROU	+ 0,37 Sekunden
3	Italien		ITA	+ 0,84

RUDERN DOPPELZWEIER (MÄNNER)

1	Frankreich		FRA	6:00:33 Minuten
2	Niederlande		NED	+ 0,20 Sekunden
3	China		CHN	+ 3,30

Stephan Krüger/Marc Weber im Halbfinale ausgeschieden

BASKETBALL 3 x 3 (MÄNNER)

1	Lettland		LAT
2	ROC		ROC
3	Serbien		SRB

GEWICHTHEBEN BIS 73 KG (MÄNNER)

1	Shi Zhiyong		CHN
2	Julio Ruben Mayora Pernia		VEN
3	Rahmat Erwin Abdullah		INA

JUDO MITTELGEWICHT (FRAUEN)

1	Chizuru Arai		JPN
2	Michaela Polleres		AUT
3	Sanne van Dijke		NED
3	Madina Taimasowa		ROC

5. Giovanna Scoccimarro (Vorsfelde)

RUDERN DOPPELVIERER (FRAUEN)

1	China		CHN	6:05:13 Minuten
2	Polen		POL	+ 6,23 Sekunden
3	Australien		AUS	+ 6,95

5. Deutschland + 8,28

RUDERN VIERER (FRAUEN)

1	Australien		AUS	6:15:37 Minuten
2	Niederlande		NED	+ 0,34 Sekunden
3	Irland		IRL	+ 5,09

RUDERN DOPPELZWEIER (FRAUEN)

1	Rumänien		ROU	6:41:03 Minuten
2	Neuseeland		NZL	+ 3,79 Sekunden
3	Niederlande		NED	+ 4,70

Annekatrin Thiele/Leonie Menzel im Halbfinale ausgeschieden

RUGBY 7ER (MÄNNER)

1	Fidschi		FIJ
2	Neuseeland		NZL
3	Argentinien		ARG

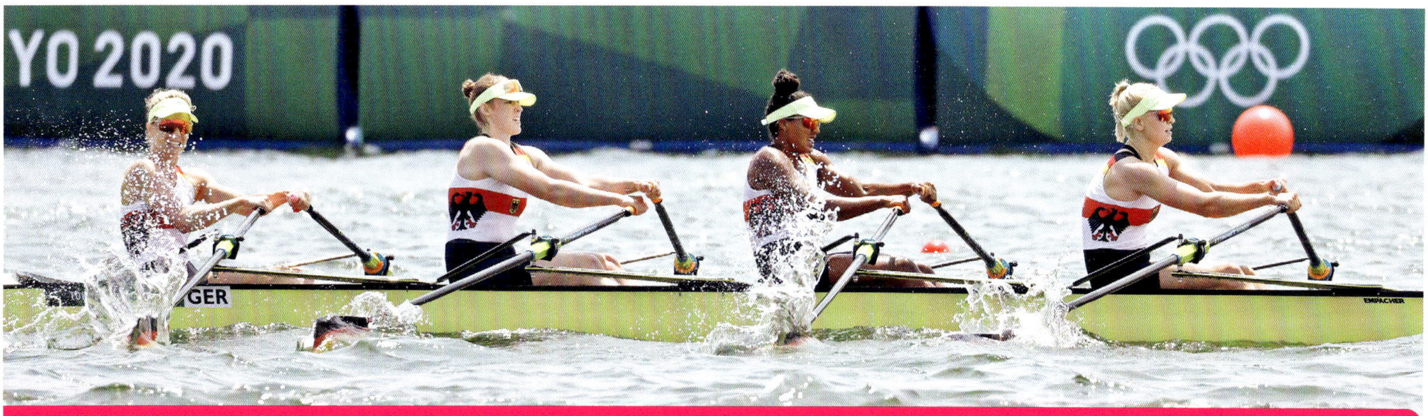

Ein kapitaler Fehler kurz vor Schluss raubt dem deutschen Ruder-Doppelvierer die Chance auf eine Medaille. Im Ziel ist die Enttäuschung riesengroß.

BASKETBALL

Erleichterung im Lager der deutschen Basketballer: Mit einem 99:92 (50:50)-Erfolg gegen Nigeria hat die Nationalmannschaft ihre Chancen aufs Viertelfinale gewahrt – nie zuvor hat sie bei Olympischen Spielen mehr Punkte erzielt. Anders als drei Tage zuvor bei der Auftaktniederlage gegen Italien zeigten die Schützlinge von Bundestrainer Henrik Rödl in der Schlussphase Selbstvertrauen und Nervenstärke. Elf Punkte (55:66) lagen sie in der Saitama Super Arena Mitte des dritten Viertels zurück, 81:81 stand es sechs Minuten vor dem Ende. Dann legten die Deutschen einen 14:0-Lauf zum 95:81 aufs Parkett. »Heute haben wir eine tolle Moral gezeigt«, war der Bundestrainer zufrieden. »Das hat uns schon den ganzen Sommer ausgezeichnet. Das Spiel gegen Italien war eine Ausnahme.«

Nigeria galt als einer der Geheimtipps bei diesem Olympiaturnier: Acht der zwölf Profis im Kader spielten in der vorangegangenen Saison in der NBA, in der Vorbereitung ließ der Vizeafrikameister mit einem Sieg gegen die USA aufhorchen. Die Deutschen zeigten sich davon jedoch unbeeindruckt. »In der zweiten Halbzeit haben wir zu unseren Stärken zurückgefunden: Wir haben als Team gespielt, sind in der Defensive gut gestanden und sind ruhig geblieben«, fasste Danilo Barthel die Partie treffend zusammen. »Jetzt sind wir im Turnier drin«, meinte Bundestrainer Rödl.
Topfavorit USA rehabilitierte sich am zweiten Spieltag für die Auftaktpleite gegen Frankreich mit einem 120:66 (60:30)-Kantersieg gegen Außenseiter Iran.

Deutschland – Nigeria 99:92 (50:50)
Deutschland: Voigtmann (19 Punkte), Wagner (17), Barthel (14), Lo (13), Obst (12), Thiemann (9), Bonga (5), Giffey (5), Saibou (3), Benzing (2), Wank, Wimberg.

BASKETBALL (MÄNNER)

Vorrunde, Gruppe A			
USA – Iran 120:66 (60:30)			
Tschechien – Frankreich 77:97 (40:51)			
1.	Frankreich	180:153	2:0 Siege
2.	USA	196:149	1:1
3.	Tschechien	161:175	1:1
4.	Iran	144:204	0:2
Vorrunde, Gruppe B			
Nigeria – Deutschland 92:99 (50:50)			
Italien – Australien 83:86 (45:44)			
1.	Australien	170:150	2:0 Siege
2.	Italien	175:168	1:1
3.	Deutschland	181:184	1:1
4.	Nigeria	159:183	0:2
Vorrunde, Gruppe C			
Slowenien – Japan 116:81 (53:41)			
Spanien – Argentinien 81:71 (40:34)			
1.	Slowenien	234:181	2:0 Siege
2.	Spanien	169:148	2:0
3.	Argentinien	171:199	0:2
4.	Japan	158:204	0:2

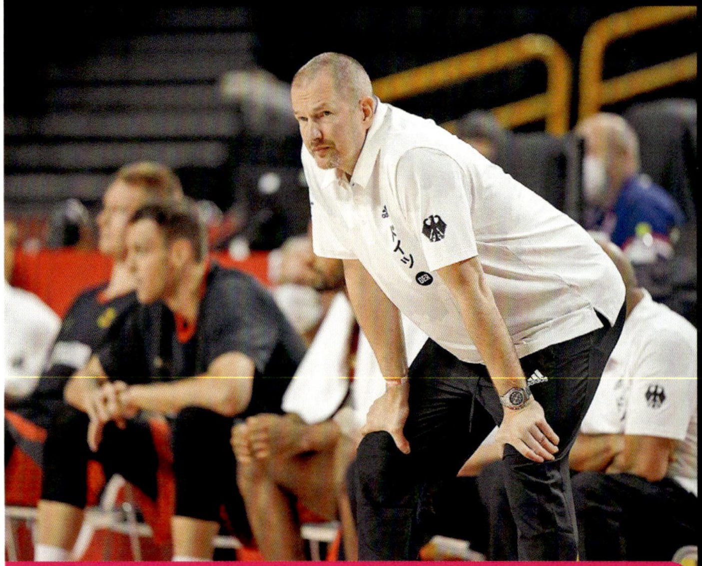

Stiller Beobachter an der Seitenlinie: Bundestrainer Henrik Rödl hat seine Mannen gegen Nigeria richtig eingestellt.

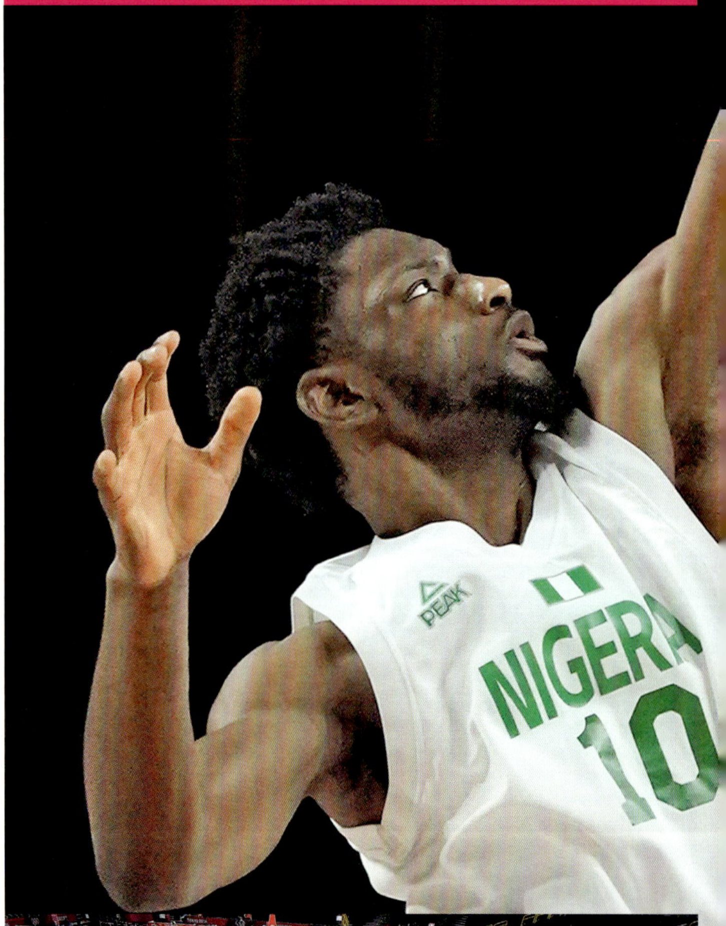

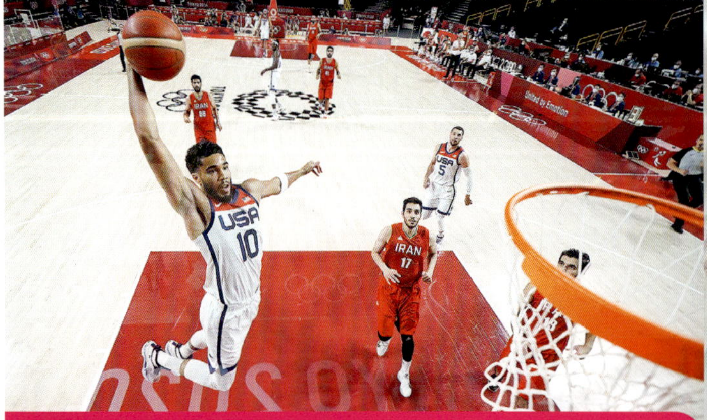

Jayson Tatum fliegt zum Korb: Die US-Amerikaner rehabilitieren sich für die Auftaktpleite und lassen den Iranern nicht den Hauch einer Chance.

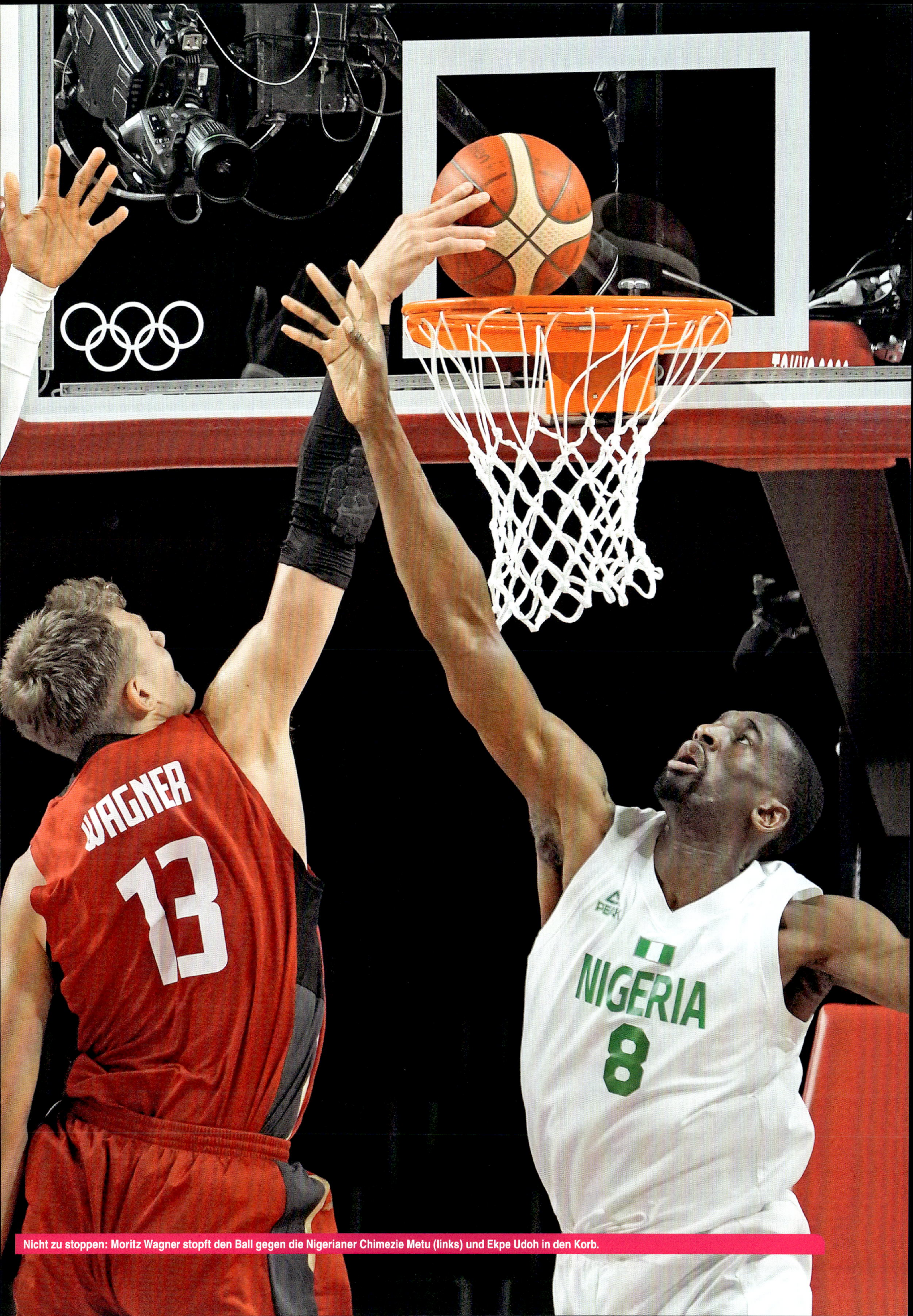

Nicht zu stoppen: Moritz Wagner stopft den Ball gegen die Nigerianer Chimezie Metu (links) und Ekpe Udoh in den Korb.

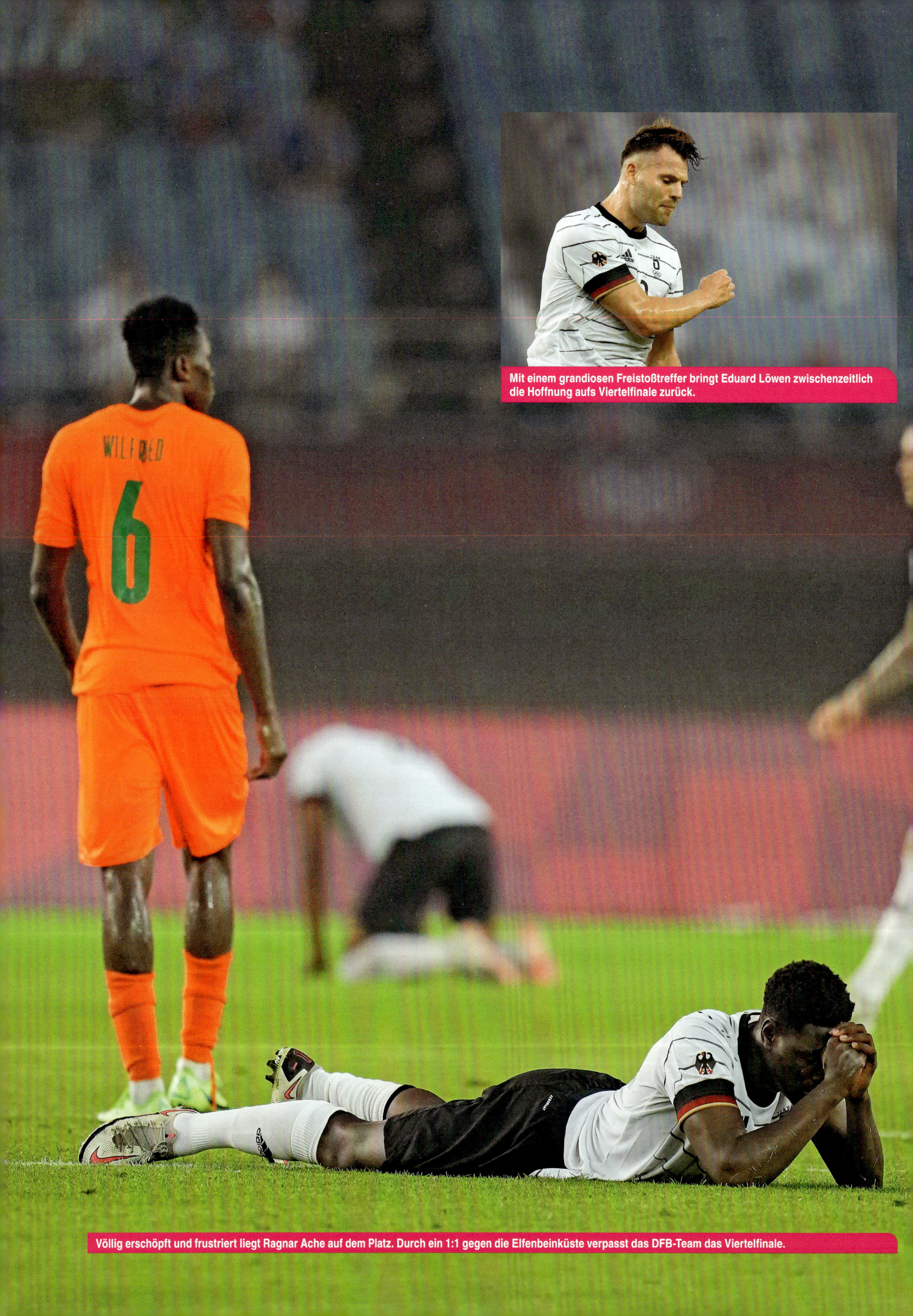

Mit einem grandiosen Freistoßtreffer bringt Eduard Löwen zwischenzeitlich die Hoffnung aufs Viertelfinale zurück.

Völlig erschöpft und frustriert liegt Ragnar Ache auf dem Platz. Durch ein 1:1 gegen die Elfenbeinküste verpasst das DFB-Team das Viertelfinale.

FUSSBALL

Ragnar Ache plagten Krämpfe, David Raum japste nach Luft und Verteidiger Keven Schlotterbeck mimte den Stoßstürmer: Mit großer Leidenschaft stemmte sich die deutsche Mannschaft gegen das vorzeitige Olympiaaus, doch es nutzte nichts. Das 1:1 (0:0) gegen die Elfenbeinküste im dritten Vorrundenspiel zerstob die Medaillenträume des aufopferungsvoll kämpfenden DFB-Teams. Mehr war schlichtweg nicht drin mit einem Minikader von nur 15 Feldspielern. Trainer Stefan Kuntz hatte sich im Vorfeld der Spiele eine Absage nach der anderen eingefangen. Meist waren es die Bundesligaklubs, die ihr Veto einlegten, weil sie in der Saisonvorbereitung nicht auf Leistungsträger verzichten wollten. So fehlte es der deutschen Mannschaft in Tokio sowohl an Qualität als auch an Quantität. Gemessen an den Voraussetzungen zeigte die DFB-Auswahl gegen die Elfenbeinküste ein hervorragendes Spiel– und ganz sicher ihr bestes im Turnierverlauf. Die Abwehr stand deutlich sicherer als in den Partien zuvor, Deutschland erspielte sich ein klares Chancenplus. Die beste Gelegenheit vor der Pause vergab Ragnar Ache, der einen Kopfball an die Latte setzte. Nach der Pause kamen die Westafrikaner besser ins Spiel, ohne nennenswerte Chancen zu kreieren. Doch die Deutschen halfen nach. Ein unglückliches Eigentor von Benjamin Henrichs, brachte die Elfenbeinküste in Führung (67. Minute). Zwar gelang Eduard Löwen mit einem herrlichen Freistoß der schnelle Ausgleich (73.), doch der Siegtreffer wollte nicht mehr fallen.

Deutschland – Elfenbeinküste 1:1 (0:0)
Deutschland: Müller – Henrichs, Torunarigha, Uduokhai, Raum, Arnold (46. Löwen), Maier (79. Stach), Richter (62. Teuchert), Kruse, Amiri (88. K. Schlotterbeck), Ache.
Tore: 0:1 Henrichs (67./Eigentor), 1:1 Löwen (73.).

FUSSBALL (MÄNNER)

Vorrunde, Gruppe A				
Frankreich – Japan 0:4 (0:2)				
Südafrika – Mexiko 0:3 (0:2)				
1.	Japan	3	7:1	9
2.	Mexiko	3	8:3	6
3.	Frankreich	3	5:11	3
4.	Südafrika	3	3:8	0
Vorrunde, Gruppe B				
Südkorea – Honduras 6:0 (3:0)				
Rumänien – Neuseeland 0:0				
1.	Südkorea	3	10:1	6
2.	Neuseeland	3	3:3	4
3.	Rumänien	3	1:4	4
4.	Honduras	3	3:9	3
Vorrunde, Gruppe C				
Australien – Ägypten 0:2 (0:0)				
Spanien – Argentinien 1:1 (0:0)				
1.	Spanien	3	2:1	5
2.	Ägypten	3	2:1	4
3.	Argentinien	3	2:3	4
4.	Australien	3	2:3	3
Vorrunde, Gruppe D				
Deutschland – Elfenbeinküste 1:1 (0:0)				
Saudi-Arabien – Brasilien 1:3 (1:1)				
1.	Brasilien	3	7:3	7
2.	Elfenbeinküste	3	3:2	5
3.	Deutschland	3	6:7	4
4.	Saudi-Arabien	3	4:8	0

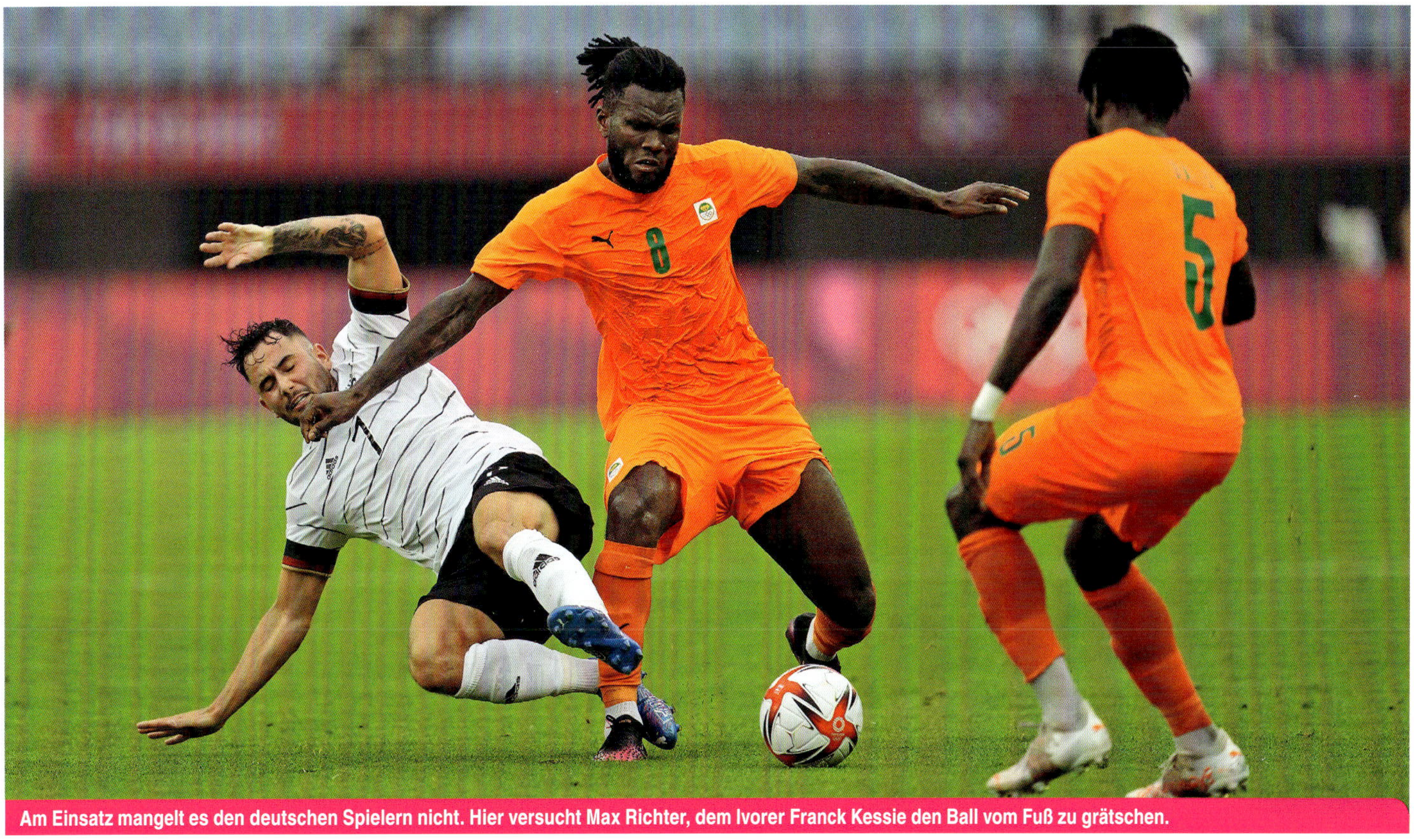

Am Einsatz mangelt es den deutschen Spielern nicht. Hier versucht Max Richter, dem Ivorer Franck Kessie den Ball vom Fuß zu grätschen.

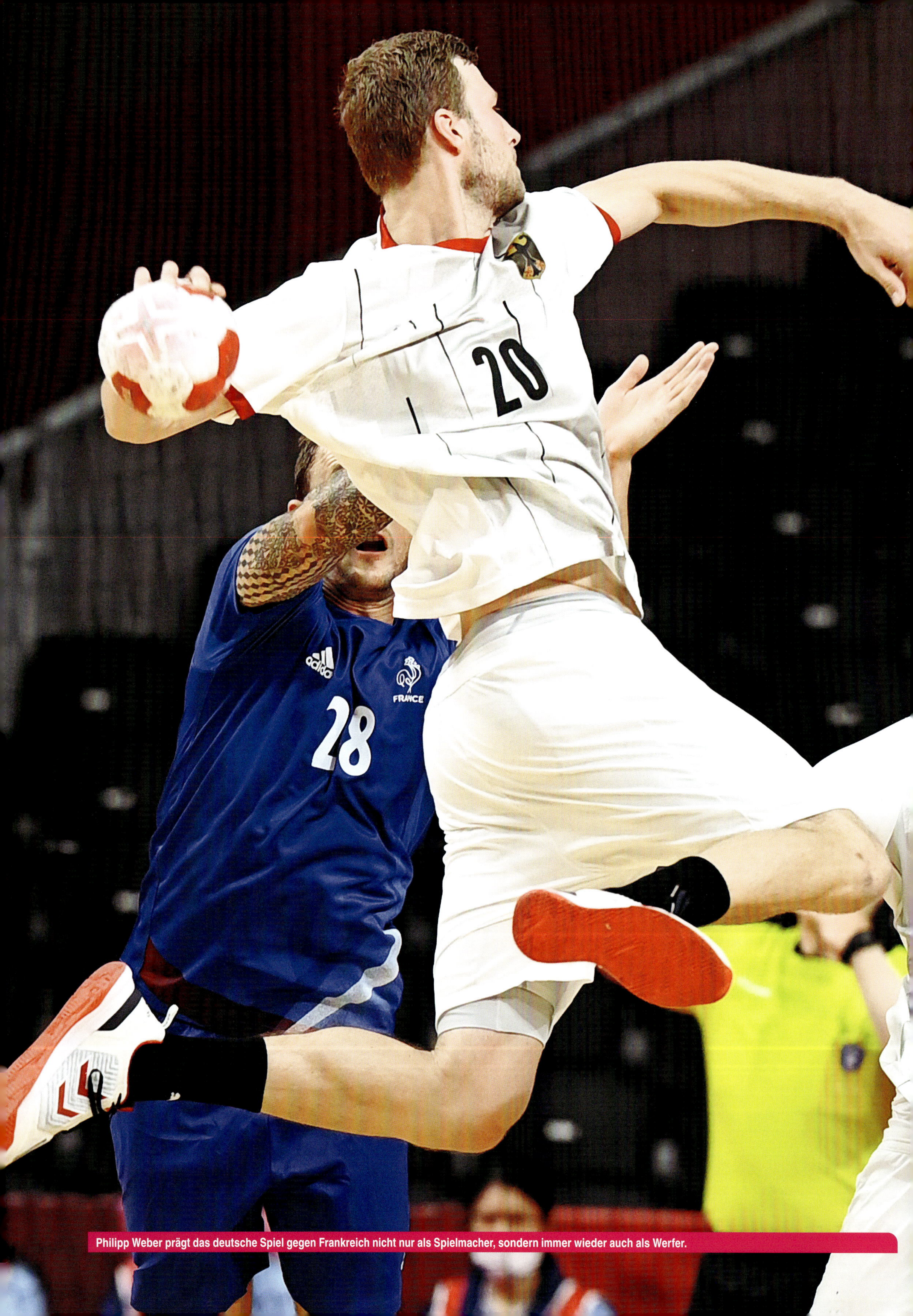

Philipp Weber prägt das deutsche Spiel gegen Frankreich nicht nur als Spielmacher, sondern immer wieder auch als Werfer.

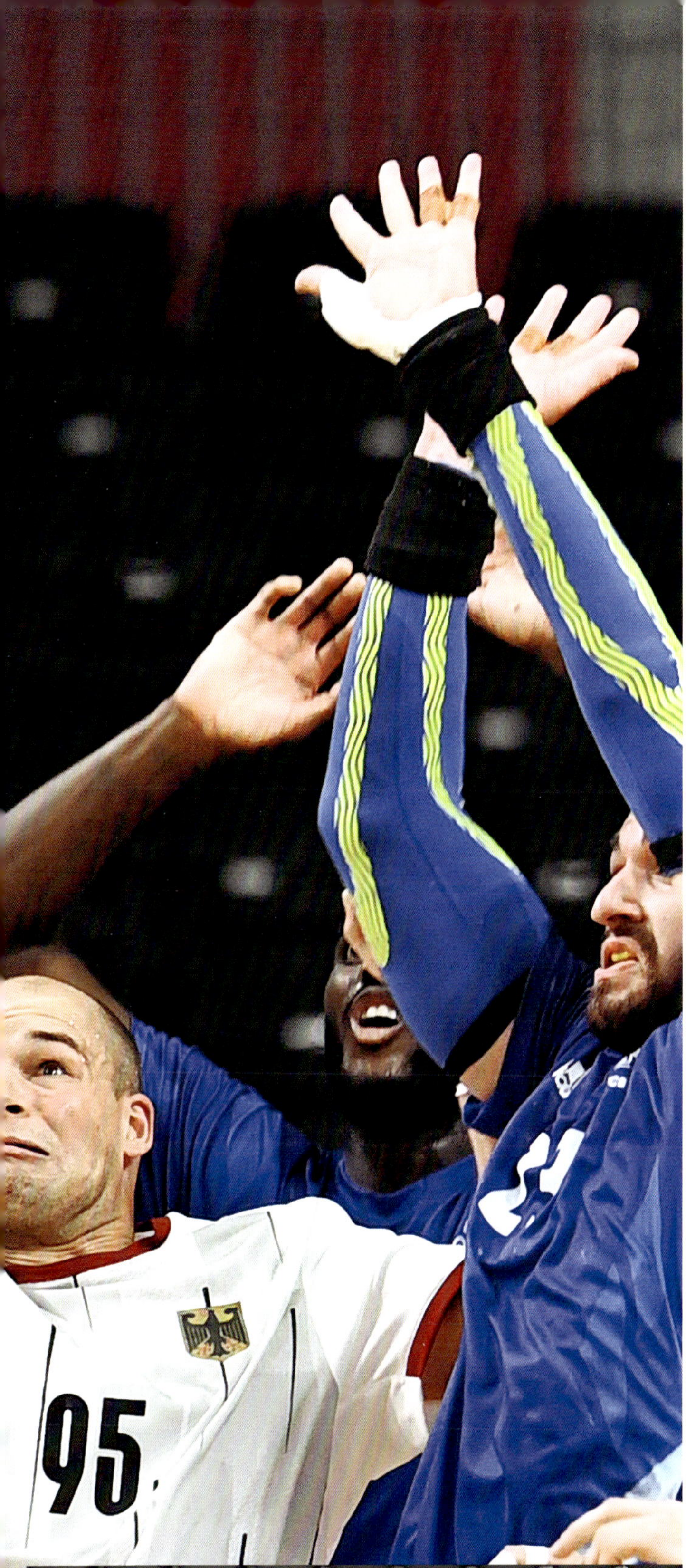

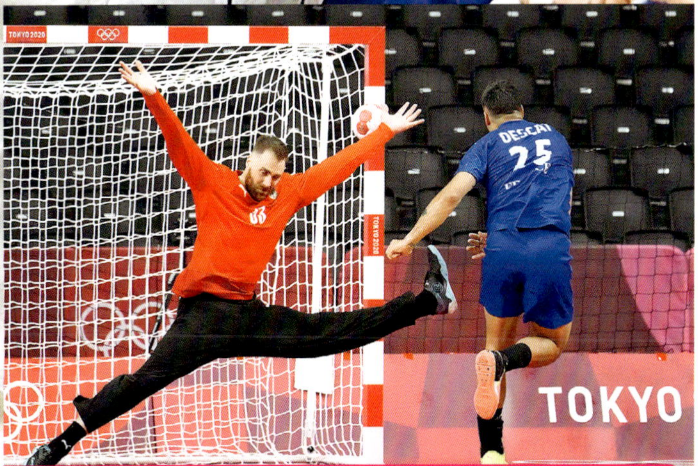

Torwart Andreas Wolff fälscht noch leicht ab, kann das entscheidende Siebenmetertor von Hugo Descat zum 30:28 für Frankreich aber nicht verhindern.

HANDBALL

Ein Spiel erlaubt oft mehrere Lesarten. Das war nach der 29:30 (13:16)-Niederlage der deutschen Handballer im Vorrundenspiel gegen Frankreich nicht anders. Wer zum halbvollen Glas neigt, kann feststellen, dass die DHB-Auswahl bei diesem olympischen Turnier auf Augenhöhe mit den Top-Nationen agiert. Wer ein halbleeres Glas sieht, könnte zu dem Schluss kommen, dass den Deutschen eben doch etwas fehlt zu den anderen Medaillenanwärtern. Man kann es als Abgebrühtheit bezeichnen. Als der stark aufspielende Rechtsaußen Timo Kastening vier Minuten vor Schluss zum 28:28 ausglich, hatten die Deutschen das Momentum eigentlich auf ihrer Seite. Schließlich waren sie es gewesen, die in der ersten Halbzeit nach einem katastrophalen Start bereits mit 7:14 in Rückstand gelegen hatten und auch nach der Pause den Franzosen meist hinterherjagen mussten. Doch wie schon bei der ärgerlichen 27:28-Auftaktniederlage gegen Spanien kamen die Schützlinge von Trainer Alfred Gislason nach einer tollen Aufholjagd just in der Schlussphase von ihrer Linie ab und agierten viel zu zögerlich. Zwei Ballverluste von Paul Drux bestraften die leicht favorisierten und insgesamt stabiler auftretenden Franzosen mit den zwei vorentscheidenden Treffern zum 30:28. Das Anschlusstor von Philipp Weber neun Sekunden vor Schluss kam zu spät, um Frankreich noch einmal in Verlegenheit bringen zu können. Der Frust war hinterher spürbar, doch das Gute an einem solchen Turnier mit Spielen im Zwei-Tages-Rhythmus ist ja, dass die Chance zur Wiedergutmachung nie lange auf sich warten lässt.

Frankreich – Deutschland 30:29 (16:13)
Deutschland: Wolff, Bitter – Kastening (7 Tore), Weinhold (6), Pekeler (3), Golla (3), Gensheimer (3/3), Weber (3), Kühn (2), Drux (2), Häfner, Schiller, Knorr, Lemke.

HANDBALL (MÄNNER)

Vorrunde, Gruppe A				
Norwegen – Argentinien 27:23 (13:12)				
Brasilien – Spanien 25:32 (16:18)				
Frankreich – Deutschland 30:29 (16:13)				
1.	Frankreich	3	97:85	6
2.	Spanien	3	88:79	6
3.	Norwegen	3	81:75	4
4.	Deutschland	3	89:93	2
5.	Brasilien	3	78:93	0
6.	Argentinien	3	75:93	0
Vorrunde, Gruppe B				
Dänemark – Bahrain 31:21 (12:7)				
Schweden – Portugal 29:28 (14:14)				
Japan – Ägypten 29:33 (11:18)				
1.	Dänemark	3	110:78	6
2.	Schweden	3	89:85	6
3.	Ägypten	3	97:92	4
4.	Portugal	3	85:91	2
5.	Bahrain	3	77:89	0
6.	Japan	3	85:108	0

TAG 6
DO., 29.07.

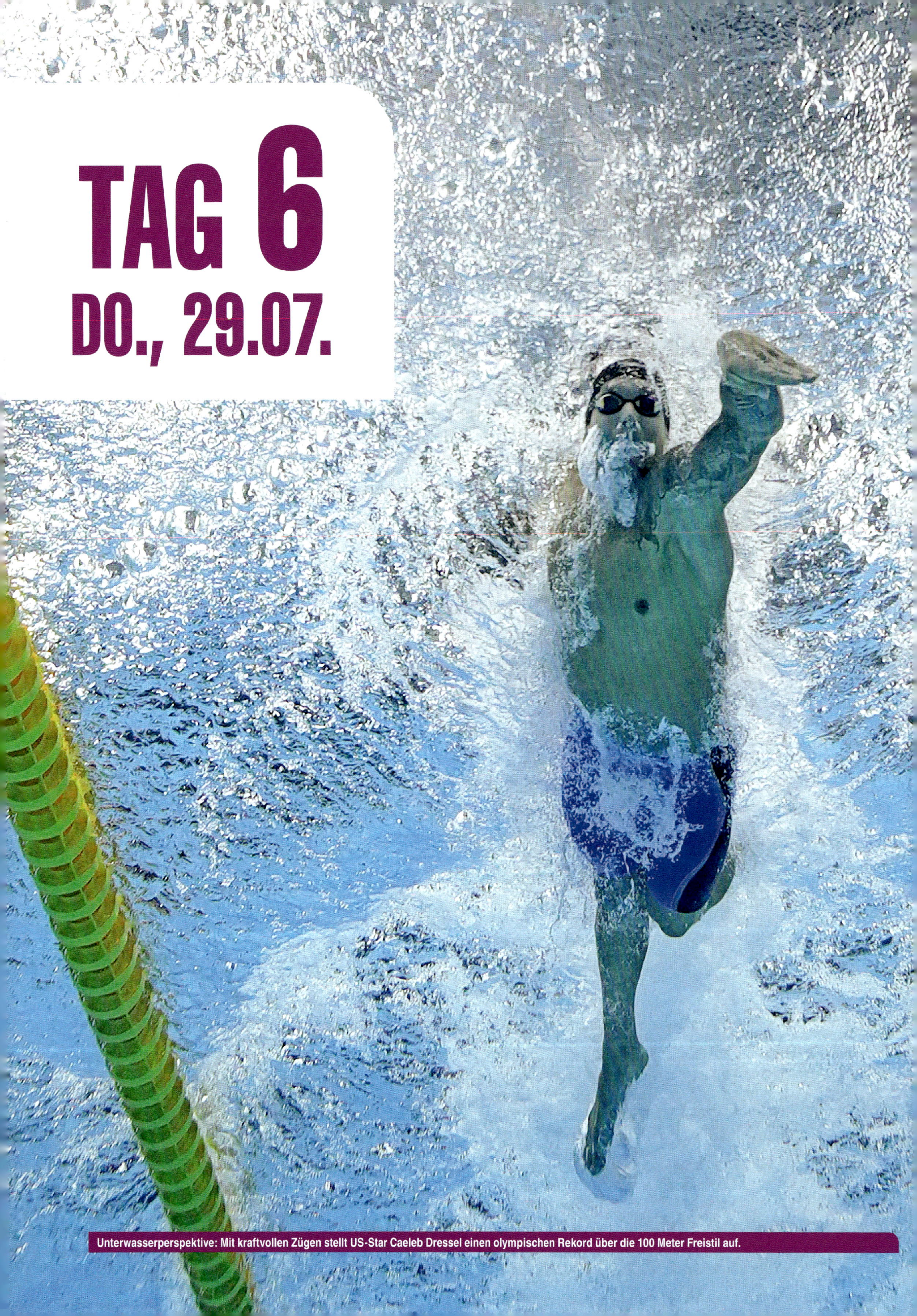

Unterwasserperspektive: Mit kraftvollen Zügen stellt US-Star Caeleb Dressel einen olympischen Rekord über die 100 Meter Freistil auf.

SCHWIMMEN

Das Bronzerennen seiner Verlobten Sarah Köhler tags zuvor verfolgte Florian Wellbrock lediglich per Livestream, um sich bei seiner Goldmission über 800 Meter Freistil nicht aus der Konzentration bringen zu lassen. Auf der letzten Bahn der erstmals bei Olympischen Spielen ausgetragenen Strecke wurde der Mitfavorit aus Magdeburg dann aber von drei Konkurrenten überholt und landete auf dem undankbaren vierten Platz. »Das ist bitter und ärgerlich«, meinte der 23-Jährige hinterher. »An und für sich habe ich ein souveränes Rennen geliefert.«
Florian Wellbrocks Taktik schien aufzugehen: Nach 750 Metern hatte er den bis dahin vorneweg schwimmenden Italiener Gregorio Paltrinieri eingeholt und war als Erster auf die Schlussbahn gegangen. Gold war greifbar. Im Endspurt holten ihn jedoch Überraschungssieger Robert Finke (USA), Paltrinieri und der Ukrainer Michailo Romantschuk noch ein. »Hinten raus hat es nicht gereicht«, meinte Wellbrock. 35 Hundertstelsekunden fehlten ihm zu einer Medaille. 7:42,68 waren die zweitschnellste Zeit eines Deutschen auf dieser Strecke. Die Bestzeit (7:41,77 Minuten) hatte Wellbrock selbst am Tag zuvor im Vorlauf aufgestellt – und die hätte im Finale die Goldmedaille bedeutet.
US-Star Caeleb Dressel wurde hingegen im Finale über 100 Meter Freistil seiner Favoritenrolle gerecht und holte sich in olympischer Rekordzeit die zweite von sechs angepeilten Goldmedaillen. Kurz darauf sorgte die chinesische Frauenstaffel über 4 x 200 Meter Freistil für den zweiten Weltrekord im Tokyo Aquatics Centre. Das deutsche Quartett mit Isabel Gose (Magdeburg), Leonie Kullmann (Berlin), Marie Pietruschka (Leipzig) und Annika Bruhn (Neckarsulm) schlug auf einem soliden sechsten Rang an.

200 METER BRUST (MÄNNER)

1	Izaac Stubblety-Cook	AUS	2:06,38 Minuten
2	Arno Kamminga	NED	+ 0,63 Sekunden
3	Matti Mattsson	FIN	+ 0,75

Marco Koch im Vorlauf ausgeschieden

100 METER FREISTIL (MÄNNER)

1	Caeleb Dressel	USA	47,02 Sekunden
2	Kyle Chalmers	AUS	+ 0,06 Sekunden
3	Kliment Kolesnikow	ROC	+ 0,42

Damian Wierling im Vorlauf ausgeschieden

800 METER FREISTIL (MÄNNER)

1	Robert Finke	USA	7:41,87 Minuten
2	Gregorio Paltrinieri	ITA	+ 0,24 Sekunden
3	Michailo Romantschuk	UKR	+ 0,46

4. Florian Wellbrock + 0,81

200 METER SCHMETTERLING (FRAUEN)

1	Zhang Yufei	CHN	2:03,86 Minuten
2	Regan Smith	USA	+ 1,44 Sekunden
3	Hali Flickinger	USA	+ 1,79

Franziska Hentke im Halbfinale ausgeschieden

4 x 200 METER FREISTIL (FRAUEN)

1	China	CHN	7:40,33 Minuten
2	USA	USA	+ 0,4 Sekunden
3	Australien	AUS	+ 0,96

6. Deutschland + 13,56

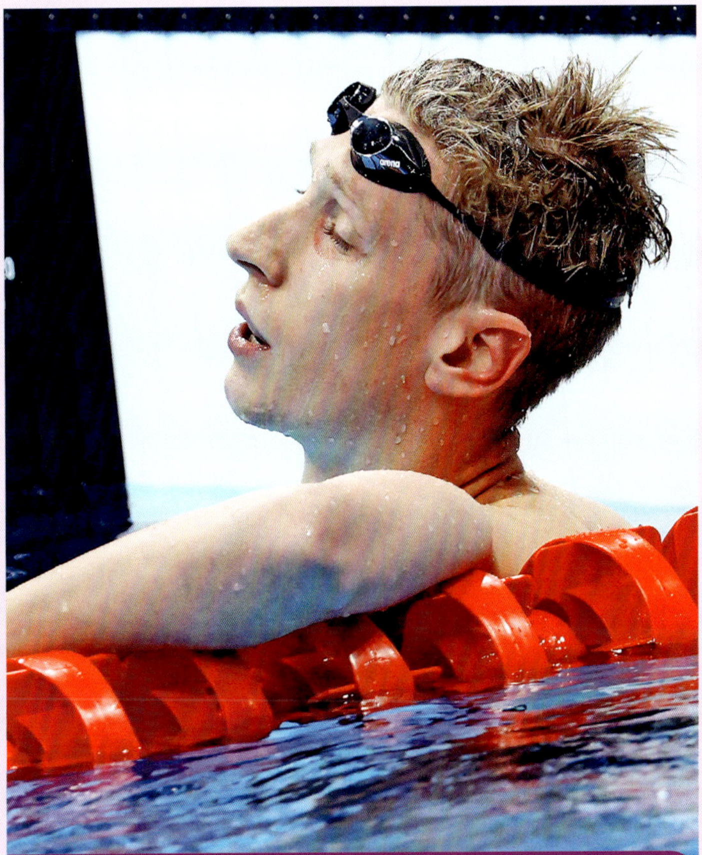
Undankbarer Vierter über 800 Meter Freistil: Die Enttäuschung steht dem Deutschen Florian Wellbrock ins Gesicht geschrieben.

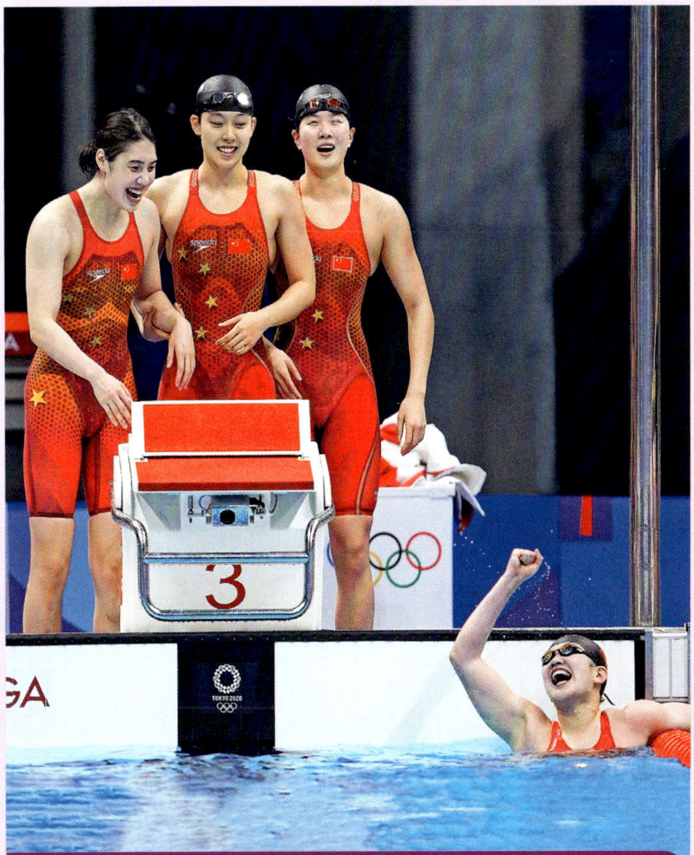
Freudige Chinesinnen: Zhang Yufei, Yang Junxuan, Tang Muhan, Li Bingjie (von links) holten in Weltrekordzeit Gold in der 4 x 200-Meter-Staffel.

TAG 6

WEITERE ENTSCHEIDUNGEN

Anna-Maria Wagner hatte Schmerzen. Große Schmerzen. Der Halbfinalkampf der deutschen Judoka gegen die Japanerin Shiro Hamada endete nicht nur mit einer krachenden Niederlage, sondern mit einem verknoteten Arm. Wären dies nicht die Olympischen Spiele gewesen, hätte Wagner ob ihrer Verletzung mit Sicherheit aufgegeben. Doch in diesem Moment dachte die Weltmeisterin an das harte Training in den vorangegangenen Jahren, an all die Entbehrungen, die sie in Kauf genommen hatte, um in Tokio dabei zu sein. Also ignorierte Wagner die Schmerzen, trat zum Kampf um Bronze gegen die Kubanerin Kaliema Antomarchi an, brachte ihre Gegnerin zu Boden und erhielt die Wertung Waza-Ari gutgeschrieben. In der verbleibenden Zeit ließ Wagner nichts mehr anbrennen und holte so die Bronzemedaille.

Jason Osborne liebäugelte schon länger mit einer Karriere als Radprofi. Zwei Top-Zehn-Plätze bei den Deutschen Meisterschaften im Zeitfahren gaben den Plänen des 27-Jährigen Rückenwind. Noch sitzt Osborne aber vornehmlich im Ruderboot. Und dass das gut ist, zeigte sich in Tokio. Zusammen mit Jonathan Rommelmann gewann Osborne Silber im Leichtgewichts-Doppelzweier. Im Finale lag das deutsche Duo sogar lange in Führung, ehe es doch noch vom irischen Boot abgefangen wurde.

JUDO BIS 78 KG (FRAUEN)

1	Shori Hamada	JPN
2	Madeleine Malonga	FRA
3	Anna-Maria Wagner	GER
3	Mayra Aguiar	BRA

JUDO BIS 100 KG (MÄNNER)

1	Aaron Wolf	JPN
2	Cho Guham	KOR
3	Jorge Fonseca	POR
3	Nijas Iljassow	ROC

7. Karl-Richard Frey

RUDERN LEICHTGEWICHTS-DOPPELZWEIER (MÄNNER)

1	Irland	IRL	6:06:43 Minuten
2	Deutschland	GER	+ 0,86 Sekunden
3	Italien	ITA	+ 7,87

RUDERN LEICHTGEWICHTS-DOPPELZWEIER (FRAUEN)

1	Italien	ITA	6:47:54 Minuten
2	Frankreich	FRA	+ 0,14 Sekunden
3	Niederlande	NED	+ 0,49

RUDERN ZWEIER (FRAUEN)

1	Neuseeland	NZL	6:50:19 Minuten
2	ROC	ROC	+ 1,26 Sekunden
3	Kanada	CAN	+ 1,91

RUDERN ZWEIER (MÄNNER)

1	Kroatien	CRO	6:15:29 Minuten
2	Rumänien	ROU	+ 1,29 Sekunden
3	Dänemark	DEN	+ 4,59

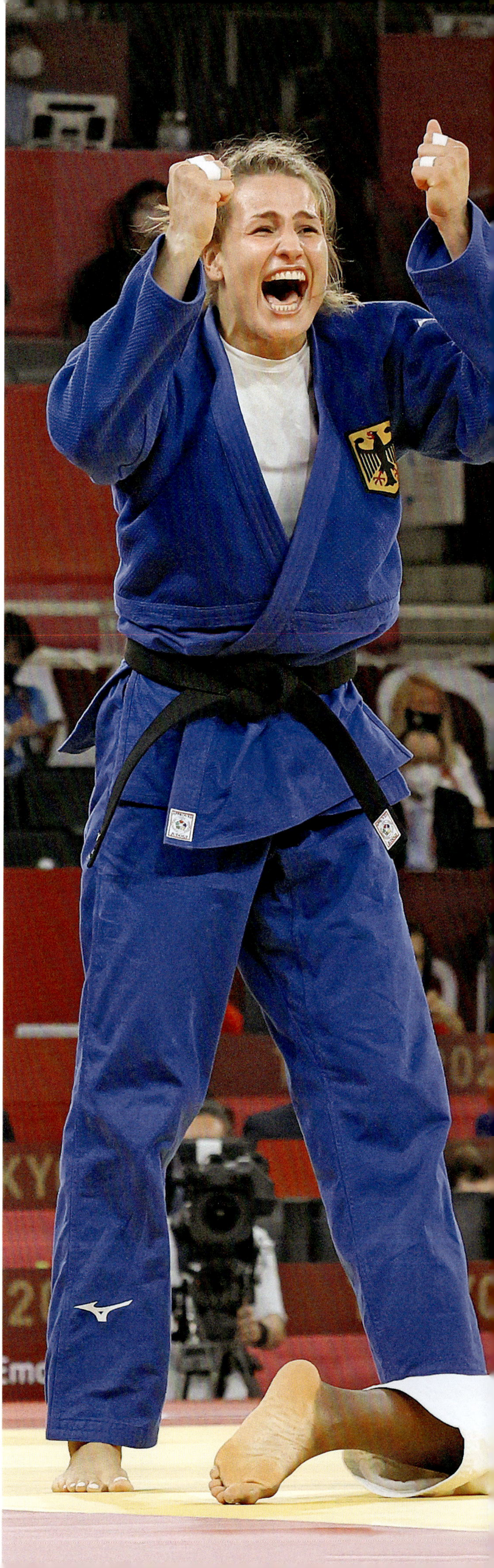

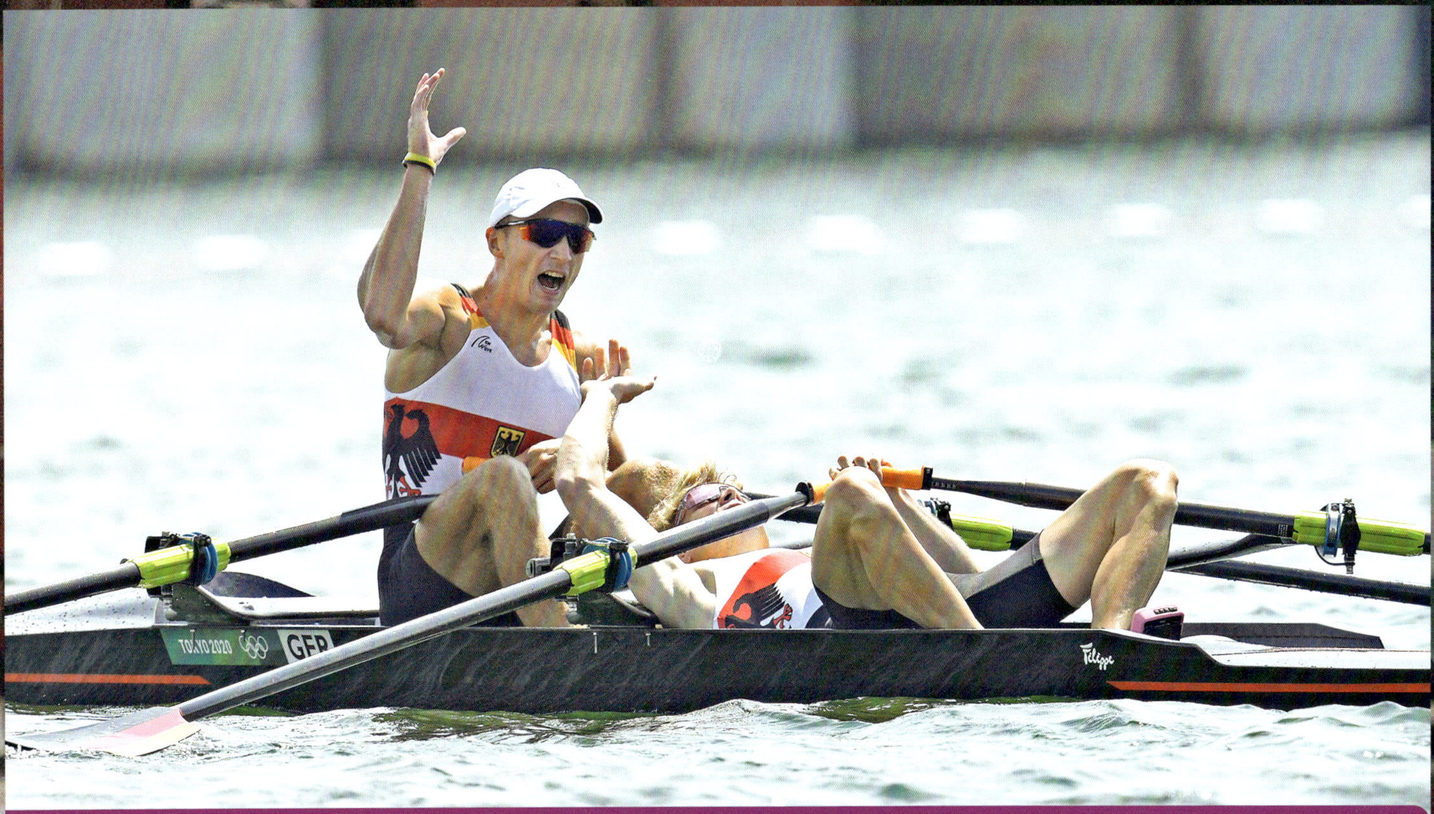

Jonathan Rommelmann (links) und Jason Osborne verausgaben sich im leichten Doppelzweier völlig und dürfen sich im Ziel über Silber freuen.

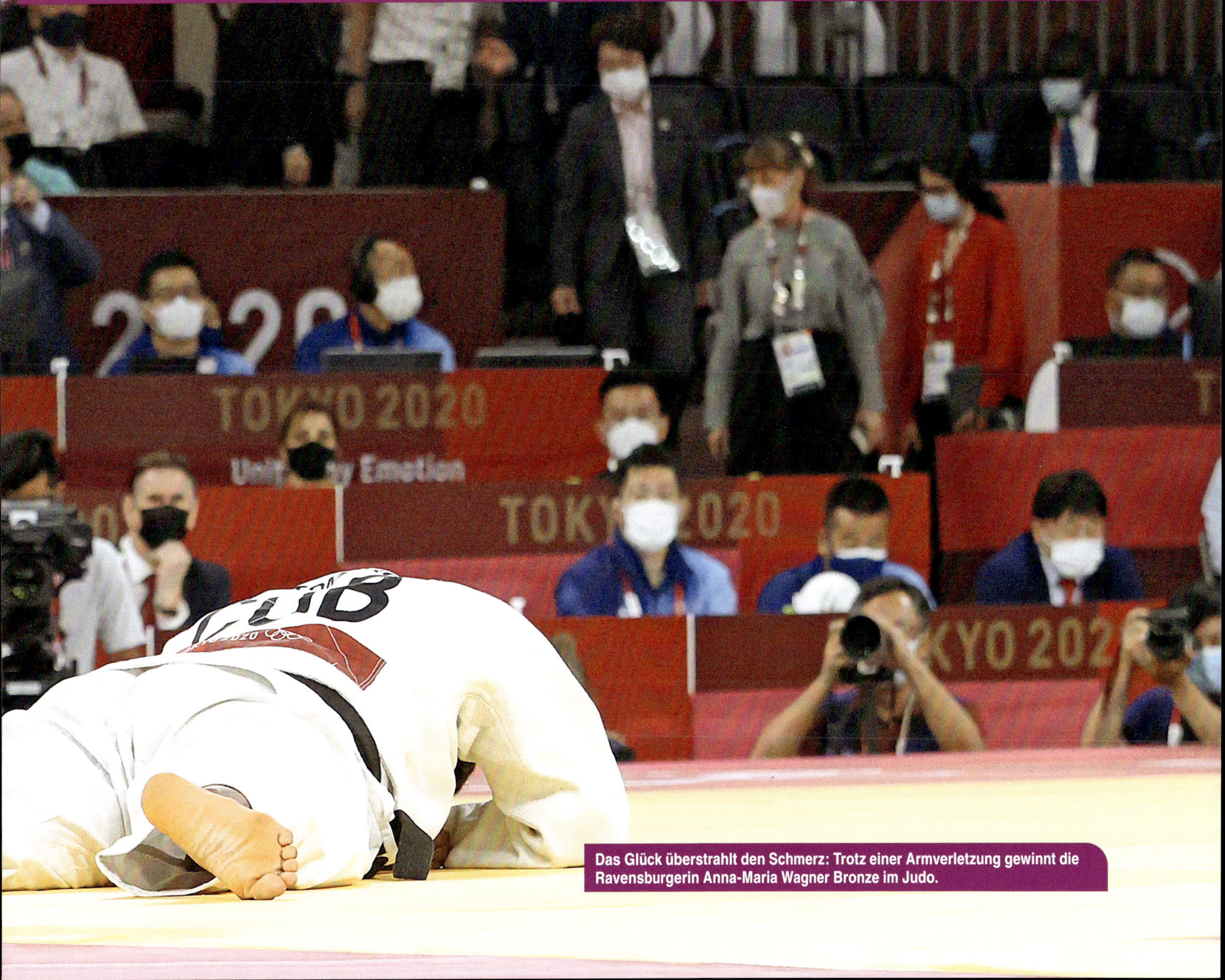

Das Glück überstrahlt den Schmerz: Trotz einer Armverletzung gewinnt die Ravensburgerin Anna-Maria Wagner Bronze im Judo.

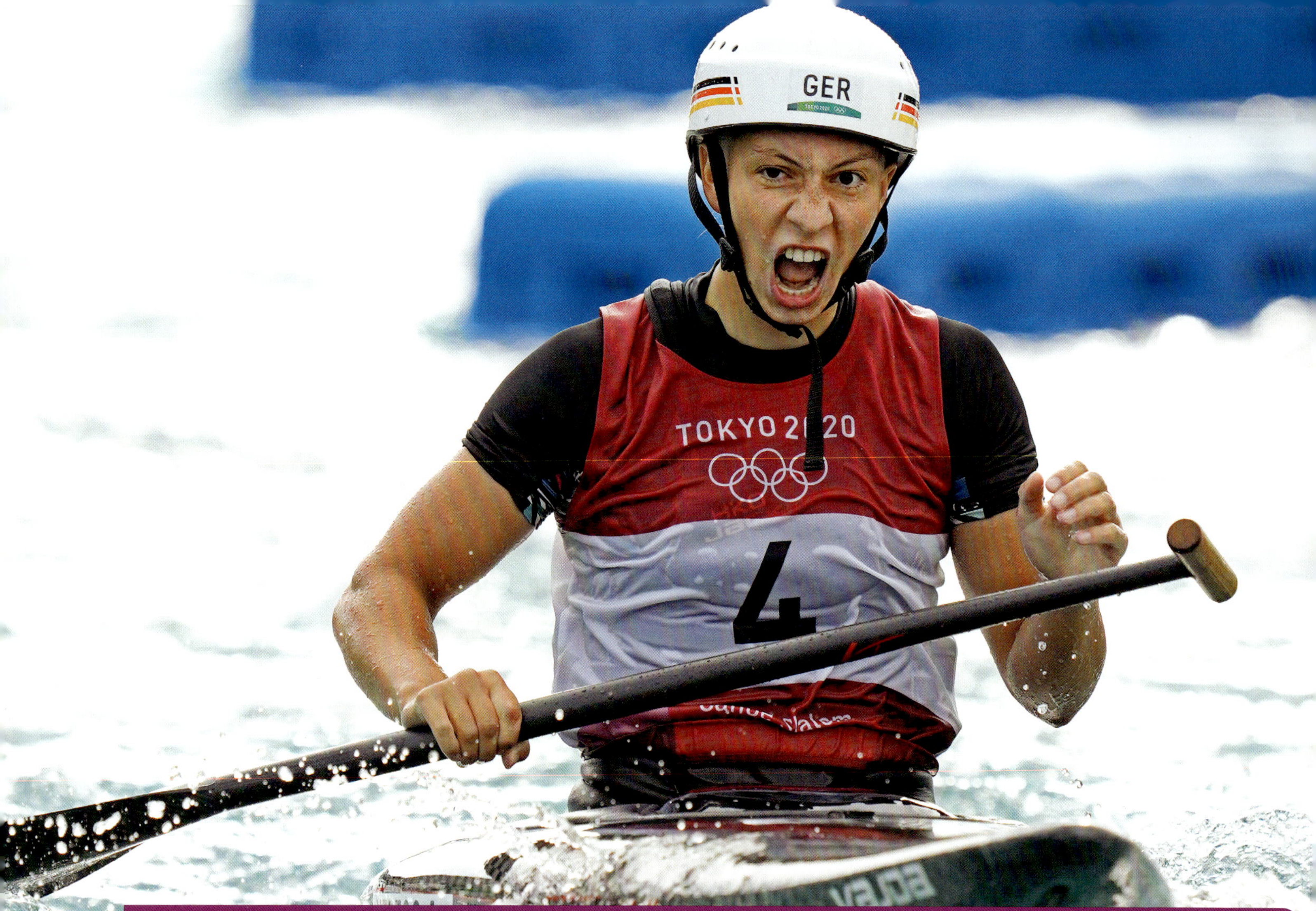

Weltmeisterin war die 21-jährige Andrea Herzog bereits. In Tokio kommt Olympiabronze für die Spezialistin im Canadier-Einer hinzu.

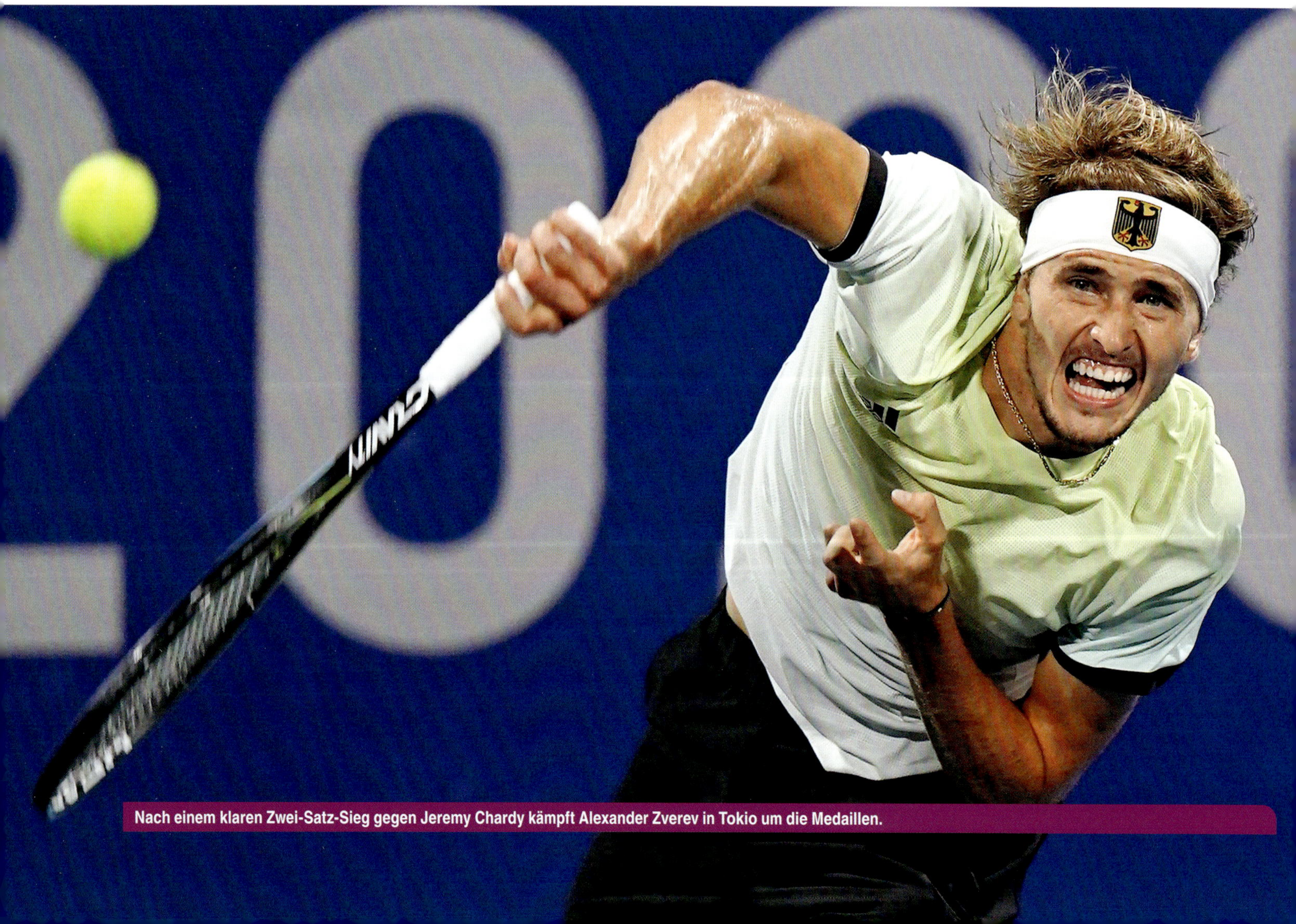

Nach einem klaren Zwei-Satz-Sieg gegen Jeremy Chardy kämpft Alexander Zverev in Tokio um die Medaillen.

Eine Olympiamedaille hatte sich auch Oliver Zeidler fest vorgenommen. Im Vorlauf und Viertelfinale unterstrich der amtierende Ruderweltmeister denn auch eindrucksvoll seine Ambitionen, nur um dann im Halbfinale sensationell auszuscheiden. Bis 500 Meter vor dem Ziel steuerte der 25-Jährige als Zweiter auf Finalkurs, ehe er noch auf Rang vier zurückfiel.
Die deutschen Slalomkanuten kamen aus dem Feiern dagegen gar nicht mehr heraus. Nach Sideris Tasiadis (Bronze im Canadier-Einer) und Ricarda Funk (Gold im Kajak-Einer) paddelte auch Andrea Herzog zu Edelmetall. Die 21-jährige Weltmeisterin im Canadier-Einer erlaubte sich im Finale zwar eine Stangenberührung und fuhr nicht immer auf Ideallinie, sicherte sich aber bei ihren ersten Olympischen Spielen dennoch die Bronzemedaille.
Eine Medaille ist auch für Deutschlands Tennisstar Alexander Zverev in greifbare Nähe gerückt. Im Viertelfinale bezwang der Hamburger den Franzosen Jeremy Chardy locker-leicht mit 6:4, 6:1 und trifft nun auf Branchenprimus Novak Djokovic.
Dimitrij Ovtcharov hat es indes knapp verpasst, als erster deutscher Tischtennisspieler ein Olympiafinale zu erreichen. In einem grandiosen Halbfinale scheiterte der Deutsche nach sieben hochdramatischen Sätzen am Weltranglistenersten und amtierenden Olympiasieger Ma Long.

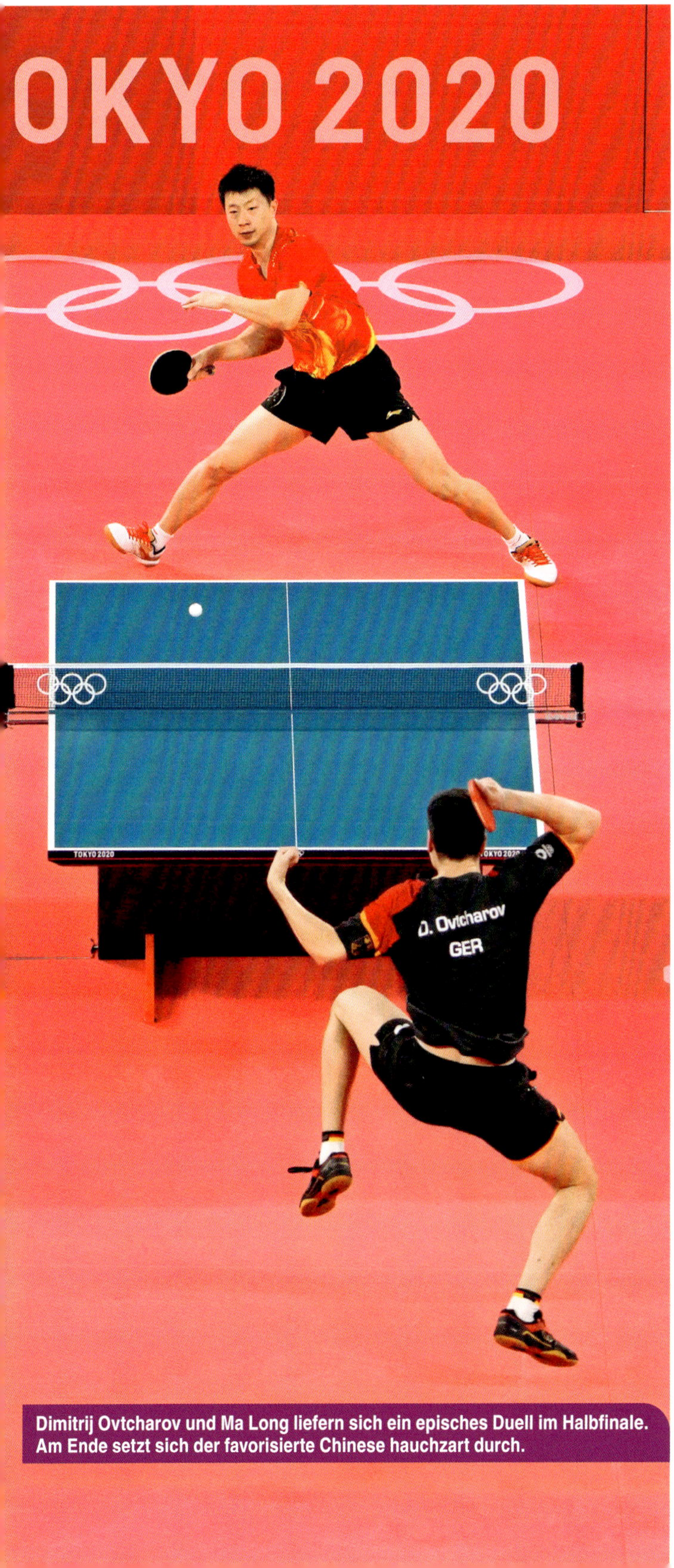

Dimitrij Ovtcharov und Ma Long liefern sich ein episches Duell im Halbfinale. Am Ende setzt sich der favorisierte Chinese hauchzart durch.

TAG 6

KANUSLALOM CANADIER-EINER (FRAUEN)

1	Jessica Fox	AUS	105,04 Sekunden
2	Mallory Franklin	GBR	+ 3,64 Sekunden
3	Andrea Herzog	GER	+ 6,09

KUNSTTURNEN MEHRKAMPF EINZEL (FRAUEN)

1	Sunisa Lee	USA	57,433 Punkte
2	Rebecca Andrade	BRA	57,298
3	Angelina Melnikowa	ROC	57,199

9. Elisabeth Seitz 54,066

TISCHTENNIS EINZEL (FRAUEN)

1	Chen Meng	CHN
2	Sun Yingsha	CHN
3	Mima Ito	JPN

5. Han Ying

FECHTEN FLORETT MANNSCHAFT (FRAUEN)

1	ROC	ROC
2	Frankreich	FRA
3	Italien	ITA

SCHIESSEN TRAP (MÄNNER)

1	Jiri Liptak	CZE	43 Treffer (7 im Stechen)
2	David Kostelecky	CZE	43 (6)
3	Matthew Coward-Holley	GBR	33

15. Andreas Löw in Qualifikation gescheitert

SCHIESSEN TRAP (FRAUEN)

1	Zuzana Rehak Stefecekova	SVK	43 Treffer
2	Kayle Browning	USA	42
3	Alessandra Pirelli	SMR	29

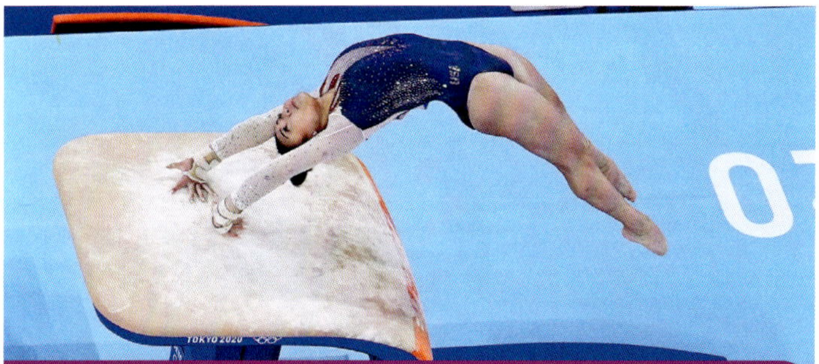

In Abwesenheit von Topfavoritin Simone Biles gewinnt US-Teamkollegin Sunisa Lee Gold im Mehrkampf der Kunstturnerinnen.

TAG 7
FR., 30.07.

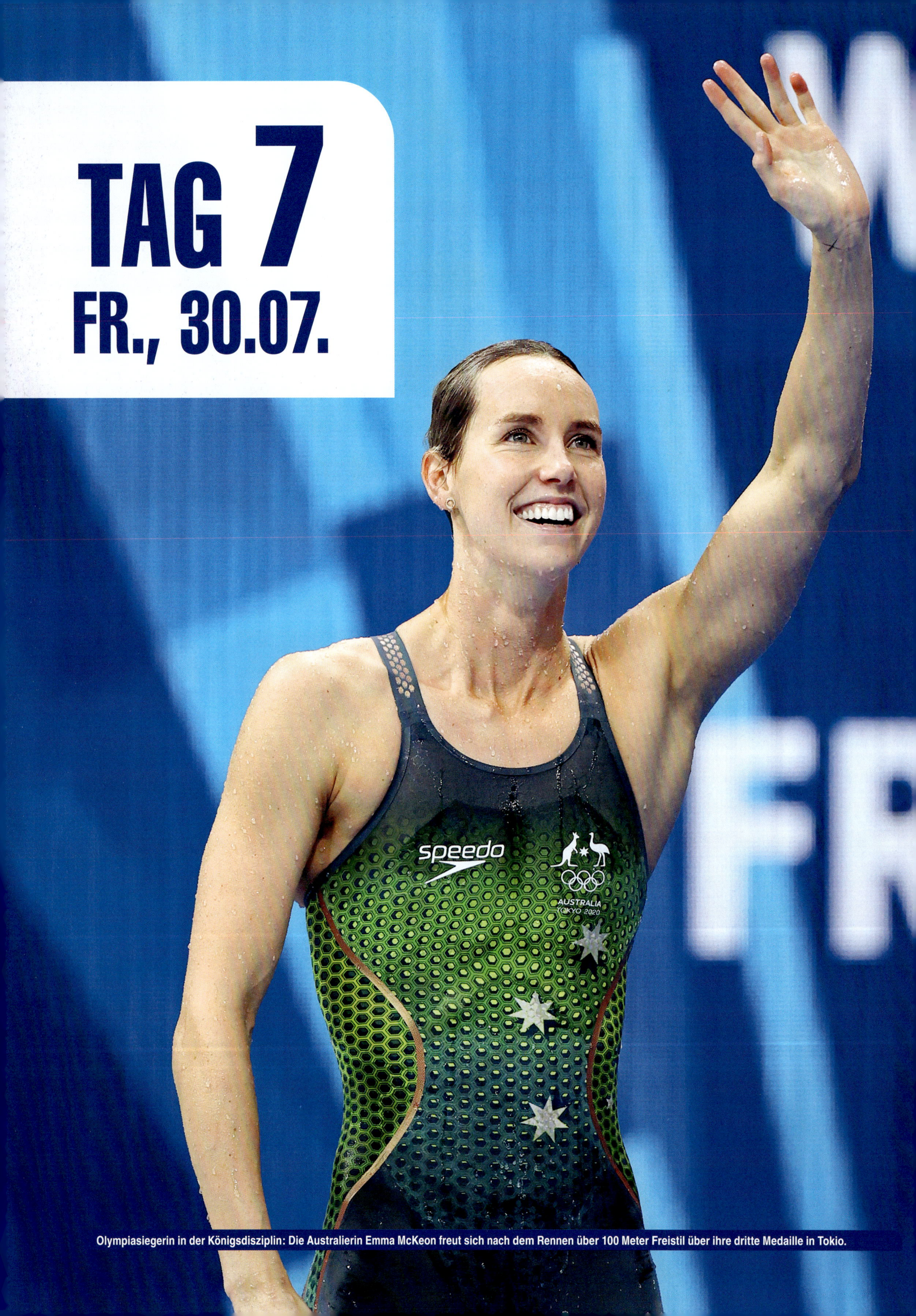

Olympiasiegerin in der Königsdisziplin: Die Australierin Emma McKeon freut sich nach dem Rennen über 100 Meter Freistil über ihre dritte Medaille in Tokio.

SCHWIMMEN

Zwei Weltrekorde hatte es im Tokyo Aquatics Centre bereits durch die Australierinnen und Chinesinnen in den Freistilstaffeln über 100 bzw. 200 Meter gegeben. Am sechsten Finaltag stellte die Südafrikanerin Tatjana Schoenmaker eine neue Bestmarke über 200 Meter Brust auf. Die 24-Jährige unterbot die Zeit der Dänin Rikke Moeller Pedersen, aufgestellt bei der WM 2013 in Barcelona, um 16 Hundertstelsekunden. Es war herzergreifend, als Schoenmaker noch im Becken Freudentränen vergoss und von ihren Konkurrentinnen Lilly King (Zweite), Annie Lazor (Dritte, beide USA) und Kaylene Corbett (Fünfte, ebenfalls Südafrika) gefeiert wurde – so sieht Sportsgeist aus, eines der schönsten Bilder dieser Olympischen Spiele. »Es hätte kein besseres Rennen sein können. Mit dieser tollen Zeit habe ich nicht gerechnet«, sagte Schoenmaker, die drei Tage vorher schon Silber über die halbe Distanz gewonnen hatte.

Ganz anders sah es nach dem folgenden Männerrennen über 200 Meter Rücken aus. Der Russe Jewgeni Rylow zeigte nach seiner zweiten Goldmedaille – zuvor hatte er bereits über 100 Meter Rücken triumphiert – keinerlei Emotionen. Der zweitplatzierte US-Amerikaner Ryan Murphy, 2016 in Rio de Janeiro Olympiasieger auf dieser Strecke, erhob in US-Medien indirekt Dopingvorwürfe gegen seinen Nachfolger: »Ich bin in einem Rennen geschwommen, das wahrscheinlich nicht sauber war.«

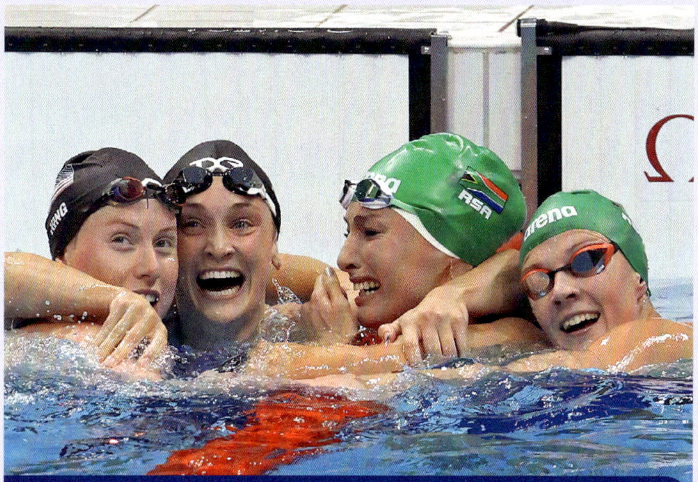

Vorbildlicher Sportsgeist: Die US-Amerikanerinnen Lilly King und Annie Lazor jubeln mit der Südafrikanerin Tatjana Schoenmaker (Zweite von rechts) über deren Weltrekord über 200 Meter Brust. Kaylene Corbett, ebenfalls Südafrika, gesellt sich hinzu.

Emma McKeon setzte danach die Erfolgsserie der australischen Schwimmerinnen in Tokio fort und holte sich mit olympischem Rekord die Goldmedaille über 100 Meter Freistil – bereits die fünfte für die Frauen aus Down Under und das dritte Edelmetall für McKeon. Die 27-Jährige hatte über diese Distanz bereits Gold mit der Weltrekordstaffel und Bronze im Schmetterling geholt. Ihre Staffelkollegin Cate Campbell wurde Dritte.

TAG 7

200 METER BRUST (FRAUEN)

1	Tatjana Schoenmaker	RSA	2:18,95 Minuten
2	Lilly King	USA	+ 0,97 Sekunden
3	Annie Lazor	USA	+ 1,89

100 METER FREISTIL (FRAUEN)

1	Emma McKeon	AUS	51,96 Sekunden
2	Siobhan Bernadette Haughey	HKG	+ 0,31 Sekunden
3	Cate Campbell	AUS	+ 0,56

200 METER RÜCKEN (MÄNNER)

1	Jewgeni Rylow	ROC	1:53,27 Minuten
2	Ryan Murphy	USA	+ 0,88 Sekunden
3	Luke Greenbank	GBR	+ 1,45

Christian Diener im Vorlauf ausgeschieden

200 METER LAGEN (MÄNNER)

1	Wang Shun	CHN	1:55,00 Minuten
2	Duncan Scott	GBR	+ 0,28 Sekunden
3	Jeremy Desplanches	SUI	+ 1,17

Jacob Heidtmann im Vorlauf ausgeschieden

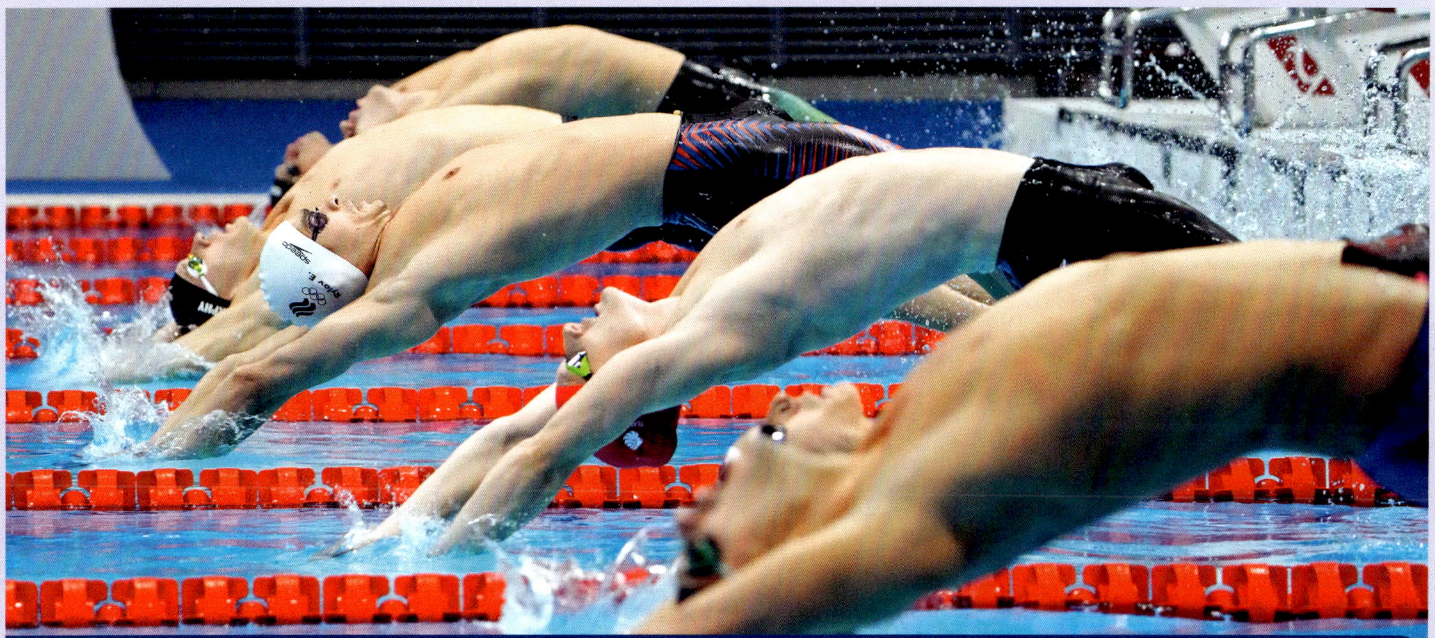

Rückenstart mit vollem Körpereinsatz und hoher Flugkurve: Jewgeni Rylow (weiße Badekappe) scheint sich bereits hier einen Vorsprung vor seinen Konkurrenten zu sichern. Am Ende war es ein Start-Ziel-Sieg des Russen über die 200-Meter-Distanz.

LEICHTATHLETIK

Die Leichtathleten mussten sich in Geduld üben. Erst am siebten Wettkampftag fiel die erste Medaillenentscheidung. Schon vor dem 10000-Meter-Finale der Männer stand dabei fest, dass es einen neuen Olympiasieger geben würde. Der 38-jährige Brite Mo Farah, der 2012 und 2016 Gold gewonnen hatte, verpasste in diesem Jahr die Olympianorm deutlich. Als großer Goldfavorit ging deshalb Weltmeister und Weltrekordler Joshua Cheptegai aus Uganda ins Rennen. Auf der längsten Stadionstrecke, das zeigen viele Beispiele aus der Vergangenheit, kapriziert sich die Dramatik meist allein auf die letzte Runde. Auch diesmal schlugen die Läufer auf den ersten 5000 Metern ein sehr gemächliches Tempo an. Zwar nahm das Rennen danach etwas Fahrt auf, doch es zeichnete sich früh ab, dass Cheptegais Weltrekord unangetastet bleiben würde. Eine Gruppe von acht Läufern setzte sich in der vorletzten Runde ab. 400 Meter vor Schluss war es dann der Äthiopier Selemon Barega, der sich an die Spitze vorschob und ohne großes Taktieren voll auf Angriff setzte. Cheptegai und Jacob Kiplimo hielten zwar dagegen, doch 200 Meter vor dem Ziel zog Barega noch einmal das Tempo an und schüttelte seine beiden Verfolger entscheidend ab. Das Niveau des Rennens enttäuschte allerdings, auf Cheptegais Weltrekord (26:11:00) fehlten Olympiasieger Barega die Ewigkeit von über eineinhalb Minuten. Sämtliche Medaillen gingen in Tokio an Afrikaner, die ihre Dominanz auf der Langstrecke damit eindrucksvoll unter Beweis stellten. Als bester Europäer landete der Franzose Morhad Amdouni auf Platz zehn. Ein deutscher Athlet hatte sich nicht für die Olympischen Spiele qualifiziert.

10 000 METER (MÄNNER)

1	Selemon Barega		ETH	27:43:22 Minuten
2	Joshua Cheptegai		UGA	+ 0,41 Sekunden
3	Jacob Kiplimo		UGA	+ 0,66

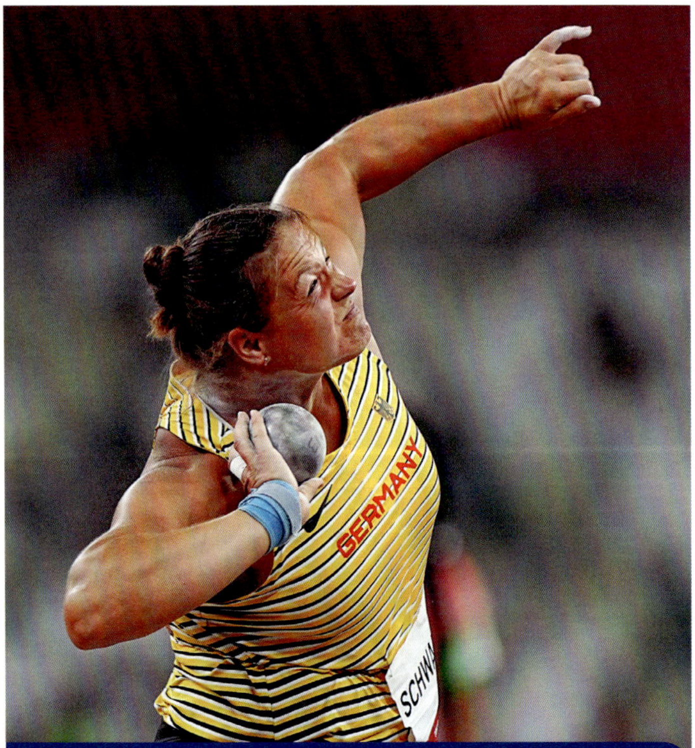

Bei ihren letzten Olympischen Spielen scheitert Kugelstoßerin Christina Schwanitz bereits im Halbfinale.

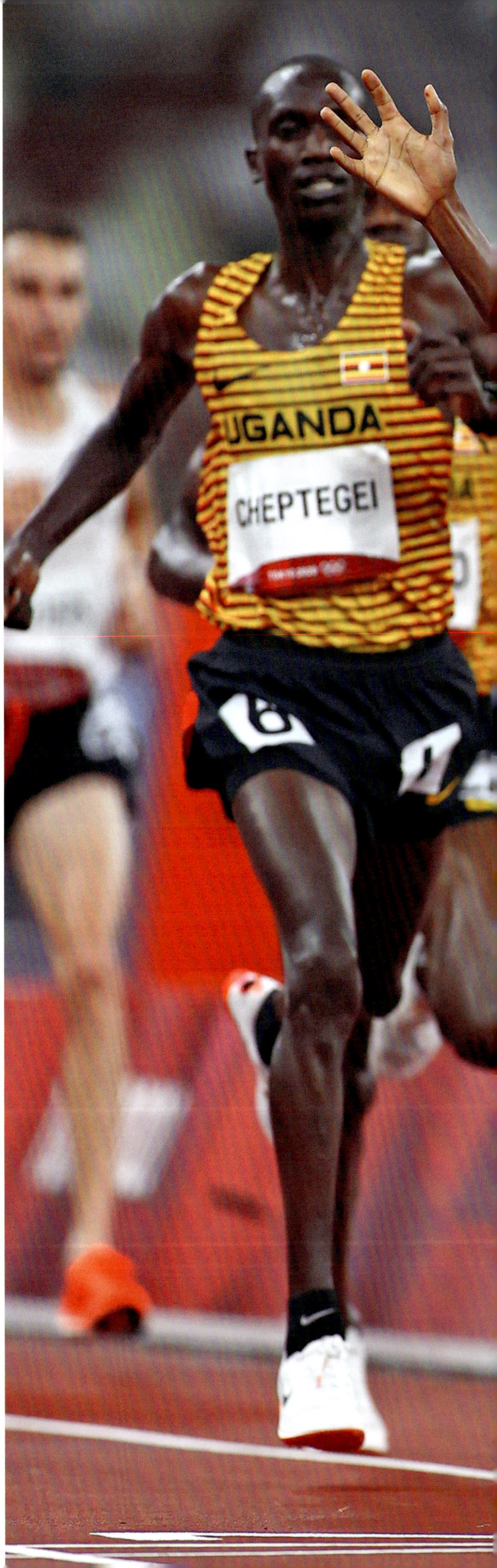

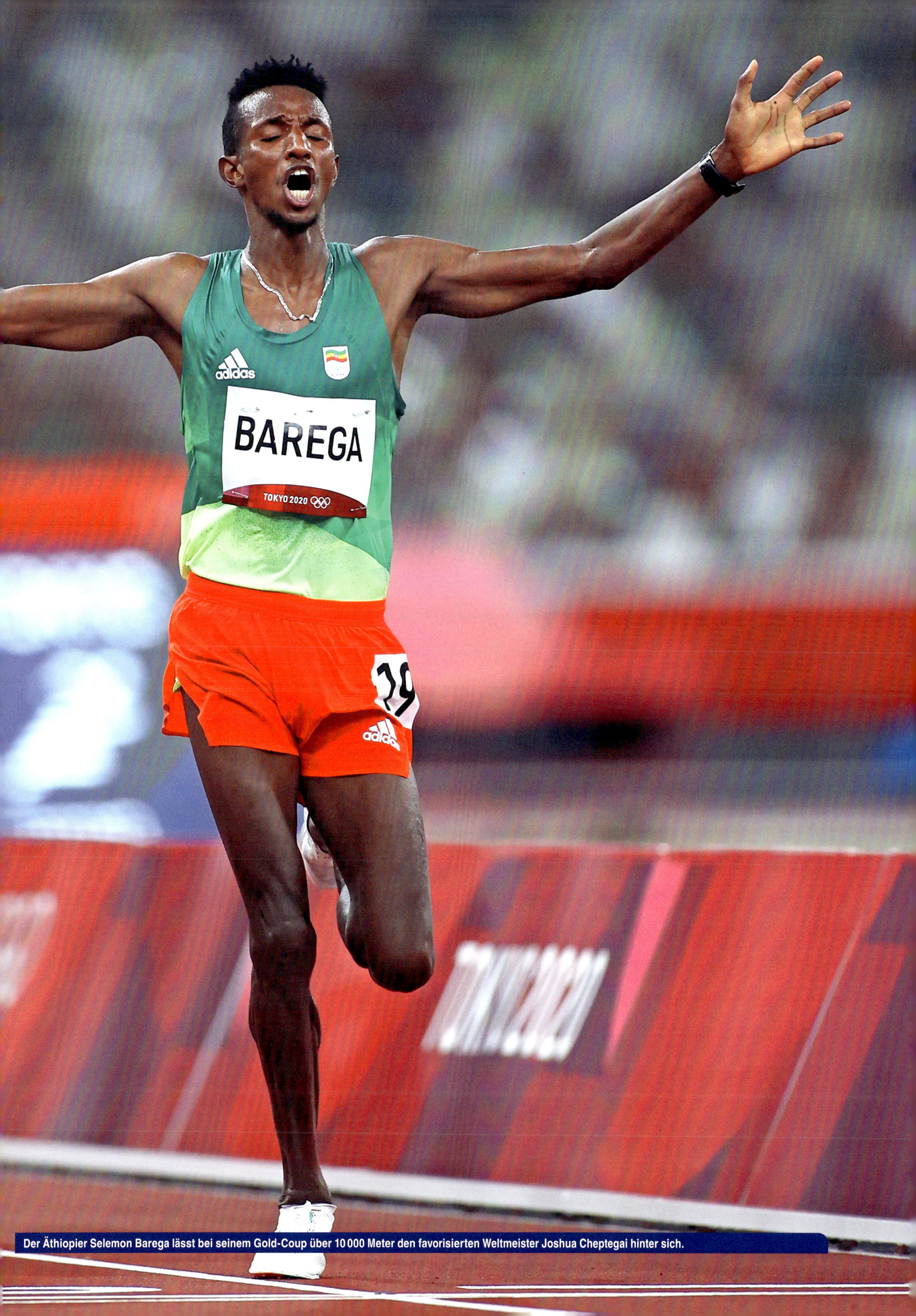

Der Äthiopier Selemon Barega lässt bei seinem Gold-Coup über 10 000 Meter den favorisierten Weltmeister Joshua Cheptegai hinter sich.

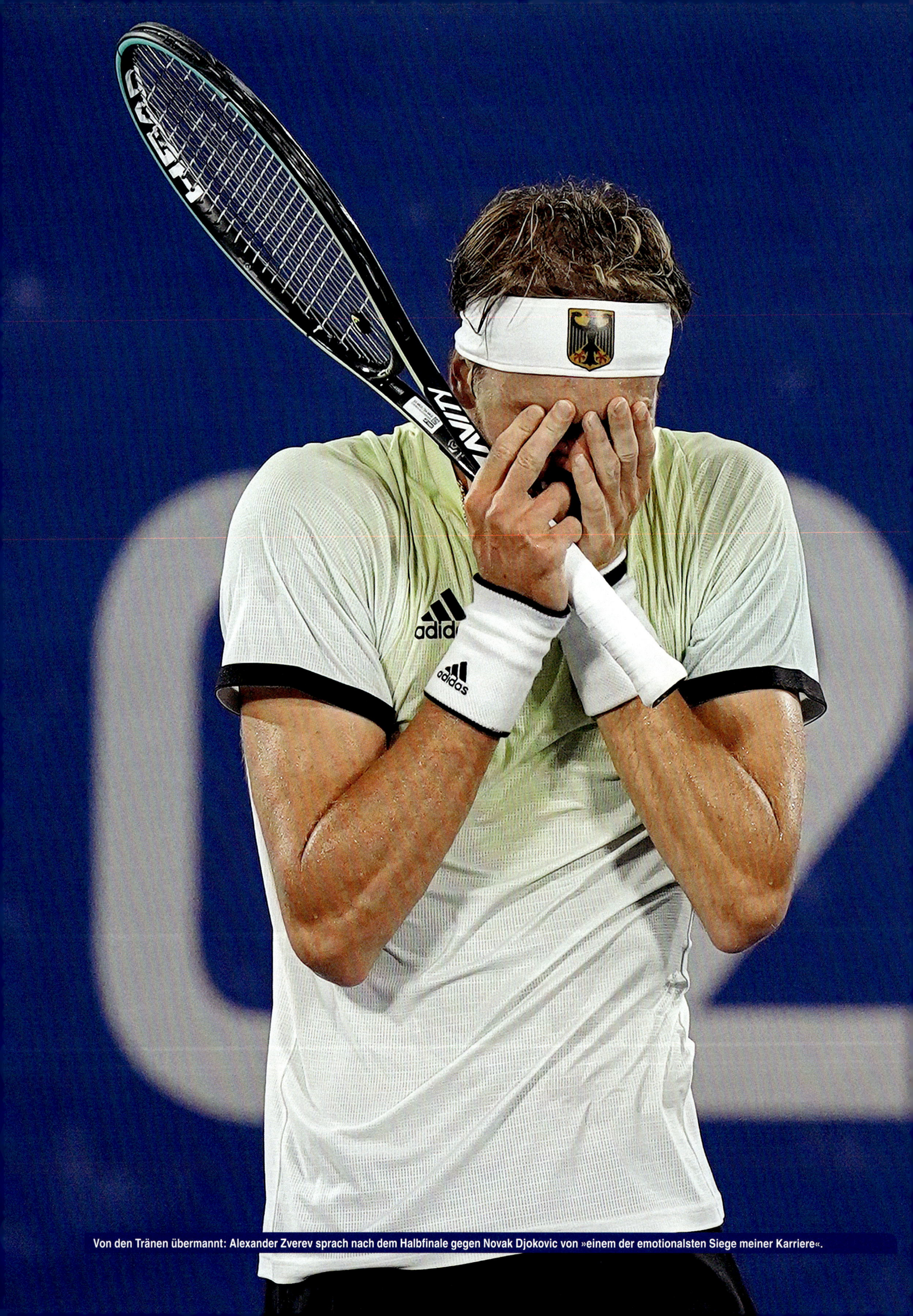

Von den Tränen übermannt: Alexander Zverev sprach nach dem Halbfinale gegen Novak Djokovic von »einem der emotionalsten Siege meiner Karriere«.

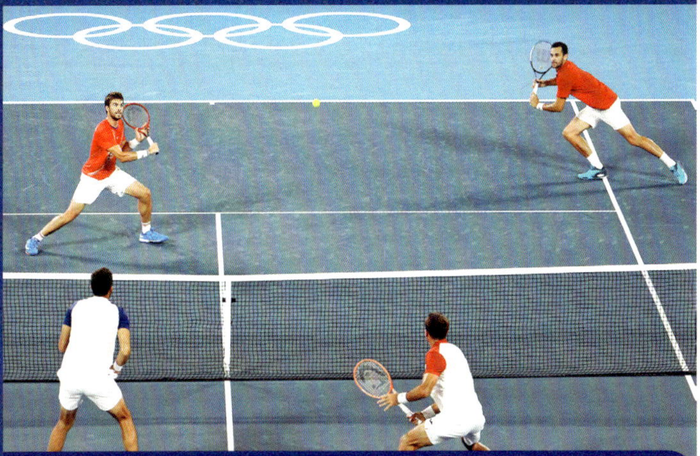

Doppelfinale: Die Kroaten Nikola Mektic (oben links) und Mate Pavic (oben rechts) besiegen ihre Landsleute Marin Cilic/Ivan Dodig.

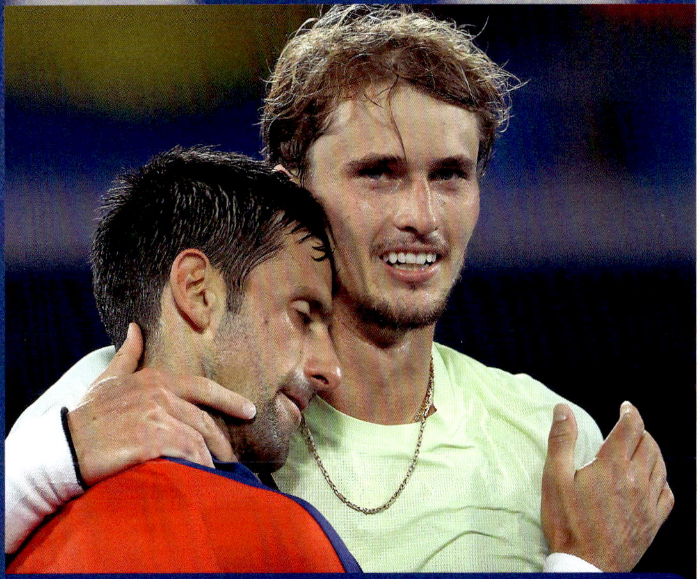

Novak Djokovic zeigt sich in dem Moment, als sein Traum vom Golden Slam geplatzt war, als großer Sportmann. Aufrichtig gratuliert er Alexander Zverev zum Finaleinzug.

TENNIS

Ohne Satzverlust war Alexander Zverev ins Halbfinale gestürmt. Und dort ließ er sich auch von Novak Djokovic, dem Dominator des Profitennis im Jahr 2021, nicht aufhalten. »Das war einer der emotionalsten Siege meiner Karriere«, sagte der Hamburger nach dem 1:6, 6:3, 6:1 im Eurosport-Interview. Sein älterer Bruder und Manager Mischa konnte derweil im Studio seine Tränen nicht unterdrücken. »Du bezwingst den besten Spieler der Welt, für Deutschland, bei Olympia. Mehr geht nicht«, schluchzte er. »Es ist unfassbar.«

Djokovic war als absoluter Topfavorit in den Wettbewerb im Ariake Tennispark gegangen. Nach den souveränen Titeln bei den Australian Open, in Roland Garros und in Wimbledon hatte der Serbe vom Golden Slam geträumt, also dem Gewinn aller vier Grand-Slam-Turniere und des Olympiawettbewerbs in einem Kalenderjahr – dies war bisher einzig 1988 Stefanie Graf gelungen. Seine ersten vier Partien hatte Djokovic locker gewonnen, auch gegen Zverev steuerte er auf Siegkurs. Nach dem souveränen 6:1 im ersten Satz führte er im zweiten nach einem Break 3:2. »Normalerweise kannst du gegen Djokovic dann deine Sachen packen«, stellte Mischa Zverev fest.

Was folgte, war eine wundersame Wende, von Alexander Zverev äußerlich dokumentiert durch den Wechsel der Schweißbänder an seinen Handgelenken: weiß statt zuvor neonrot. »Ich habe bis dahin nur Novaks Spiel mitgespielt«, blickte er zurück. »Ab da habe ich angefangen, auf jeden Ball draufzugehen, auf den ich draufgehen konnte.« Es folgten ein sofortiges Rebreak und drei weitere Spiele in Folge zum Satzausgleich. Die Vorentscheidung fiel in Zverevs erstem Aufschlagspiel im dritten Satz, als er nach teilweise spektakulären Ballwechseln vier Breakbälle Djokovics abwehren konnte und 2:0 in Führung ging. Als er dem Serben danach zum vierten Mal hintereinander den Aufschlag abnahm, war dessen Moral gebrochen. Nach dem verwandelten Matchball brach Zverev in Tränen aus. Minutenlang verharrte er mit einem Handtuch vor dem Gesicht auf der Spielerbank.

Die Goldmedaille im Doppel gewannen die topgesetzten Kroaten Nikola Mektic/Mate Pavic durch einen 6:4, 3:6, 10:6-Finalsieg gegen ihre Landsleute Marin Cilic/Ivan Dodig. Der dritte Satz wurde als Champions-Tiebreak gespielt. Alexander Zverev räumte mit Jan-Lennard Struff (Warstein) an seiner Seite nach dem überraschenden Erstrundensieg gegen die polnischen Mitfavoriten Hurkacz/Lukasz Kubot auch das französische Gespann Jeremy Chardy/Gael Monfils aus dem Weg. Im Viertelfinale war gegen die US-Amerikaner Austin Krajicek/Tennys Sandgren Endstation.

Der zweimalige French-Open-Gewinner Kevin Krawietz (Coburg) musste auf seinen verletzten Stammpartner Andreas Mies (Köln) verzichten. Zusammen mit dem nachgerückten Tim Pütz (Frankfurt) meisterte er die Auftakthürde gegen die Argentinier Facundo Bagnis/Diego Schwartzman, musste sich dann aber im Achtelfinale dem britischen Duo Andy Murray/Joe Salisbury geschlagen geben.

TAG 7

TENNIS DOPPEL (MÄNNER)

1	Nikola Mektic/Mate Pavic	CRO
2	Marin Cilic/Ivan Dodig	CRO
3	Marcus Daniell/Michael Venus	NZL

Alexander Zverev/Jan-Lennard Struff im Viertelfinale ausgeschieden

WEITERE ENTSCHEIDUNGEN

Irgendwann musste die Erfolgssträhne der deutschen Slalom-Kanuten ja mal reißen. So sah es zumindest vor dem Finale im Kajak-Einer aus. Deutschlands Medaillenhoffnung Hannes Aigner startete nicht eben hoffnungsvoll ins Rennen. Muskelkrämpfe suchten ihn vor dem Start heim, statt an eine Medaille dachte der Augsburger in jenem Moment eher daran, überhaupt ins Ziel zu kommen. Mit dem Mute der Verzweiflung stürzte sich Aigner in den Stangenwald, ging aber zunächst zu viel Risiko und schmälerte seine Aussichten weiter. Es spricht für die mentale Stärke des 32-Jährigen, dass er sich ob all der Kalamitäten nicht aus der Ruhe bringen ließ. Im Mittelteil der Strecke lieferte Aigner ein fantastisches Rennen ab, hochkonzentriert und immer auf Ideallinie. Im Ziel reichte es zu Bronze. Welch eine Genugtuung für den Augsburger, der 2016 in Rio de Janeiro noch auf dem undankbaren vierten Platz gelandet war. Mit vier Medaillen lieferten die deutschen Slalom-Kanuten insgesamt eindrucksvoll ab, nachdem sie fünf Jahre zuvor keine einzige Medaille gewonnen hatten.

Die Dominanz vergangener Tage ist den deutschen Ruderern dagegen abhandengekommen. Die letzte Hoffnung auf Gold vergab der Achter der Männer. Zwischen 2016 und 2019 war das deutsche Paradeboot unbesiegt geblieben, doch die Konkurrenz holte zuletzt auf. Trotzdem blieb Gold in Tokio das Ziel. Dieser Wunsch sollte sich jedoch nicht erfüllen. In einem hochklassigen Finale hielten die Deutschen zwar den amtierenden Olympiasieger in Schach, konnten trotz eines starken Endspurts aber nicht mehr die Neuseeländer überflügeln, die dadurch überraschend Gold gewannen. Nach kurzer Enttäuschung freute sich die deutsche Crew um Schlagmann Hannes Ocik auch über Silber.

KANUSLALOM KAJAK EINER (MÄNNER)

1	Jiri Prskavec	CZE	91,63 Sekunden
2	Jakub Grigar	SVK	+ 3,22 Sekunden
3	Hannes Aigner	GER	+ 5,48

RUDERN ACHTER (MÄNNER)

1	Neuseeland	NZL	5:24:64 Minuten
2	Deutschland	GER	+ 0,96 Sekunden
3	Großbritannien	GBR	+ 1,09

RUDERN ACHTER (FRAUEN)

1	Kanada	CAN	5:59:13 Minuten
2	Neuseeland	NZL	+ 0,91 Sekunden
3	China	CHN	+ 2,08

RUDERN EINER (MÄNNER)

1	Stefanos Ntouskos	GRE	6:40:45 Minuten
2	Kjetil Borch	NOR	+ 1,21 Sekunden
3	Damir Martin	CRO	+ 2,13

Oliver Zeidler im Achtelfinale ausgeschieden

RUDERN EINER (FRAUEN)

1	Emma Twigg	NZL	7:13,97 Minuten
2	Hanna Prachazen	ROC	+ 3,42 Sekunden
3	Magdalena Lobnig	AUT	+ 5,75

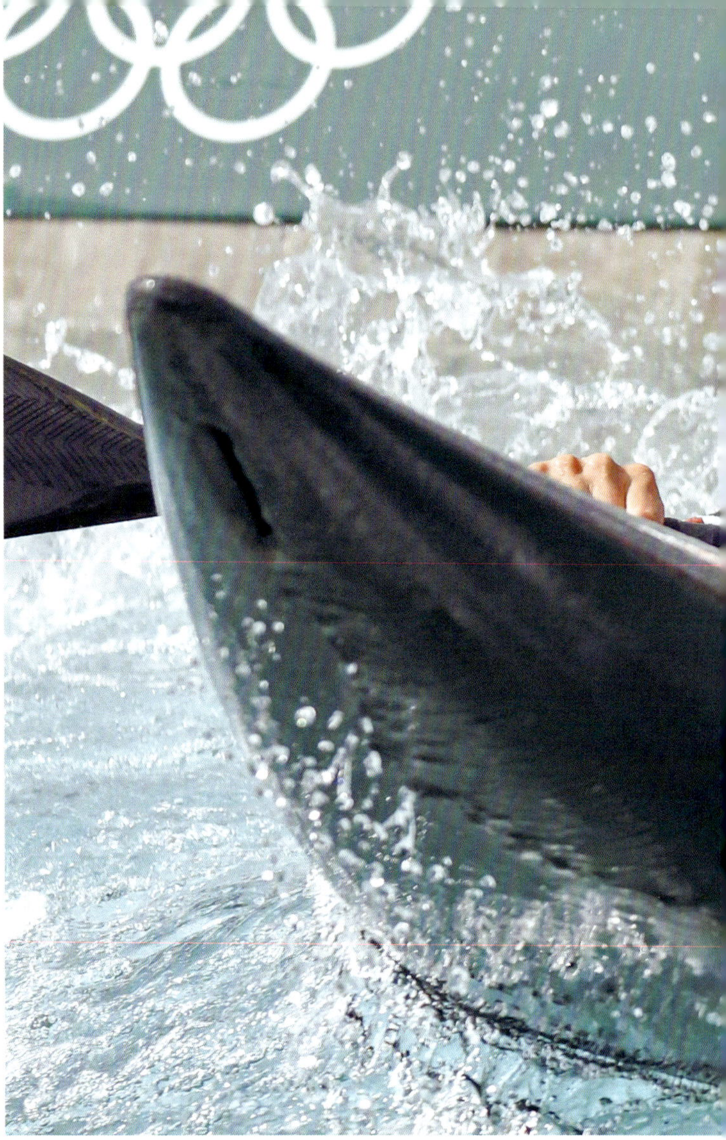

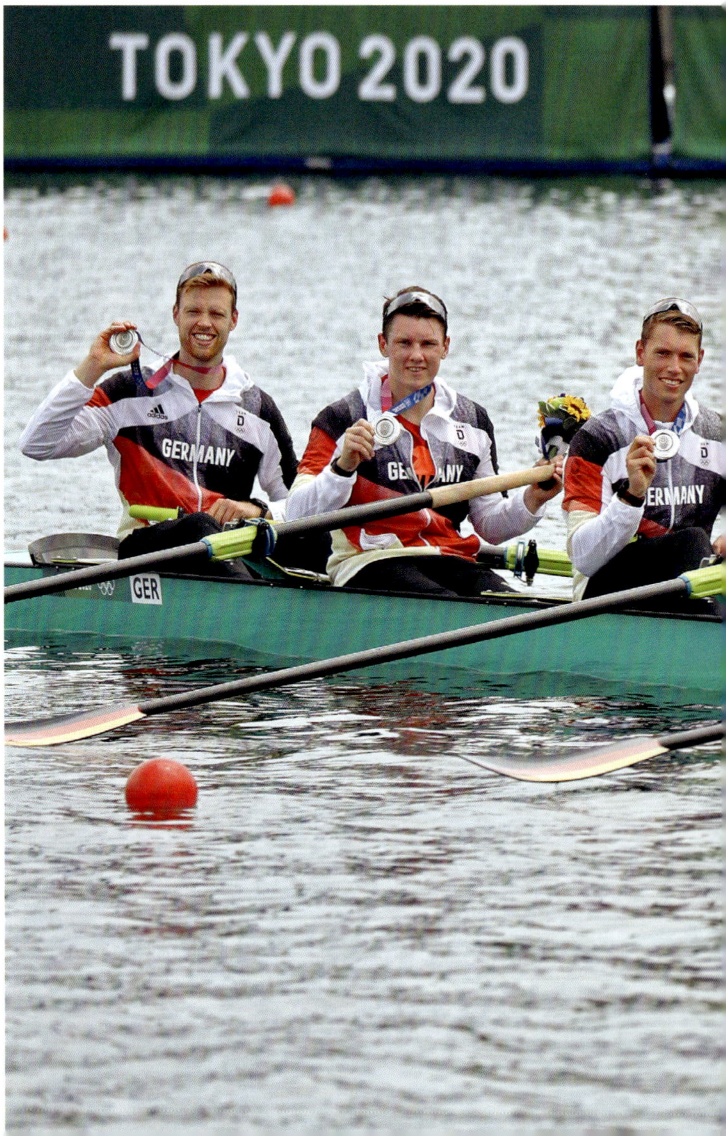

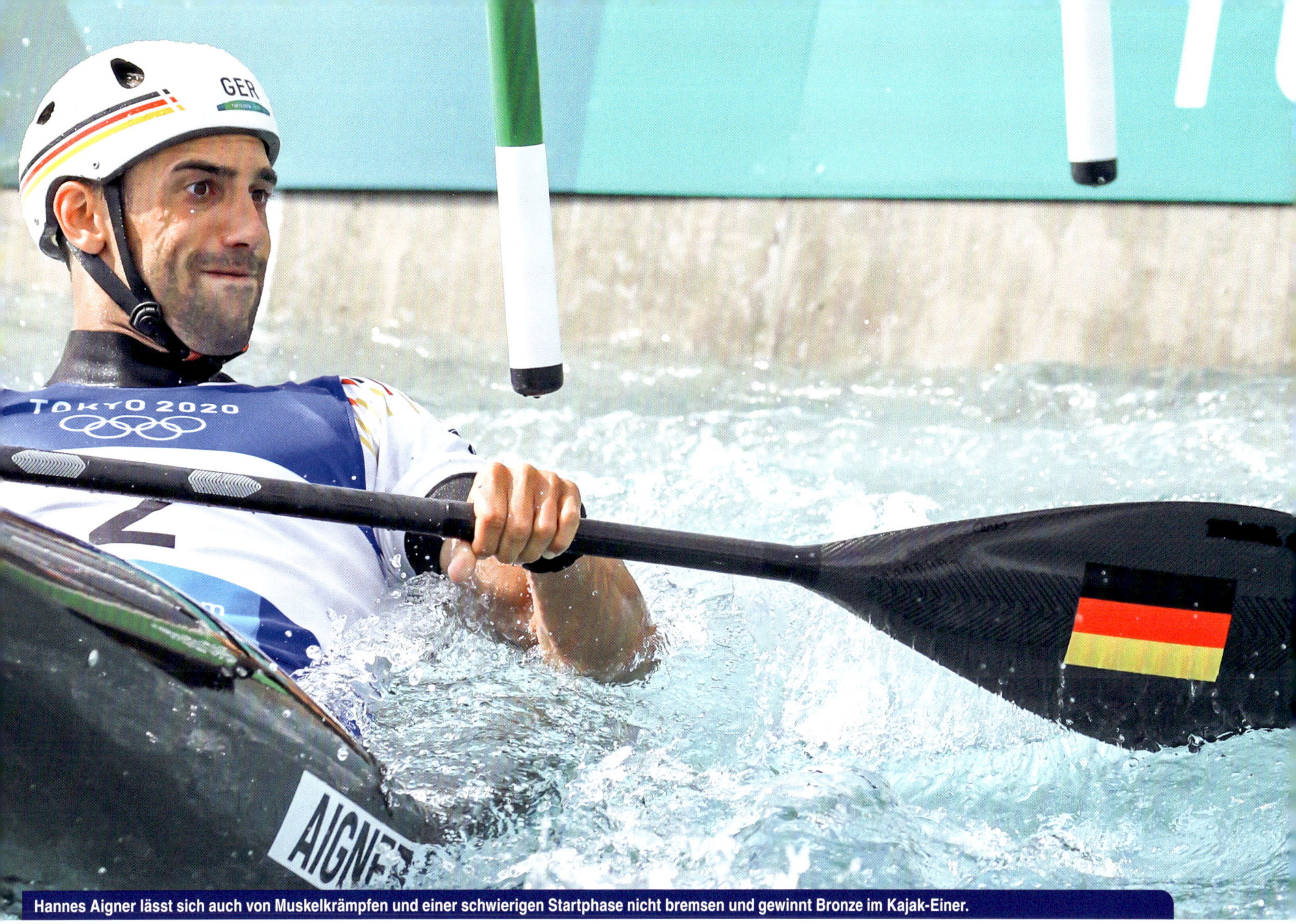

Hannes Aigner lässt sich auch von Muskelkrämpfen und einer schwierigen Startphase nicht bremsen und gewinnt Bronze im Kajak-Einer.

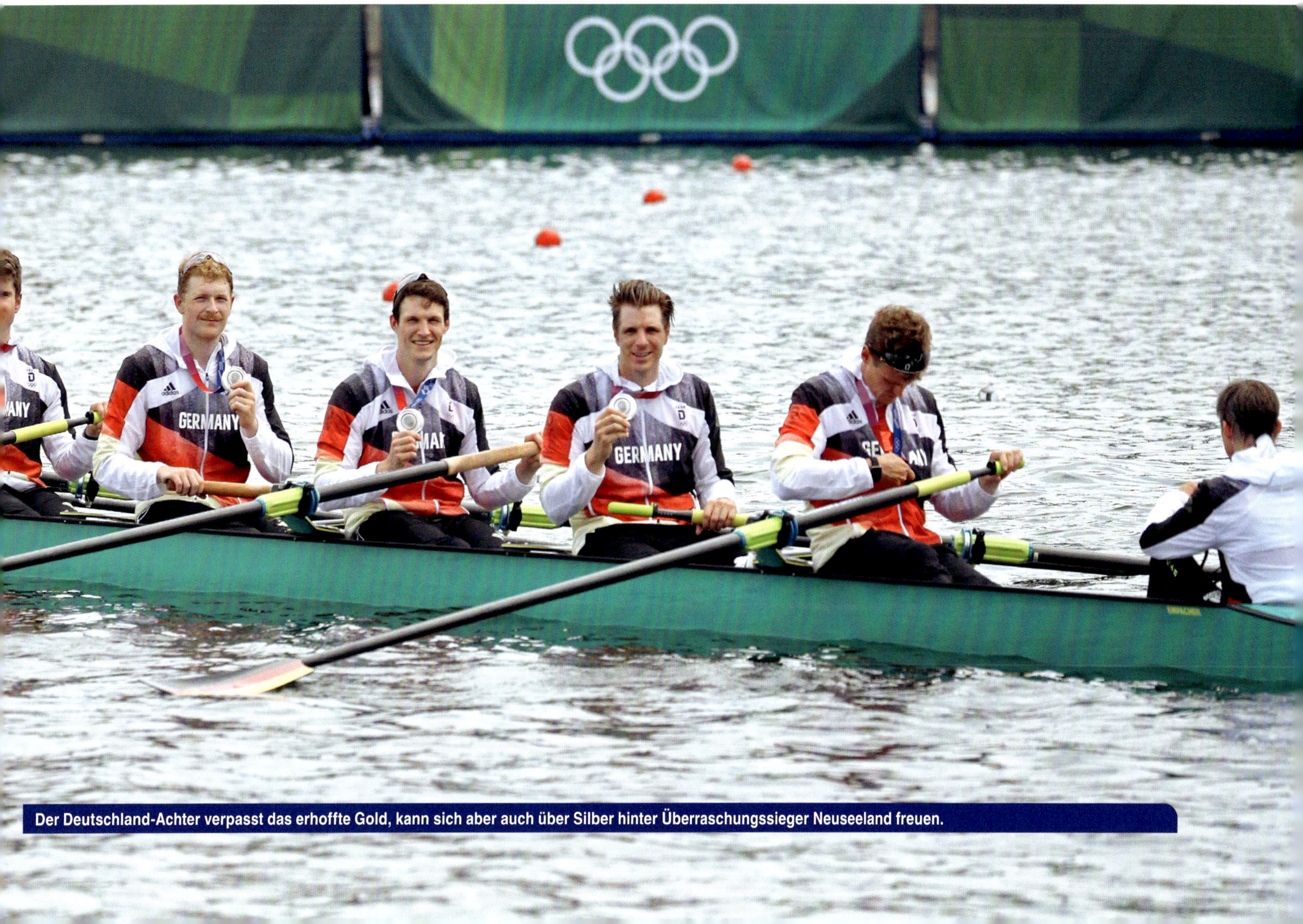

Der Deutschland-Achter verpasst das erhoffte Gold, kann sich aber auch über Silber hinter Überraschungssieger Neuseeland freuen.

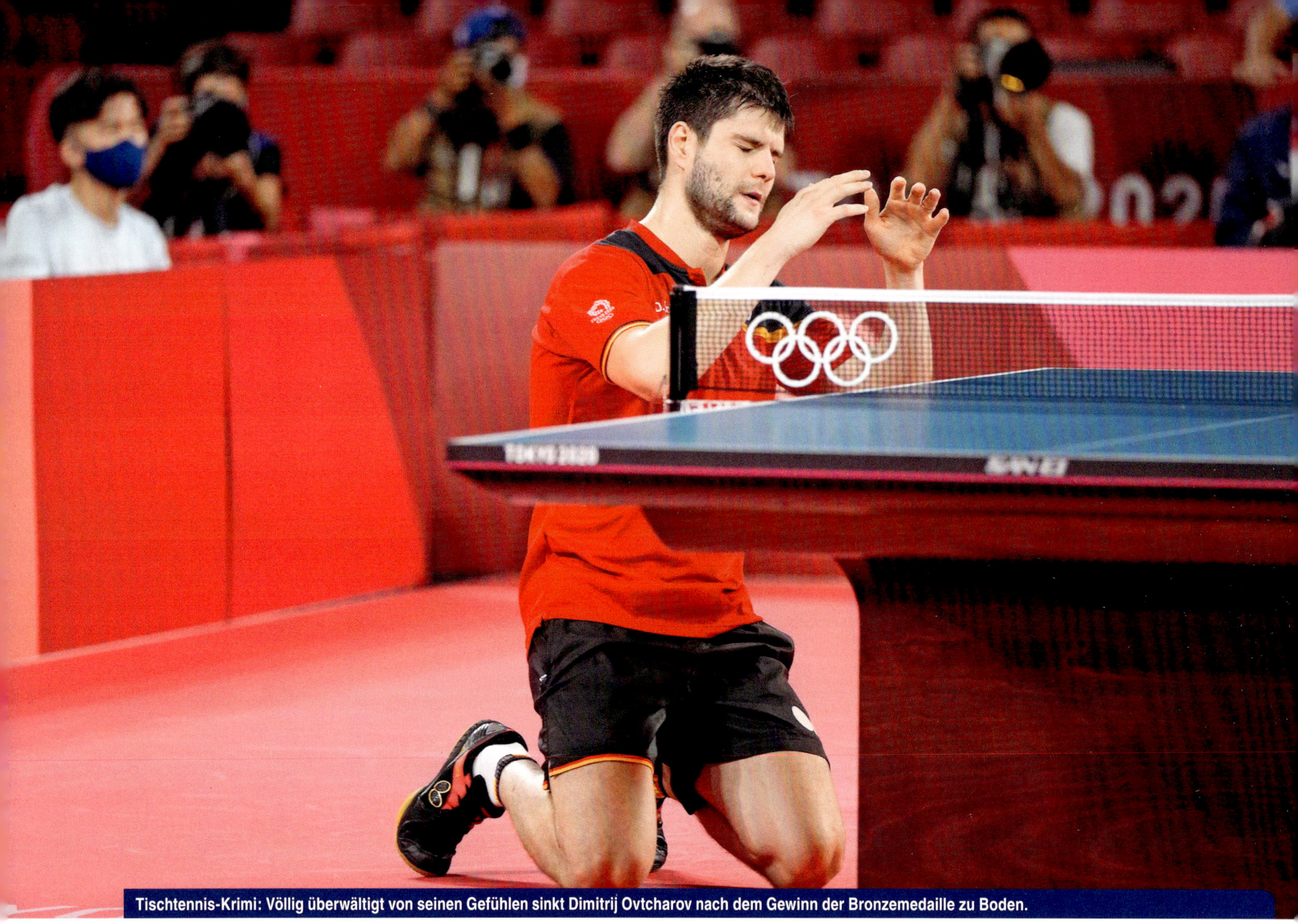

Tischtennis-Krimi: Völlig überwältigt von seinen Gefühlen sinkt Dimitrij Ovtcharov nach dem Gewinn der Bronzemedaille zu Boden.

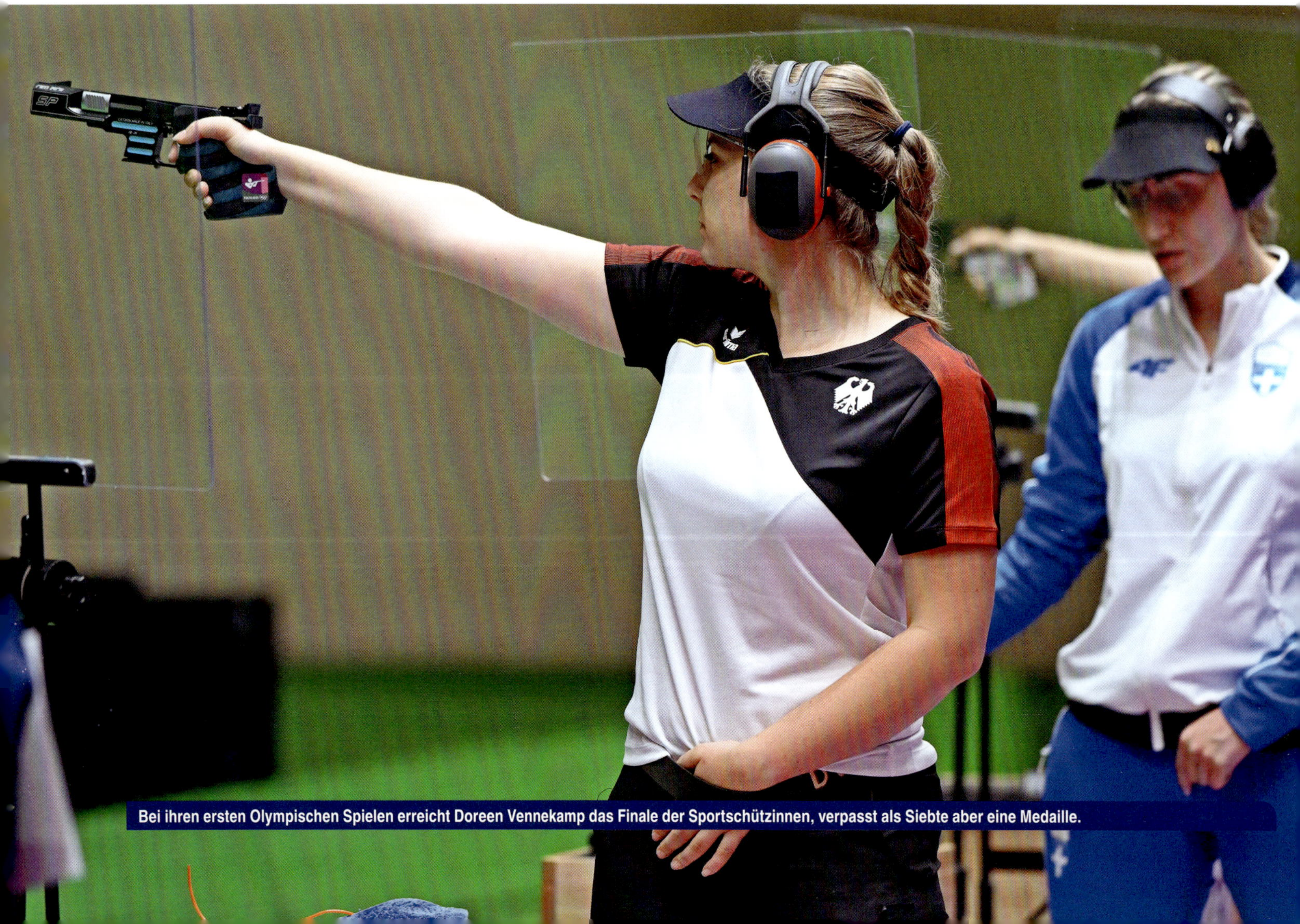

Bei ihren ersten Olympischen Spielen erreicht Doreen Vennekamp das Finale der Sportschützinnen, verpasst als Siebte aber eine Medaille.

Als der letzte Vorhandschlag von Lin Yun-Ju vom Netz zurückprallte, schlug Dimitrij Ovtcharov die Hände vors Gesicht und sank zu Boden. Er konnte es schlichtweg nicht fassen, doch noch die Bronzemedaille gewonnen zu haben. Im sechsten Satz hatte der 32-Jährige gegen den Taiwanesen bereits mit dem Rücken zur Wand gestanden – mit vier Matchbällen gegen sich. Mit einer unglaublichen Nervenstärke wehrte Ovtcharov jedoch Matchball für Matchball ab und nutzte seinerseits die erste Chance zum Satzausgleich. Sein erst 19-jähriger Kontrahent zeigte sich beeindruckt. Ovtcharov dominierte den entscheidenden Durchgang. Nach einer 9:3-Führung geriet er noch einmal kurzzeitig ins Zittern, ließ sich den Sieg aber nicht mehr nehmen. Für Ovtcharov war es die zweite Olympia-Bronzemedaille nach 2012.

TISCHTENNIS EINZEL (MÄNNER)

1	Ma Long	CHN
2	Fan Zhendong	CHN
3	Dimitrij Ovtcharov	GER

Timo Boll im Achtelfinale ausgeschieden

BADMINTON (MIXED)

1	Wang Yi Lyu/Huang Dong Ping	CHN
2	Zheng Siwei/Huang Yaqiong	CHN
3	Yuta Watanabe/Arisa Higashino	JPN

Mark Lamsfuß/Isabell Herttrich in Gruppenphase ausgeschieden

FECHTEN DEGEN MANNSCHAFT (MÄNNER)

1	Japan	JPN
2	ROC	ROC
3	Südkorea	KOR

TURNEN TRAMPOLIN (FRAUEN)

1	Zhu Xueying	CHN	56,635 Punkte
2	Liu Lingling	CHN	56,350
3	Bryony Page	GBR	55,735

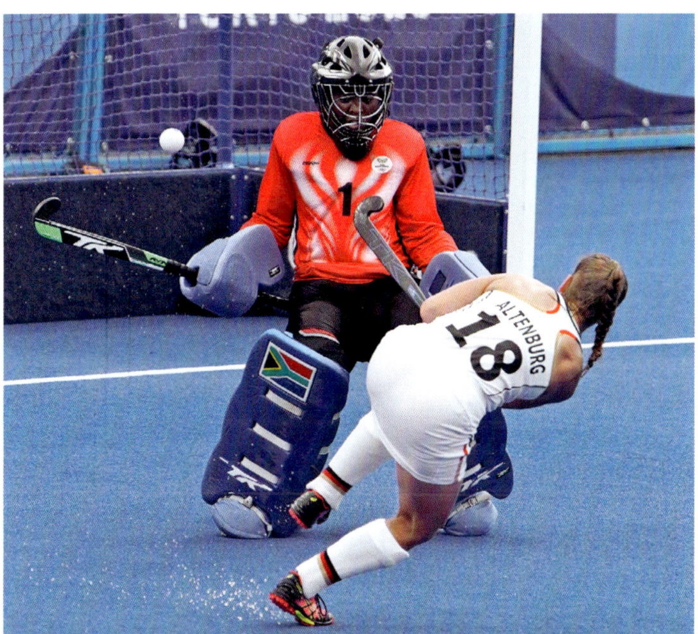

Im vierten Spiel feiern die deutschen Hockey-Frauen den vierten Sieg. Lisa Altenburg glänzt mit zwei Treffern in der ersten Halbzeit.

JUDO AB 100 KG (MÄNNER)

1	Lukas Krpalek	CZE
2	Guram Tuschischwili	GEO
3	Teddy Riner	FRA
3	Tamerlan Baschajew	ROC

Johannes Frey in erster Runde ausgeschieden

JUDO AB 78 KG (FRAUEN)

1	Akira Sone	JPN
2	Idalys Ortiz	CUB
3	Iryna Kindserska	AZE
3	Romane Dicko	FRA

Jasmin Grabowski in erster Runde ausgeschieden

SCHIESSEN SPORTPISTOLE (FRAUEN)

1	Witalina Bazaraschkina	ROC	38 Treffer (4 im Stechen)
2	Kim Minjung	KOR	38 (1)
3	Xiao Jiaruixuan	CHN	29

7. Doreen Vennekamp 14

BOGENSCHIESSEN EINZEL (FRAUEN)

1	An San	KOR
2	Jelena Ossipowa	ROC
3	Lucilla Boari	ITA

Michelle Kroppen in zweiter Runde ausgeschieden

BMX RACING (MÄNNER)

1	Niek Kimmann	NED	39,053 Sekunden
2	Kyle Whyte	GBR	+ 0,114 Sekunden
3	Carlos Ramirez	COL	+ 1,159

BMX RACING (FRAUEN)

1	Bethany Shriever	GBR	44,358 Sekunden
2	Mariana Pajon	COL	+ 0,090 Sekunden
3	Merel Smulders	NED	+ 0,363

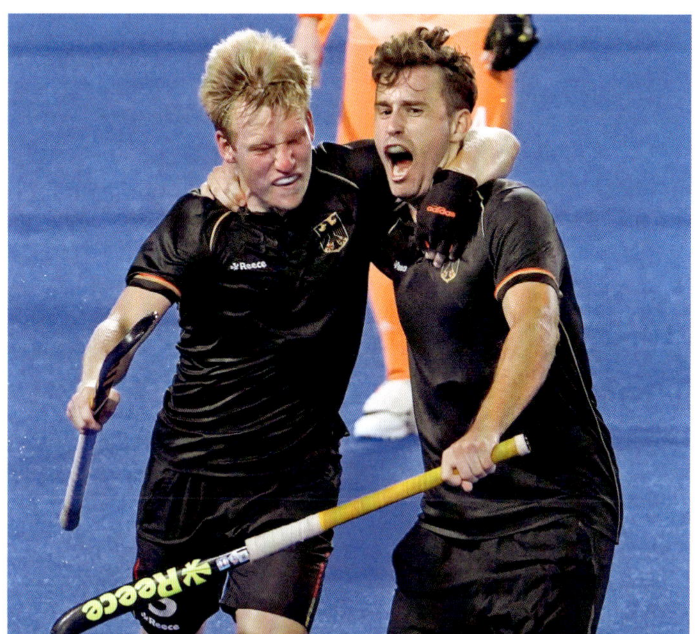

Linus Müller und Torschütze Timm Herzbruch feiern den Treffer zum 3:0 der stark aufspielenden deutschen Hockey-Männer gegen die Niederlande.

HANDBALL

Die deutschen Handballer können doch gegen einen Großen gewinnen. Nach den unglücklichen Niederlagen gegen Spanien (27:28) und Frankreich (29:30) war bereits von einem Kopfproblem die Rede, gegen Norwegen zeigte das DHB-Team jedoch eindrucksvoll, dass das Vertrauen in die eigene Stärke weitaus ausgeprägter ist als die Selbstzweifel. Erstaunlich souverän mit 28:23 (14:11) besiegten die Schützlinge von Trainer Alfred Gislason die Norweger um Superstar Sander Sagosen und rückten nach dem zweiten Turniersieg in der Vorrundengruppe A auf Rang drei vor. Die Deutschen begannen furios und erspielten sich rasch eine 8:3-Führung. Offensiv fanden sie immer wieder konstruktive Lösungen gegen die norwegische Deckung, und hinten avancierte Torwart Andreas Wolff zu einem überragenden Rückhalt. Nach der Pause drehte jedoch Sagosen bei den Norwegern auf und führte sein Team fast im Alleingang auf 21:22 heran. Das Spiel drohte zu kippen, doch diesmal hatte die DHB-Auswahl endlich auch mal das Glück auf ihrer Seite. Der Pfosten verhinderte den 22:22-Ausgleich durch Magnus Joendal, und auf der Gegenseite trudelte ein abgefälschter Wurf von Julius Kühn gerade so über die Torlinie. Der Rückraumspieler erwies sich nach seiner Einwechslung als belebendes Element im deutschen Spiel. Goldrichtig lag Gislason auch mit der Einwechslung von Johannes Bitter für Wolff. Der 38-Jährige fand sofort ins Spiel und entnervte die Norweger mit einigen sehenswerten Paraden. Mit einem fantastischen Dreher unter Bedrängnis erhöhte Timo Kastening für Deutschland auf 25:21 und unterstrich das gewonnene Selbstbewusstsein, das in einen letztlich ungefährdeten Sieg mündete.

Deutschland – Norwegen 28:23 (14:11)
Deutschland: Wolff, Bitter – Gensheimer (6 Tore), Kastening (5), Kühn (3), Schiller (3), Pekeler (2), Golla (2), Drux (2), Weinhold (2), Weber (2), Häfner (1), Knorr, Lemke.

HANDBALL (MÄNNER)

Vorrunde, Gruppe A				
Argentinien – Brasilien 23:25 (7:14)				
Frankreich – Spanien 36:31 (18:12)				
Deutschland – Norwegen 28:23 (14:11)				
1.	Frankreich	4	133:116	8
2.	Spanien	4	119:115	6
3.	Deutschland	4	117:106	4
4.	Norwegen	4	104:103	4
5.	Brasilien	4	103:116	2
6.	Argentinien	4	98:118	0
Vorrunde, Gruppe B				
Bahrain – Japan 32:30 (16:17)				
Schweden – Ägypten 22:27 (9:13)				
Portugal – Dänemark 28:34 (19:20)				
1.	Dänemark	4	144:106	8
2.	Ägypten	4	124:114	6
3.	Schweden	4	111:112	6
4.	Bahrain	4	109:119	2
5.	Portugal	4	113:125	2
6.	Japan	4	115:140	0

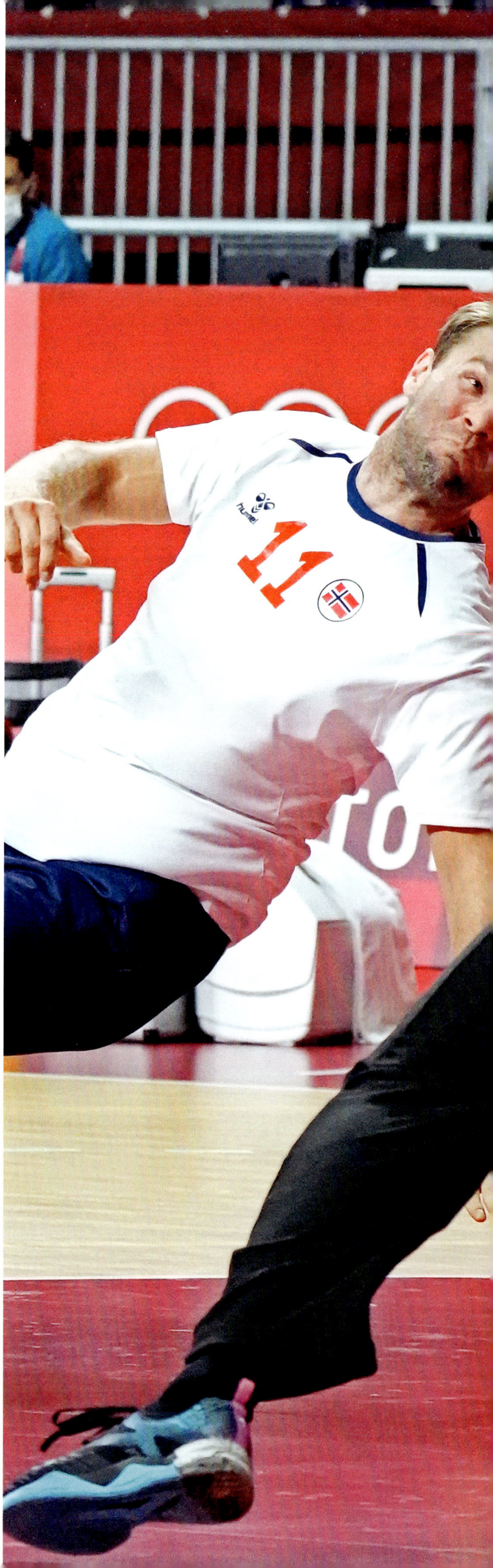

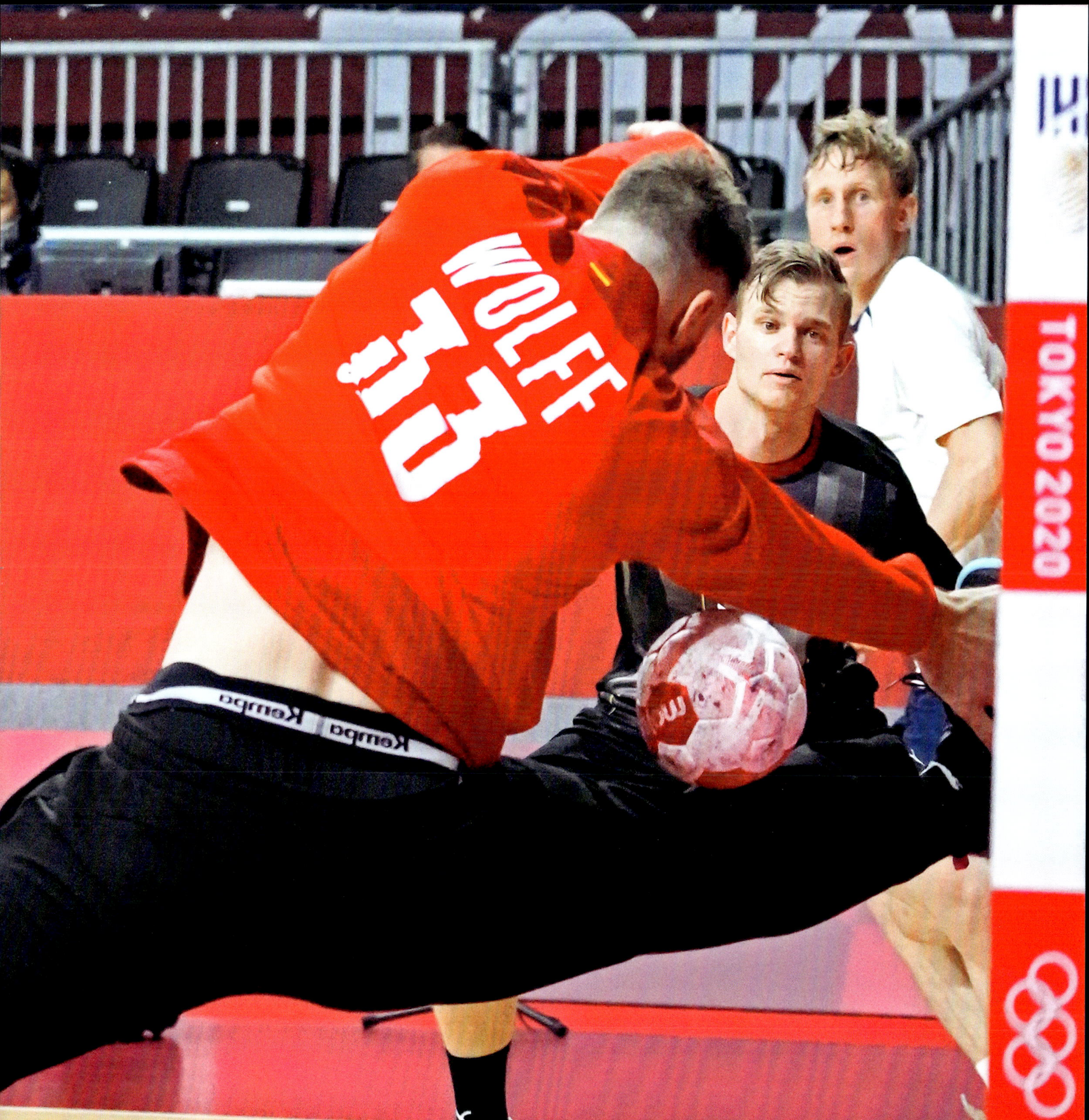

Die deutschen Torhüter sind ein Garant für den Erfolg. Hier pariert Andreas Wolff gegen Petter Overby. In der zweiten Halbzeit glänzt dann auch Johannes Bitter.

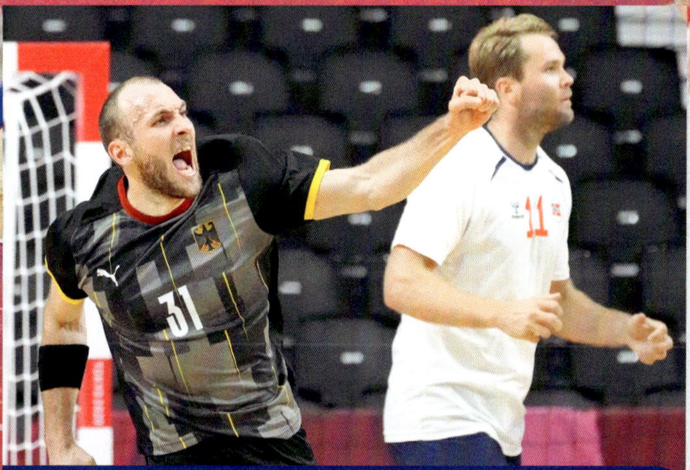

Den größeren Siegeswillen hat an diesem Tag die deutsche Auswahl. Hier bejubelt der Linksaußen Marcel Schiller einen seiner drei Treffer gegen den Afrikameister.

TAG 8
SA., 31.07.

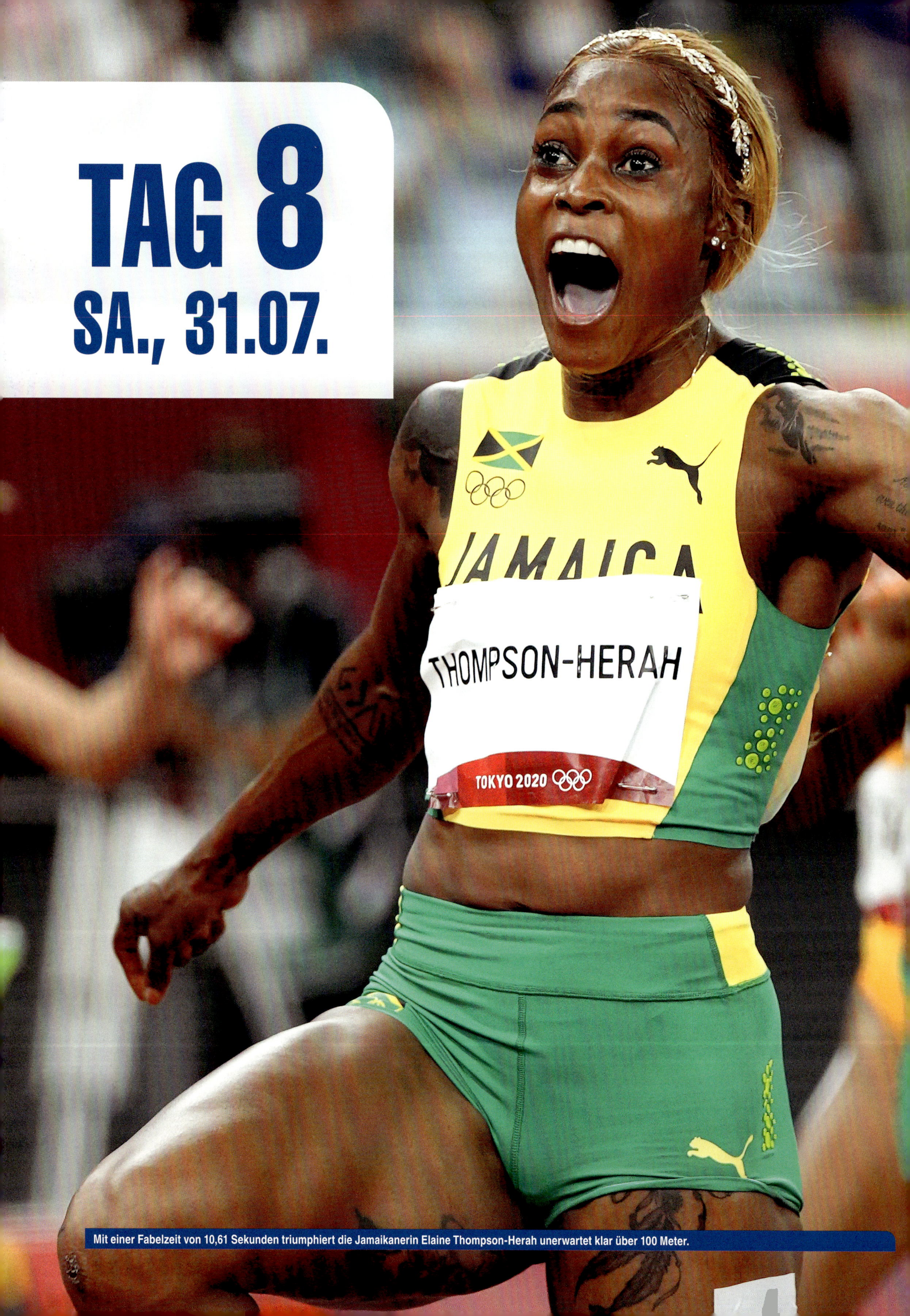

Mit einer Fabelzeit von 10,61 Sekunden triumphiert die Jamaikanerin Elaine Thompson-Herah unerwartet klar über 100 Meter.

LEICHTATHLETIK

Der 100-Meter-Lauf gilt als Königsdisziplin der Leichtathletik. Wer sieht, wie sich Siebenkämpferinnen und Zehnkämpfer über zwei Wettkampftage quälen müssen, mag die exponierte Stellung des Sprints für ungerechtfertigt halten. Er weckt aber nun mal das größte mediale Interesse. Der schnellste Mann der Welt, die schnellste Frau der Welt – eine unauslöschliche Magie umgibt dieses Etikett. Stets haftet den Siegern und Siegerinnen aber auch ein gewisser Argwohn an. Die Geschichte des Sprints ist bekanntlich reich an Dopingsündern. In Tokio platzte schon vor den beiden Halbfinalläufen die Bombe. Blessing Okagbare aus Nigeria wurde nach einer positiven Dopingprobe kurzfristig aus dem Verkehr gezogen. Das Fehlen der Mitfavoritin nutzte der Paderbornerin Tatjana Pinto jedoch nichts. Sie verpasste den Endlauf ebenso wie die deutsche Meisterin Alexandra Burghardt aus Burghausen. Das olympische Finale hätte man dann auch als jamaikanische Meisterschaften bezeichnen können. Elaine Thompson-Herah siegte in sensationellen 10,61 Sekunden vor ihren Landsfrauen Shelly-Ann Fraser-Pryce (10,74) und Shericka Jackson (10,76). Nur die legendäre Florence Griffith-Joyner (USA) war bei ihrem Rennen 1988 in Indianapolis in 10,49 Sekunden schneller gewesen. Fraser-Pryce verpasste dagegen ihren dritten Gold-Coup nach 2008 und 2012.

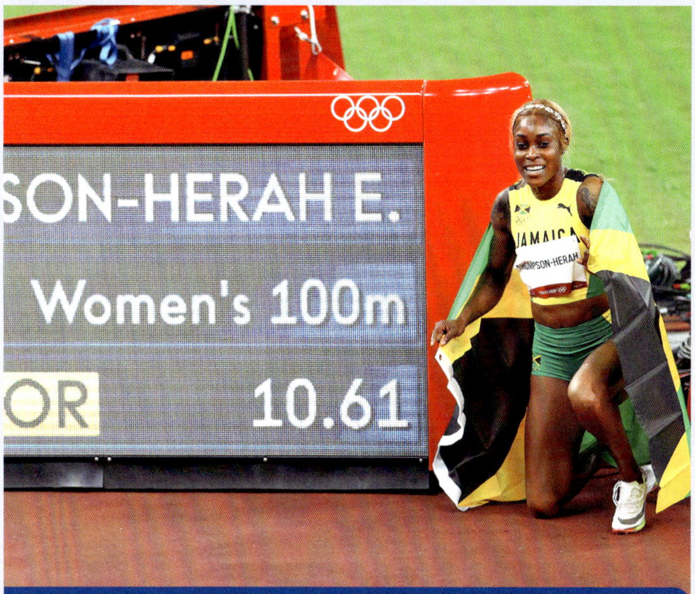

Siegerin Elaine Thompson-Herah stellt einen neuen olympischen Rekord auf.

100 METER (FRAUEN)

1	Elaine Thompson-Herah		JAM	10,61 Sekunden
2	Shelly-Ann Fraser-Pryce		JAM	10,74
3	Shericka Jackson		JAM	10,76

Alexandra Burghardt (11.07) und Tajana Pinto (11,35) in Halbfinals ausgeschieden

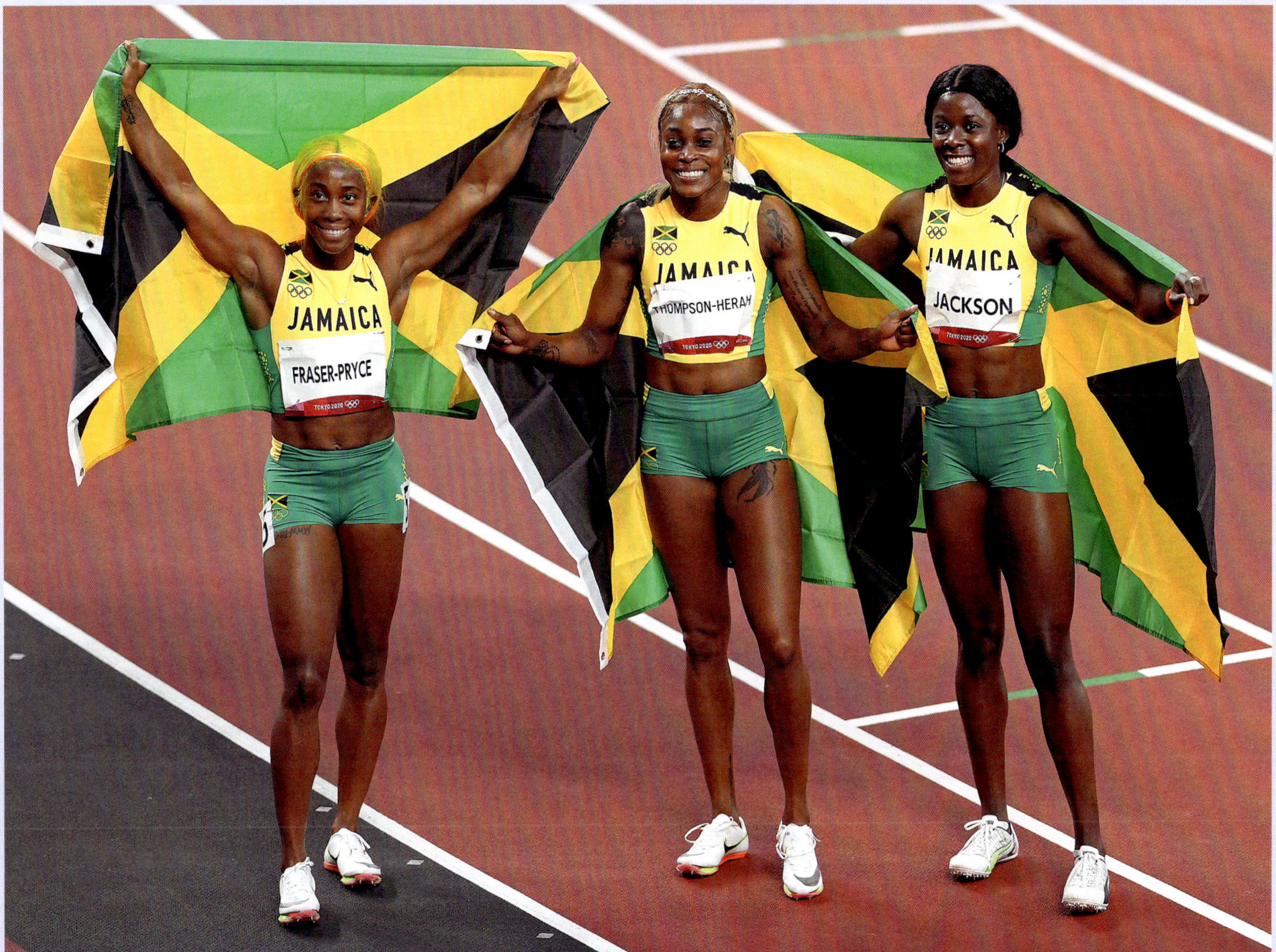

Jamaikanische Festspiele in Grün, Gelb und Schwarz: Thompson-Herah posiert mit Silbermedaillengewinnerin Shelly-Ann Fraser-Pryce (links) und Shericka Jackson, die Bronze holt.

Die Harting-Brüder galten nicht gerade als Musterknaben der deutschen Leichtathletik. Sie gefielen sich in der Rolle schillernder Provokateure und pflegten ihren Individualismus. Sportlich waren die beiden Diskuswerfer jedoch über jeden Zweifel erhaben. 2012 gewann Robert Olympiagold in London, vier Jahre später in Rio de Janeiro machte es ihm der sechs Jahre jüngere Christoph nach. 2018 beendete Robert seine Karriere. Christoph wirft den Diskus noch immer, verpasste aber die Qualifikation für Tokio.
So oblag es Daniel Jasinksi, die deutschen Medaillenhoffnungen zu schultern. In Rio hatte er Bronze gewonnen, doch diesmal zeigte sich schnell, dass eine Wiederholung dieses Coups außer Reichweite lag. Mit einer Bestweite von 62,44 Metern verpasste er das Finale der besten acht Athleten und landete auf einem enttäuschenden zehnten Platz.
Ein Auf und Ab der Gefühle erlebte die deutsche Staffel im erstmals ausgetragenen Mixedwettbewerb über 4 x 400 Meter. Im Vorlauf glänzten Marvin Schlegel (Chemnitz), Corinna Schwab (Chemnitz), Ruth Sophia Spelmeyer-Preuß (Oldenburg) und Manuel Sanders (Dortmund) mit einem neuen deutschen Rekord. Weil das US-Quartett wegen eines Wechselfehlers disqualifiziert wurde und auch der Dominikanischen Republik ein Regelverstoß angelastet wurde, durfte sich die deutsche Staffel zunächst über den Einzug ins Finale freuen. Die USA legten jedoch erfolgreich Protest ein, was wiederum den deutschen Verband auf den Plan rief. Das Insistieren half, Deutschland durfte als neunte Nation im Finale antreten. Eine letzte Kapriole hatte dieser Wettkampf aber noch zu bieten: Corinna Schwab geriet bei der Übergabe auf Nadine Gonska ins Straucheln und ließ den Staffelstab aus den Händen gleiten. Der Traum von einer Medaille platzte so bereits zur Halbzeit des Rennens.

4 x 400 METER (MIXEDSTAFFEL)

1	Polen	POL	3:09:87 Minuten
2	Dominikanische Republik	DOM	+ 0,34 Sekunden
3	USA	USA	+ 0,35

Deutschland nicht im Ziel

DISKUS (MÄNNER)

1	Daniel Stahl	SWE	68,90 Meter
2	Simon Pettersson	SWE	67,39
3	Lukas Weißhaidinger	AUT	67,07

10. Daniel Jasinski 62,44

TAG 8

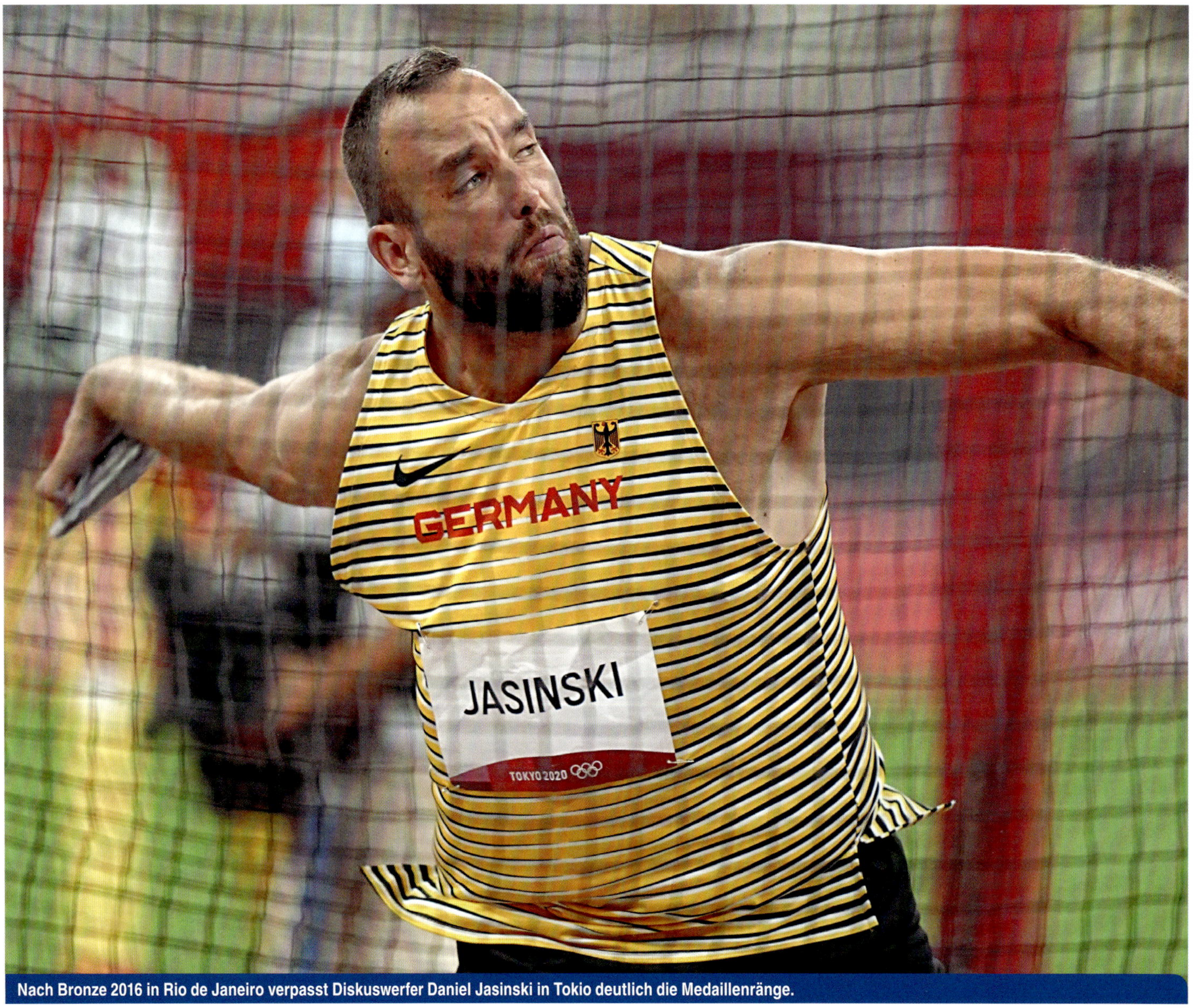

Nach Bronze 2016 in Rio de Janeiro verpasst Diskuswerfer Daniel Jasinski in Tokio deutlich die Medaillenränge.

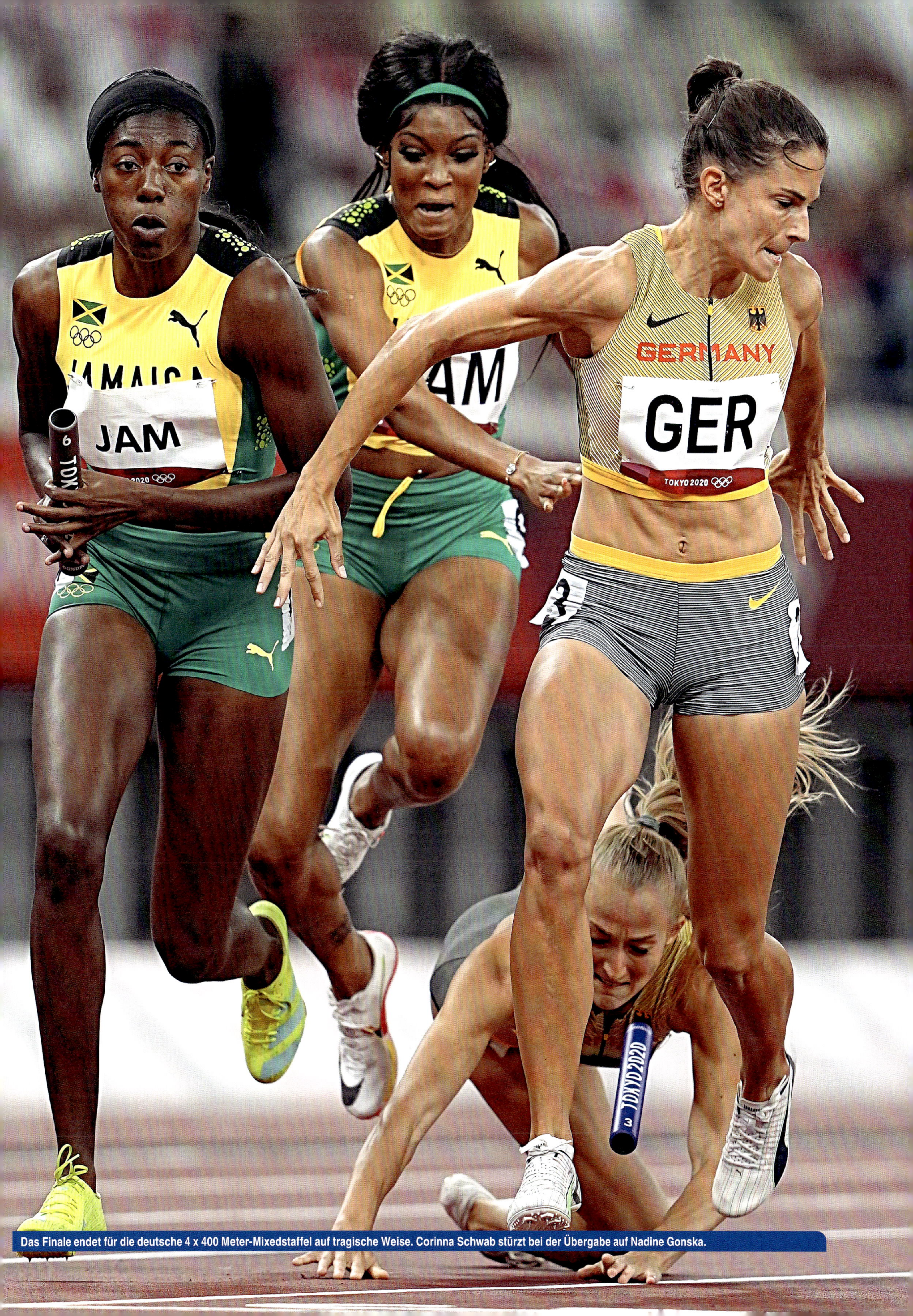

Das Finale endet für die deutsche 4 x 400 Meter-Mixedstaffel auf tragische Weise. Corinna Schwab stürzt bei der Übergabe auf Nadine Gonska.

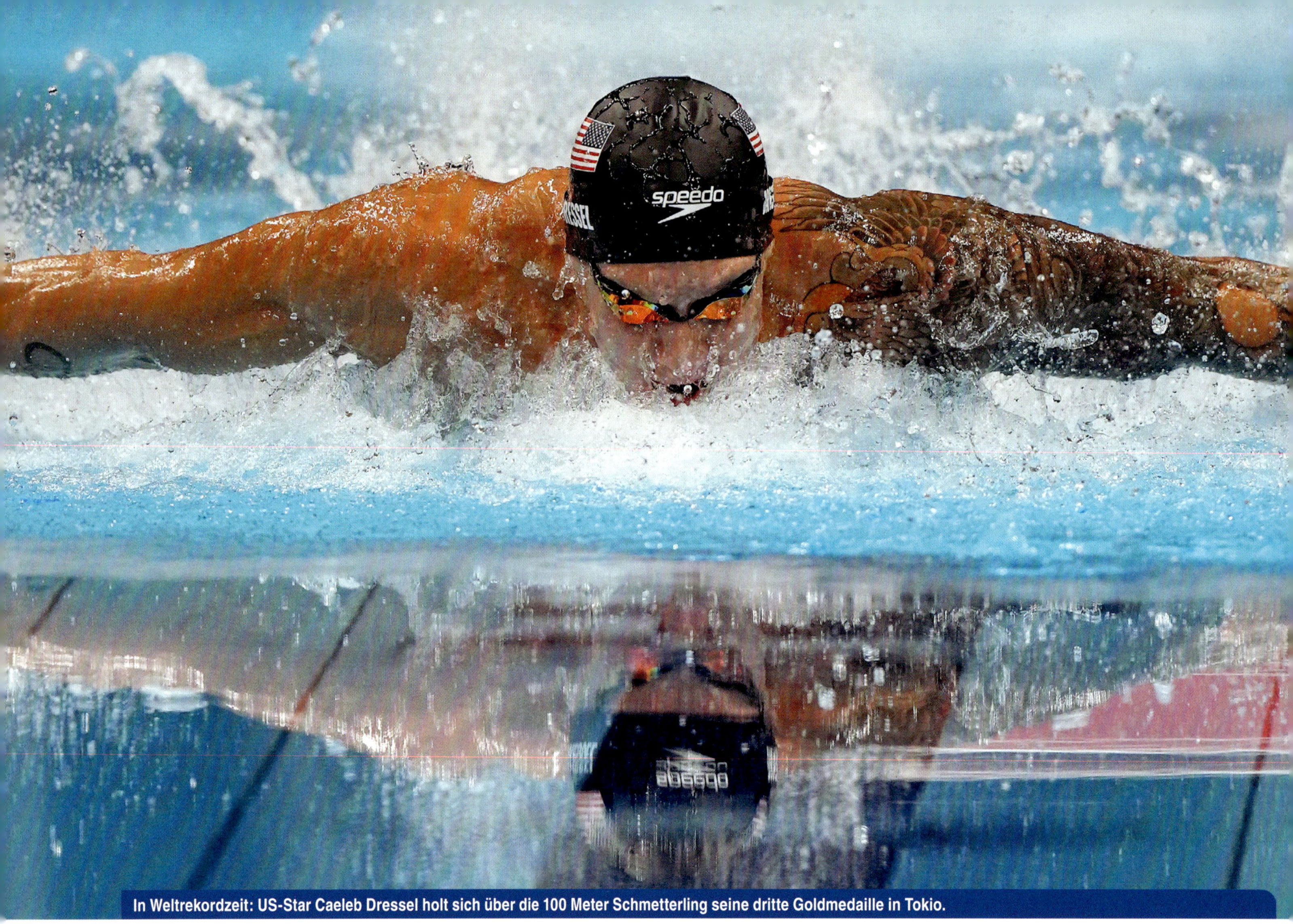

In Weltrekordzeit: US-Star Caeleb Dressel holt sich über die 100 Meter Schmetterling seine dritte Goldmedaille in Tokio.

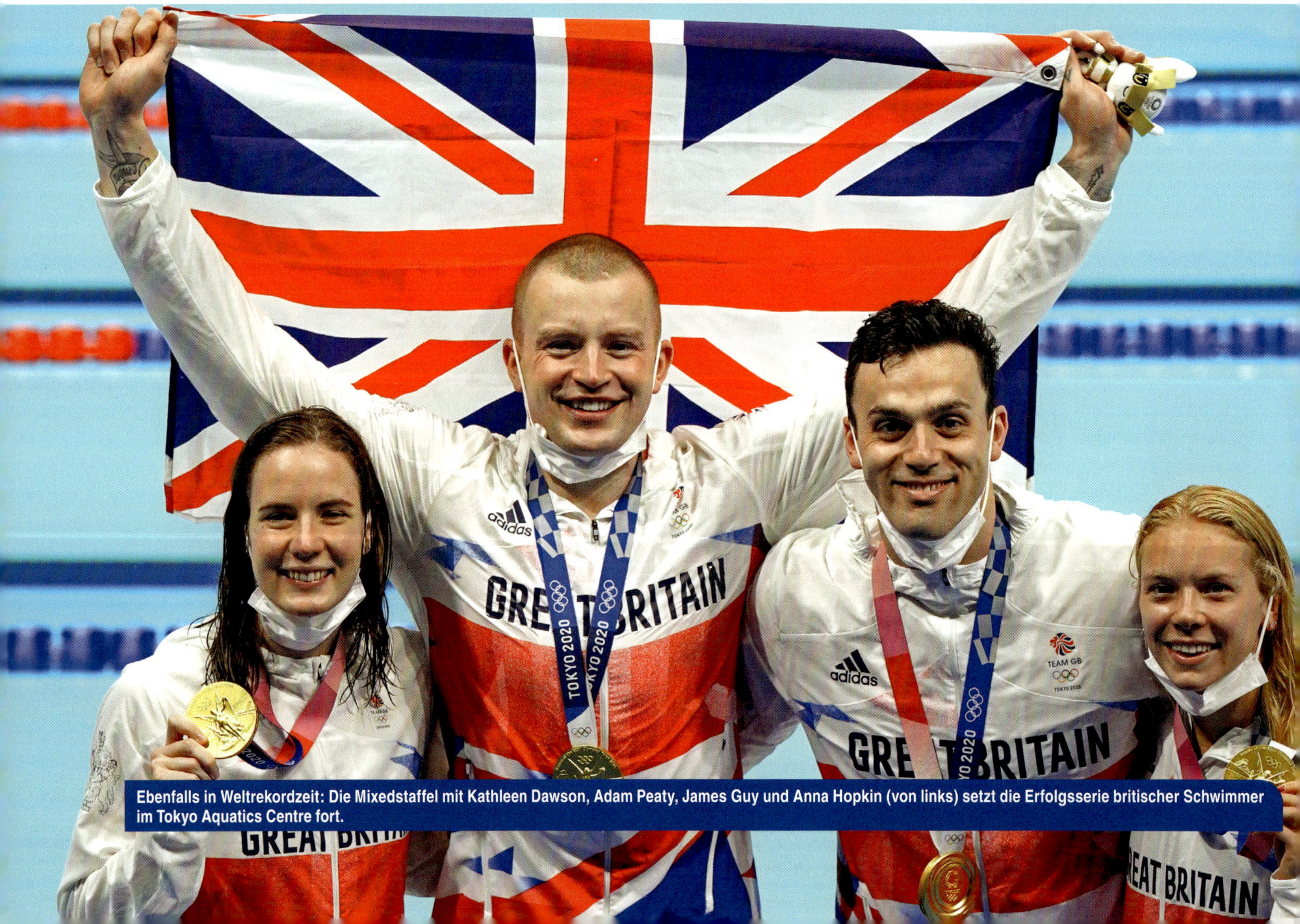

Ebenfalls in Weltrekordzeit: Die Mixedstaffel mit Kathleen Dawson, Adam Peaty, James Guy und Anna Hopkin (von links) setzt die Erfolgsserie britischer Schwimmer im Tokyo Aquatics Centre fort.

SCHWIMMEN

Die komplette Bandbreite der Gefühle erlebte Caeleb Dressel am vorletzten Finaltag im Tokyo Aquatics Centre. Im ersten Rennen holte der US-Star mit Weltrekord über 100 Meter Schmetterling seine dritte Goldmedaille. Im letzten erlebte er als Schlussschwimmer der Mixedstaffel über 4 x 100 Meter Lagen mit Platz fünf ein Debakel. Auch die deutsche Medaillenkandidatin Sarah Köhler stieg als Siebte des Freistilrennens über 800 Meter tief enttäuscht aus dem Wasser.

Der Reihe nach: Zunächst verbesserte Dressel die von ihm selbst vor zwei Jahren bei der WM in Gwangju/Südkorea aufgestellte Bestmarke um fünf Hundertstelsekunden. Noch im Becken, wusste er, bei wem er sich zu bedanken hatte. Der 24-Jährige aus Florida umarmte den auf der Nebenbahn schwimmenden Kristof Milak. Der Ungar, Goldmedaillengewinner über die doppelte Distanz, hatte ihn auf den letzten Metern zum Rekord getrieben. Als sicherer Medaillenkandidat ging Dressel auch in der erstmals bei Olympia ausgetragenen Mixedstaffel an den Start. Eine Staffel besteht aus zwei Männern und zwei Frauen, welches Geschlecht in welcher Lage startet, kann jede Nation selbst bestimmen. Als US-Shooting-Star Lydia Jacoby, Goldmedaillengewinnerin über 100 Meter Brust, auf der zweiten Teilstrecke die Schwimmbrille verlor, deutete sich das Unheil an. Dressel konnte den Rückstand nicht mehr aufholen. Schlussschwimmerin Anna Hopkin brachte das vierte Schwimmgold Großbritanniens sicher ins Ziel und verbesserte den zuvor von den USA gehaltenen Weltrekord um 0,98 Sekunden.

Viel zu langsam nahm Sarah Köhler ihr Rennen in Angriff. Bei der ersten Wende war sie Letzte, danach konnte sie sich nur noch auf Rang sieben vorarbeiten. »Ich bin sprachlos«, sagte die Bronzegewinnerin über 1500 Meter. »Dass ich so langsam war, ist eine ziemliche Enttäuschung für mich. Meine Vorlaufzeit hätte für Bronze gereicht.« An der Spitze hielt diesmal US-Star Kathleen Ledecky die junge Australierin Ariarne Titmus in Schach und holte sich nach den 1500 Metern ihr zweites Gold.

Ebenfalls ihre zweite Goldmedaille gewann die Australierin Kaylee McKeown. Vier Tage nach den 100 Metern Rücken triumphierte sie auch über die doppelte Distanz.

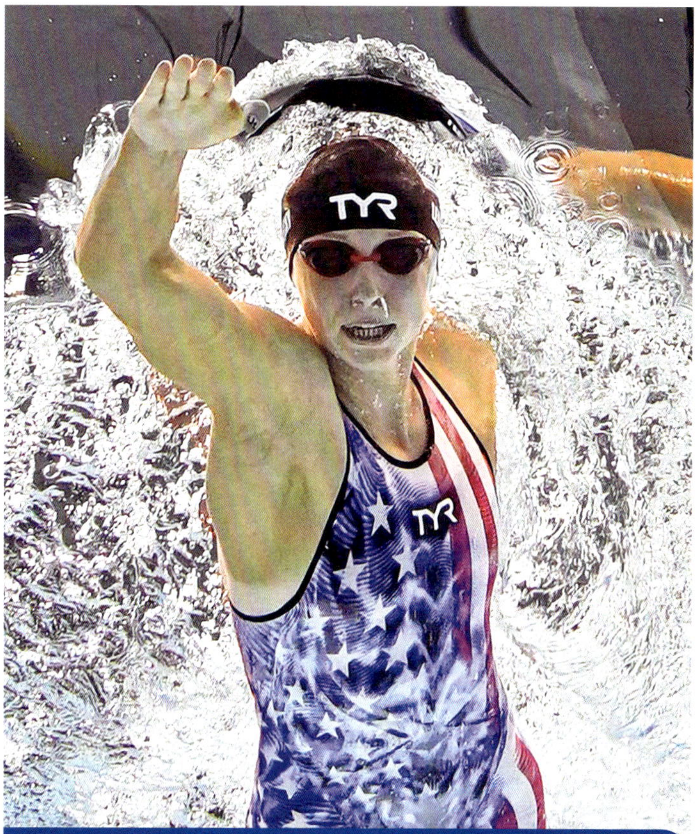

Historischer Erfolg: Mit der sechsten Goldmedaille ihrer Karriere löst US-Star Kathleen Ledecky die Ungarin Krisztina Egerszegi als Schwimmerin mit den meisten olympischen Einzelsiegen ab.

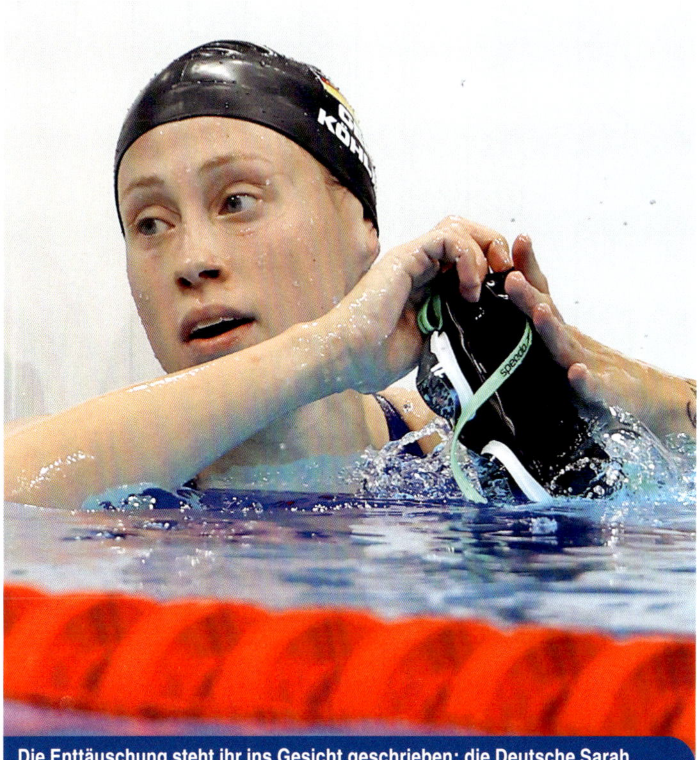

Die Enttäuschung steht ihr ins Gesicht geschrieben: die Deutsche Sarah Köhler direkt nach dem siebten Platz über 800 Meter Freistil.

100 METER SCHMETTERLING (MÄNNER)

1	Caeleb Dressel	USA	49,45 Sekunden
2	Kristof Milak	HUN	+ 0,23 Sekunden
3	Noe Ponti	SUI	+ 1,29

Marius Kusch im Vorlauf ausgeschieden

200 METER RÜCKEN (FRAUEN)

1	Kaylee McKeown	AUS	2:04,68 Minuten
2	Kylie Masse	CAN	+ 0,74 Sekunden
3	Emily Seebohm	AUS	+ 1,49

800 METER FREISTIL (FRAUEN)

1	Kathleen Ledecky	USA	8:12,57 Minuten
2	Ariarne Titmus	AUS	+ 1,26 Sekunden
3	Simona Quadarella	ITA	+ 5,78

7. Sarah Köhler 8:24,56

4 x 100 METER LAGEN (MIXED)

1	Großbritannien	GBR	3:37,58 Minuten
2	China	CHN	+ 1,28 Sekunden
3	Australien	AUS	+ 1,37

Deutschland im Vorlauf ausgeschieden

TENNIS

Die an eins gesetzte Australierin Ashleigh Barty ausgeschieden gleich in Runde eins gegen die spanische Außenseiterin Sara Sorribes Tormo. Japans Sportidol Naomi Osaka, Zweite der Setzliste, ausgeschieden in Runde drei gegen die junge Tschechin Marketa Vondrousova. Die beiden Topfavoritinnen waren im Ariake Tennispark bereits vorzeitig auf der Strecke geblieben. Mit Aryna Sabalenka (Weißrussland), Iga Swiatek (Polen), Karolina Pliskova und Petra Kvitova (beide Tschechien) verabschiedeten sich weitere Anwärterinnen auf Olympiagold früh. Serena Williams und Angelique Kerber waren überhaupt nicht dabei. Die schillernde US-Amerikanerin verzichtete wegen der strengen Sicherheitsregularien, die deutsche Nummer eins musste eine Woche vor Beginn der Sommerspiele verletzungsbedingt absagen.

Beim neunten Tennisturnier seit der Wiederaufnahme in olympische Programm 1988 nutzten die Schweizerin Belinda Bencic und Osaka-Bezwingerin Marketa Vondrousova die Gunst der Stunde und zogen mit fünf Siegen ins Endspiel ein. Bencic war immerhin an Position neun gesetzt, Vondrousova hatte nur durch das sogenannte Protected Ranking einen der vier Startplätze erhalten, die einer Nation zustehen. Bei der Nominierung machte sie den 14. Weltranglistenplatz geltend, auf dem sie vor ihrer sechsmonatigen Verletzungspause gestanden hatte.

Im Finale lieferten sich die 24-jährige Bencic und ihre drei Jahre jüngere Gegnerin zweieinhalb Stunden lang einen hochklassigen Schlagabtausch. Erst Mitte des dritten Satzes schlug das Pendel zu Gunsten der Schweizerin aus. Mit 7:5, 2:6, 6:3 gelang ihr der größte Erfolg ihrer Karriere.

Novak Djokovic musste hingegen völlig überraschend ohne Medaille die Heimreise antreten. Einen Tag nach der Halbfinalniederlage gegen Alexander Zverev verlor der Serbe das Spiel um Bronze gegen den Spanier Pablo Carreno Busta 4:6, 7:6 (8:6), 3:6. Die hohe körperliche Belastung im schwül-heißen Tokio mit zwei Einzeln und einem Mixed-Spiel innerhalb von 26 Stunden hinterließ auch beim Dominator der Profitour Spuren. Kurzfristig sagte er das Bronze-Match im gemischten Doppel mit seiner

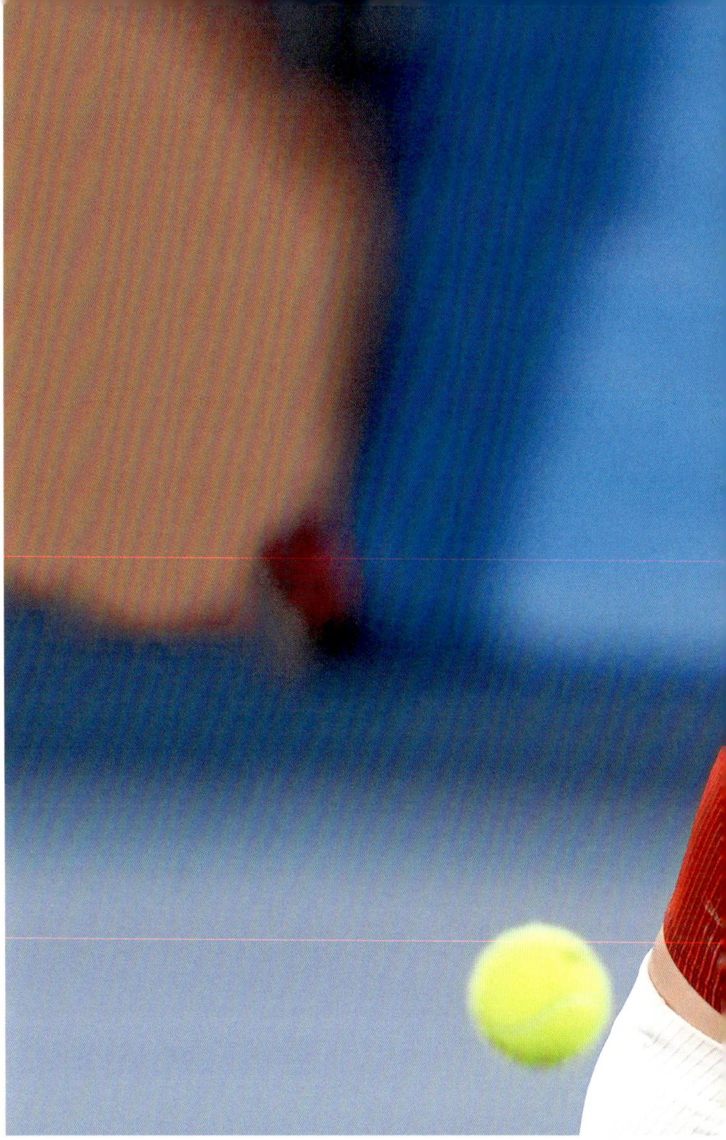

Landsfrau Nina Stojanovic wegen Schulterproblemen ab. Die Medaille ging damit kampflos an die Australier Ashleigh Barty und John Peers.

TENNIS EINZEL (FRAUEN)

1	Belinda Bencic	SUI
2	Marketa Vondrousova	CZE
3	Jelena Switolina	UKR

Beer Anna-Lena Friedsam (Neuwied) in 2. Runde ausgeschieden

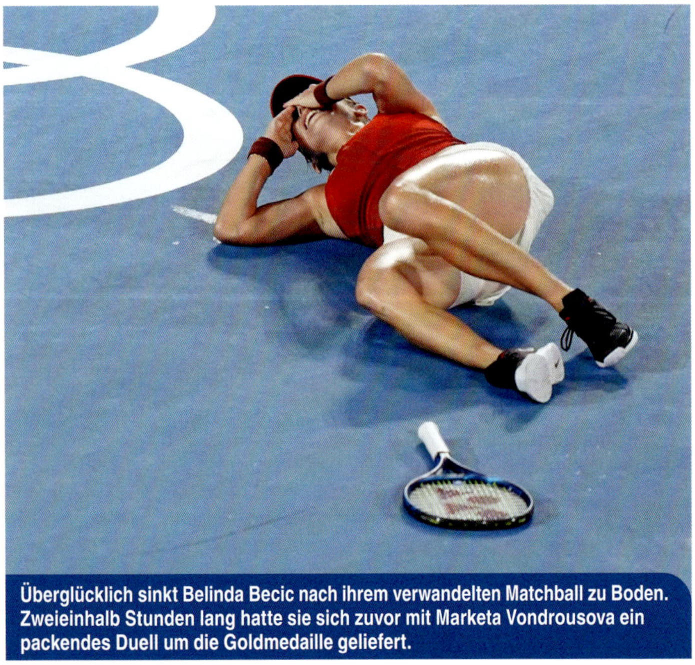

Überglücklich sinkt Belinda Becic nach ihrem verwandelten Matchball zu Boden. Zweieinhalb Stunden lang hatte sie sich zuvor mit Marketa Vondrousova ein packendes Duell um die Goldmedaille geliefert.

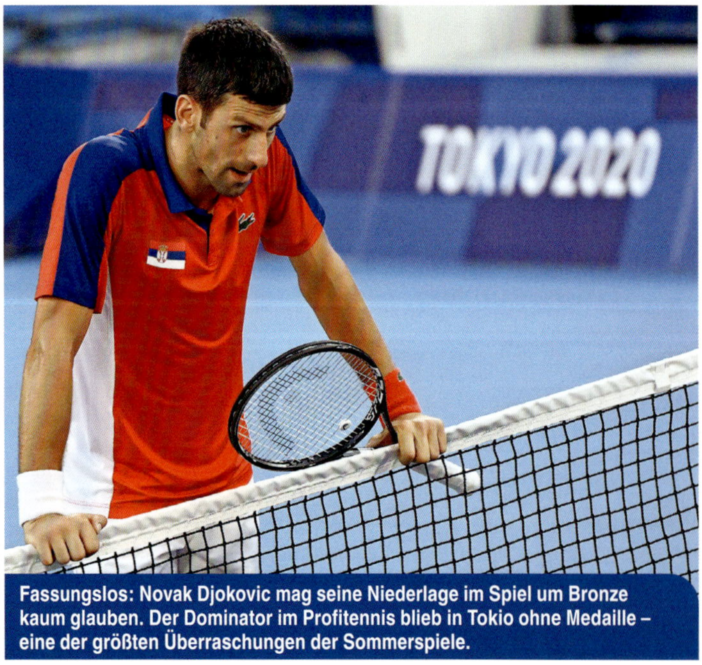

Fassungslos: Novak Djokovic mag seine Niederlage im Spiel um Bronze kaum glauben. Der Dominator im Profitennis blieb in Tokio ohne Medaille – eine der größten Überraschungen der Sommerspiele.

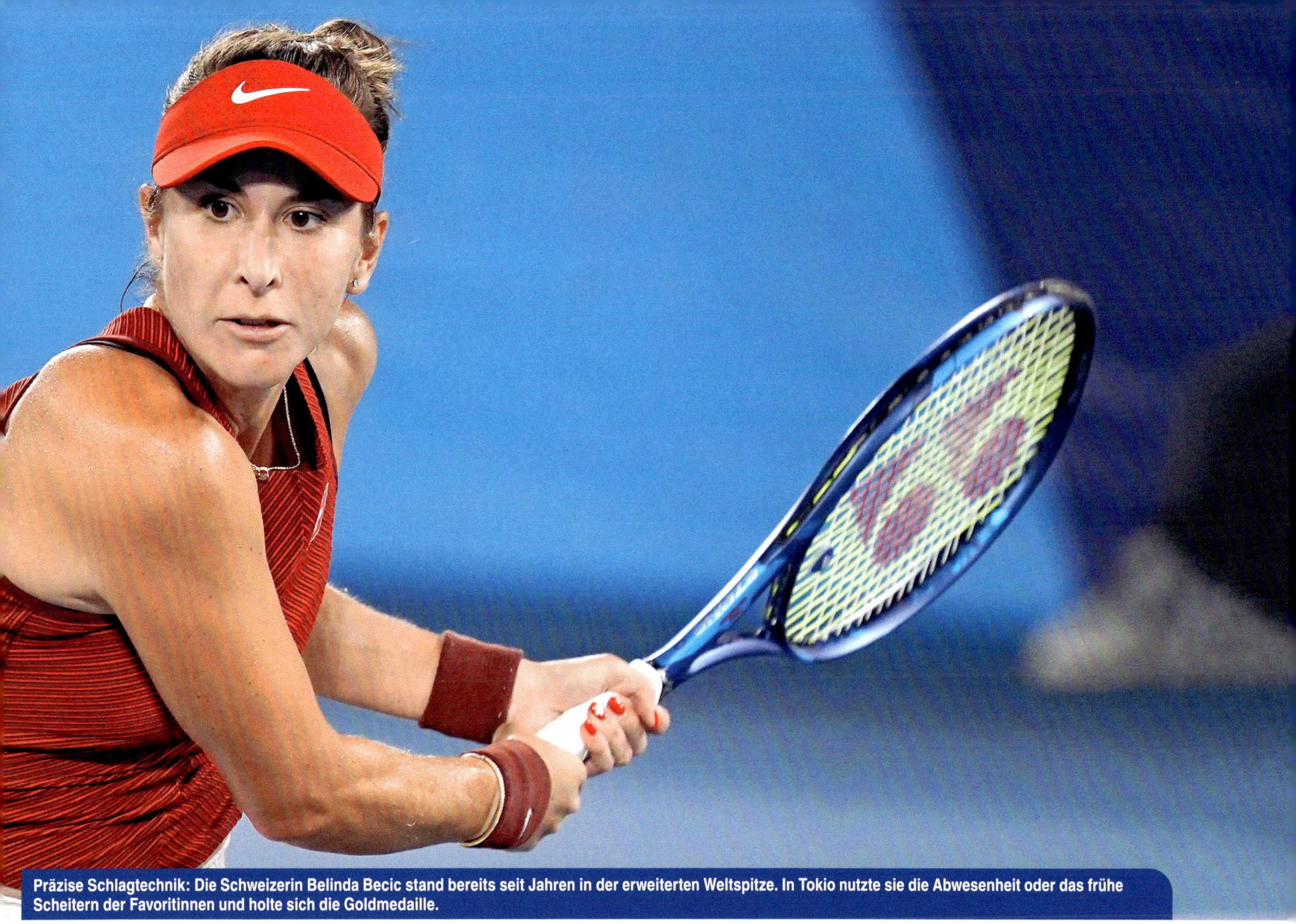

Präzise Schlagtechnik: Die Schweizerin Belinda Becic stand bereits seit Jahren in der erweiterten Weltspitze. In Tokio nutzte sie die Abwesenheit oder das frühe Scheitern der Favoritinnen und holte sich die Goldmedaille.

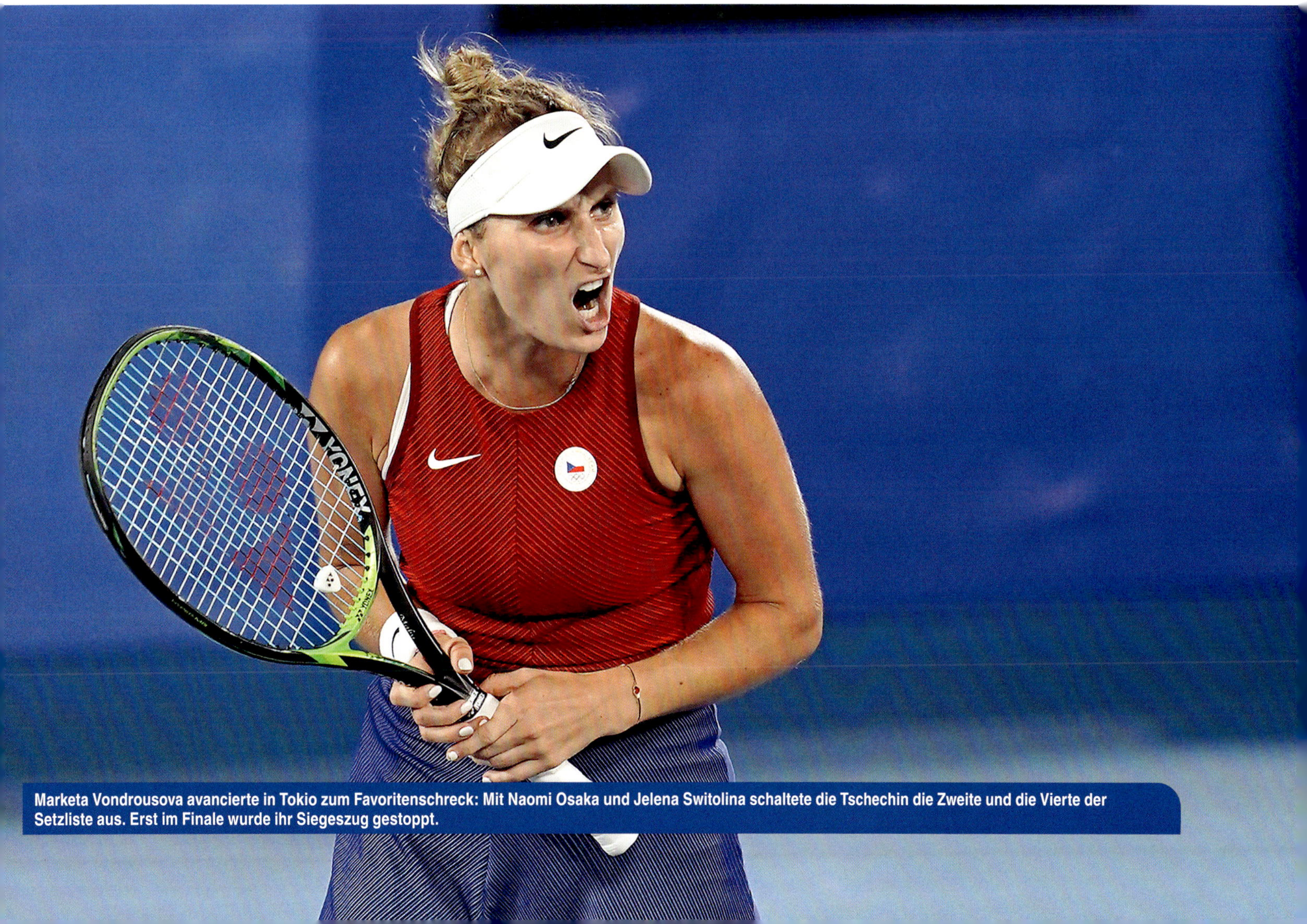

Marketa Vondrousova avancierte in Tokio zum Favoritenschreck: Mit Naomi Osaka und Jelena Switolina schaltete die Tschechin die Zweite und die Vierte der Setzliste aus. Erst im Finale wurde ihr Siegeszug gestoppt.

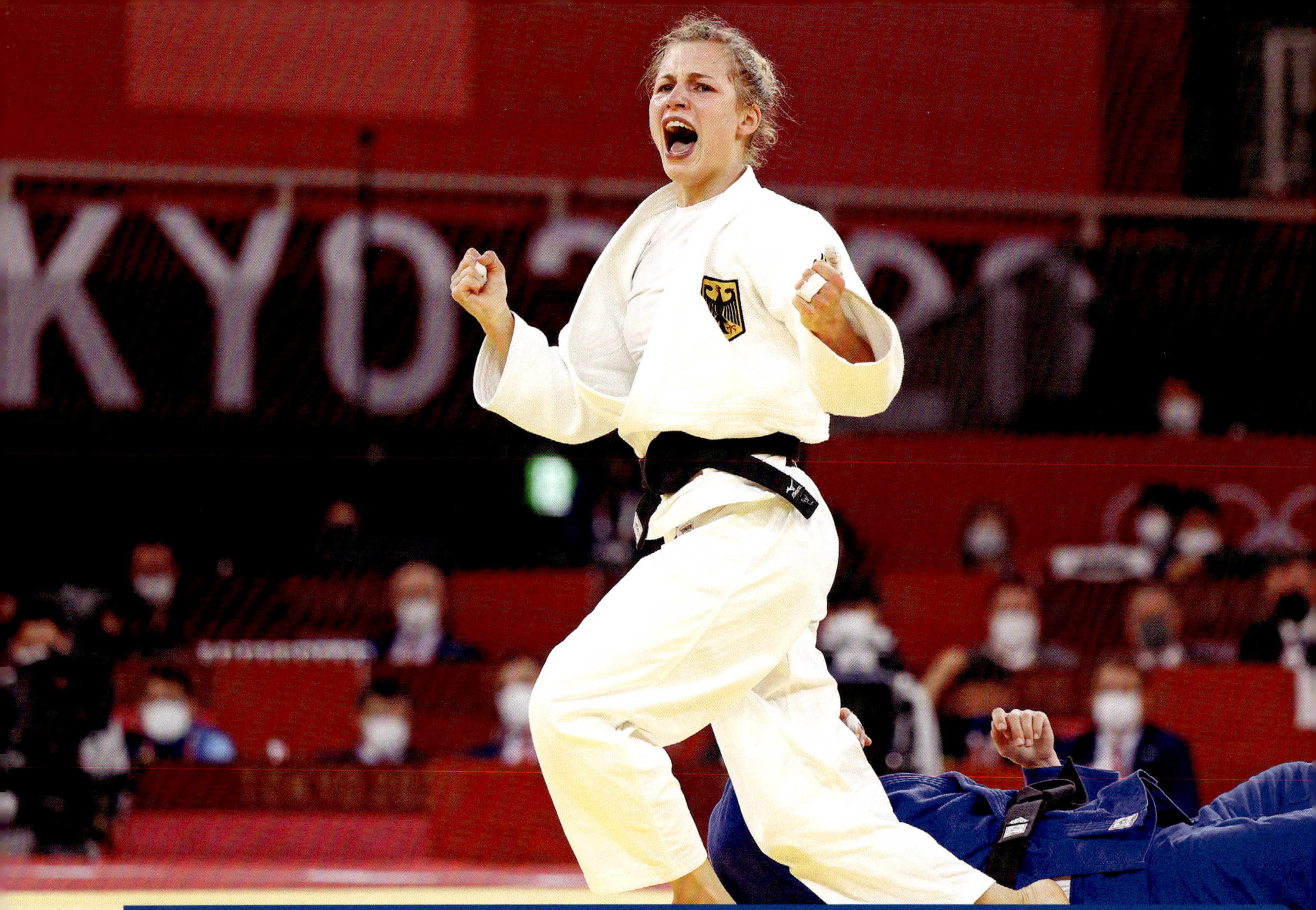

Die Freude muss raus: Theresa Stoll trägt mit ihrem Sieg über Sanne Verhagen entscheidend dazu bei, dass die deutschen Judoka im Mixed-Wettkampf Bronze gewinnen.

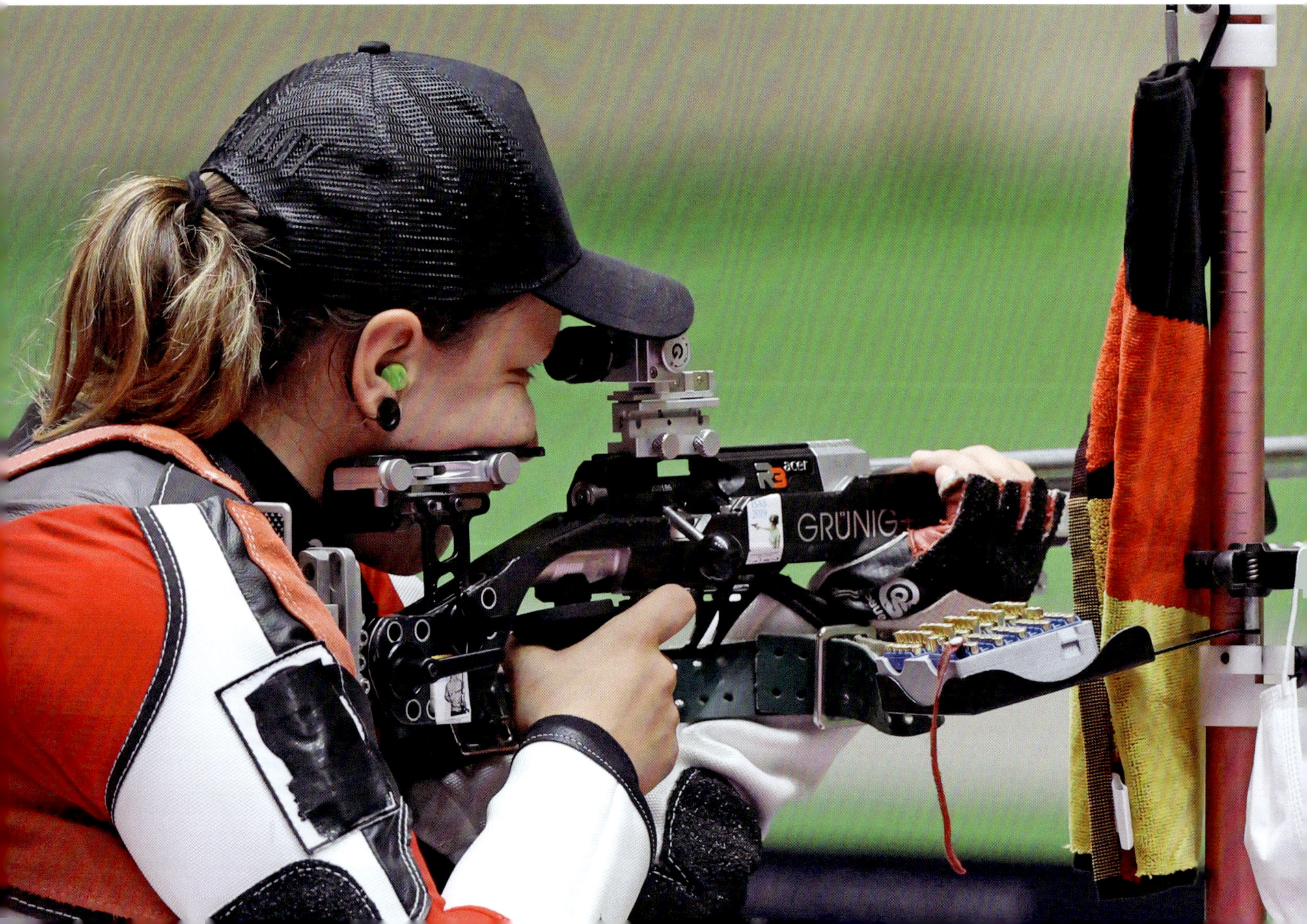

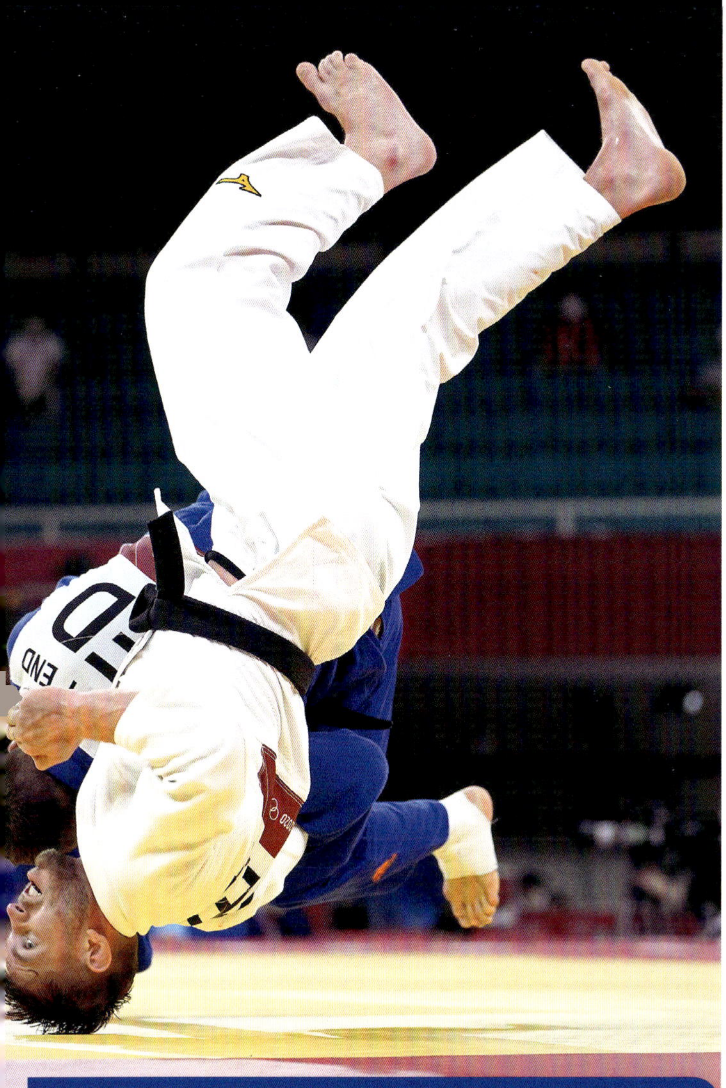

Dominic Ressel (vorne) liefert sich auf der Judomatte ein spektakuläres Duell mit dem Niederländer Noel van t'End und siegt am Ende knapp.

WEITERE ENTSCHEIDUNGEN

Erstmals in der Geschichte der Olympischen Spiele fand in Tokio ein Mannschaftswettkampf im Judo statt. Das deutsche Mixedteam ergriff die Chance, die Medaillenbilanz aufzuhübschen. Nach der 2:4-Viertelfinalniederlage gegen den späteren Finalisten Japan erkämpfte sich das deutsche Sextett in der Hoffnungsrunde mit einem 4:2 gegen die Mongolei das Duell um Bronze gegen die Niederlande. Diesen Entscheidungskampf wollte sich auch Anna-Maria Wagner trotz ärztlicher Bedenken nicht entgehen lassen. Die Ravensburgerin hatte sich im Einzel auf dem Weg zu Bronze eine Armverletzung zugezogen und auf die ersten drei Runden des Mixedwettbewerbes deshalb verzichtet. Das Kalkül ging auf: Wagner gewann ihr Duell gegen Sanne Verhagen, die weiteren Punkte zum 4:2-Sieg des deutschen Teams holten Dominic Ressel, Theresa Stoll und Sebastian Seidl. Neben Wagner war auch Eduard Trippel lädiert in den Mixedwettbewerb gegangen, biss aber auf die Zähne. Diese bemerkenswerte Opferbereitschaft brachte dem deutschen Judo-Verband die vierte Medaille in Tokio ein. Zuvor hatten neben Wagner auch Trippel (Silber) und Ressel (Bronze) Edelmetall im Einzel gewonnen.
Im Kleinkaliber-Dreistellungskampf sah es zunächst so aus, als könnte Jolyn Beer den deutschen Sportschützen die erste Medaille bei diesen Spielen bescheren. Sie steuerte nach den ersten beiden Durchgängen im Kniendanschlag sogar auf Goldkurs, konnte ihr Niveau aber nicht halten und fiel im Liegendanschlag auf Rang sechs zurück.

TAG 8

JUDO (MIXEDTEAM)

1	Frankreich		FRA
2	Japan		JPN
3	Deutschland		GER
3	Israel		ISR

SCHIESSEN KLEINKALIBER-DREISTELLUNGSKAMPF (FRAUEN)

1	Nina Christen		SUI	463,9 Punkte
2	Julia Sykowa		ROC	461,9
3	Julia Karimowa		ROC	450,3

6. Jolyn Beer

SCHIESSEN TRAP (MIXEDTEAM)

1	Fatima Galvez/Alberto Fernandez		ESP
2	Alessandra Perilli/Gian Marco Berti		SMR
3	Madelynn Bernau/Brian Burrows		USA

BOGENSCHIESSEN EINZEL (MÄNNER)

1	Mete Gazoz		TUR
2	Mauro Nespoli		ITA
3	Takaharu Furukawa		JPN

5. Florian Unruh

TRIATHLON (MIXEDSTAFFEL)

1	Großbritannien		GBR	1:23:41 Stunden
2	USA		USA	+ 0:14 Minuten
3	Frankreich		FRA	+ 0:23

6. Deutschland + 0:59

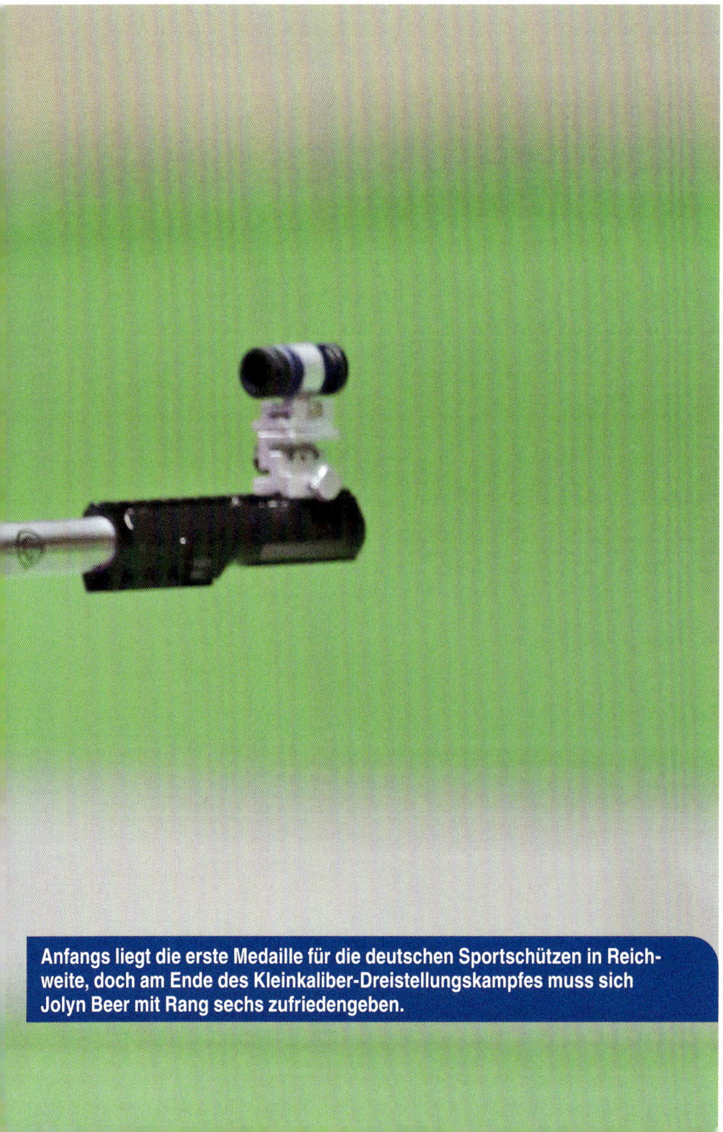

Anfangs liegt die erste Medaille für die deutschen Sportschützen in Reichweite, doch am Ende des Kleinkaliber-Dreistellungskampfes muss sich Jolyn Beer mit Rang sechs zufriedengeben.

Die deutschen Hockey-Frauen verpassten es, eine glänzende Vorrunde mit dem fünften Sieg in Folge abzuschließen. Gegen Weltmeister und Topfavorit Niederlande kassierten sie eine 1:3 (1:2)-Niederlage und mussten Rang eins an die Niederländerinnen abtreten. Zum Verhängnis wurde dem Team des belgischen Trainers Xavier Reckinger eine verschlafene Anfangsphase. Nach zwölf Minuten führte der furios startende Favorit durch Treffer von Frederique Matla und Lidewij Welten bereits mit 2:0. Sonja Zimmermann verkürzte nach einer Strafecke noch vor der Pause auf 1:2 (23. Minute). Im zweiten Durchgang drängten die DHB-Frauen auf den Ausgleich, mussten im letzten Viertel jedoch den entscheidenden Gegentreffer durch Matla (56.) hinnehmen.
Im olympischen Fußballturnier erreichte Gastgeber Japan durch ein 4:2 nach Elfmeterschießen gegen Neuseeland das Halbfinale gegen Spanien, das die Elfenbeinküste mit 5:2 nach Verlängerung bezwang. Für das zweite Halbfinale qualifizierten sich die Mannschaften aus Brasilien (1:0 gegen Ägypten) und Mexiko (6:3 gegen Südkorea).

BADMINTON DOPPEL (MÄNNER)

1	Lee Yang/Wang Chin-Lin	CHN
2	Li Jun Hui/Liu Yu Chen	CHN
3	Aaron Chia/Wooi Yik Soh	MAS

Mark Lamsfuß/Marvin Seidel in Gruppenphase ausgeschieden

TURNEN TRAMPOLIN (MÄNNER)

1	Iwan Litwinowitsch	BLR	61,725 Punkte
2	Dong Dong	CHN	61,235
3	Dylan Schmidt	NZL	60,675

WINDSURFEN (MÄNNER)

1	Kiran Badloe	NED	37 Punkte
2	Thomas Goyard	FRA	74
3	Bi Kun	CHN	75

WINDSURFEN (FRAUEN)

1	Lu Yunxiu	CHN	36 Punkte
2	Charline Picon	FRA	38
3	Emma Wilson	GBR	38

FECHTEN SÄBEL MANNSCHAFT (FRAUEN)

1	ROC	ROC
2	Frankreich	FRA
3	Südkorea	KOR

GEWICHTHEBEN BIS 96 KG (MÄNNER)

1	Fares Elbakh	QAT	402 Kilogramm
2	Keydomar Vallenilla	VEN	387
3	Anton Pliesnoi	GEO	387

GEWICHTHEBEN BIS 81 KG (MÄNNER)

1	Lyu Xiaojun	CHN	374 Kilogramm
2	Zacarias Bonnat Michel	DOM	367
3	Antonio Pizzolato	ITA	365

7. Nico Müller 354

RUGBY 7ER (FRAUEN)

1	Neuseeland	NZL
2	Frankreich	FRA
3	Fidschi	FIJ

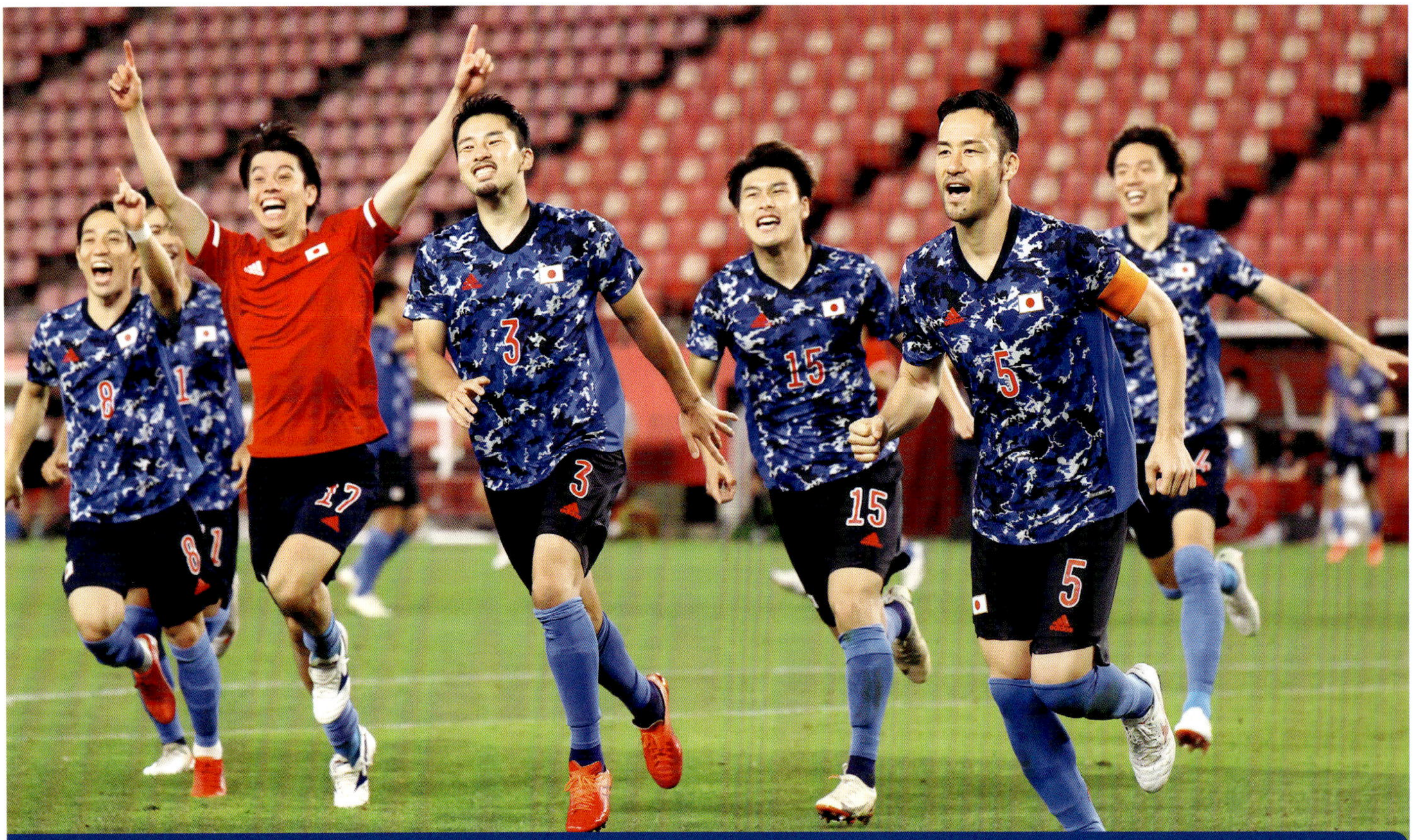

Riesengroß ist die Freude bei Gastgeber Japan nach dem Erreichen des Halbfinales im olympischen Fußballturnier.

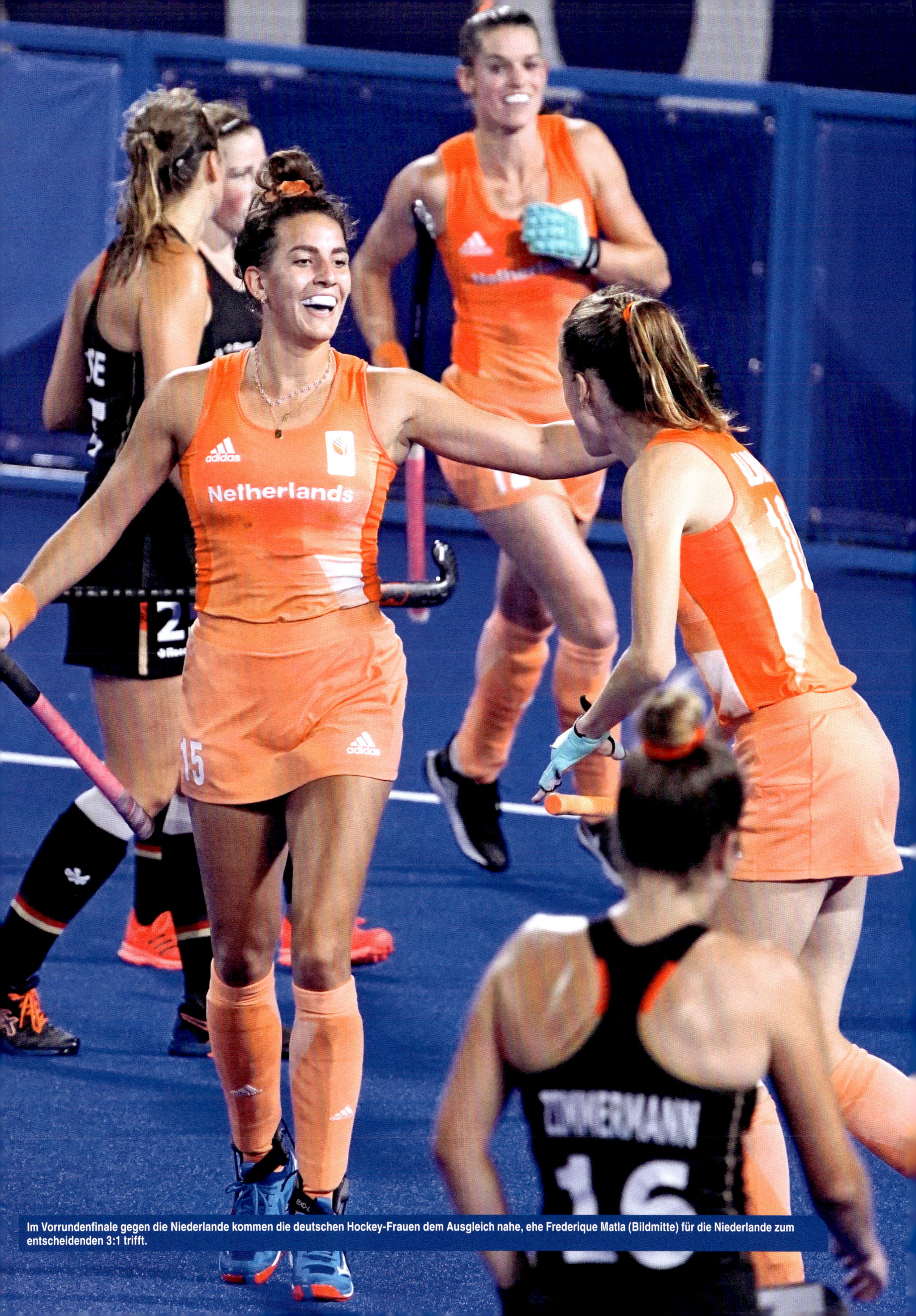

Im Vorrundenfinale gegen die Niederlande kommen die deutschen Hockey-Frauen dem Ausgleich nahe, ehe Frederique Matla (Bildmitte) für die Niederlande zum entscheidenden 3:1 trifft.

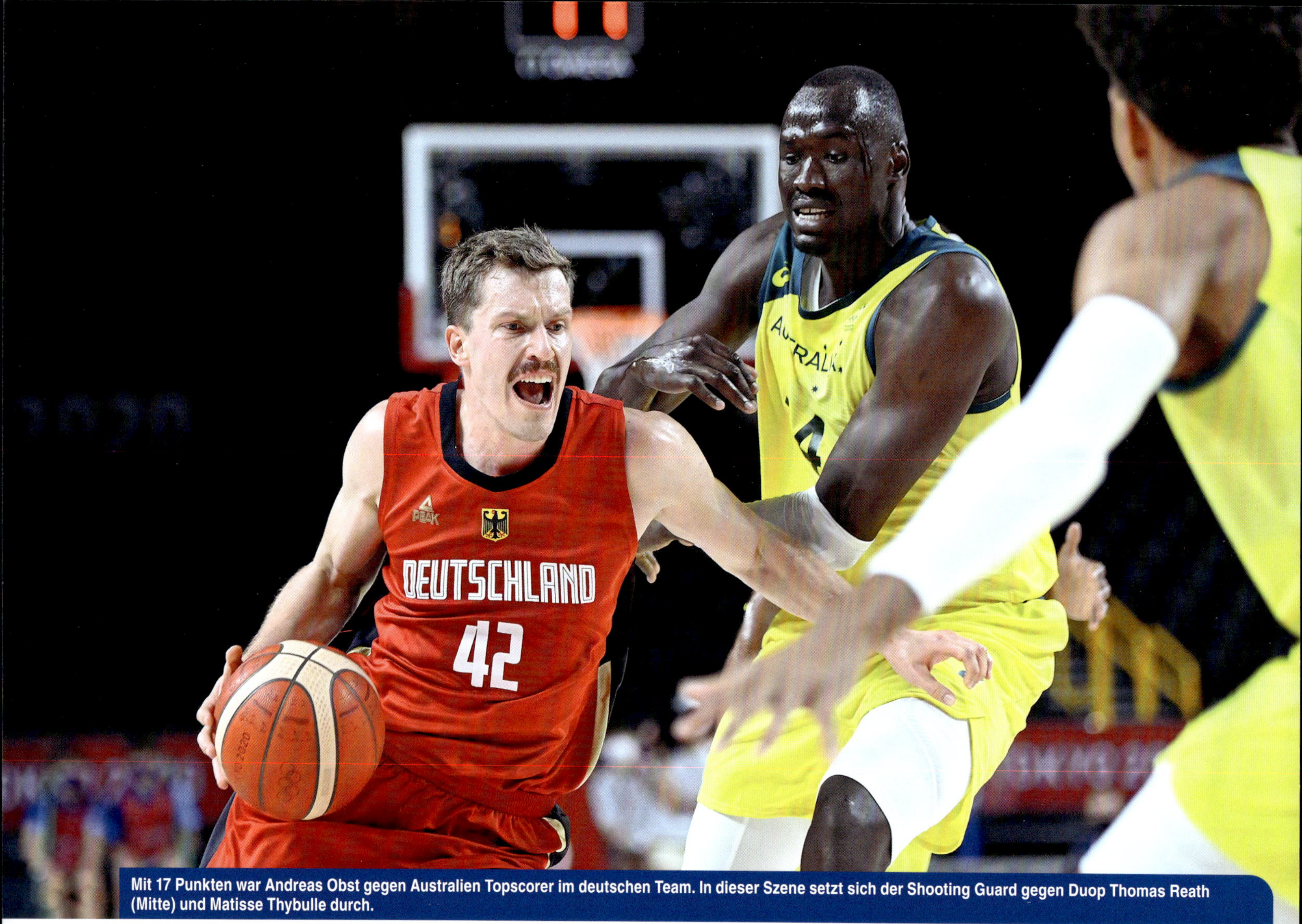

Mit 17 Punkten war Andreas Obst gegen Australien Topscorer im deutschen Team. In dieser Szene setzt sich der Shooting Guard gegen Duop Thomas Reath (Mitte) und Matisse Thybulle durch.

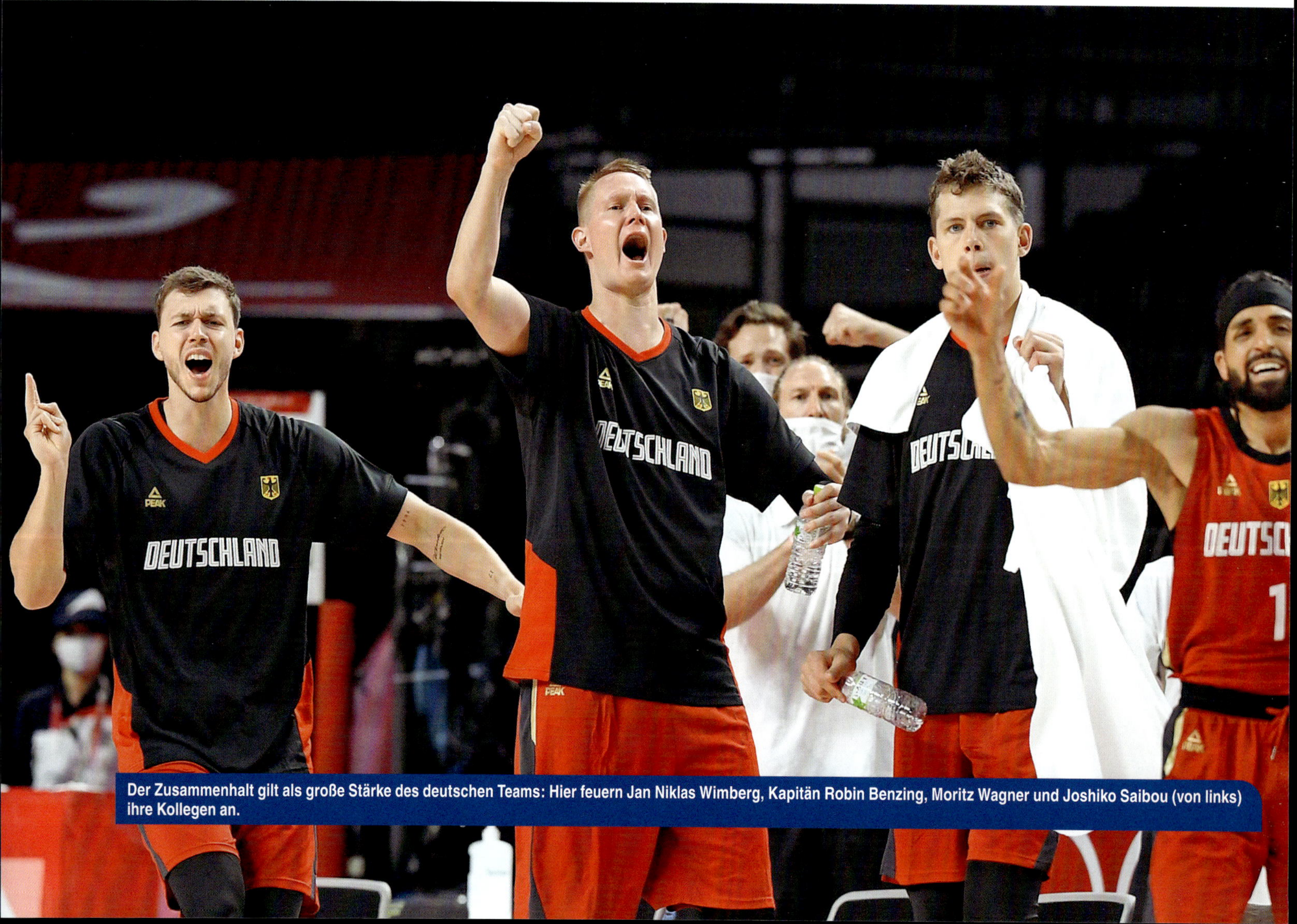

Der Zusammenhalt gilt als große Stärke des deutschen Teams: Hier feuern Jan Niklas Wimberg, Kapitän Robin Benzing, Moritz Wagner und Joshiko Saibou (von links) ihre Kollegen an.

BASKETBALL

Trotz der zweiten Niederlage im dritten Vorrundenspiel, einem 76:89 (40:44) gegen Australien, haben sich die deutschen Basketballer fürs Viertelfinale qualifiziert – erstmals wieder seit 1992 in Barcelona. Die Mannen von Bundestrainer Henrik Rödl, 29 Jahre zuvor als Spieler dabei, profitierten vom neuen Modus. Neben den Ersten und Zweiten der drei Vorrundengruppen komplettierten die zwei besten Dritten die Runde der letzten acht. Die Viertelfinalpaarungen wurden ausgelost.

Nach der Schlusssirene gegen Australien mussten die Deutschen noch auf Schützenhilfe hoffen. Erst dreieinhalb Stunden später, nach dem 119:84-Kantersieg der USA in Gruppe A gegen Tschechien, stand das Weiterkommen fest. Die Tschechen wiesen bei ebenfalls 1:2 Siegen die schlechtere Korbdifferenz auf. Bundestrainer Rödl zog trotz der negativen Bilanz ein zufriedenes Vorrundenfazit. »Es ist eine ganz besondere Sache, mit dieser Mannschaft so weit zu kommen. Man weiß ja, wie viele Leute hier fehlen«, sagte der 52-Jährige. Die Abwesenheit der NBA-Profis Dennis Schröder, Daniel Theis, Maximilian Kleber und Isaiah Hartenstein sowie des erkrankten Stammspielers Paul Zipser (Bayern München) machten seine Schützlinge vor allem durch Teamgeist wett: »Sie halten extrem zusammen, wie ich das selten zuvor bei einer Mannschaft erlebt habe.«

Gegen die Australier lag bis Mitte des dritten Viertels (55:55) eine Überraschung im Bereich des Möglichen. Dann habe man »vorne und hinten das Konzept verloren«, haderte Power Forward Danilo Barthel. Die Ballverluste und Fehlwürfe häuften sich, der Gruppenprimus und Medaillenkandidat zog Punkt um Punkt davon.

Australien – Deutschland 89:76 (44:40)
Deutschland: Obst (17 Punkte), Thiemann (11), Giffey (11), Voigtmann (7), Saibou (7), Wagner (6), Barthel (6), Lo (6), Bonga (5), Benzing, Wank, Wimberg.

BASKETBALL (MÄNNER)

Vorrunde, Gruppe A			
Iran – Frankreich 62:79 (27:46)			
USA – Tschechien 119:84 (47:43)			
1.	Frankreich	259:215	3:0 Siege
2.	USA	315:233	2:1
3.	Tschechien	245:294	1:2
4.	Iran	206:283	0:3
Vorrunde, Gruppe B			
Italien – Nigeria 80:71 (40:39)			
Australien – Deutschland 89:76 (44:40)			
1.	Australien	259:226	3:0 Siege
2.	Italien	255:239	2:1
3.	Deutschland	257:273	1:2
4.	Nigeria	230:263	0:3
Vorrunde, Gruppe C			
Argentinien – Japan 97:77 (46:38)			
Spanien – Slowenien 87:95 (44:41)			
1.	Slowenien	329:268	3:0 Siege
2.	Spanien	256:243	2:1
3.	Argentinien	268:276	1:2
4.	Japan	235:301	0:3

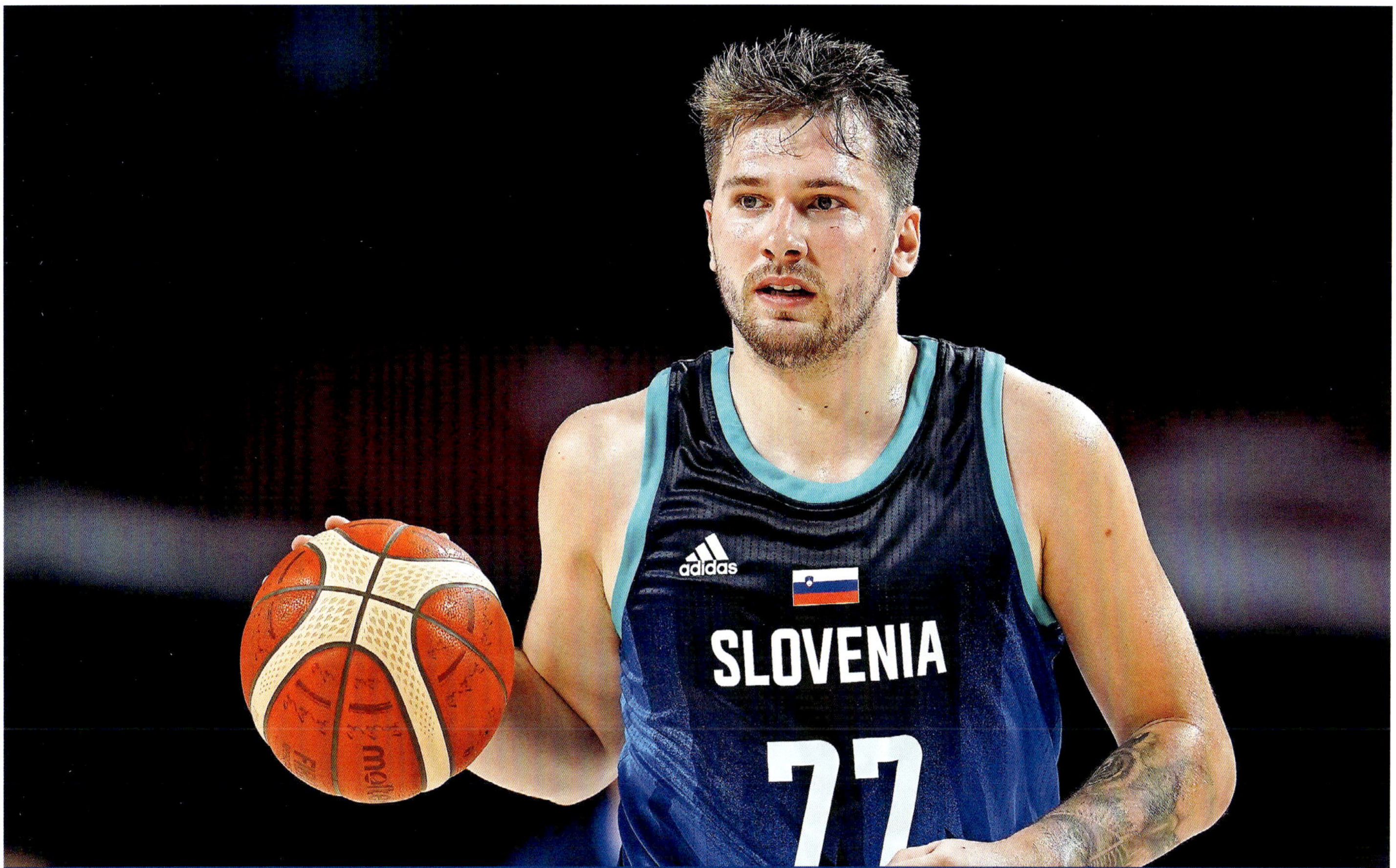

Der slowenische NBA-Star Luka Doncic (Dallas) war der herausragende Spieler der Vorrunde. Mit durchschnittlich 28,3 Punkten pro Partie führte er den Europameister zu drei Siegen. Bei seinem Olympiadebüt gegen Argentinien gelangen ihm sogar 48 Zähler.

SPORTSTÄTTEN

TOKIO 2021

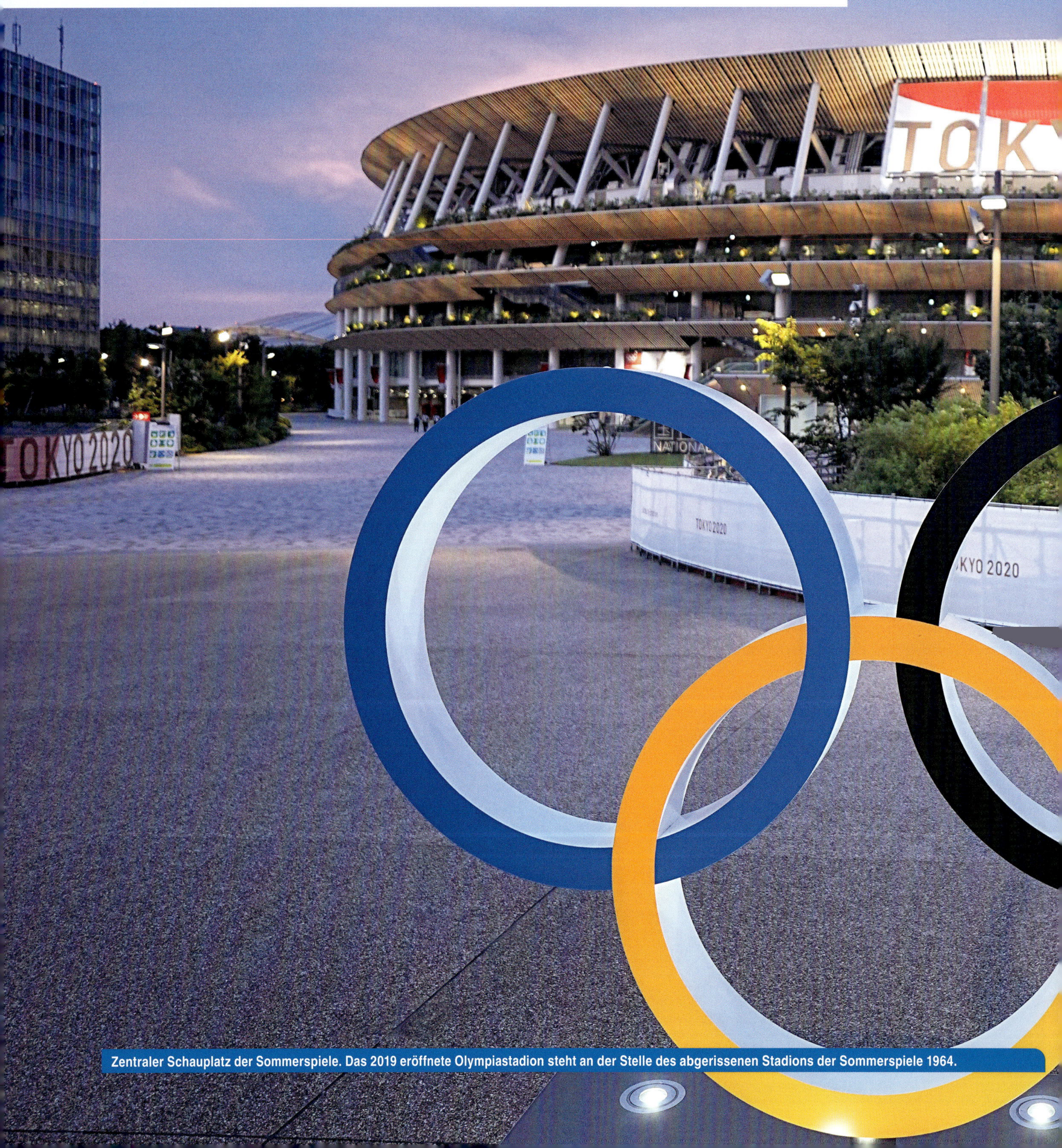

Zentraler Schauplatz der Sommerspiele. Das 2019 eröffnete Olympiastadion steht an der Stelle des abgerissenen Stadions der Sommerspiele 1964.

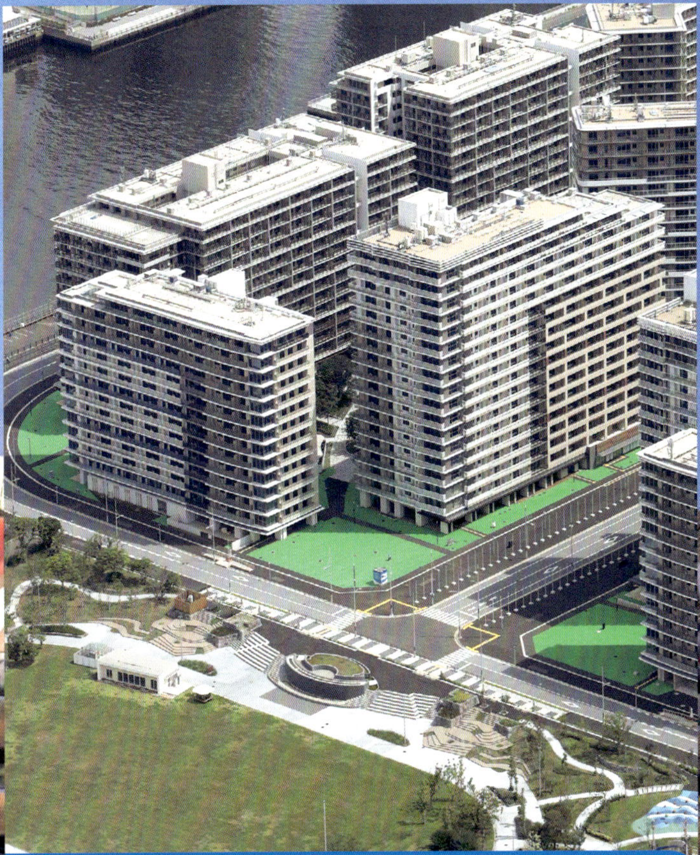

Das Olympische Dorf in der Bucht von Tokio: Es bot auf 44 Hektar in 21 Gebäuden Platz für rund 18 000 Sportler und Offizielle.

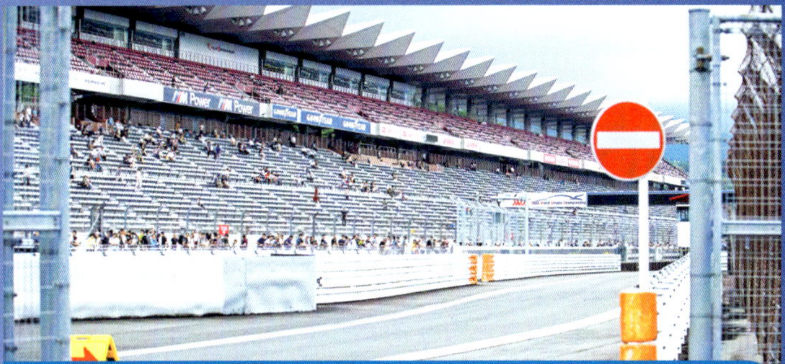

Der Fuji International Speedway 100 Kilometer westlich von Tokio war 1976, 1977, 2007 und 2008 Formel-1-Austragungsort. Hier war der Zielbereich im Straßenradsport.

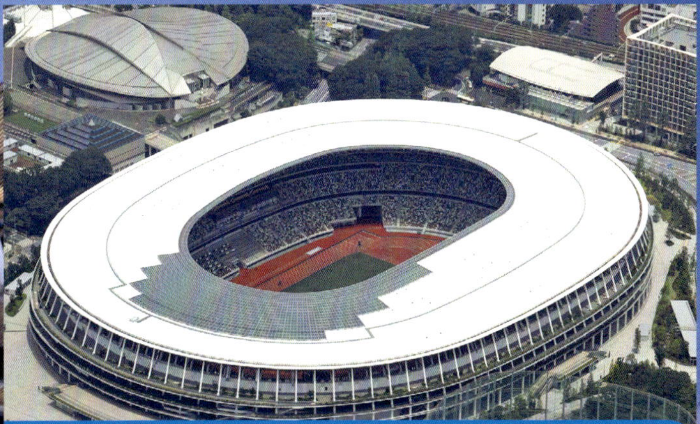

Das Olympiastadion aus der Vogelperspektive. Im Hintergrund das Tokyo Metropolitan Gymnasium, der Austragungsort der Tischtenniswettbewerbe.

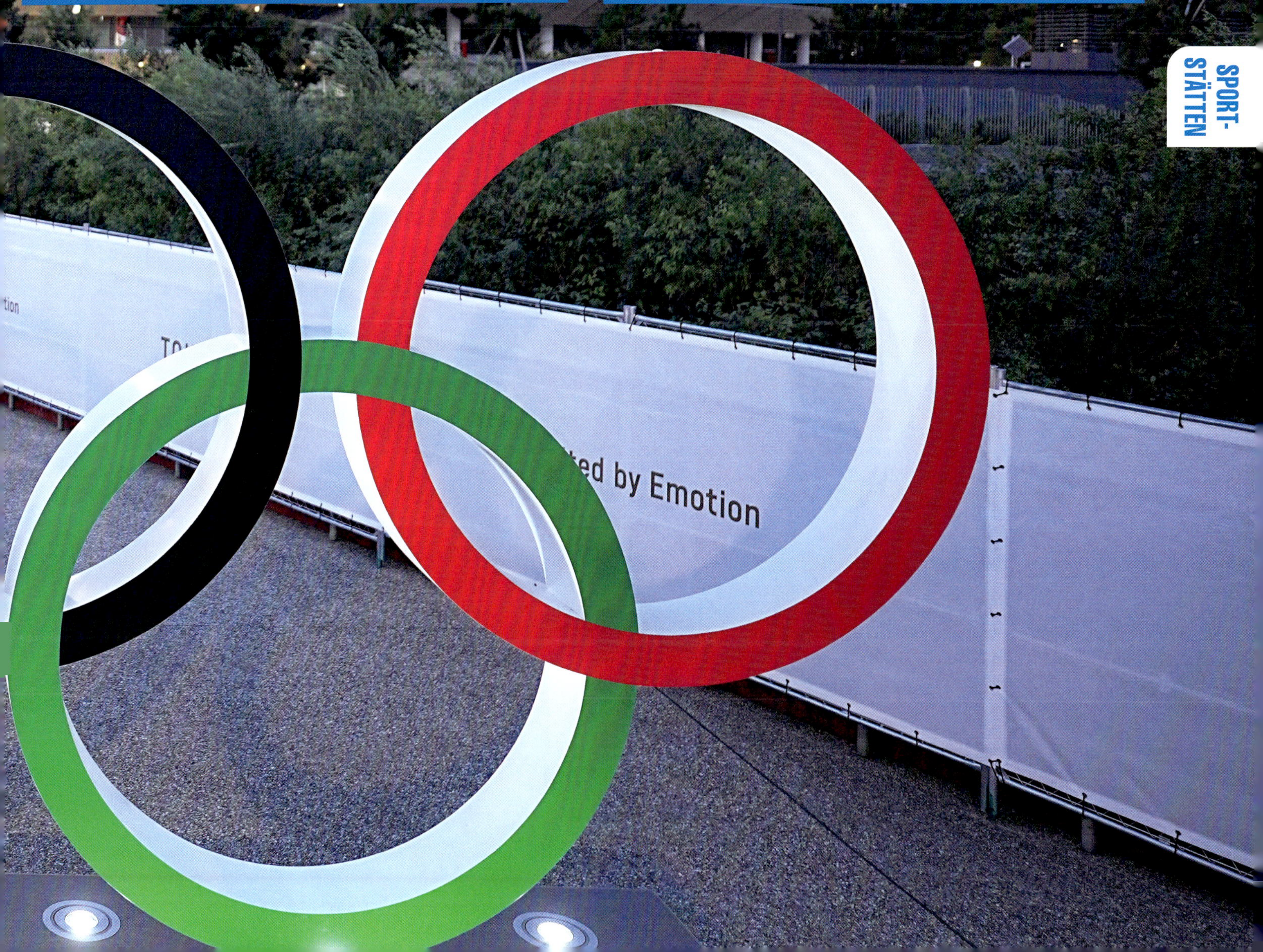

DIE SPORTSTÄTTEN

Die Olympischen Sommerspiele fanden nicht allein in Japans Hauptstadt Tokio statt. Knapp 1000 Kilometer Luftlinie trennten den nördlichsten Austragungsort Sapporo (Marathon, Gehen, Fußball) und den südlichsten, die Halbinsel Izu (Bahnradsport, Mountainbike). Die meisten Wettbewerbe wurden natürlich in der Millionenstadt und der Metropolregion Tokio ausgetragen. Zentren waren die sogenannte Heritage Zone mit dem Olympiastadion und den Hallen u.a. für Tischtennis und Handball sowie die Tokio Bay Zone mit den Wettkampfstätten u.a. für Schwimmen, Tennis und Turnen.
Das umgerechnet 1,2 Milliarden teure Olympiastadion entstand an der gleichen Stelle des 2014 abgerissenen alten Olympiastadions der Sommerspiele 1964. Hier fanden neben der Eröffnungs- und Schlussfeier die Leichtathletikwettbewerbe und das Fußballfinale der Frauen statt.

OLYMPIASTADION
Eröffnungs- und Schlussfeier
Sportarten: Leichtathletik, Fußball
Kapazität: 68 000
Eröffnung: 2019

TOKYO METROPOLITAN GYMNASIUM
Sportart: Tischtennis
Kapazität: 7000
Eröffnung: 1954
(Renovierung 1990)

YOYOGI NATIONALSTADION
Sportart: Handball
Kapazität: 10 200
Eröffnung: 1964

REITANLAGE
Sportart: Reiten
Kapazität: 9300
Eröffnung: 2019

ARIAKE TURNZENTRUM
Sportart: Turnen
Kapazität: 12 000
Eröffnung: 2019

ARIAKE TENNISPARK
Sportart: Tennis
Kapazität: 19 900
Eröffnung: 1987
(Renovierung 2019)

SEA FOREST WATERWAY
Sportarten: Kanu, Rudern
Kapazität: 12 800 bis 16 000
Eröffnung: 2019

TOKYO AQUATICS CENTRE
Sportart: Schwimmen
Kapazität: 15 000
Eröffnung: 2020

SAITAMA SUPER ARENA
Sportart: Basketball
Kapazität: 21 000
Eröffnung: 2020

FUJI INTERNATIONAL SPEEDWAY
Sportart: Straßenradsport
Kapazität: 22 000
Eröffnung: 1965 (Umbau 2005)

IZU VELODROM
Sportart: Bahnradsport
Kapazität: 3600
Eröffnung: 2011

Sportstätten der Olympischen Spiele 2021 in Tokio

Eine Auswahl wichtiger Orte und Veranstaltungen

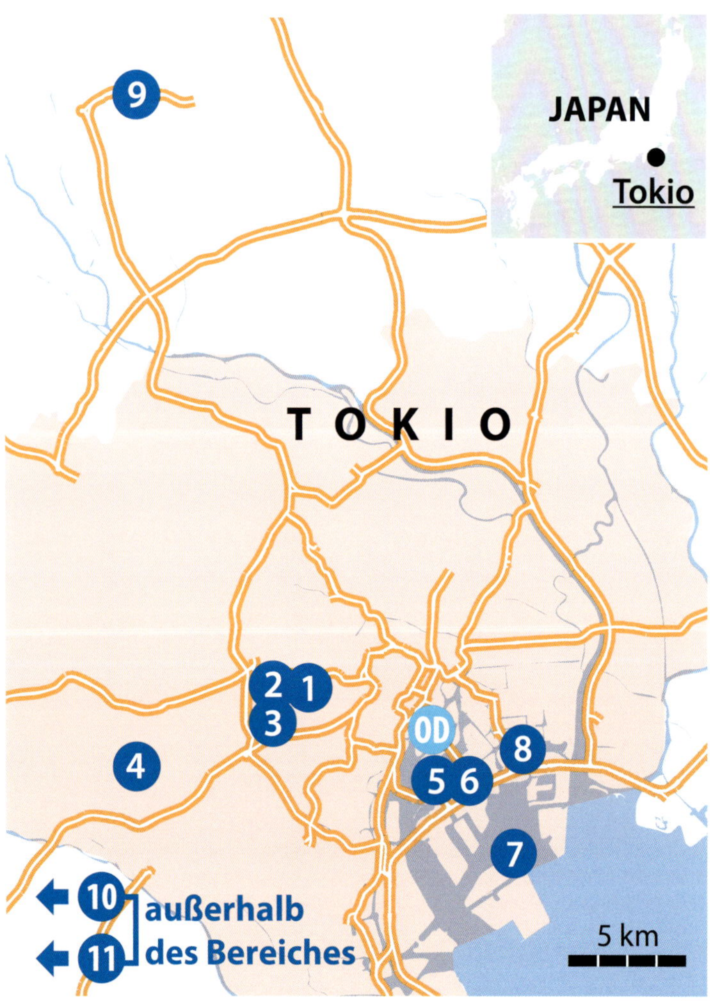

OD Olympisches Dorf

1 **Olympiastadion**
Eröffnungsfeier, Leichtathletik, Fußball

2 **Tokyo Metropolitan Gymnasium**
Tischtennis

3 **Yoyogi Nationalstadion**
Handball

4 **Reitanlage**
Reitsport

5 **Ariake Turnzentrum**
Turnen

6 **Ariake Tennispark**
Tennis

7 **Sea Forest Waterway**
Kanurennsport, Rudern

8 **Tokyo Aquatics Centre**
Schwimmen

9 **Saitama Super Arena**
Basketball

10 **Fuji International Speedway**
Straßenradsport

11 **Izu Velodrom**
Bahnradsport

WEITERE SPORTSTÄTTEN

TOKYO STADIUM
Sportarten: Fußball, Moderner Fünfkampf, Rugby
Kapazität: 48 000
Eröffnung: 2001

NIPPON BUDOKAN
Sportarten: Judo, Karate
Kapazität: 10 200
Eröffnung: 1964

TOKYO INTERNATIONAL FORUM
Sportart: Gewichtheben
Kapazität: 5000
Eröffnung: 1996

KOKUGIKAN ARENA
Sportart: Boxen
Kapazität: 7300
Eröffnung: 1985

ARIAKE ARENA
Sportart: Volleyball
Kapazität: 15 000
Eröffnung: 2020

ARIAKE URBAN SPORTS PARK
Sportarten: Radsport, Skateboard
Kapazität: 5000 bis 7000
Eröffnung: 2021

MUSASHINO FOREST SPORT PLAZA
Sportarten: Badminton, Moderner Fünfkampf, Fechten
Kapazität: 7200
Eröffnung: 2017

ODAIBA MARINE PARK
Sportarten: Schwimmen, Triathlon
Kapazität: 5500
Eröffnung: 1975

SHIOKAZE PARK
Sportart: Beachvolleyball
Kapazität: 12 000
Eröffnung: 1974 (Renovierung 1996)

AOMI URBAN SPORTS PARK
Sportarten: Basketball (3x3), Klettern
Kapazität: 7100 bis 8400
Eröffnung: 2021

OI HOCKEY STADIUM
Sportart: Hockey
Kapazität: 15 000
Eröffnung: 2019

SEA FOREST CROSS-COUNTRY COURSE
Sportart: Reiten
Kapazität: 16 000
Eröffnung: 2019

KASAI KANU SLALOM CENTRE
Sportart: Kanu
Kapazität: 7500
Eröffnung: 2019

YUMENOSHIMA PARK ARCHERY FIELD
Sportart: Bogenschießen
Kapazität: 5600
Eröffnung: 1987

ATSUMI WATER POLO CENTRE
Sportart: Wasserball
Kapazität: 4700
Eröffnung: 1993

MAKUHARI MESSEHALLE
Sportarten: Fechten, Taekwondo, Ringen
Kapazität: 8000 bis 10 000
Eröffnung: 1989 (Ausbau 1997)

ASAKA SHOOTING RANGE
Sportart: Schießen
Kapazität: 3200
Eröffnung: 1964

IZU MTB COURSE
Sportart: Mountainbike
Kapazität: 11 500
Eröffnung: 2010

KASUMIGASEKI COUNTRY CLUB
Sportart: Golf
Kapazität: 25 000
Eröffnung: 1929

ENOSHIMA YACHT HARBOUR
Sportart: Segeln
Kapazität: 3600
Eröffnung: 1964

YOKOHAMA BASEBALL STADIUM
Sportarten: Baseball, Softball
Kapazität: 35 000
Eröffnung: 1978 (Renovierung 2007)

FUKUSHIMA AZUMA BASEBALL STADIUM
Sportarten: Baseball, Softball
Kapazität: 14 300
Eröffnung: 1986

TSURIGASAKI SURFING BEACH
Sportart: Surfen
Kapazität: 6000
Eröffnung: 2020

SAPPORO ODORI PARK
Sportarten: Marathon, Gehen
Kapazität: -
Eröffnung: 1871

SAITAMA STADIUM
Sportart: Fußball
Kapazität: 64 000
Eröffnung: 2001

INTERNATIONAL STADIUM YOKOHAMA
Sportart: Fußball
Kapazität: 72 000
Eröffnung: 1. März 1998

SAPPORO DOME
Sportart: Fußball
Kapazität: 41 000
Eröffnung: 2001

MIYAGI STADIUM
Sportart: Fußball
Kapazität: 49 000
Eröffnung: 2000

IBARAKI KASHIMA STADIUM
Sportart: Fußball
Kapazität: 40 000
Eröffnung: 1993 (Ausbau 2001)

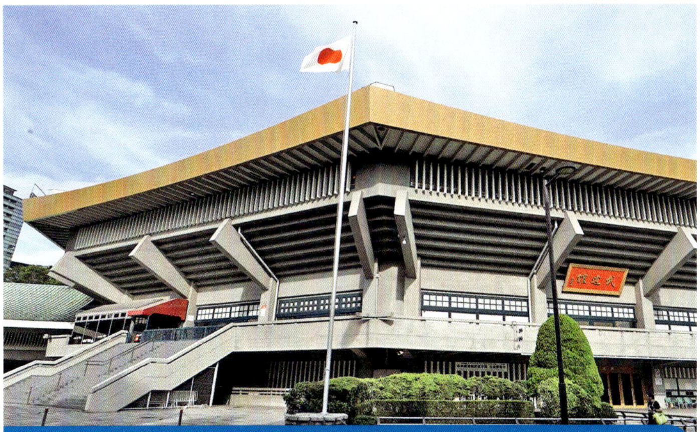
Im achteckigen Nippon Budokan, vier Kilometer östlich des Olympiastadions, wurden schon 1964 die Judowettbewerbe ausgetragen. Diesmal kam Karate neu hinzu.

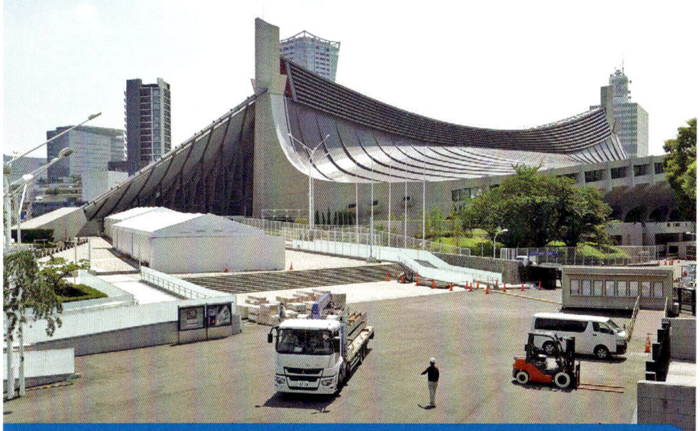
1964 fanden im Yoyogi Nationalstadion unweit des Olympiastadions die Schwimmwettbewerbe statt. Diesmal ermittelten hier die Handballer ihre Olympiasieger.

SPORT-STÄTTEN

TAG 9
SO., 01.08.

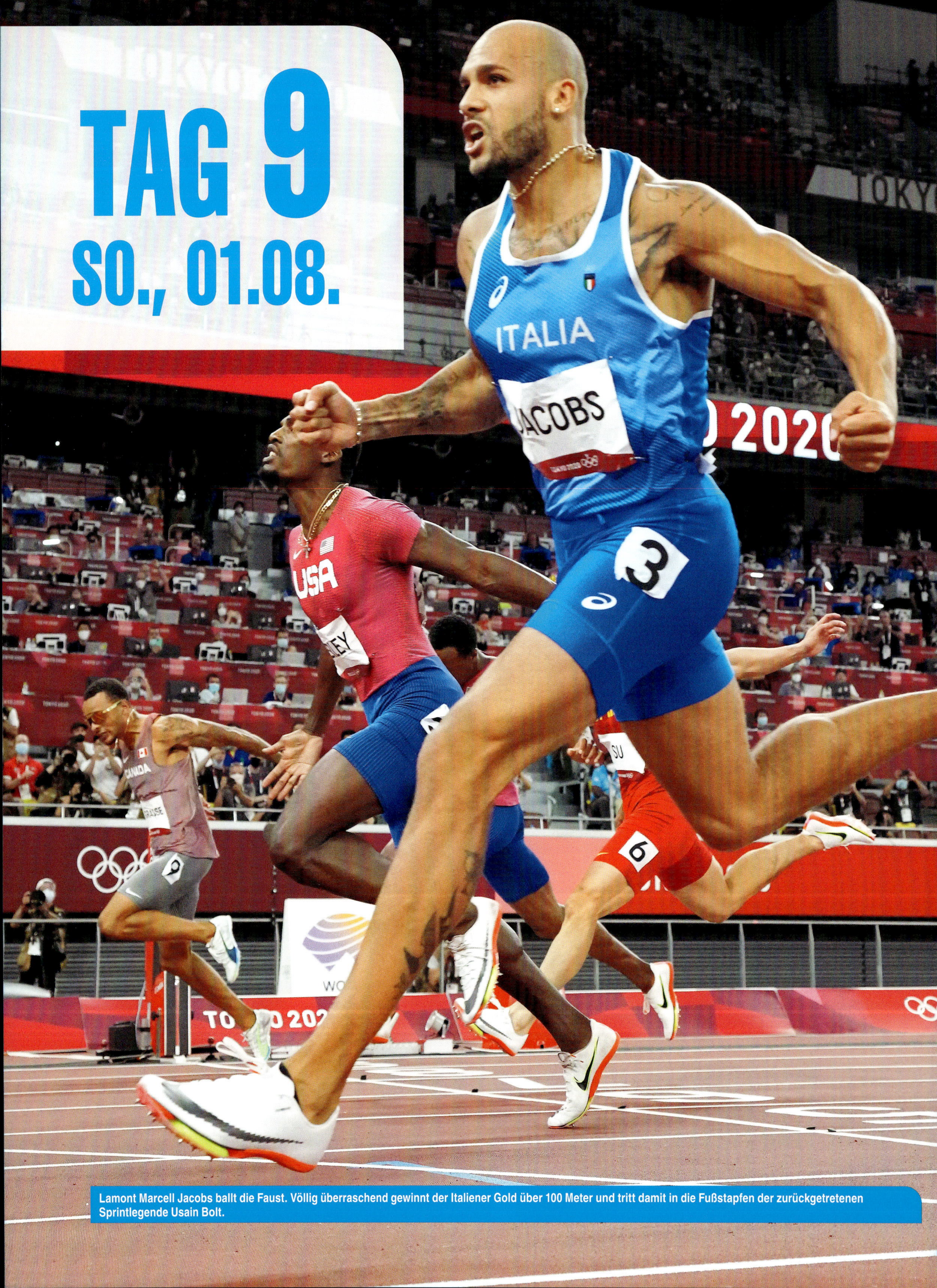

Lamont Marcell Jacobs ballt die Faust. Völlig überraschend gewinnt der Italiener Gold über 100 Meter und tritt damit in die Fußstapfen der zurückgetretenen Sprintlegende Usain Bolt.

LEICHTATHLETIK

Seit dem Karriereende von Superstar Usain Bolt hat der 100-Meter-Sprint der Männer ein wenig an Strahlkraft verloren. Seine Nachfolger hinken nicht nur sportlich hinter dem Weltrekordler zurück, sie verfügen auch nicht über dessen Charisma. In Jamaika hat Bolt eine riesengroße Lücke hinterlassen, kein einziger Sprinter aus dem Karibikstaat qualifizierte sich in Tokio für das Finale. Vor den Olympischen Spielen traute man am ehesten dem US-Amerikaner Trayvon Bramell zu, in die Fußstapfen Bolts treten zu können. Der Sieger der US Trials war in dieser Saison bereits sechsmal unter der Zehn-Sekunden-Marke geblieben und galt in Tokio daher als großer Favorit. Doch bereits in seinem Vorlauf enttäuschte der 26-Jährige als Vierter und qualifizierte sich lediglich über die Zeit als »Lucky Loser« für das Halbfinale. Dort ereilte Bramell als Drittplatzierter seines Laufes sensationell das Aus. Ein spektakuläres Ergebnis brachte der dritte Halbfinallauf hervor. Mit seiner Siegerzeit von 9,83 Sekunden stellte der Chinese Su Bingtian einen neuen Asienrekord auf, nur eine Hundertstelsekunde langsamer war der Italiener Marcell Lamonte Jacobs, dem ein neuer Europarekord gelang. Die Bühne war damit bereitet für ein Finale mit völlig offenem Ausgang. Nach einem Fehlstart des Briten Zharnel Hughes schrumpfte das Teilnehmerfeld auf sieben Sprinter. Der US-Amerikaner Fred Kerley kam dann als Schnellster aus dem Startblock, doch rasch setzte sich Jacobs an die Spitze, sprintete einen kleinen Vorsprung heraus und hatte schließlich das Stehvermögen, um den Sieg sicher ins Ziel zu bringen. Seinen erst im Halbfinale aufgestellten Europarekord verbesserte er auf 9,80 Sekunden. Silber ging an Kerley, Bronze an den Kanadier Andre De Grasse, der nach schwachem Start das Tempo auf den zweiten 50 Metern mächtig angezogen hatte.

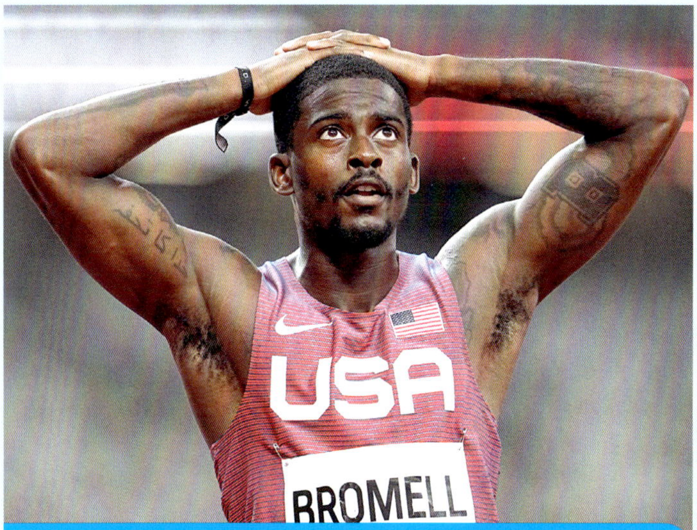

Der US-Amerikaner Trayvon Bromell kann es nicht fassen. Als Topfavorit scheitert er bereits im 100-Meter-Halbfinale.

100 METER (MÄNNER)

1	Lamont Marcell Jacobs		ITA	9,80 Sekunden
2	Fred Kerley		USA	9,84
3	Andre De Grasse		CAN	9,89

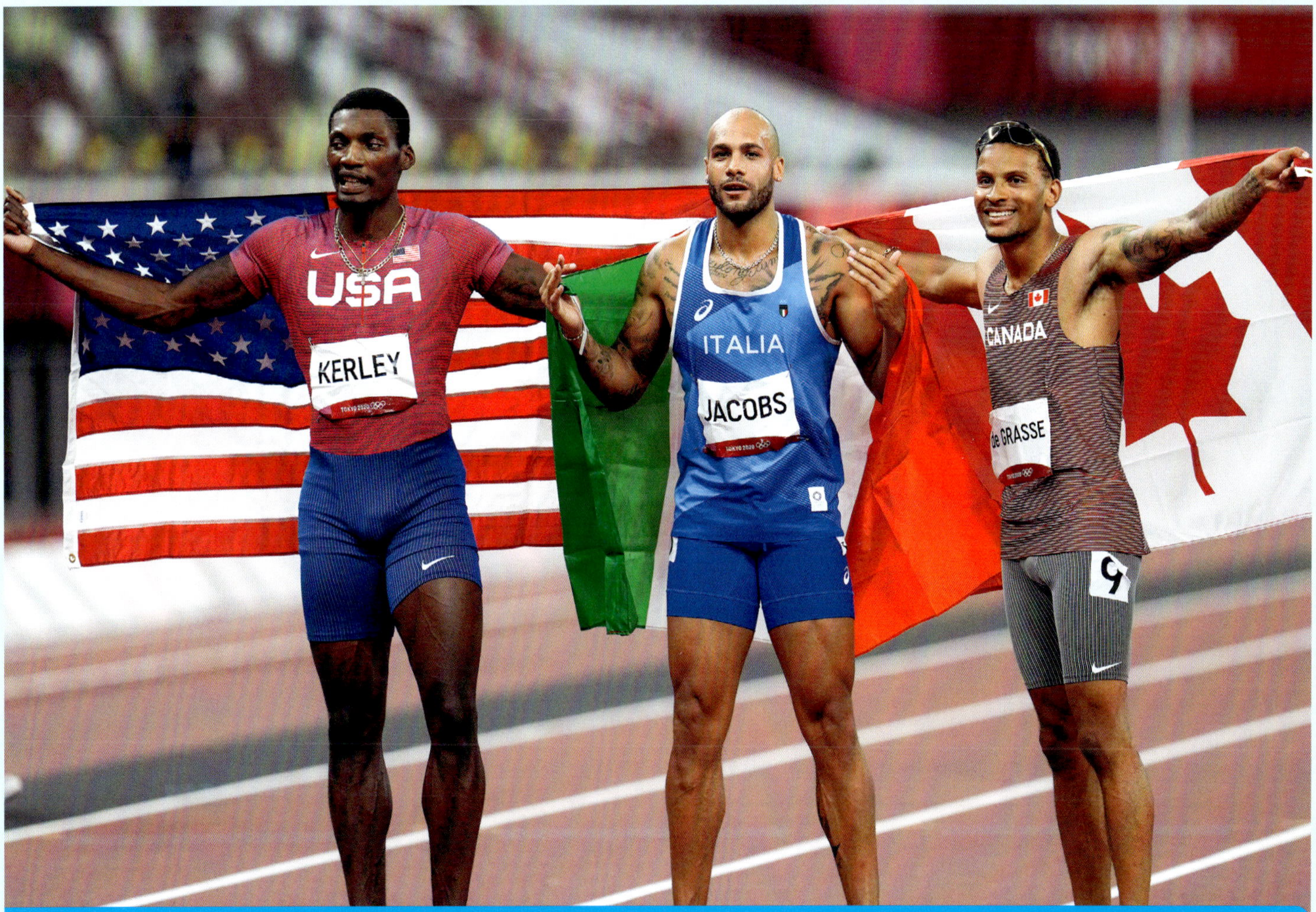

Silbermedaillengewinner Fred Kerley und Bronzemedaillengewinner Andre De Grasse flankieren Olympiasieger Lamont Marcell Jacobs.

Die italienische Party hatte indes bereits vor Jacobs' sensationellem Triumph begonnen, denn im Hochsprung verzückte Gianmarco Tamberi Bella Italia mit einem grandiosen Wettkampf. Erstmals übersprang er 2,37 Meter und gewann damit völlig unerwartet Gold. In seinem Glücksrausch war Tamberi allerdings nicht allein, denn erstmals endete ein olympischer Wettkampf im Hochsprung mit der Vergabe von zwei Goldmedaillen. Auch Weltmeister Mutaz Essa Barshim aus Katar übersprang 2,37 Meter und hatte am Ende ebenso viele Fehlversuche wie Tamberi auf dem Konto. Nach Rücksprache mit einem Offiziellen entschieden sich die Athleten gegen ein Stechen und dafür, sich Gold zu teilen. Welch ein großer olympischer Moment!

Im Dreisprung der Frauen lieferte Yulimar Rojas eine sagenhafte Show ab. Bereits im ersten Durchgang legte sie starke 15,41 Meter vor, ehe sie im letzten Versuch den seit 26 Jahren gültigen Weltrekord der Ukrainerin Inessa Krawez um 17 Zentimeter auf 15,67 Meter überbot. Die 1,92 Meter große Venezolanerin bescherte ihrem schwer gebeutelten Land damit einen magischen Moment. Es war das erste Olympiagold in der Leichtathletik für Venezuela. Mit deutlichem Rückstand landete die Portugiesin Patricia Mamona (15,01 Meter) auf dem Silberrang.

Eigentlich hatte Sara Gambetta ihr Herz an den Siebenkampf verloren. Als 18-Jährige gewann sie Silber bei den U20-Weltmeisterschaften, und viele Experten in Deutschland prophezeiten ihr eine große Karriere. Doch das Leben nimmt nicht immer Rücksicht auf die eigenen Pläne. Verletzungen wurden zum ständigen Begleiter der begabten Athletin und unterminierten alle Hoffnungen, einmal in die Fußstapfen von großen deutschen Siebenkämpferinnen wie Sabine Braun treten zu können. Mit 20 Jahren kehrte Gambetta ihrer großen sportlichen Liebe den Rücken und wandte sich dem Kugelstoßen zu. Sie verbesserte sich kontinuierlich und stand in Tokio plötzlich im Mittelpunkt, weil Ex-Weltmeisterin Christina Schwanitz bereits in der Qualifikation scheiterte. Gambetta nutzte die große Bühne und bot einen famosen Wettkampf. Sie erreichte das Finale der besten Acht und steigerte ihre persönliche Bestleistung um zwei Zentimeter auf 18,88 Meter. Rang acht fühlte sich für sie am Ende fast wie eine Medaille an.

HOCHSPRUNG (MÄNNER)

1	Gianmarco Tamberi	ITA	2,37 Meter
1	Mutaz Essa Barshim	QAT	2,37
3	Maxim Nedassekau	BLR	2,37

Mateusz Przybylko in Qualifikation gescheitert

DREISPRUNG (FRAUEN)

1	Yulimar Rojas	VEN	15,67 Meter
2	Patricia Mamona	POR	15,01
3	Ana Peleteiro	ESP	14,87

Neele Eckhardt-Noack in Qualifikation gescheitert

KUGELSTOSSEN (FRAUEN)

1	Gong Lijao	CHN	20,58 Meter
2	Raven Saunders	USA	19,79
3	Valerie Adams	NZL	19,62

8. Sara Gambetta 18,88

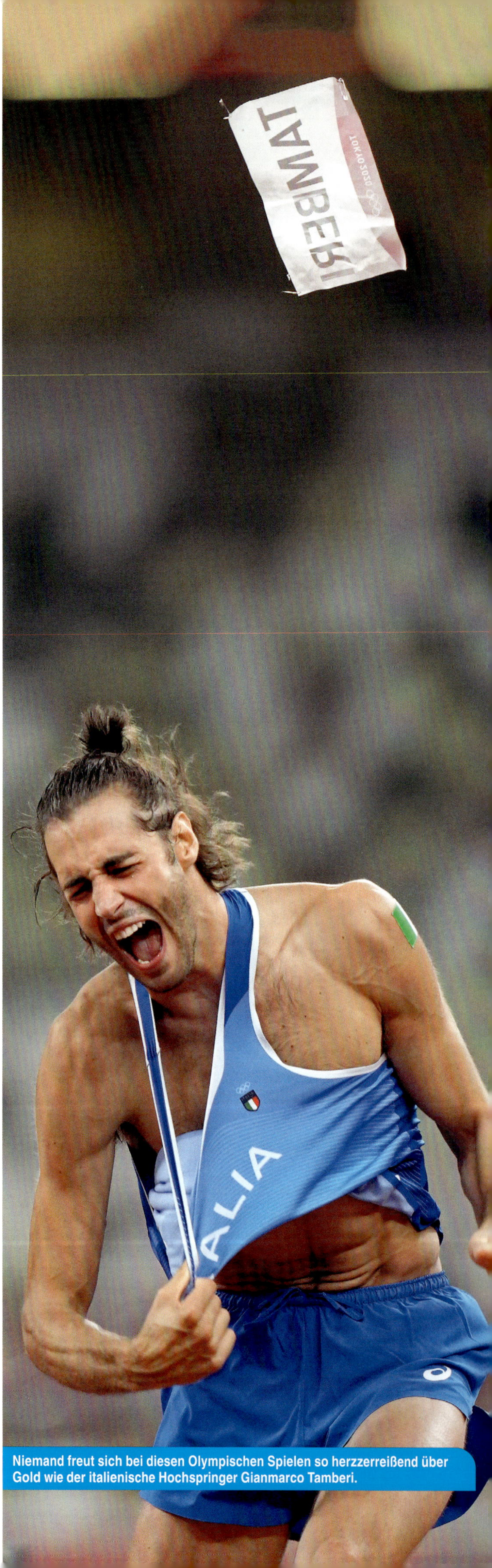

Niemand freut sich bei diesen Olympischen Spielen so herzzerreißend über Gold wie der italienische Hochspringer Gianmarco Tamberi.

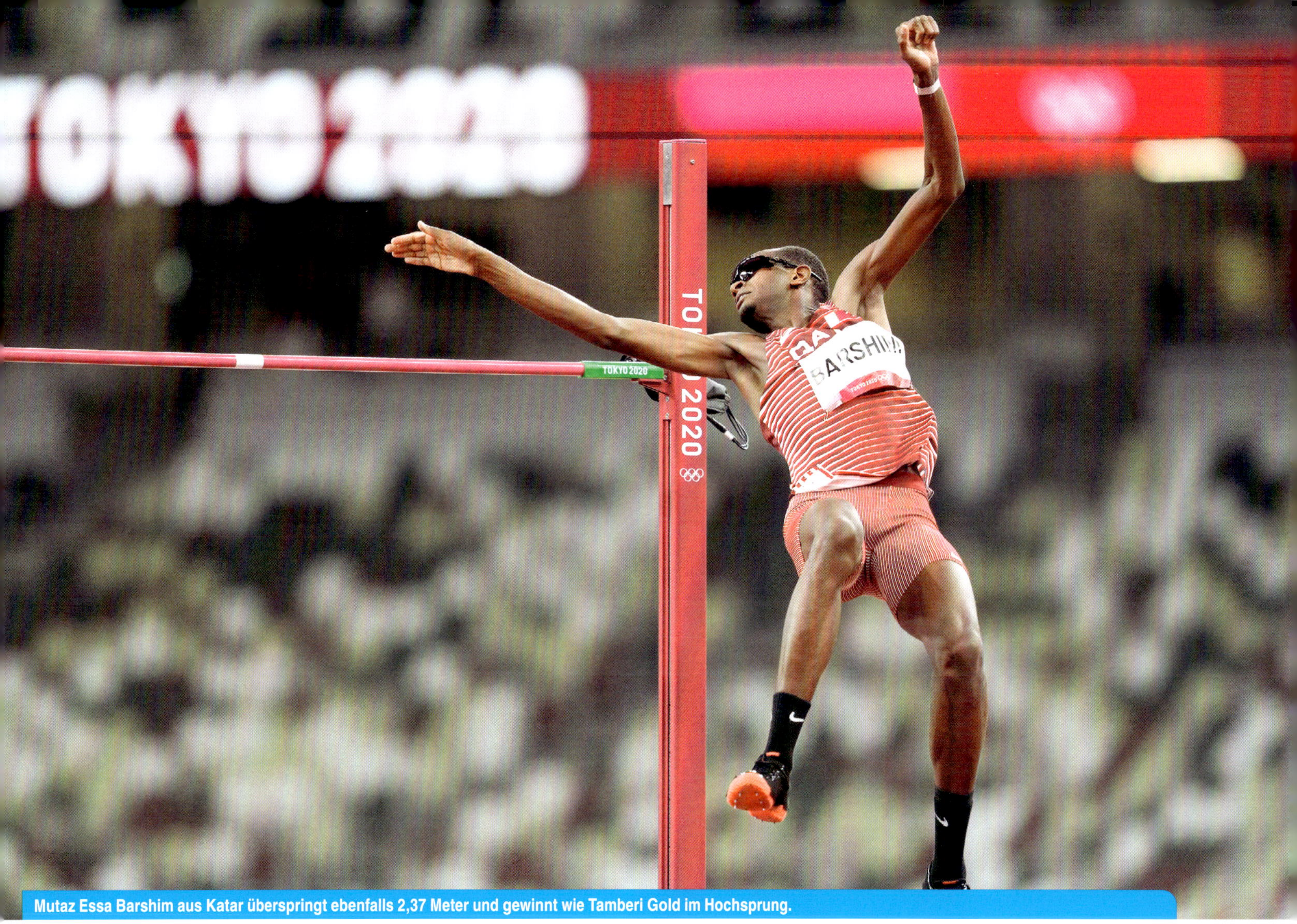

Mutaz Essa Barshim aus Katar überspringt ebenfalls 2,37 Meter und gewinnt wie Tamberi Gold im Hochsprung.

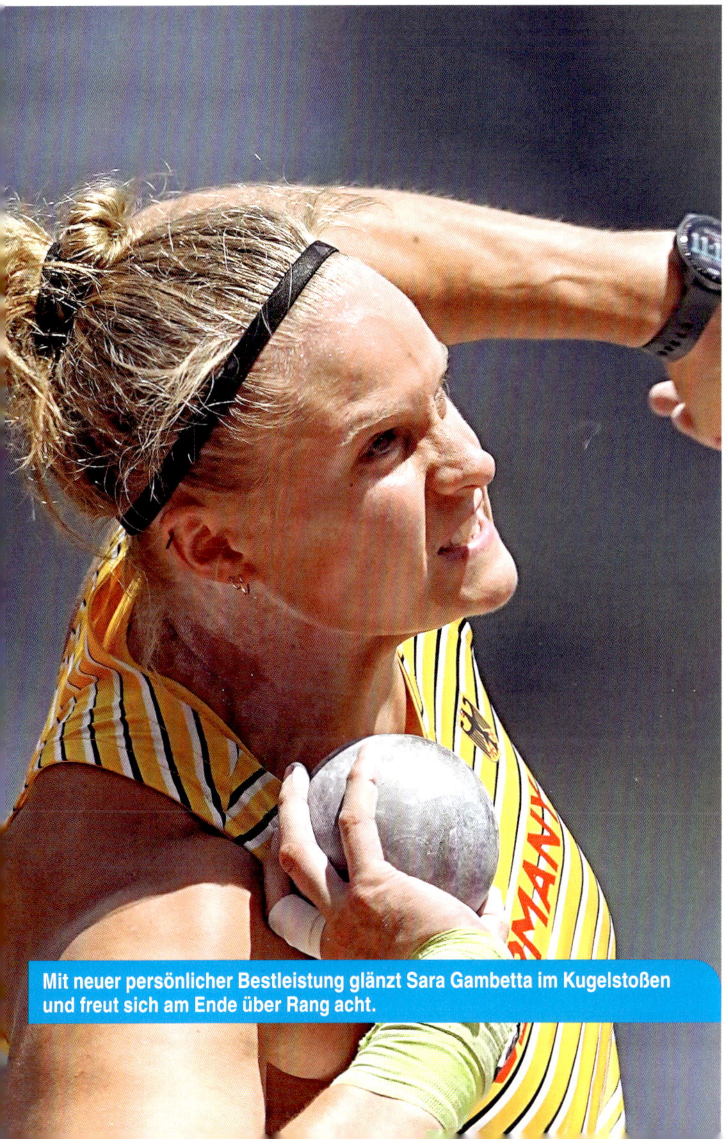

Mit neuer persönlicher Bestleistung glänzt Sara Gambetta im Kugelstoßen und freut sich am Ende über Rang acht.

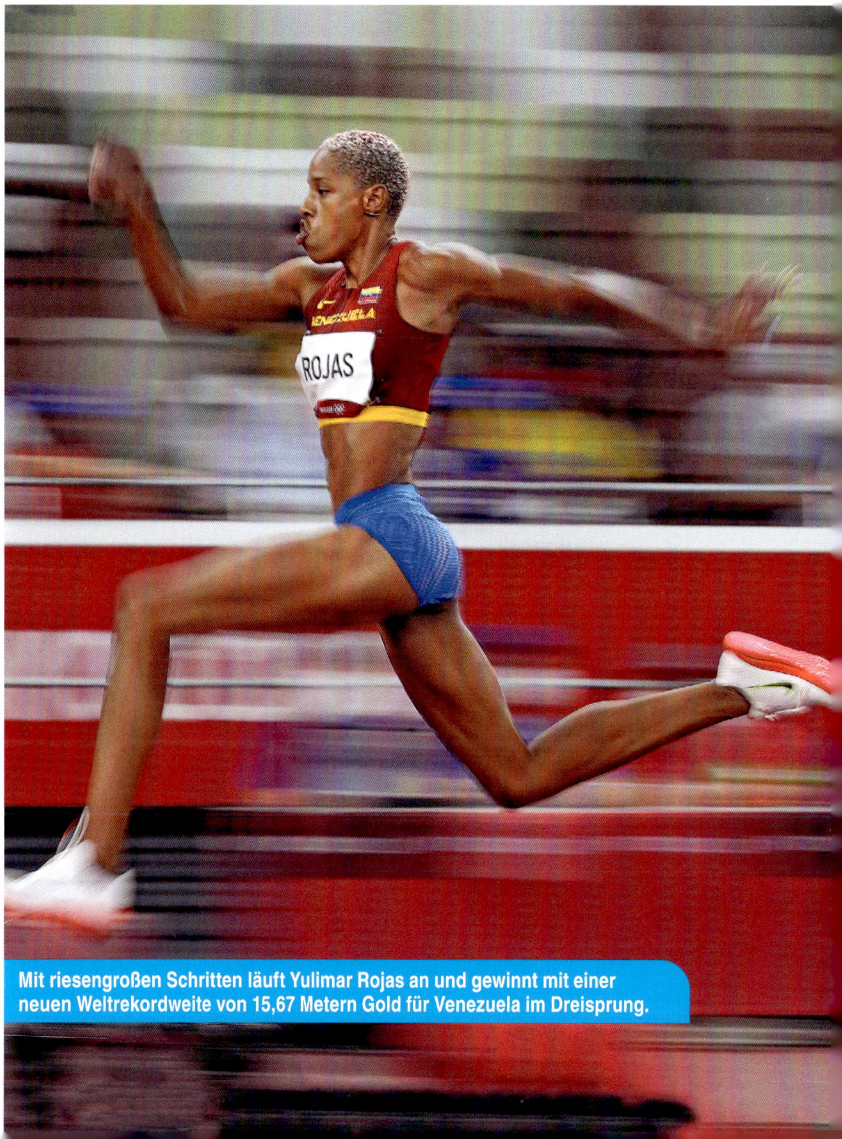

Mit riesengroßen Schritten läuft Yulimar Rojas an und gewinnt mit einer neuen Weltrekordweite von 15,67 Metern Gold für Venezuela im Dreisprung.

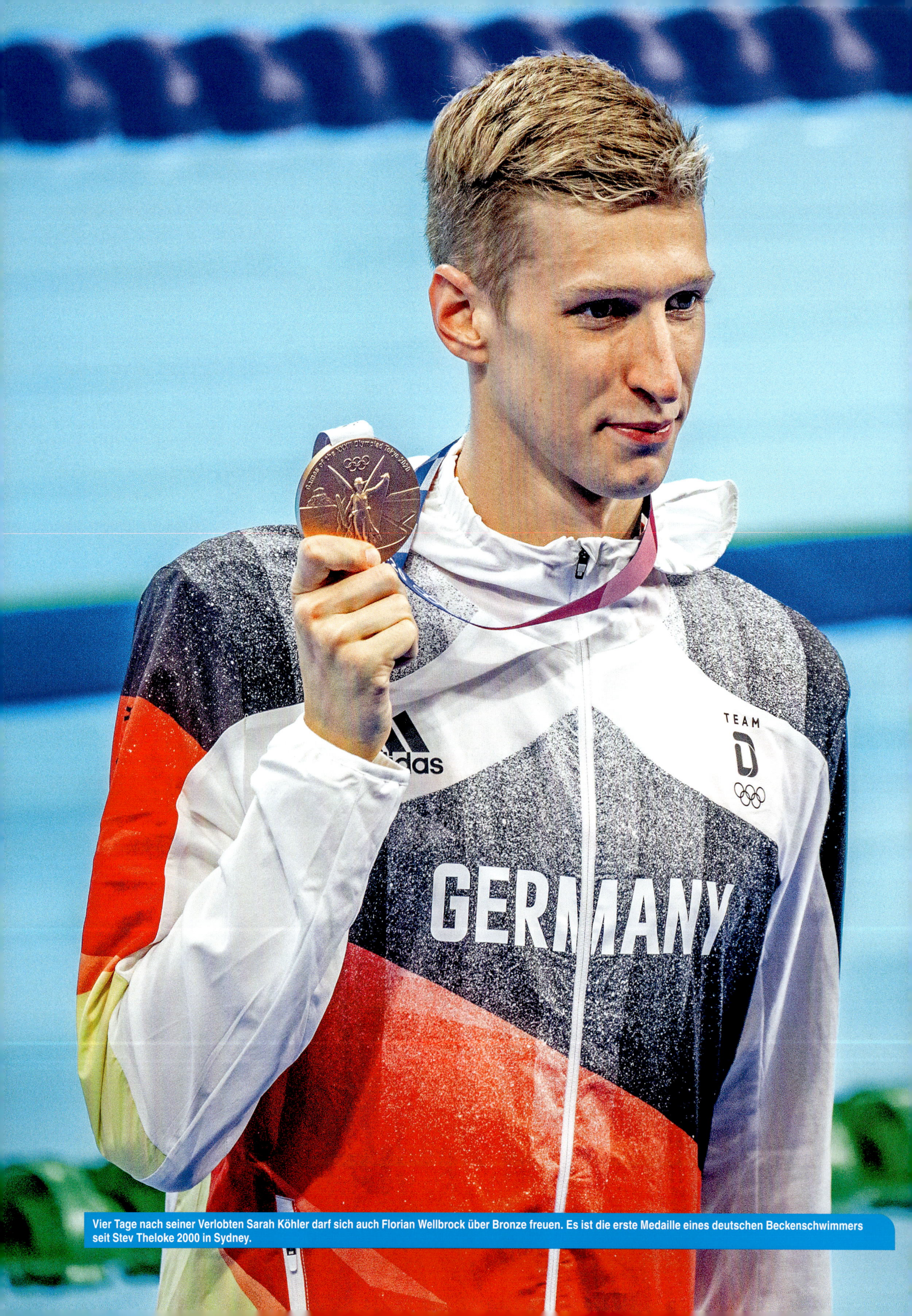

Vier Tage nach seiner Verlobten Sarah Köhler darf sich auch Florian Wellbrock über Bronze freuen. Es ist die erste Medaille eines deutschen Beckenschwimmers seit Stev Theloke 2000 in Sydney.

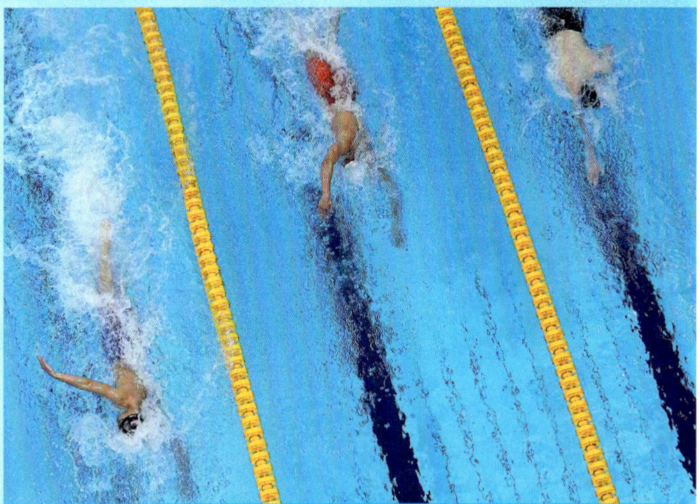

Schlusssspurt: Auf den letzten Metern zieht der US-Amerikaner Robert Finke (links) am Ukrainer Michailo Romantschuk und an Florian Wellbrock (rechts) vorbei.

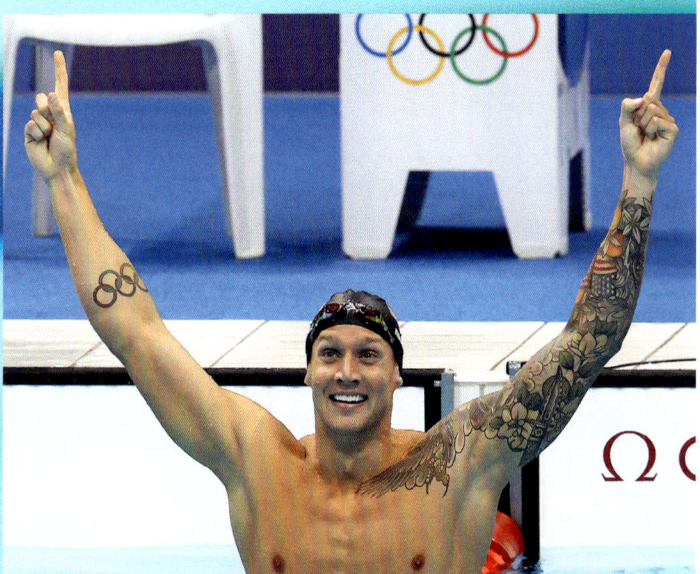

Erfolgreichster Schwimmer der Sommerspiele im Jahr 2021: Der 24-jährige US-Amerikaner Calaeb Dressel gewann in Tokio fünfmal Gold in Einzelrennen und mit der Staffel.

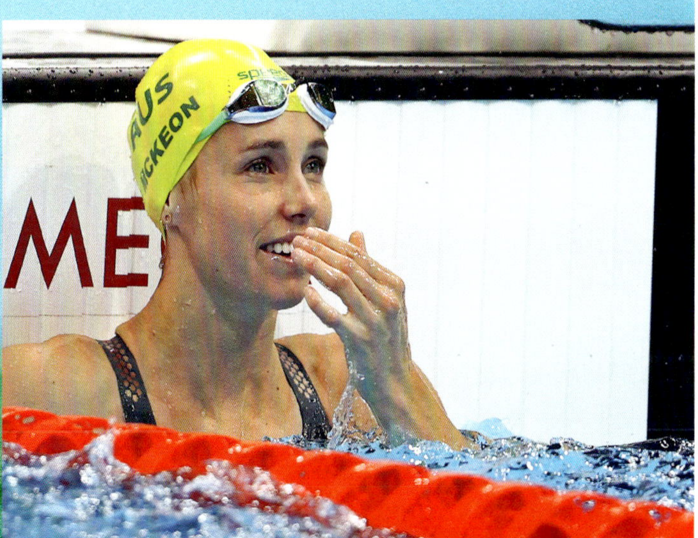

Erfolgreichste Schwimmerin der Sommerspiele: Die 27-jährige Australierin Emma McKeon gewann viermal Gold und dreimal Bronze in Einzelrennen und mit der Staffel.

SCHWIMMEN

Mit der zweiten deutschen Medaille und einem weiteren Weltrekord gingen die Schwimmwettbewerbe im Tokyo Aquatics Centre zu Ende. Drei Tage nach dem undankbaren vierten Platz über 800 Meter holte sich Florian Wellbrock Bronze über 1500 Meter. Danach wusste der 23-Jährige aus Magdeburg zunächst nicht, ob er sich freuen oder ärgern sollte. Zwei Jahre zuvor war er auf der längsten Beckenstrecke Weltmeister geworden. Und auch in Tokio hatte er Gold angepeilt. Bis zur letzten der 30 Bahnen schien sein Plan auch aufzugehen. Nach 250 Metern hatte er die Führung übernommen, Wellbrock schien das Rennen zu kontrollieren. Kurz vor dem Ziel wurde er jedoch vom US-Amerikaner Robert Finke und vom Ukrainer Michailo Romantschuk überspurtet. Nach der Siegerehrung setzte sich bei Wellbrock dann doch die Zufriedenheit durch: »Auch wenn ich nur Dritter geworden bin: Es war trotzdem sehr schön und es fühlt sich unglaublich gut an.«
Der US-Amerikaner Caeleb Dressel fügte seiner Ausbeute am Schlusstag über 50 Meter Freistil und mit der Lagenstaffel zwei weitere Goldmedaillen hinzu. Dabei verbesserte Dressel mit seinen Kollegen Ryan Murphy, Michael Andrew und Zach Apple den zwölf Jahre alten Weltrekord seiner Landsleute um Michael Phelps um eine halbe Sekunde. Auch die Australierin Emma McKeon gewann zum Abschluss über 50 Meter Freistil und mit der Lagenstaffel zwei weitere Goldmedaillen. Erfolgreichste Schwimmnation im Tokyo Aquatics Centre waren die USA mit 30 Medaillen, darunter elf goldenen. Es folgten Australien mit 20 Medaillen (neunmal Gold) und Großbritannien mit acht Medaillen (viermal Gold). Insgesamt sechs Weltrekorde wurden aufgestellt.

1500 METER FREISTIL (MÄNNER)

1	Robert Finke	USA	14:39,65 Minuten
2	Michailo Romantschuk	UKR	+ 1,01 Sekunden
3	Florian Wellbrock	GER	+ 1,26

50 METER FREISTIL (MÄNNER)

1	Caeleb Dressel	USA	21,07 Sekunden
2	Florent Manaudou	FRA	+ 0,48
3	Bruno Fratus	BRA	+ 0,5

50 METER FREISTIL (FRAUEN)

1	Emma McKeon	AUS	23,81 Sekunden
2	Sarah Sjoestroem	SWE	+ 0,26
3	Pernille Blume	DEN	+ 0,4

4 x 100 METER LAGEN (FRAUEN)

1	Australien	AUS	3:51,60 Minuten
2	USA	USA	+ 0,13 Sekunden
3	Kanada	CAN	+ 1,0

Deutschland im Vorlauf ausgeschieden

4 x 100 METER LAGEN (MÄNNER)

1	USA	USA	3:26,78 Minuten
2	Großbritannien	GBR	+ 0,73 Sekunden
3	Italien	ITA	+ 2,39

Deutschland im Vorlauf ausgeschieden

TENNIS

Mit seinem Halbfinalsieg gegen den großen Turnierfavoriten Novak Djokovic hatte sich Alexander Zverev zwei Tage zuvor bereits eine Medaille gesichert. Im Finale gegen Außenseiter Karen Khachanov ließ er sich Gold nicht nehmen. Nahtlos knüpfte der Hamburger an seine Leistung aus der Vorschlussrunde an. Hochmotiviert und hochkonzentriert fegte er den Russen in nur 70 Spielminuten 6:3, 6:1 vom Platz. Zverev nahm Khachanov gleich das zweite Abschlagspiel ab und brachte den ersten Satz sicher nach Hause. Im zweiten steigerte er sich geradezu in einen Rausch. »Er hat unfassbar gespielt«, sagte sein Bruder und Manager Mischa Zverev, der das Match für Eurosport kommentierte. »Er hat gut serviert und mutig gespielt: Rückhandwinner, Vorhandwinner. Wenn es sein musste, war er auch defensiv und hat auf einen Fehler von Khachanov gewartet. Es war vom Feinsten, wie von einem anderen Stern.«

Nach dem verwandelten Matchball sank Alexander Zverev von Glücksgefühlen überwältigt zu Boden. Nach der Siegerehrung sagte er, mit der Goldmedaille um den Hals: »Man kann das mit nichts vergleichen. Etwas Größeres kann man im Sport nicht erreichen. Es gibt wenige Momente, in denen ich mich besser gefühlt habe.» Schon während des Turniers hatte der 24-Jährige mehrfach darauf hingewiesen, welchen hohen Stellenwert die Olympischen Spiele für ihn besitzen: »Ich spiele hier nicht für mich. Ich spiele hier für Deutschland, für unsere unglaubliche Gruppe von Athleten im Olympischen Dorf, für alle, die zu-Hause zuschauen. Es ist eine wahnsinnige Ehre.« Äußerlich dokumentierte er seinen Nationalstolz mit dem Bundesadler auf dem Stirnband.

Es gab keinerlei Zweifel: Zverev hatte sich die Goldmedaille redlich verdient, er war der beste Spieler des Wettbewerbs. In sechs Spielen verlor er lediglich einen Satz. Der Hamburger hatte sich in der oberen Hälfte des Turnierbaums durchgesetzt und im Halbfinale den an eins gesetzten Djokovic ausgeschaltet. In der unteren Hälfte stolperten die Favoriten Daniil Medvedev (ROC) und Stefanos Tsitsipas (Griechenland), der Zweite und der Dritte der Setzliste. Mit Khachanov und dem Spanier Pablo Carreno Busta standen sich im Halbfinale zwei Außenseiter gegenüber. Zverevs Triumph setzte den Schlusspunkt eines von zahlreichen Misstönen begleiteten Turniers. Im Vorfeld waren Debatten über dessen Stellenwert aufgekommen. Wegen Verletzungen oder Motivationsproblemen hatte die Hälfte der Weltspitze die Reise nach Tokio nicht angetreten. Im Ariake Tennispark machten den Spielern die herausfordernden klimatischen Bedingungen mit Temperaturen von weit über 30 Grad und extremer Luftfeuchtigkeit zu schaffen. »Hier schwitzt man so sehr, das ist mit keinem anderen Ort vergleichbar. Nach ein paar Schlägen kann man den Schläger nicht mehr in der Hand halten«, berichtete Alexander Zverev. Die Veranstalter reagierten: Neben den Spielerbänken wurden Kühlaggregate aufgebaut, die Spieler steckten sich während der Seitenwechsel den Schlauch unter ihr Shirt. Ab Turniermitte wurde der Beginn der Spiele von 11 auf 15 Uhr verlegt, um der Mittagshitze aus dem Weg zu gehen.

Das Finale im Frauendoppel gewannen die topgesetzten Tschechinnen Barbora Krejcikova und Katerina Siniakova 7:5, 6:1 gegen

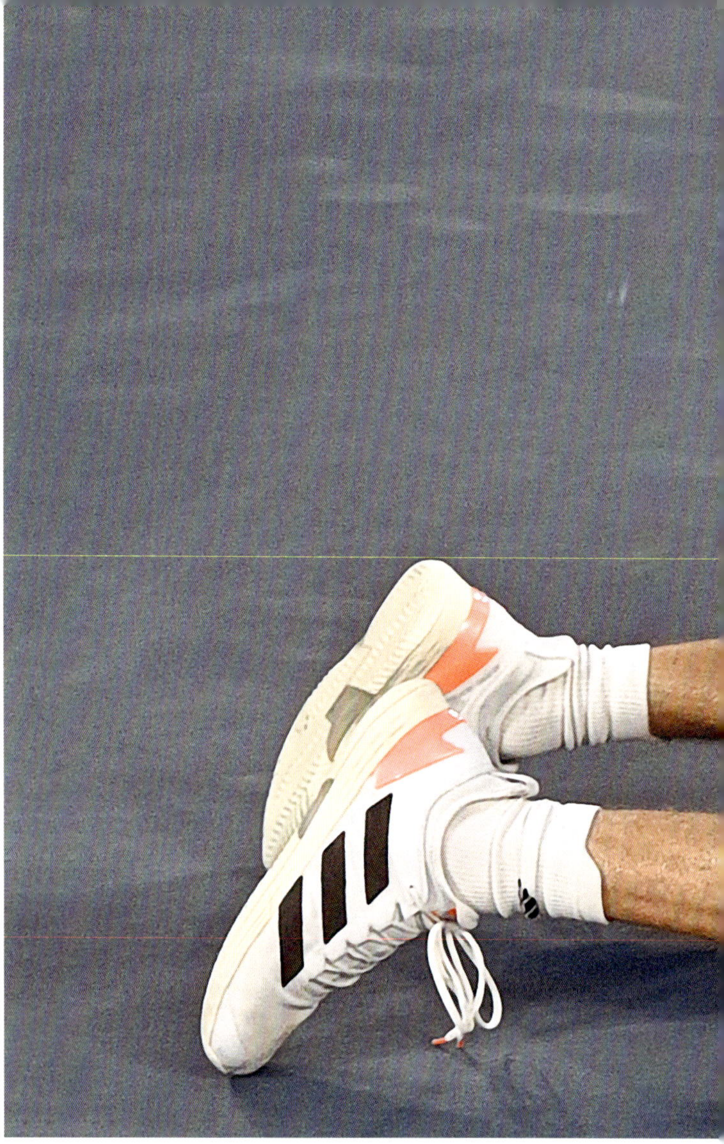

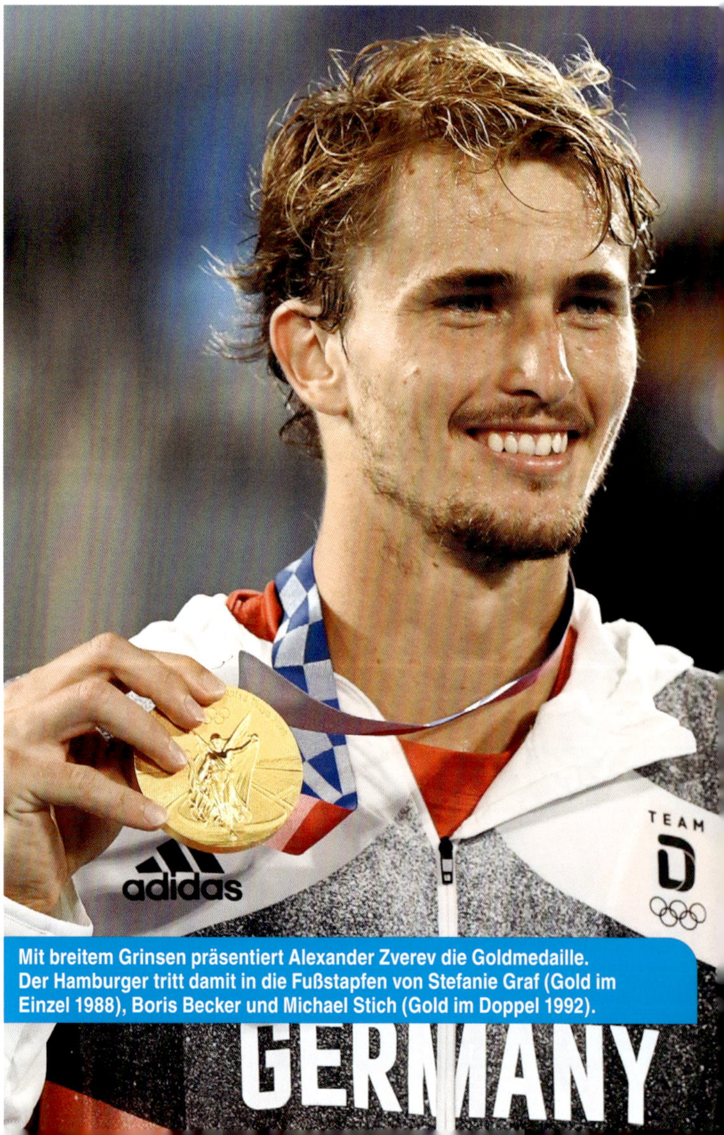

Mit breitem Grinsen präsentiert Alexander Zverev die Goldmedaille. Der Hamburger tritt damit in die Fußstapfen von Stefanie Graf (Gold im Einzel 1988), Boris Becker und Michael Stich (Gold im Doppel 1992).

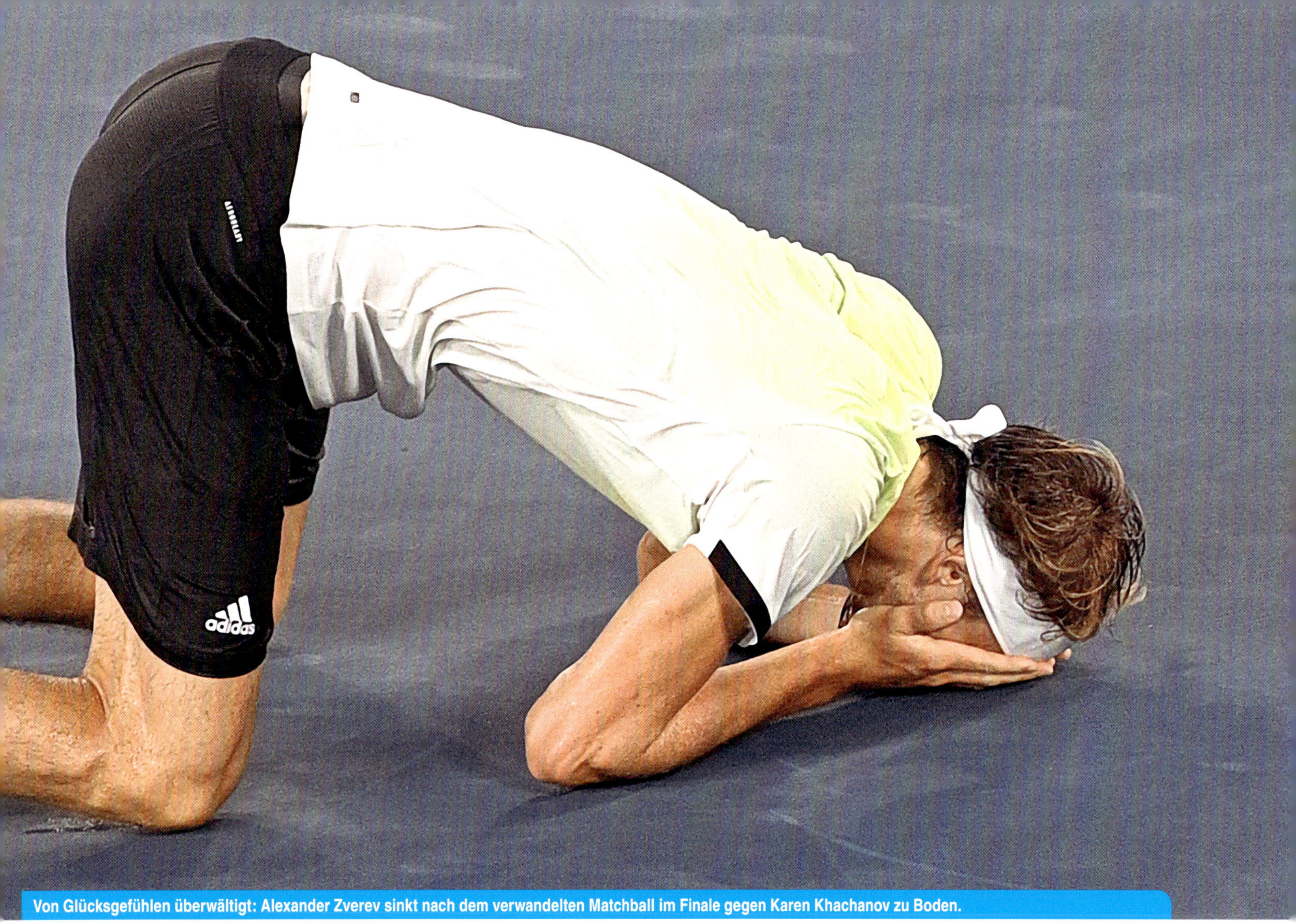

Von Glücksgefühlen überwältigt: Alexander Zverev sinkt nach dem verwandelten Matchball im Finale gegen Karen Khachanov zu Boden.

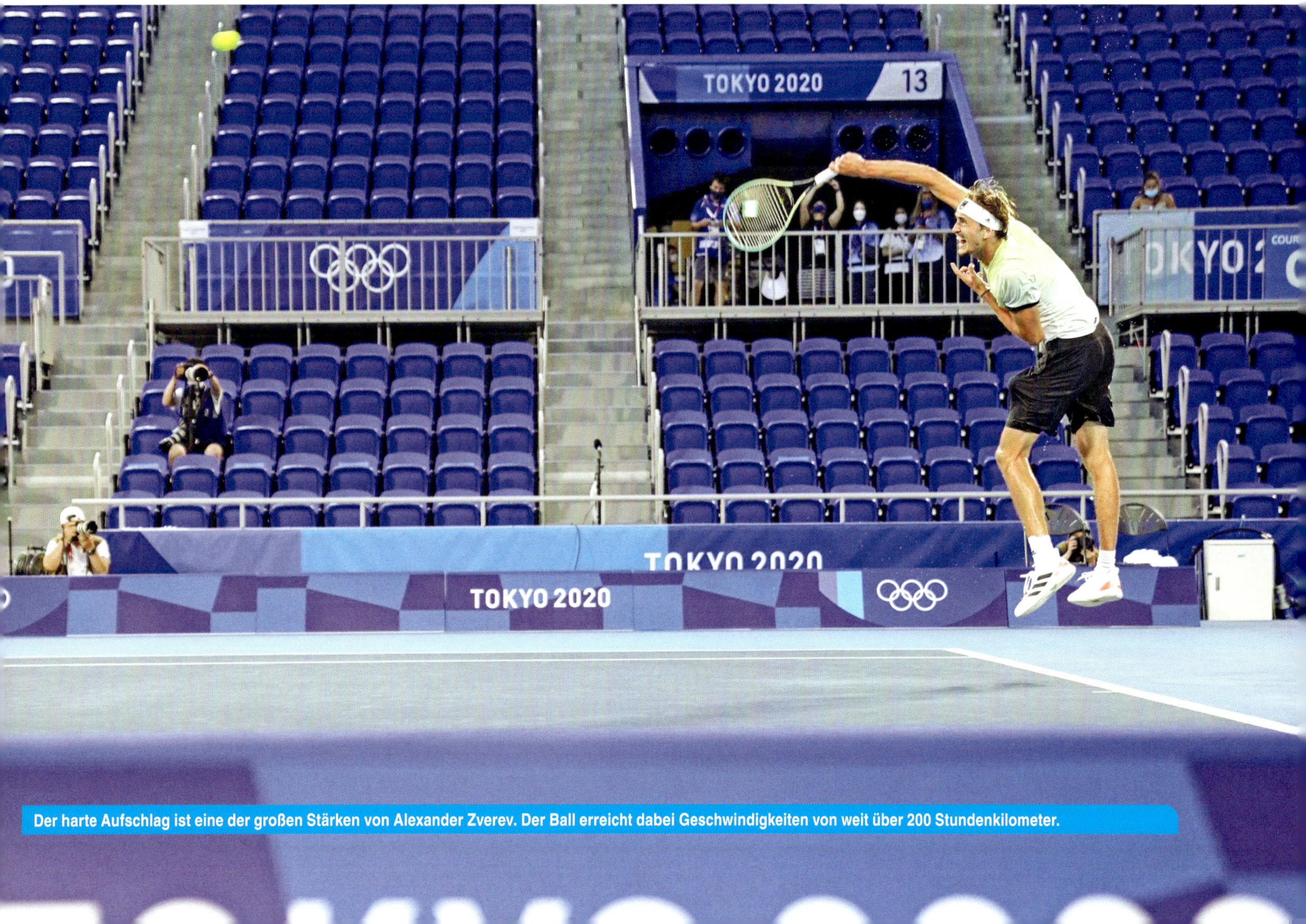

Der harte Aufschlag ist eine der großen Stärken von Alexander Zverev. Der Ball erreicht dabei Geschwindigkeiten von weit über 200 Stundenkilometer.

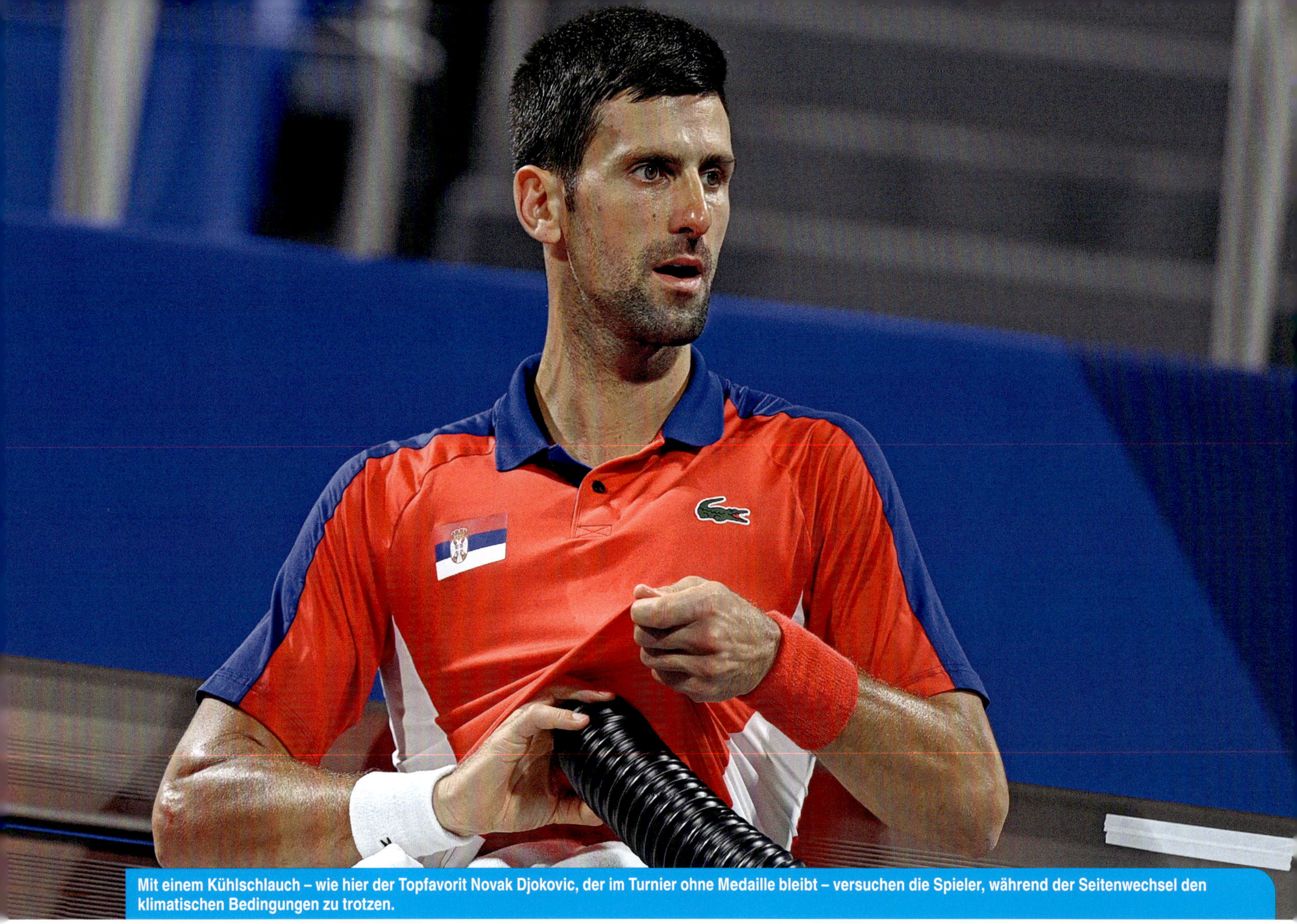

Mit einem Kühlschlauch – wie hier der Topfavorit Novak Djokovic, der im Turnier ohne Medaille bleibt – versuchen die Spieler, während der Seitenwechsel den klimatischen Bedingungen zu trotzen.

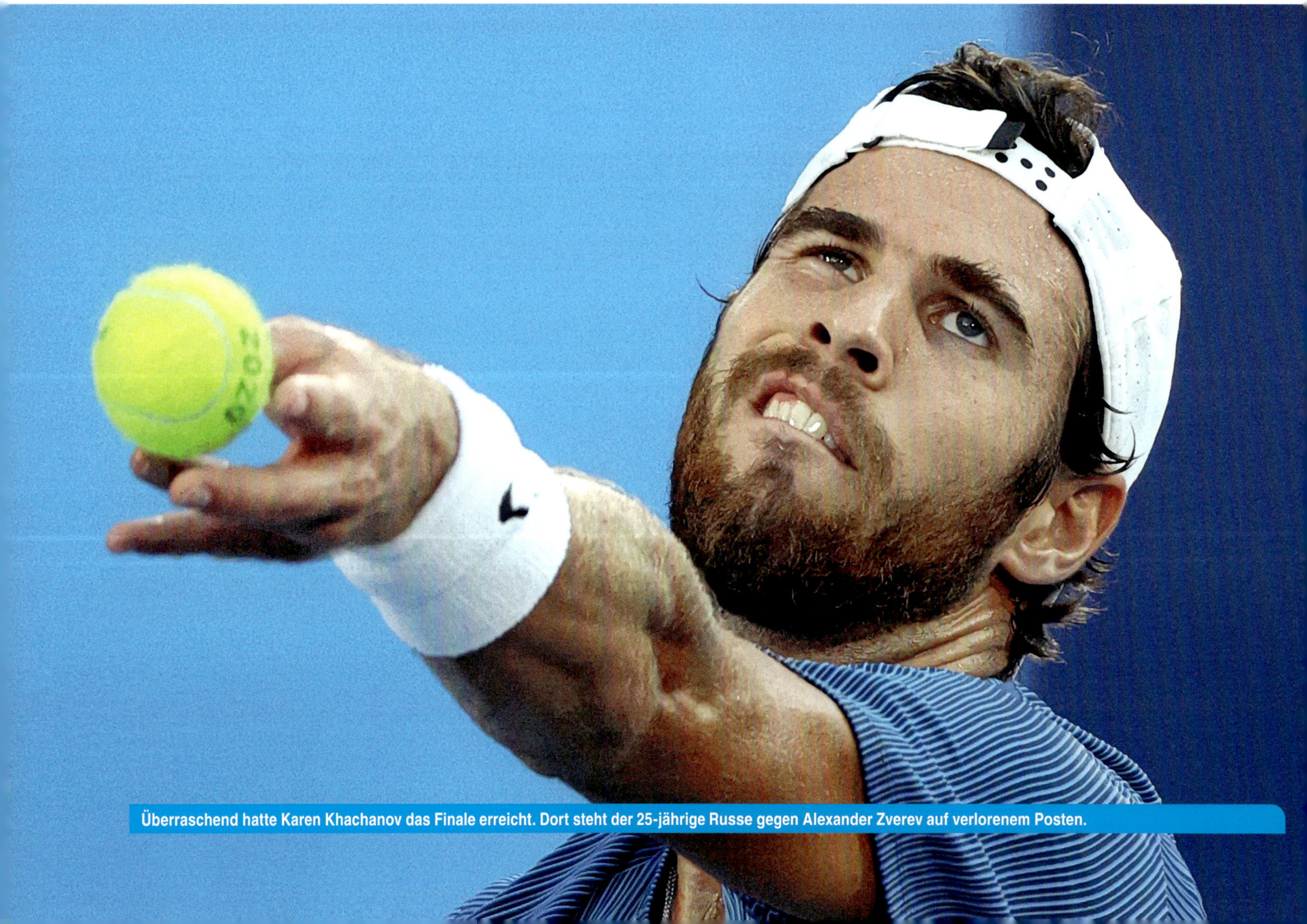

Überraschend hatte Karen Khachanov das Finale erreicht. Dort steht der 25-jährige Russe gegen Alexander Zverev auf verlorenem Posten.

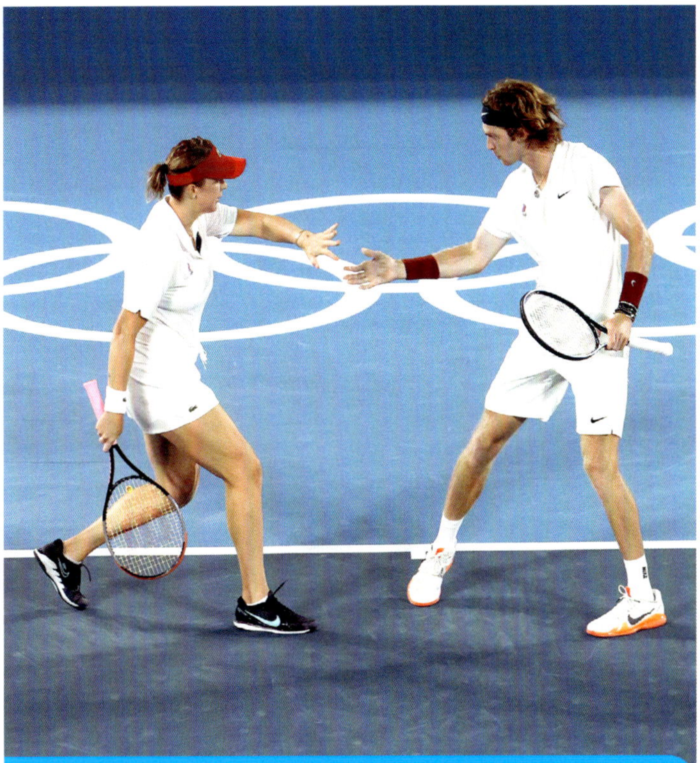

Olympiasieger im Mixedwettbewerb: Die Russen Anastassia Pawljutschenkowa und Andrej Rublew besiegen im Finale ihre Landsleute Jelena Wesnina und Aslan Karazew 6:3 6:7(5), 13:11.

Belinda Bencic und Viktorija Golubic aus der Schweiz. Einen Tag nach ihrem Erfolg im Einzel blieb Bencic somit das goldene Double verwehrt. Krejcikova/Siniakova, ein gut eingespieltes Duo auf der Profitour, bescherten der großen und stolzen Tennisnation Tschechien die erste Goldmedaille seit Miroslav Mecir bei den Sommerspielen 1988 in Seoul.

TENNIS EINZEL (MÄNNER)

1	Alexander Zverev		GER
2	Karen Khachanov		ROC
3	Pablo Carreno Busta		ESP

TENNIS DOPPEL (FRAUEN)

1	Barbora Krejcikova/Katerina Siniakova		CZE
2	Belinda Bencic/Viktorija Golubic		SUI
3	Laura Pigossi/Luisa Stefani		BRA

Anna-Lena Friedsam/Laura Siegemund in 1. Runde ausgeschieden

TENNIS (MIXED)

1	Anastassia Pawljutschenkowa/Andrej Rublew		ROC
2	Jelena Wesnina/Aslan Karazew		ROC
3	Ashleigh Barty/John Peers		AUS

Kevin Krawietz/Laura Siegemund im Viertelfinale ausgeschieden

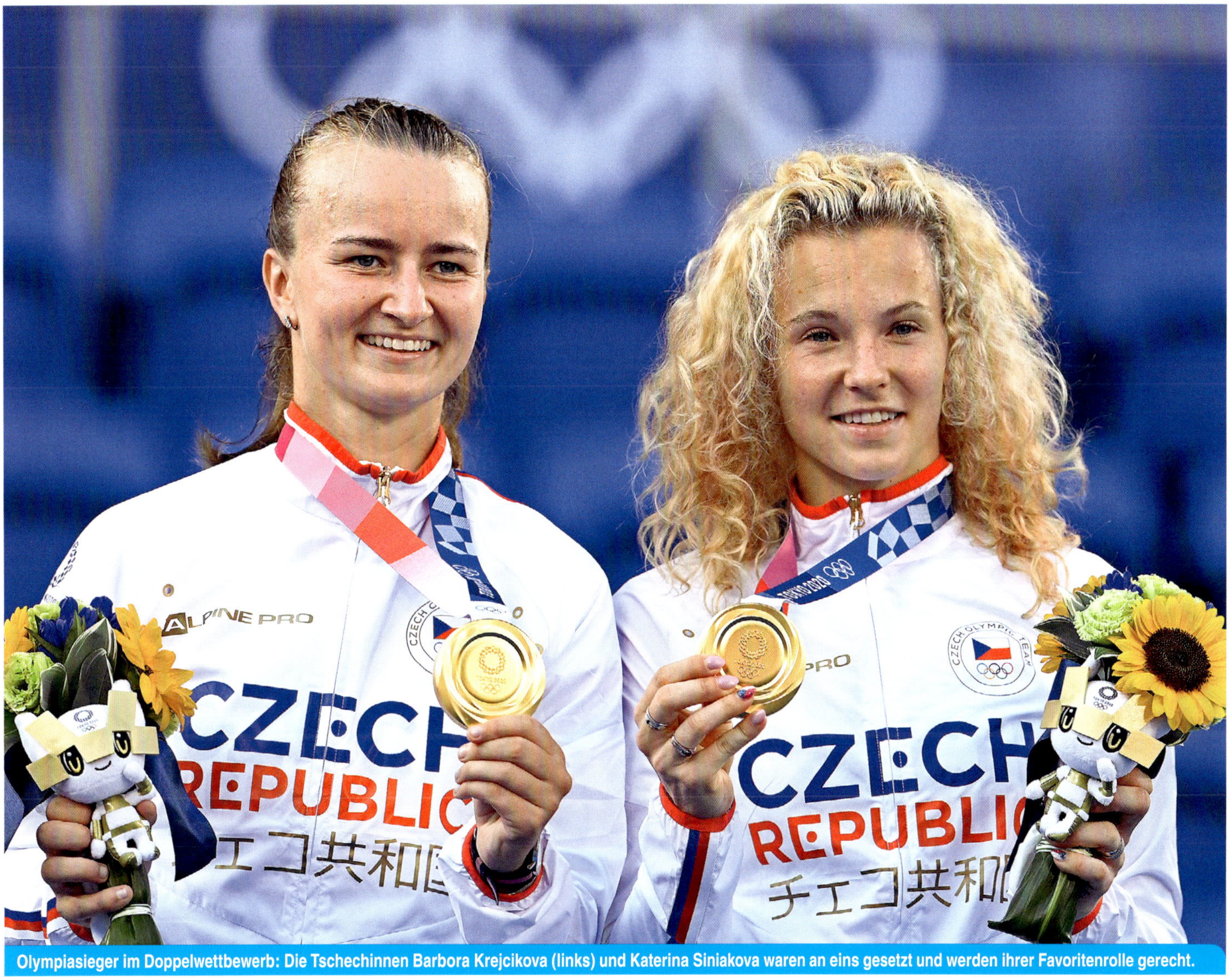

Olympiasieger im Doppelwettbewerb: Die Tschechinnen Barbora Krejcikova (links) und Katerina Siniakova waren an eins gesetzt und werden ihrer Favoritenrolle gerecht.

WEITERE ENTSCHEIDUNGEN

Elisabeth Seitz turnte grandios, doch auf diesem Niveau kann selbst die winzigste Schwäche große Auswirkungen haben. Eine solche erlaubte sich die Stuttgarterin am Schluss ihrer Stufenbarrenübung. Die Drehung geriet nicht perfekt, und bei der Landung erlaubte sie sich einen kleinen Hüpfer. Die greifbare Bronzemedaille war damit passé. Seitz musste sich mit Rang fünf zufriedengeben, nachdem sie bereits vor fünf Jahren in Rio de Janeiro als Vierte eine Medaille knapp verpasst hatte. Doch die Enttäuschung wich schnell nach einem Wettkampf, in dem Seitz bewiesen hatte, dass sie im für eine Kunstturnerin reifen Alter von 27 Jahren immer noch die deutsche Nummer eins ist.

Die Hoffnung von Tina Punzel auf eine zweite Olympiamedaille erfüllte sich ebenfalls nicht. Die Wasserspringerin aus Dresden, die im Synchronwettbewerb vom Drei-Meter-Brett mit Lena Hentschel Bronze gewonnen hatte, musste sich in der Einzelkonkurrenz an ihrem 26. Geburtstag mit Rang sieben begnügen. Mit einem misslungenen Dreieinhalb-Vorwärtssalto hatte sie sich früh im Wettbewerb aller Medaillenchancen beraubt.

KUNSTTURNEN STUFENBARREN (FRAUEN)

1	Nina Derwael	BEL	15,200
2	Anastassia Ilijankowa	ROC	14,833
3	Sunisa Lee	USA	14,500

5. Elisabeth Seitz 14,400

KUNSTTURNEN PAUSCHENPFERD (MÄNNER)

1	Max Whitlock	GBR	15,583 Punkte
2	Lee Chih Kai	TPE	15,400
3	Kazuma Kaya	JPN	14,900

WASSERSPRINGEN DREI-METER-BRETT EINZEL (FRAUEN)

1	Shi Tingmao	CHN	383,50 Punkte
2	Wang Han	CHN	348,75
3	Krysta Palmer	USA	343,75

7. Tina Punzel 302,95

KUNSTTURNEN PFERDSPRUNG (FRAUEN)

1	Rebecca Andrade	BRA	15,083 Punkte
2	Mykayla Skinner	USA	14,916
3	Yeo Seojong	KOR	14,733

KUNSTTURNEN BODEN (MÄNNER)

1	Artem Dolgopyat	ISR	14,933 Punkte
2	Rayderley Zapata	ESP	14,933
3	Xiao Ruoteng	CHN	14,766

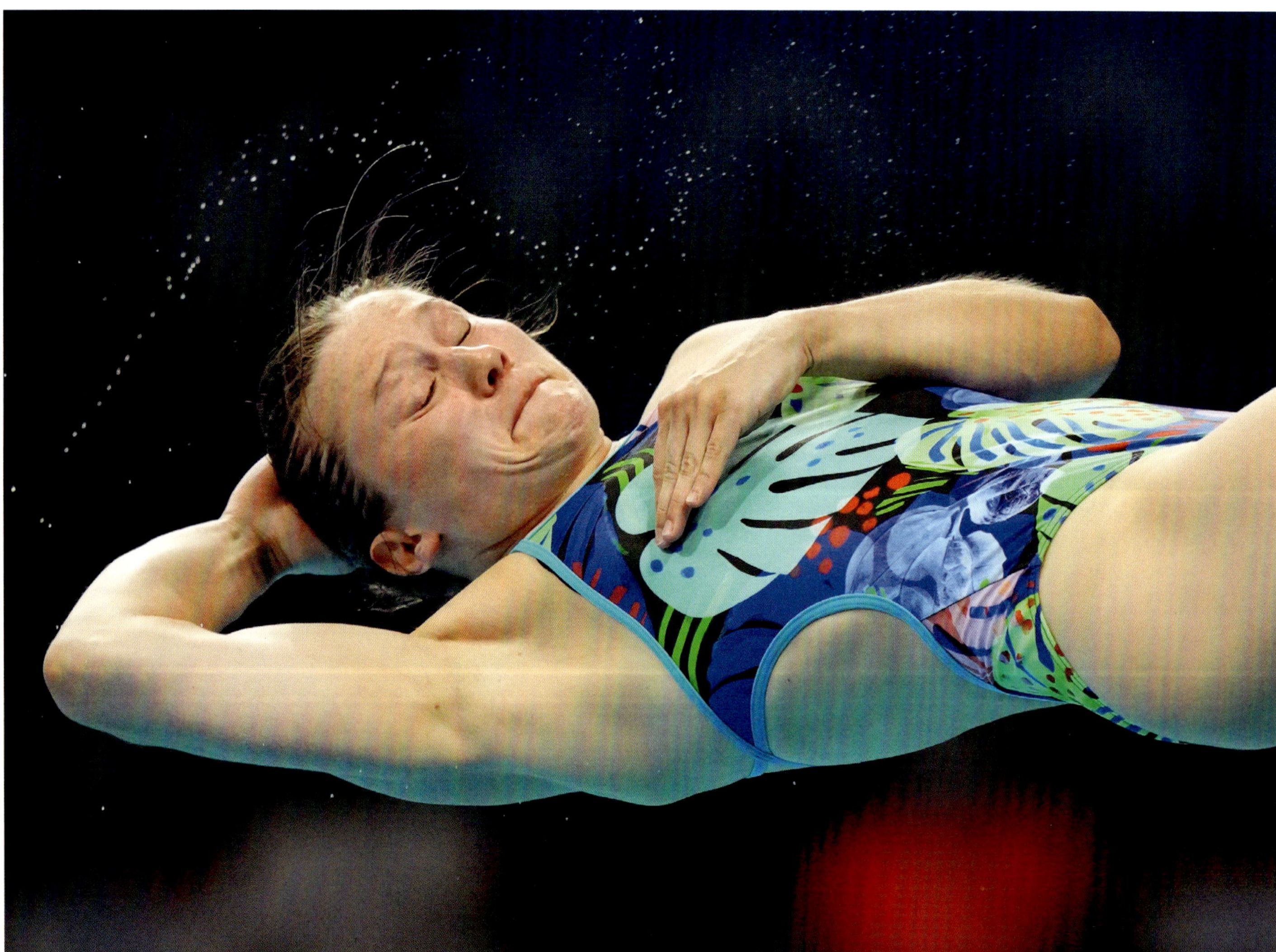

Wasserspringerin Tina Punzel liegt quer in der Luft, doch so spektakulär das auch aussieht: Für eine Medaille reicht es vom Drei-Meter-Brett nicht.

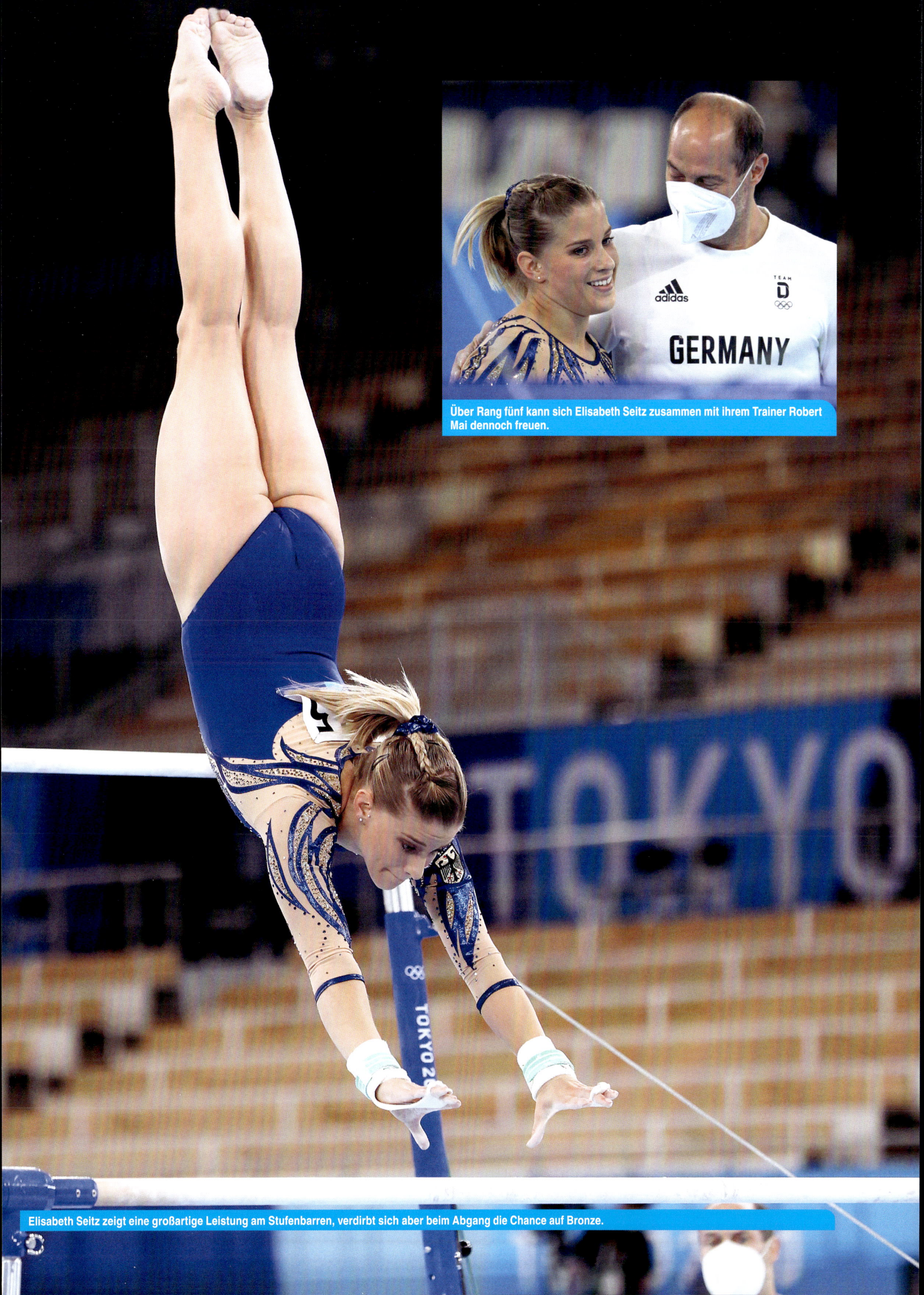

Über Rang fünf kann sich Elisabeth Seitz zusammen mit ihrem Trainer Robert Mai dennoch freuen.

Elisabeth Seitz zeigt eine großartige Leistung am Stufenbarren, verdirbt sich aber beim Abgang die Chance auf Bronze.

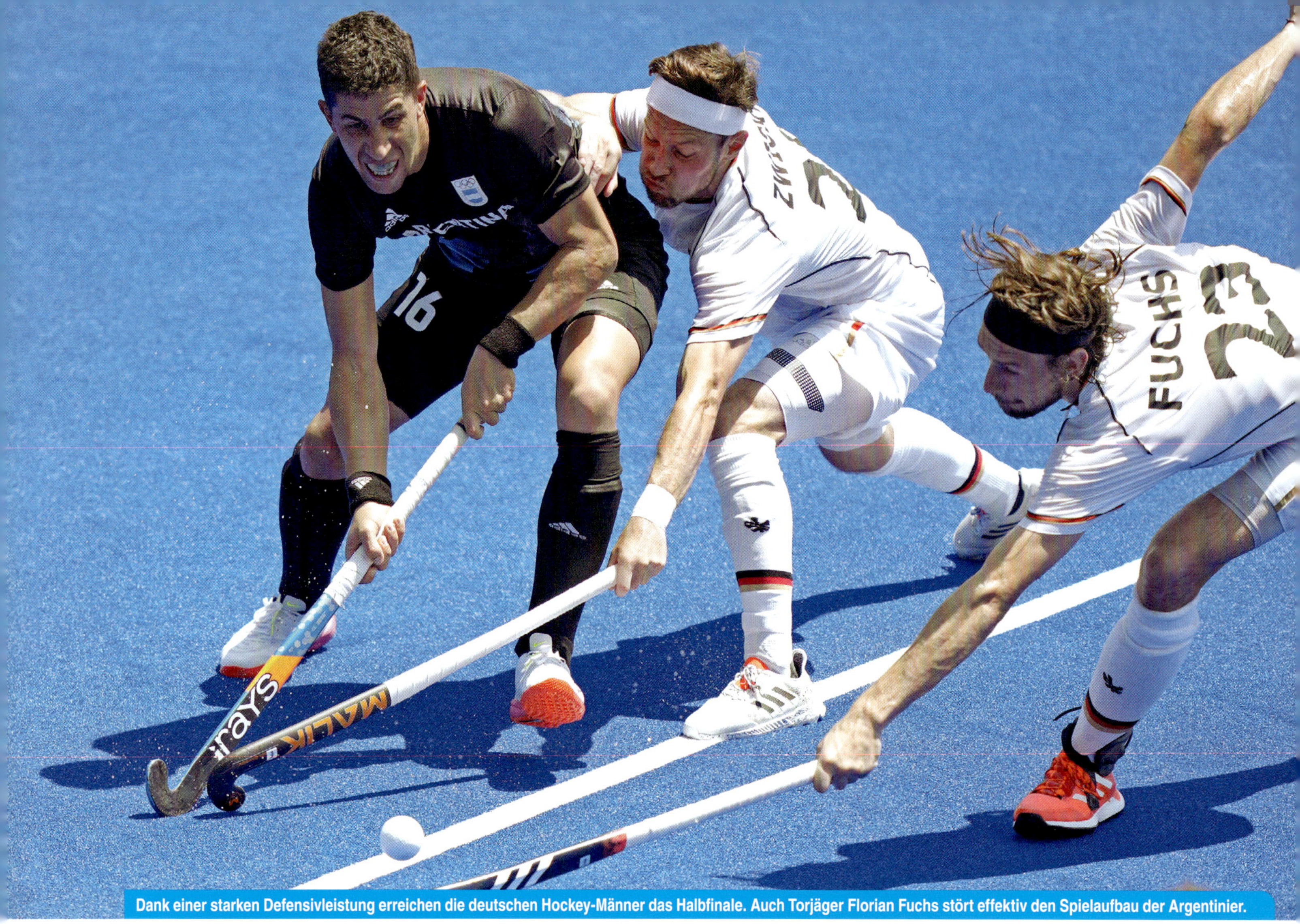

Dank einer starken Defensivleistung erreichen die deutschen Hockey-Männer das Halbfinale. Auch Torjäger Florian Fuchs stört effektiv den Spielaufbau der Argentinier.

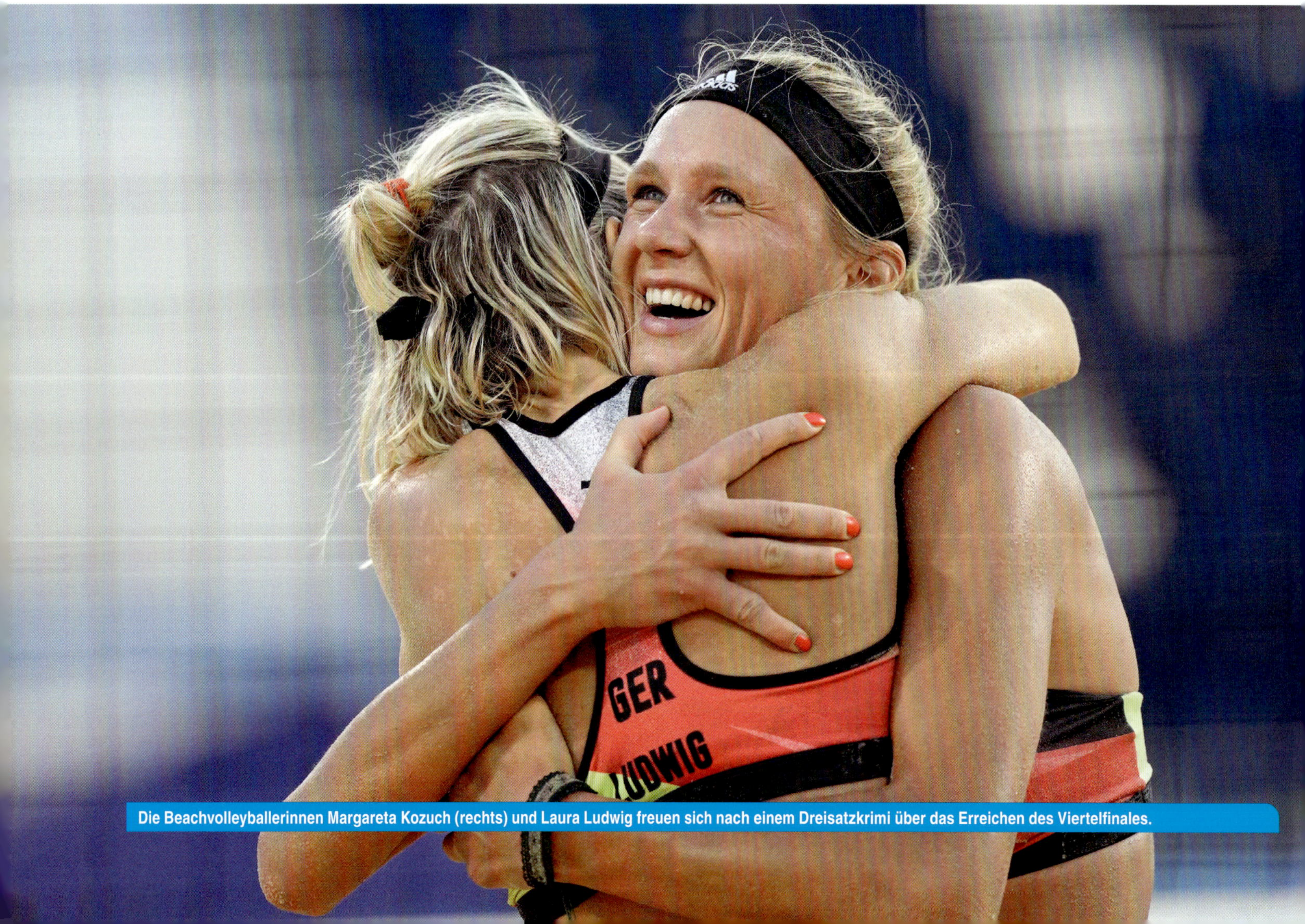

Die Beachvolleyballerinnen Margareta Kozuch (rechts) und Laura Ludwig freuen sich nach einem Dreisatzkrimi über das Erreichen des Viertelfinales.

Auch Laser-Segler Philipp Buhl verpasste die erhoffte Medaille. Nach Rang 14 in Rio de Janeiro vor fünf Jahren verbesserte sich der Sonthofener in Tokio aber immerhin auf den fünften Platz. Im Medal Race gehörte er sogar zu den drei besten Seglern.
Bei der Olympiapremiere im BMX Freestyle zeigte Lara Lessmann eine beachtliche Leistung. Obwohl sie nach einem im Juni erlittenen Schlüsselbeinbruch noch längst nicht wieder in Topform war, erreichte sie in Tokio den sechsten Platz.
Die Sonne brannte erbarmungslos vom Himmel, doch Deutschlands beste Hockey-Spieler blieben ganz cool: Mit einem 3:1 (2:0)-Erfolg gegen Argentinien zog die DHB-Auswahl zum fünften Mal in Folge in ein olympisches Halbfinale ein. Zugleich gelang der Mannschaft von Trainer Kais al Saadi die Revanche für die Halbfinalniederlage vor fünf Jahren in Rio de Janeiro, als sie den Südamerikanern mit 2:5 unterlagen. Diesmal ließen sich die Deutschen vom körperbetonten Spiel der Argentinier nicht beeindrucken und standen in der Abwehr deutlich sicherer. Zwar taten sich auch die Saadi-Schützlinge schwer damit, aus dem Spiel heraus gute Torchancen zu kreieren, nutzten dafür aber ihre Strafecken mit beeindruckender Effizienz.

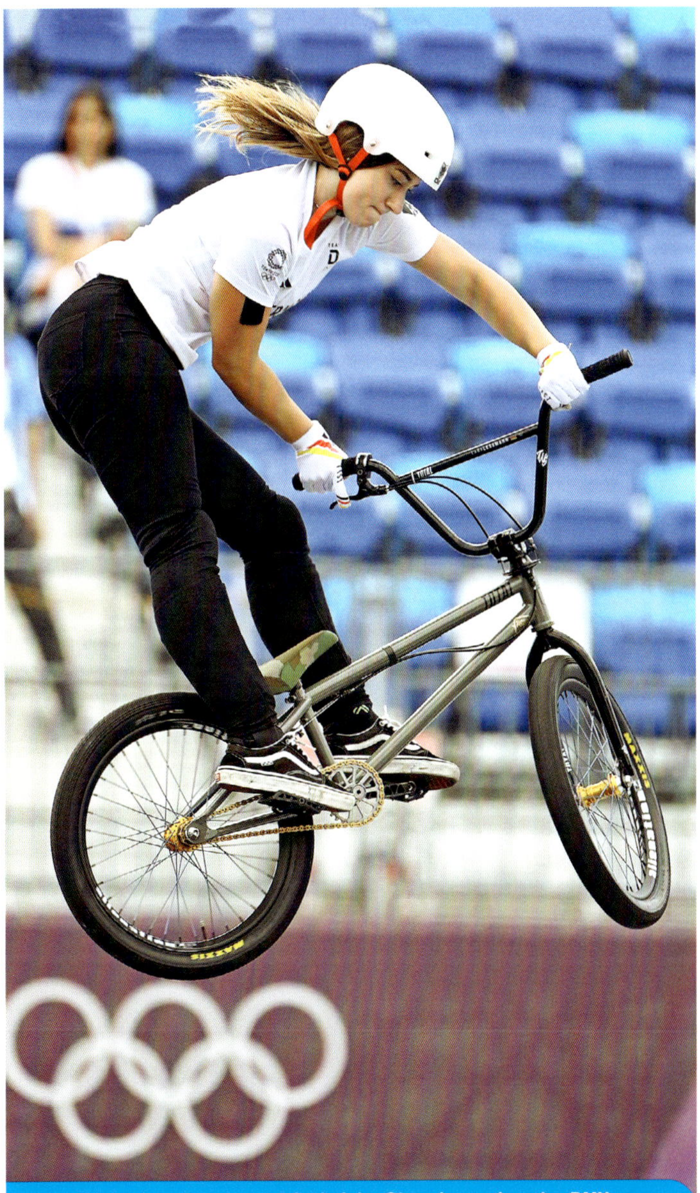

Die 21-jährige Lara Lessmann zeigt bei der Olympiapremiere des BMX Freestyle tolle Sprünge, verpasst als Sechste aber klar die Medaillenränge.

Lukas Windfelder (19. und 48. Minute) und Timm Herzbruch (40.) münzten drei dieser Standardsituationen in deutsche Tore um und sorgten für einen souveränen Erfolg. Der einzige Gegentreffer acht Minuten vor Ende war leicht zu verschmerzen.
Auch im Beachvolleyball wurden die deutschen Medaillenchancen weiter gewahrt. Laura Ludwig und Margareta Kozuch erreichten durch einen dramatischen 2:1 (21:19, 19:21, 16:14)-Erfolg gegen das brasilianische Duo Agatha Bednarczuk/Eduarda Santos Lisboa das Viertelfinale.

SEGELN LASER RADIAL (FRAUEN)

1	Anne-Marie Rindom	DEN	78 Punkte
2	Josefin Olsson	SWE	81
3	Marit Bouwmeester	NED	83

Svenja Weger vorzeitig ausgeschieden

SEGELN LASER RADIAL (MÄNNER)

1	Matt Whearn	AUS	53 Punkte
2	Toci Stipanovic	CRO	82
3	Herman Tomasgaard	NOR	85

5. Philipp Buhl 91

BMX FREESTYLE (MÄNNER)

1	Logan Martin	AUS	93,30 Punkte
2	Daniel Dhers	VEN	92,05
3	Declan Brooks	GBR	90,80

BMX FREESTYLE (FRAUEN)

1	Charlotte Worthington	GBR	97,50 Punkte
2	Hannah Roberts	USA	96,10
3	Nikita Ducarroz	SUI	89,20

6. Lara Lessmann 79,60

GOLF (MÄNNER)

1	Xander Schauffele	USA	266 Schläge
2	Rory Sabbatini	SVK	267
3	Pan Cheng-Tsung	TPE	269

35. Hurly Long 277

BADMINTON EINZEL (FRAUEN)

1	Chen Yu Fei	CHN
2	Tai Tzu-Ying	TPE
3	P.V. Sindhu	IND

Yvonne Li in Gruppenphase ausgeschieden

FECHTEN FLORETT MANNSCHAFT (MÄNNER)

1	Frankreich	FRA
2	ROC	ROC
3	USA	USA

6. Deutschland

GEWICHTHEBEN BIS 76 KG (FRAUEN)

1	Neisi Patricia Dajomes Barrera	ECU	263 Kilogramm
2	Katherine Elizabeth Nye	USA	249
3	Aremi Fuentes Zavala	MEX	245

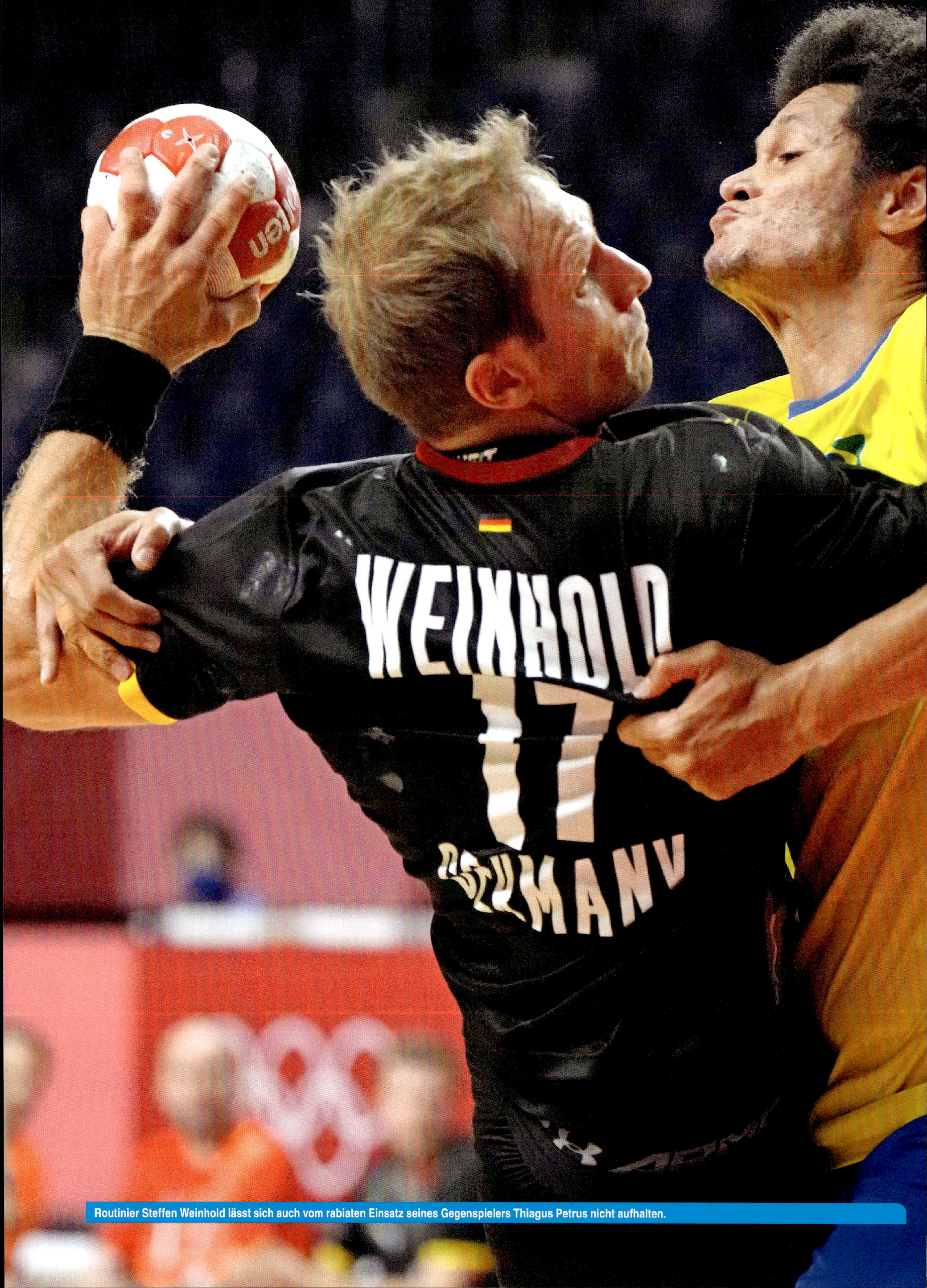

Routinier Steffen Weinhold lässt sich auch vom rabiaten Einsatz seines Gegenspielers Thiagus Petrus nicht aufhalten.

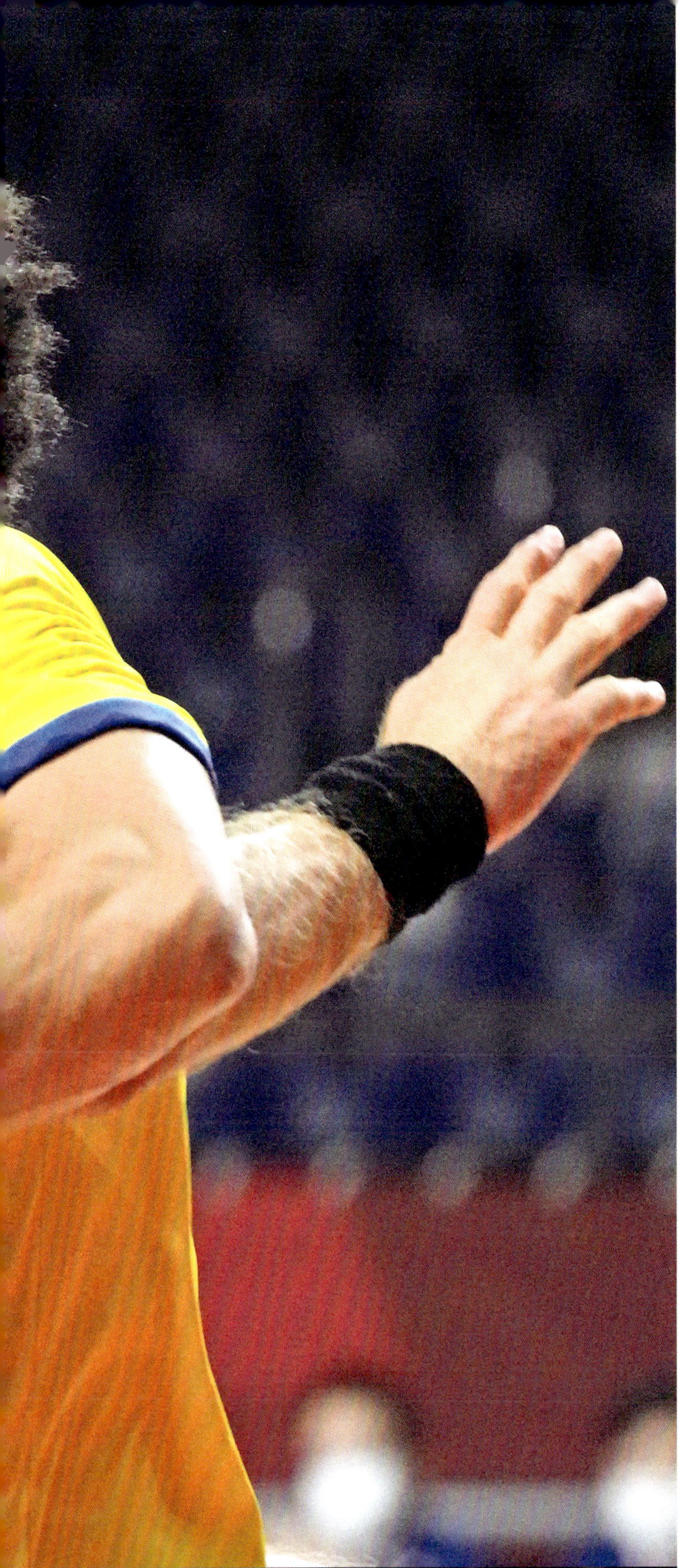

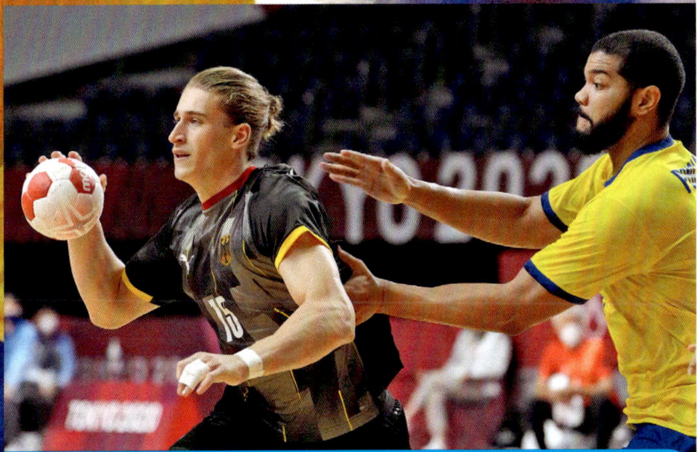

Der 21-jährige Juri Knorr erweist sich nach seiner Einwechslung als Belebung für den deutschen Rückraum und überzeugt mit sechs Treffern.

HANDBALL

Die deutschen Handballer hatten darauf gehofft, schon Stunden vor dem abschließenden Vorrundenspiel gegen Brasilien ins Viertelfinale einzuziehen. Alles, was dafür nötig gewesen wäre, war ein Sieg der bis dato souveränen Franzosen gegen Norwegen. Doch der zweimalige Olympiasieger unterlag den Skandinaviern überraschend mit 29:32 und erhöhte damit den Erfolgsdruck auf die DHB-Auswahl signifikant. Eine Niederlage gegen Brasilien hätte nun das Aus und ein Remis ein Viertelfinale gegen den Topfavoriten Dänemark zur Folge gehabt. Die Deutschen hielten dem Druck jedoch stand und verteidigten mit einem ungefährdeten 29:25 (16:12)-Sieg gegen die Brasilianer den dritten Platz in ihrer Gruppe. Damit erspielten sich Kapitän Uwe Gensheimer und Co. ein Viertelfinalduell gegen Afrikameister Ägypten. Gegen Brasilien musste man sich nur in der Anfangsphase Sorgen um die deutsche Mannschaft machen. Sie präsentierte sich im Angriff ideenlos und musste hinten ein ums andere Mal auf den starken Torwart Johannes Bitter vertrauen. Nach einer Auszeit von Trainer Alfred Gislason streifte das DHB-Team dann aber sein Phlegma ab und agierte deutlich zielstrebiger. Wertvolle Impulse gingen dabei auch vom 21-jährigen Juri Knorr aus, der die brasilianische Deckung mit ansatzlosen Würfen aus dem Rückraum immer wieder überraschte. Einen 7:9-Rückstand verwandelten die Deutschen so in eine 16:12-Pausenführung. Im zweiten Durchgang bauten die Gislason-Schützlinge ihre Führung schnell auf 21:14 aus, erlaubten sich im Gefühl der klaren Überlegenheit dann jedoch einige Nachlässigkeiten. Brasilien rückte bis auf drei Treffer heran, konnte den deutschen Sieg aber nicht mehr ernsthaft gefährden.

Deutschland – Brasilien 29:25 (16:12)
Deutschland: Bitter, Wolff – Weinhold (6 Tore), Knorr (6), Häfner (3), Weber (3), Gensheimer (3), Kühn (2), Kastening (2), Drux (2), Golla (1), Lemke (1), Pekeler, Kohlbacher.

HANDBALL (MÄNNER)

Vorrunde, Gruppe A				
Spanien – Argentinien 36:27 (17:12)				
Norwegen – Frankreich 32:29 (15:15)				
Deutschland – Brasilien 29:25 (16:12)				
1.	Frankreich	5	162:148	8
2.	Spanien	5	155:142	8
3.	Deutschland	5	146:131	6
4.	Norwegen	5	136:132	6
5.	Brasilien	5	128:145	2
6.	Argentinien	5	125:154	2
Vorrunde, Gruppe B				
Portugal – Japan 30:31 (14:16)				
Ägypten – Bahrain 30:20 (15:7)				
Dänemark – Schweden 30:33 (13:17)				
1.	Dänemark	5	174:139	8
2.	Ägypten	5	154:134	8
3.	Schweden	5	144:142	8
4.	Bahrain	5	129:149	2
5.	Portugal	5	143:156	2
6.	Japan	5	146:170	2

TAG 10
MO., 02.08.

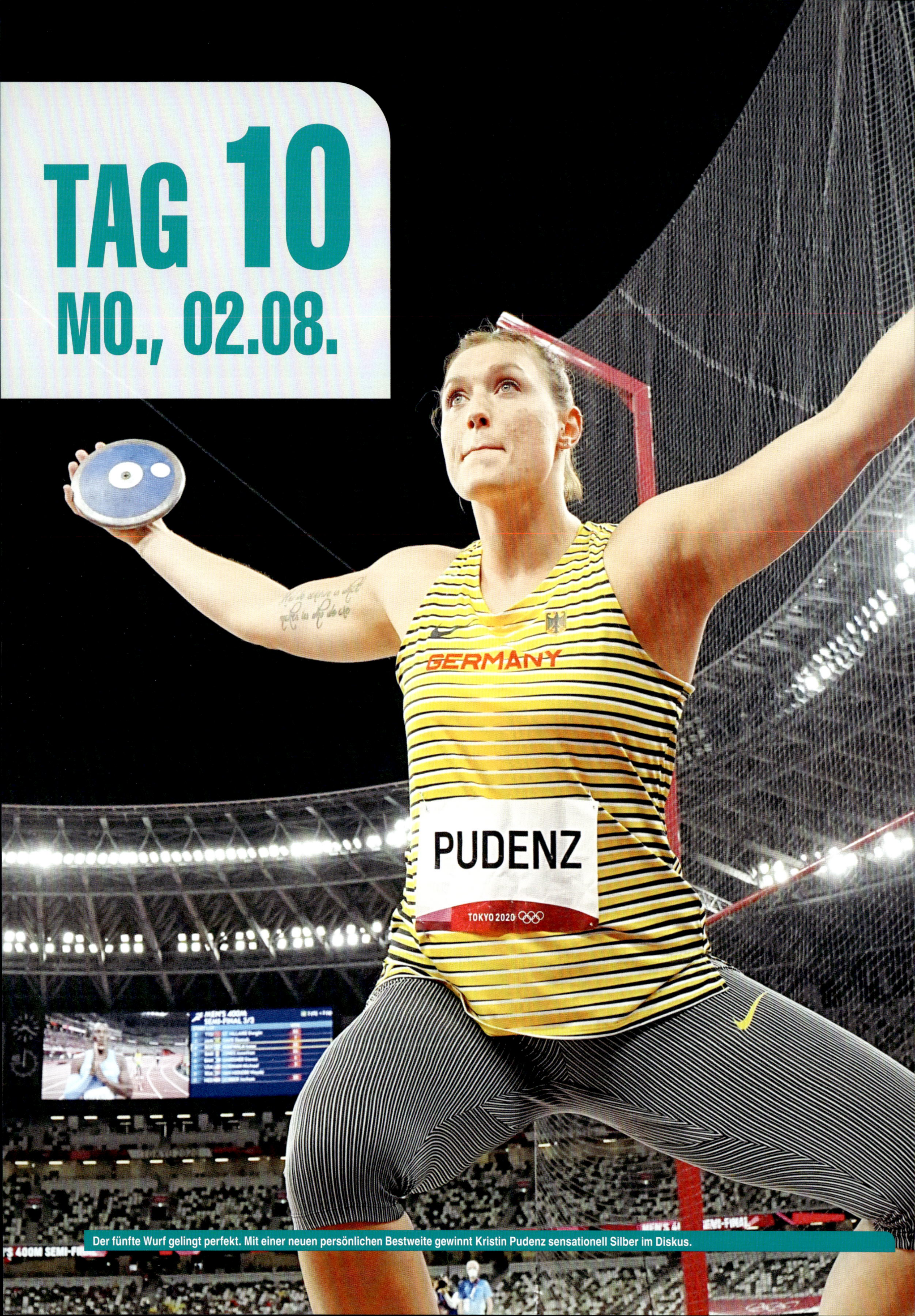

Der fünfte Wurf gelingt perfekt. Mit einer neuen persönlichen Bestweite gewinnt Kristin Pudenz sensationell Silber im Diskus.

LEICHTATHLETIK

Überwältigt von ihren Gefühlen warf Kristin Pudenz den Diskus ins Fangnetz. Dass ihr letzter Versuch derart missglückte, war jedoch völlig egal. Denn schon zuvor stand die Potsdamerin als Silbermedaillengewinnerin fest. Mit diesem Erfolg bescherte sie dem Deutschen Leichtathletik-Verband (DLV) nicht nur die erste Medaille bei diesen Sommerspielen, sie übertraf ihre eigenen Erwartungen bei weitem. Zu verdanken hatte sie ihren Coup einem grandiosen fünften Versuch. Mit 66,86 Metern stellte die 28-Jährige eine neue persönliche Bestweite auf und schockte die Konkurrenz, allen voran Sandra Perkovic, die Grande Dame des Diskuswurfs. Die seit vielen Jahren dominierende Kroatin verpasste am Ende ihren dritten Olympiasieg in Folge deutlich und musste sich nach einem völlig verkorksten Wettkampf mit Rang vier begnügen. Mit Tränen in den Augen irrlichterte indes Pudenz durch das Stadion, nachdem sie für die erste olympische Medaille einer deutschen Diskuswerferin seit dem Sieg von Ilke Wyludda 1996 in Atlanta gesorgt hatte. Das starke deutsche Ergebnis in Tokio komplettierten Marike Steinacker (62,02 Meter) und Claudine Vita (61,80) auf den Plätzen acht und neun.

37 (!) Jahre lang dominierten Läufer aus Kenia den 3000-Meter-Hindernislauf bei Olympischen Spielen. 1984 in Los Angeles hatte die kenianische Siegesserie durch Julius Korir ihren Anfang genommen, 2016 in Rio de Janeiro triumphierte Conseslus Kipruto. In Tokio durchbrach nun der Marokkaner Soufiane El Bakkali diese Phalanx. Nach einer furiosen Schlussrunde gewann er vor dem Äthiopier Lamecha Girma. Für Kenia blieb nur Bronze durch Benjamin Kigen.

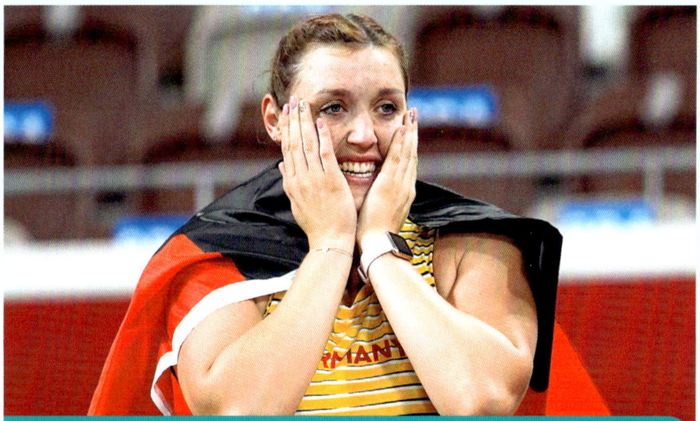

Kristin Pudenz beschert dem deutschen Team in Tokio die erste Medaille in der Leichtathletik.

In Abwesenheit der deutschen Spitzenathletin Konstanze Klosterhalfen, die nach einer langwierigen Beckenverletzung auf ihren Start verzichtet hatte, gewann die Niederländerin Sifan Hassan in überlegener Manier das 5000-Meter-Rennen der Frauen.

An Dramatik kaum zu überbieten war dagegen der Weitsprung der Männer. Am Ende siegte der Grieche Miltiadis Tentoglou (8,41 Meter) vor dem weitengleichen Juan Miguel Echevarria nur deshalb, weil sein zweitbester Versuch sechs Zentimeter weiter gegangen war als der des Kubaners.

DISKUSWURF (FRAUEN)

1	Valarie Allman	USA	68,98 Meter
2	Kristin Pudenz	GER	66,86
3	Yaime Perez	CUB	65,72

WEITSPRUNG (MÄNNER)

1	Miltiadis Tentoglou	GRE	8,41 Meter
2	Juan Miguel Echevarria	CUB	8,41
3	Maykel Masso	CUB	8,21

12. Fabian Heinle 7,62

3000 METER HINDERNIS (MÄNNER)

1	Soufiane El Bakkali	MAR	8:08:90 Minuten
2	Lamecha Girma	ETH	+ 1,48 Sekunden
3	Benjamin Kigen	KEN	+ 2,55

Karl Bebendorf im Vorlauf ausgeschieden

5000 METER (FRAUEN)

1	Sifan Hassan	NED	14:36:79 Minuten
2	Hellen Obiri	KEN	+ 1,57
3	Gudaf Tsegay	ETH	+ 2,08

100 METER HÜRDEN (FRAUEN)

1	Jasmine Camacho-Quinn	PUR	12,37 Sekunden
2	Kendra Harrison	USA	12,52
3	Megan Tapper	JAM	12,55

Ricarda Lobe im Vorlauf ausgeschieden

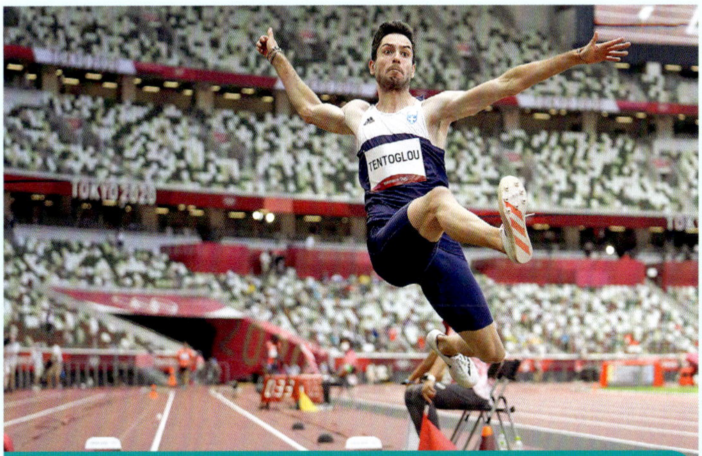

Mit 8,41 Metern springt der Grieche Miltiadis Tentoglou zu Weitsprung-Gold. Der weitengleiche Juan Miguel Echevarria hat das Nachsehen.

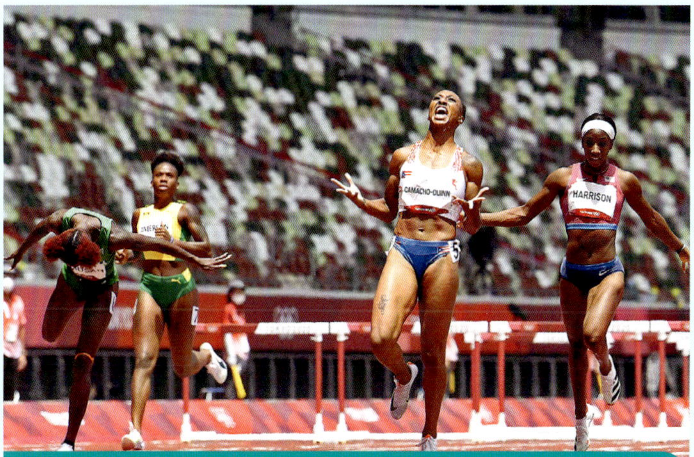

Jasmine Camacho-Quinn aus Puerto Rico sprintet überlegen zu Gold über 110 Meter Hürden.

WEITERE ENTSCHEIDUNGEN

Zwei deutsche Sportlerinnen haben am zehnten Tag der Sommerspiele Geschichte geschrieben. Julia Krajewski gewann als erste Frau überhaupt das Vielseitigkeitsreiten. Und Aline Rotter-Focken wurde als erste deutsche Ringerin Olympiasiegerin. Mit diesen zwei überraschenden Goldmedaillen verbesserte sich Deutschland im Medaillenspiegel vom elften auf den achten Platz. Krajewski hatte bereits an den Vortagen in den Teildisziplinen Dressur und Gelände starke Leistungen gezeigt und auf Platz zwei gelegen. Im abschließenden Springen blieb sie ohne Abwurf und setzte sich an die Spitze des Klassements. Die 32-Jährige aus Warendorf trat damit in die Spuren von Michael Jung (Horb am Neckar), dem Goldgewinner 2012 in London und 2016 in Rio de Janeiro, der diesmal nur Achter wurde. Seit der Aufnahme des Vielseitigkeitsreiten ins olympische Programm 1912 hatten ausnahmslos Männer gewonnen. »Ich muss zugeben, dass ich noch gar nicht richtig realisiert habe, was es heißt, Olympiasiegerin zu sein«, sagte Krajewski, die zweieinhalb Stunden zuvor noch eine Enttäuschung mit der Mannschaft erlebt hatte. Die deutsche Equipe, zu der neben Krajewski und Jung noch Sandra Auffarth (Ganderkesee) gehörte, musste sich trotz Aufholjagd im Springen mit Platz vier zufriedengeben und blieb damit erstmals seit 2004 ohne Edelmetall. Die Goldmedaille von Ringerin Aline Rotter-Focken fiel zweifellos in die Kategorie »Sensation«. Im Finale in der Makuhari Messehalle setzte sich die 30-jährige Krefelderin in der Gewichtsklasse bis 76 Kilogramm (Schwergewicht) mit 7:3 gegen Weltmeisterin Adeline Gray aus den USA durch. Eine »Kampfführung vom Allerallerfeinsten« bescheinigte Eurosport-Experte Thomas Eigenbrodt der jahrelangen deutschen Vorzeigeringerin in deren letzten Kampf. Schon vor Tokio hatte Rotter-Focken angekündigt, ihre Karriere nach den Sommerspielen zu beenden.

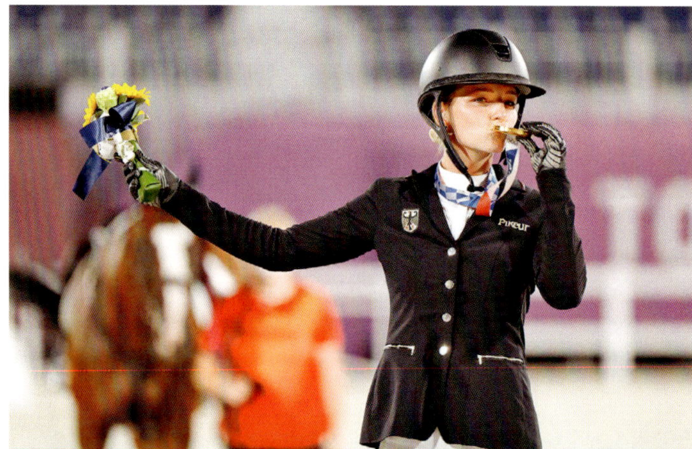

Ein Kuss für die Goldmedaille: Vielseitigkeitsreiterin Julia Krajewski ist bei der Siegerehrung zufrieden mit sich und der Welt.

REITSPORT VIELSEITIGKEIT (EINZEL)

1	Julia Krajewski	GER	26,0 Strafpunkte
2	Tom McEwen	GBR	29,3
3	Andrew Hoy	AUS	29,6

REITSPORT VIELSEITIGKEIT (TEAM)

1	Großbritannien	GBR	86,3 Punkte
2	Australien	AUS	100,2
3	Frankreich	FRA	101,5

4. Deutschland 114,2

RINGEN FREISTIL BIS 76 KG (FRAUEN)

1	Aline Rotter-Focken	GER
2	Adeline Gray	USA
3	Yasemin Adar	TUR
3	Zhou Qian	CHN

RINGEN GRIECHISCH-RÖMISCH BIS 60 KG (MÄNNER)

1	Luis Alberto Orta Sanchez	CUB
2	Kenichiro Fumita	JPN
3	Walihan Sailike	CHN
3	Sergej Jemelin	ROC

Etienne Kinsinger in der ersten Runde ausgeschieden

RINGEN GRIECHISCH-RÖMISCH BIS 130 KG (MÄNNER)

1	Mijain Lopez Nunez	CUB
2	Jakobi Kajaia	GEO
3	Sergej Semenow	ROC
3	Riza Kayaalp	TUR

Eduard Popp im Viertelfinale ausgeschieden

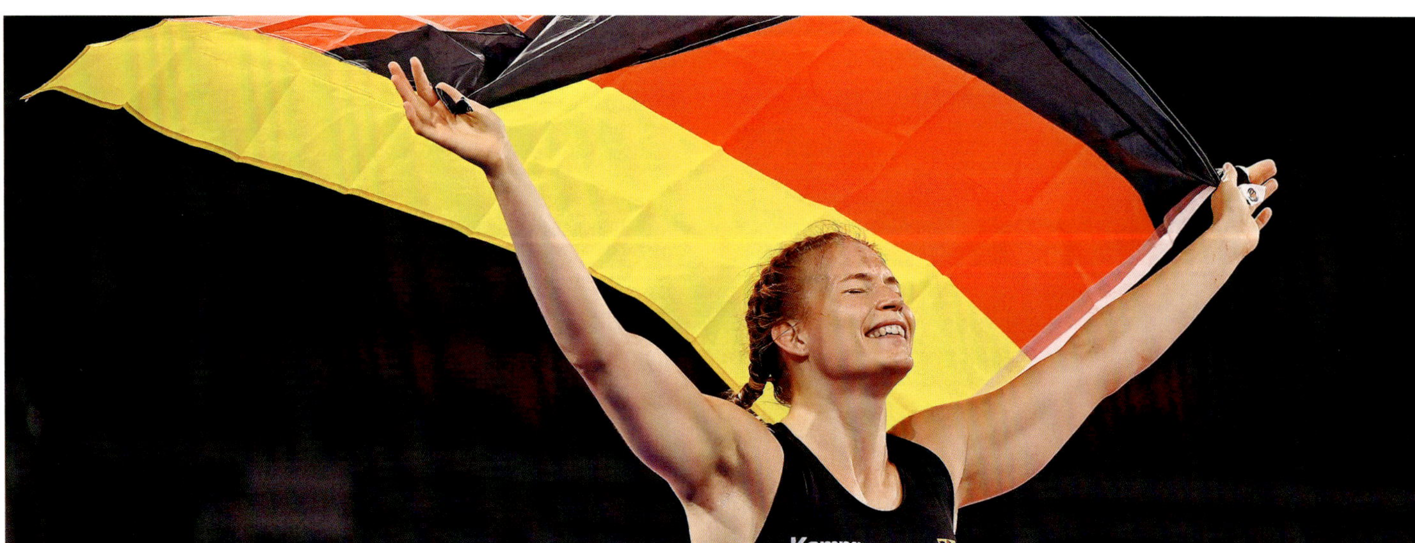

Ein historischer Moment: Aline Rotter-Focken feiert den ersten Olympiasieg einer deutschen Ringerin überhaupt.

TAG 10

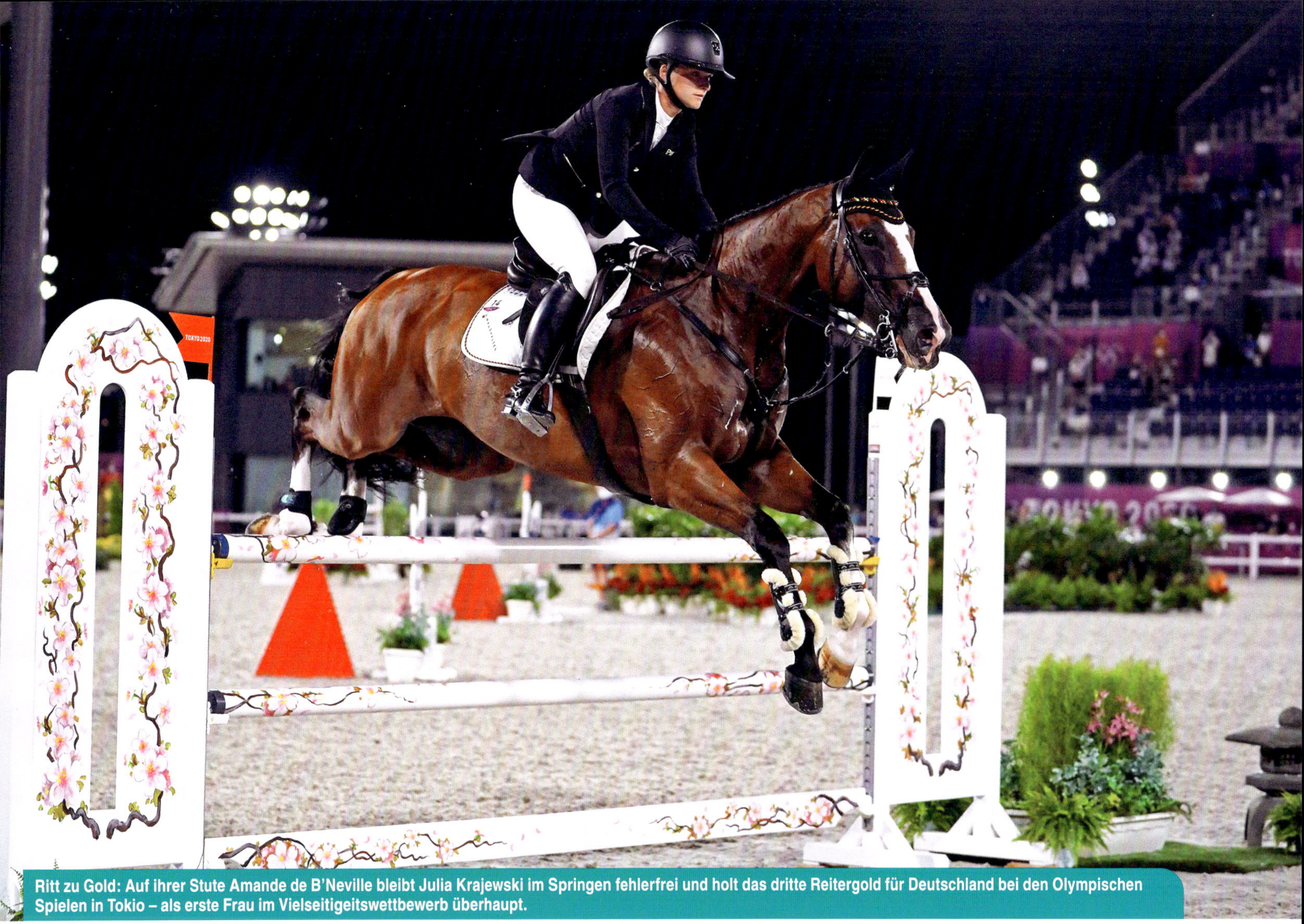

Ritt zu Gold: Auf ihrer Stute Amande de B'Neville bleibt Julia Krajewski im Springen fehlerfrei und holt das dritte Reitergold für Deutschland bei den Olympischen Spielen in Tokio – als erste Frau im Vielseitigeitswettbewerb überhaupt.

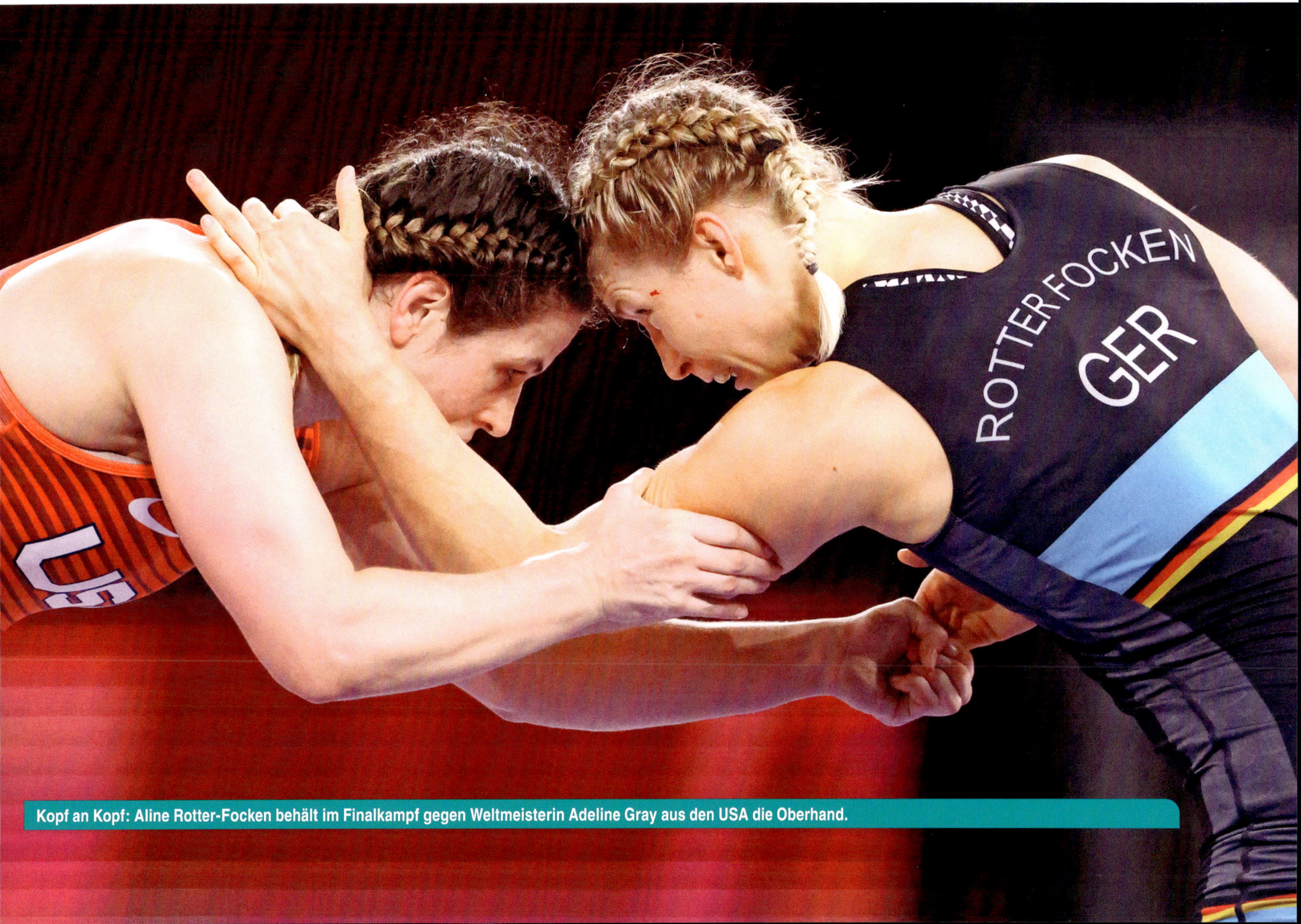

Kopf an Kopf: Aline Rotter-Focken behält im Finalkampf gegen Weltmeisterin Adeline Gray aus den USA die Oberhand.

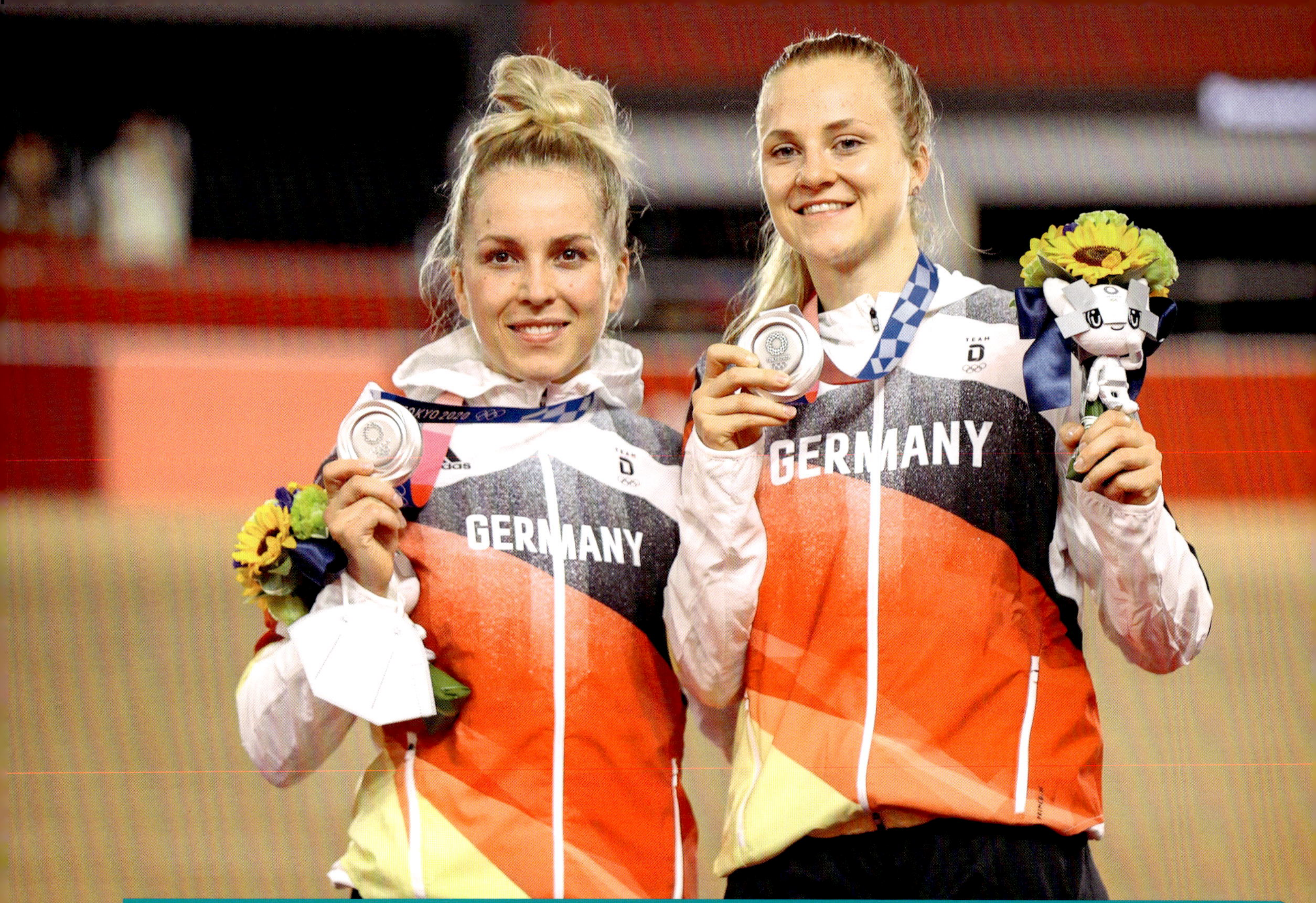

Starker Auftakt der Bahnradwettbewerbe: Emma Hinze (links) und Lea Sophie Friedrich präsentieren olympisches Silber.

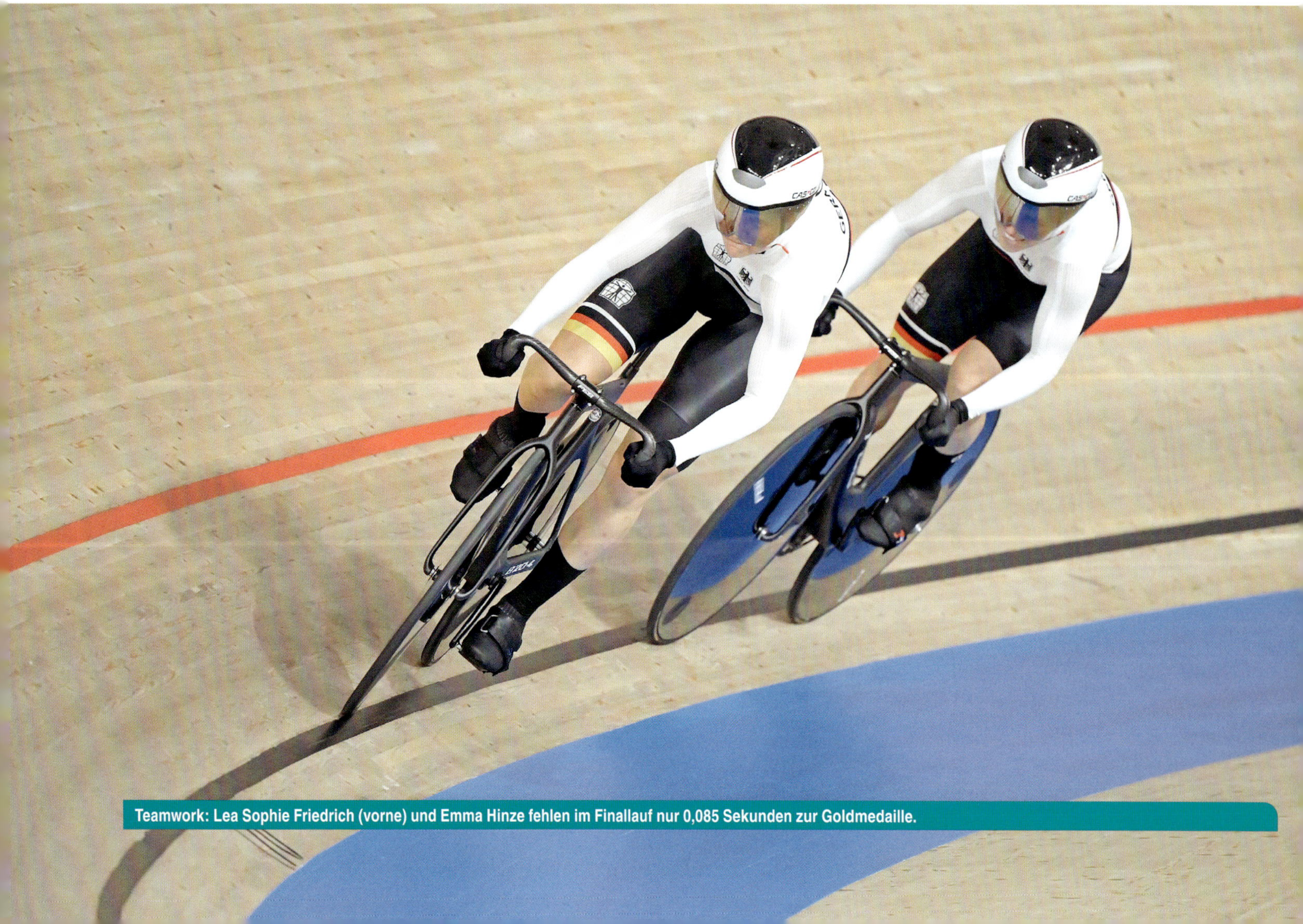

Teamwork: Lea Sophie Friedrich (vorne) und Emma Hinze fehlen im Finallauf nur 0,085 Sekunden zur Goldmedaille.

Beim Start der Bahnradwettkämpfe vor knapp 1000 Zuschauern im Izu Velodrome rasten Lea-Sophie Friedrich (Dassow) und Emma Hinze (Cottbus) im Teamsprint zur Silbermedaille. Die Weltmeisterinnen trennten im Finallauf lediglich 0,085 Sekunden von den Siegerinnen Bao Shanju und Zhong Tianshi aus China. Ernüchternd verlief der Tag hingegen für die Hockeyfrauen, die sich im Viertelfinale deutlich mit 0:3 (0:2) gegen Argentinien geschlagen geben mussten. Dabei waren sie als Zweiter von Vorrundengruppe A leicht favorisiert ins Duell gegen den Dritten von Gruppe B gegangen. Von einem »Tag, den man gern aus dem Gedächtnis streicht«, sprach die routinierte Angreiferin Lisa Altenburg. »Es hat an allem gefehlt.« Einen Misserfolg erlebten auch die deutschen Sportschützen, die nach dem fünften Platz von Christian Reitz mit Schnellfeuerpistole ohne Medaille die Heimreise antreten mussten. Fünf Jahre zuvor in Rio de Janeiro hatte der Wahlhesse aus Kriftel mit seiner Paradewaffe den Sieg herausgeschossen, die Schützen hatten damals insgesamt drei Gold- und eine Silbermedaille gewonnen. Wasserspringer Patrick Hausding, der bei der Eröffnungsfeier die deutsche Fahne getragen hatte, scheiterte – fünf Tage nach Bronze mit Synchronpartner Lars Rüdiger – vom Dreimeterbrett überraschend bereits im Vorkampf. Der 32-jährige Berliner patzte im letzten olympischen Wettbewerb seiner Karriere bei gleich drei von sechs Sprüngen und war danach ratlos: »In den entscheidenden Millisekunden hat bei mir heute irgendwas technisch nicht hingehauen.« Die Beachvolleyballer Julius Thole und Clemens Wickler erreichten hingegen das Viertelfinale. Die Vizeweltmeister aus Hamburg besiegten das als Medaillenkandidaten eingestufte US-Duo Jacob Gibb/Tri Bourne im Achtelfinale 2:1.
Im Fußballturnier der Frauen schafften Kanada mit einem 1:0 gegen Weltmeister USA und der Rio-Zweite Schweden mit dem gleichen Ergebnis gegen Australien den Einzug ins Endspiel.

BAHNRADSPORT TEAMSPRINT (FRAUEN)

1	Bao Shanju, Zhong Tianshi	CHN
2	Lea Sophie Friedrich, Emma Hinze	GER
3	Daria Schmelewa, Anastassia Woinowa	ROC

KUNSTTURNEN RINGE (MÄNNER)

1	Liu Yang	CHN	15,5 Punkte
2	You Hao	CHN	15,3
3	Eleftherios Petrounias	GRE	15,2

KUNSTTURNEN SPRUNG (MÄNNER)

1	Shin Jeahwan	KOR	14,783 Punkte
2	Denis Abljasin	ROC	14,783
3	Artur Dawtjan	ARM	14,733

KUNSTTURNEN BODEN (FRAUEN)

1	Jade Carey	USA	14,366 Punkte
2	Vanessa Ferrari	ITA	14,200
3	Mai Murakami	JPN	14,166
3	Angelina Melnikowa	ROC	14,166

SCHIESSEN SCHNELLFEUERPISTOLE (MÄNNER)

1	Jean Quiquampoix	FRA	34 Treffer
2	Leuris Pupo	CUB	29
3	Li Yuehong	CHN	26

5. Christian Reitz 18

SCHIESSEN KK-DREISTELLUNGSKAMPF (MÄNNER)

1	Zhang Changhong	CHN	466,0 Punkte
2	Sergei Kamenski	ROC	464,2
3	Milenko Sebic	SRB	448,2

GEWICHTHEBEN BIS 87 KG (FRAUEN)

Platz	Name	Nation	Ergebnis
1	Wang Zhouyu	CHN	270 Kilogramm
2	Tamara Yajaira Salazar Arce	ECU	263
3	Crismery Dominga Santana Peguero	DOM	256

GEWICHTHEBEN ÜBER 87 KG (FRAUEN)

Platz	Name	Nation	Ergebnis
1	Li Wenwen	CHN	320 Kilogramm
2	Emily Jade Campbell	GBR	283
3	Sarah Elizabeth Robles	USA	282

BADMINTON EINZEL (MÄNNER)

1	Viktor Axelsen	DEN
2	Chen Long	CHN
3	Anthony Sinisuka Ginting	INA

Kai Schäfer in der Gruppenphase ausgeschieden

BADMINTON DOPPEL (FRAUEN)

1	Greysia Polii/Apriyani Rahayu	INA
2	Chen Qing Chen/Jia Yi Fan	CHN
3	Kim Soyeong/Kong Heeyong	KOR

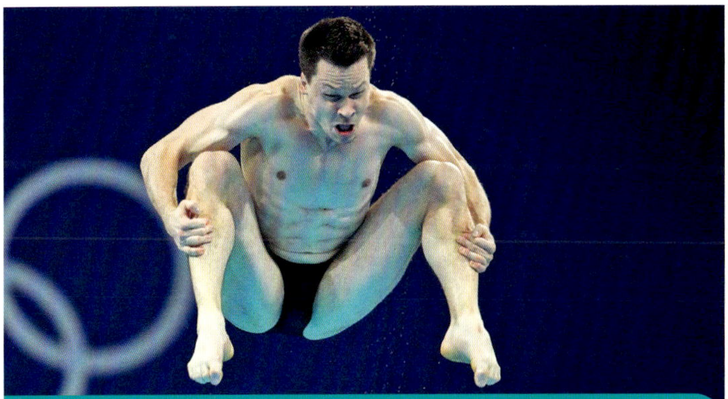

Patrick Hausding gibt in seinem letzten olympischen Wettkampf noch einmal alles. Dennoch scheitert der Berliner vom Dreimeterbrett bereits im Vorkampf.

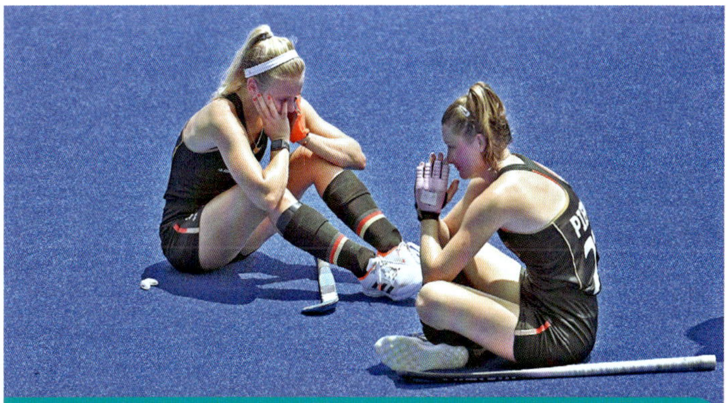

Aus im Viertelfinale: Die Enttäuschung ist bei den deutschen Spielerinnen Kira Horn (links) und Cecile Pieper unverkennbar.

TAG 11

DI., 03.08.

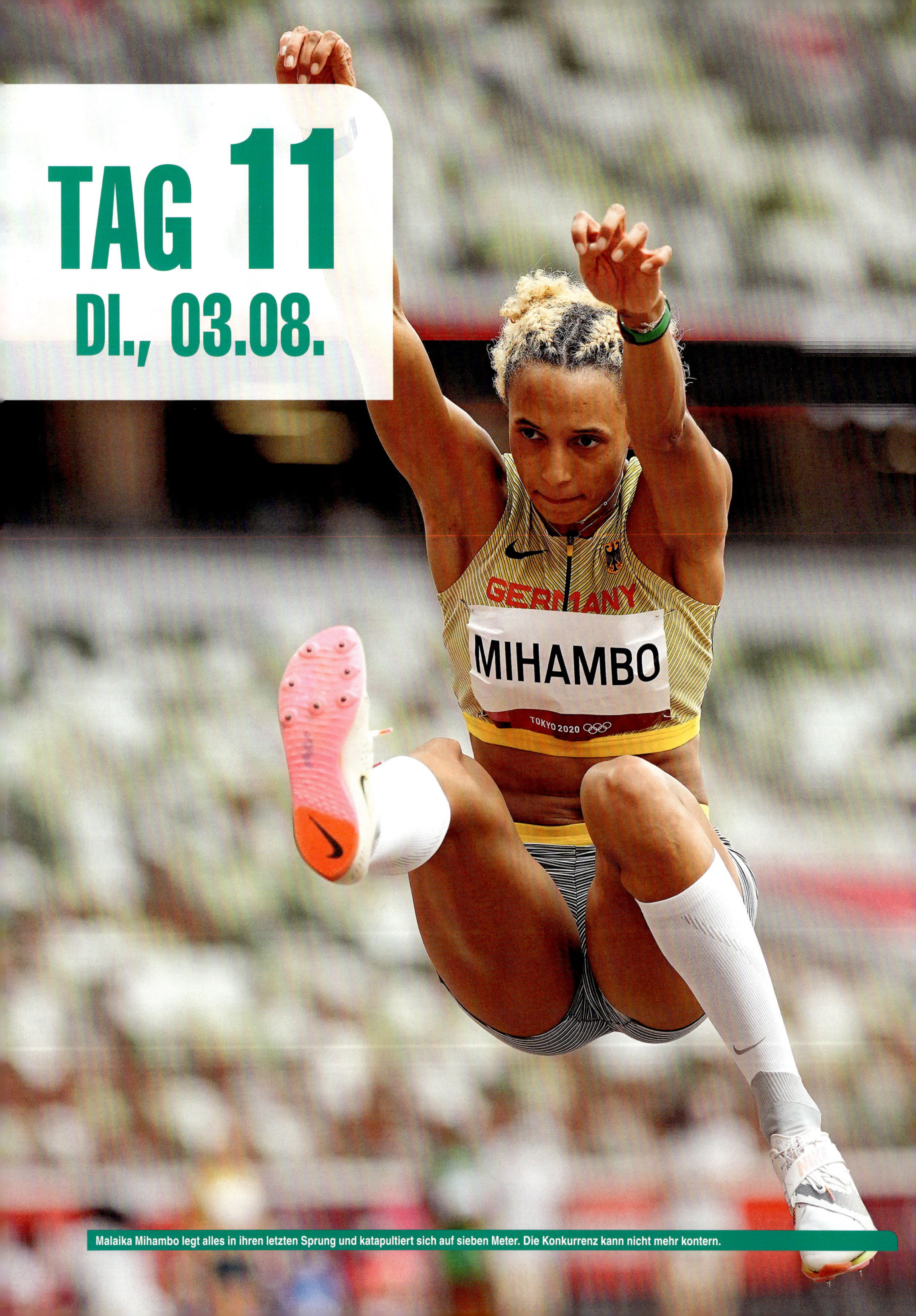

Malaika Mihambo legt alles in ihren letzten Sprung und katapultiert sich auf sieben Meter. Die Konkurrenz kann nicht mehr kontern.

LEICHTATHLETIK

Malaika Mihambo stand auf der Tartanbahn, den Blick starr geradeaus gerichtet. Wie entrückt wirkte die Weitsprung-Weltmeisterin vor ihrem letzten Versuch. Doch dann ein kurzer Schrei, ein Klaps auf die Oberschenkel, und Mihambo rannte los. Sie rannte, sie sprang, sie flog sieben Meter weit, und das, obwohl sie das Brett nicht traf und so fast 20 Zentimeter verschenkte. Am Rand schlug die bis dato führende US-Amerikanerin Brittney Reese die Hände über dem Kopf zusammen. Mihambo katapultierte sich mit ihrem letzten Sprung an die Spitze, und aus der Aussicht auf Bronze wurde plötzlich die Chance auf Gold. Zwei Starterinnen konnten Mihambo den Olympiasieg noch entreißen. Ese Brume aus Nigeria versuchte es zuerst, doch es reichte nur zu 6,90 Metern. Nun war Mihambo Silber sicher. Die Entscheidung fiel mit dem letzten Versuch von Reese, der Olympiasiegerin von 2012. Auch Reese warf noch einmal alles hinein in diesen Sprung, toppen konnte sie Mihambo aber nicht mehr. Die Heidelbergerin wirkte noch ein wenig ungläubig. Erst als auf der Anzeigentafel 6,84 Meter für Reese angezeigt wurden, realisierte sie, was ihr soeben gelungen war. Mihambo bewies nicht nur eine unglaubliche Nervenstärke, sie schaffte auch das Kunststück, im wichtigsten Moment ihren besten Sprung in dieser Saison auszupacken. Lange hatte die 27-Jährige in der Vorbereitung auf die Olympischen Spiele ihre Form gesucht, Zweifel begleiteten sie auf ihrer Reise nach Tokio. Zurück flog sie als erste deutsche Olympiasiegerin im Weitsprung seit Heike Drechsler. Reese musste sich mit Silber begnügen. Brume, die in ihrem besten Versuch wie die US-Amerikanerin auf 6,97 Meter kam, blieb Bronze.

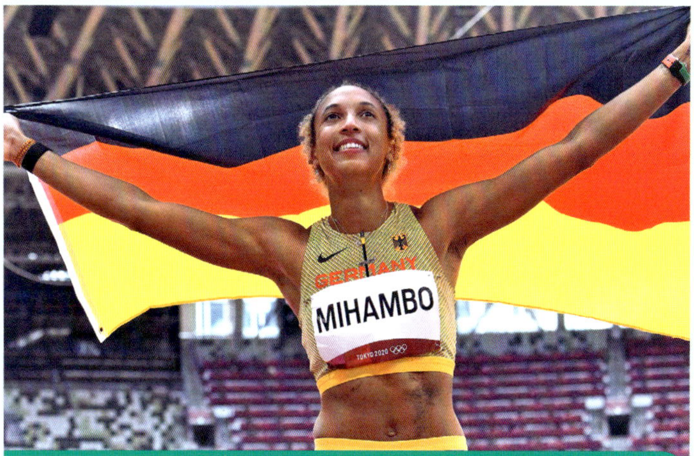

Nach dem WM-Titel in Doha feiert Malaika Mihambo nun auch den Olympiasieg in Tokio.

WEITSPRUNG (FRAUEN)

1	Malaika Mihambo	GER	7,00 Meter
2	Brittney Reese	USA	6,97
3	Ese Brume	NGR	6,97

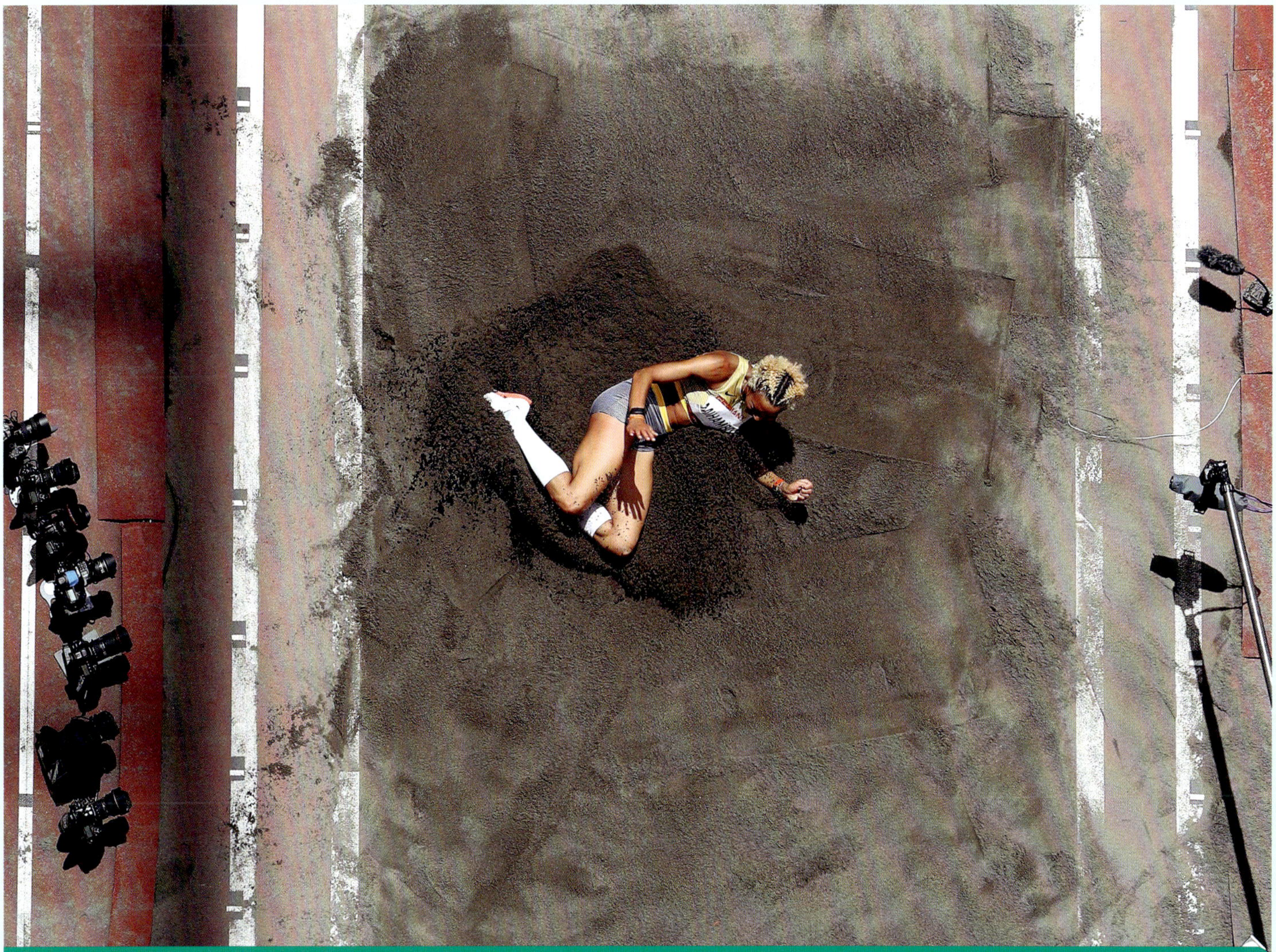

Der Sprung von Malaika Mihambo wird von vielen Kameras eingefangen, eine von ihnen zeigt die Landung aus der Vogelperspektive.

TAG 11

Einen Glanzpunkt setzte bei diesen Sommerspielen auch Karsten Warholm. Der Norweger holte sich in einem unglaublichen Rennen über 400 Meter Hürden nicht nur Olympiagold, er verbesserte seinen erst am 1. Juli 2021 aufgestellten Weltrekord um weitere 76 Hundertstel auf 45,94 Sekunden. Wie hoch diese Leistung einzustufen ist, lässt sich daran ablesen, dass erst fünf Läufer in der Geschichte in dieser Disziplin unter 47 Sekunden geblieben waren. Auch Silbermedaillengewinner Rai Benjamin aus den USA unterbot den alten Weltrekord Warholms. Und der drittplatzierte Alison dos Santos aus Brasilien schlug die 29 Jahre lang gültige Weltrekordzeit des US-Amerikaners Kevin Young, die dieser bei den Olympischen Spielen 1992 in Barcelona aufgestellt hatte. Doch es ging noch spektakulär weiter. Mit ihrem überlegenen Sieg über 200 Meter gewann die Jamaikanerin Elaine Thompson-Herah nicht nur zum zweiten Mal Gold in diesen Tagen von Tokio, als erste Frau überhaupt schaffte sie ein Double-Double. Bereits bei den Sommerspielen in Rio de Janeiro 2016 hatte sie auf der 100- und 200-Meter-Strecke triumphiert. Ihre Tokio-Siegerzeit von 21,53 Sekunden war zudem die zweitschnellste jemals gelaufene Zeit auf dieser Strecke. Nur die skandalumwitterte Florence Griffith-Joyner war 1988 in Seoul in 21,34 Sekunden schneller. Der 29-jährigen Starsprinterin erwächst jedoch harte Konkurrenz. Die gerade mal 18-jährige Christine Mboma gewann Silber für Namibia. Eine eindrucksvolle Machtdemonstration bot auch Stabhochsprung-Wunderkind Armand Duplantis. Der Schwede, der bereits

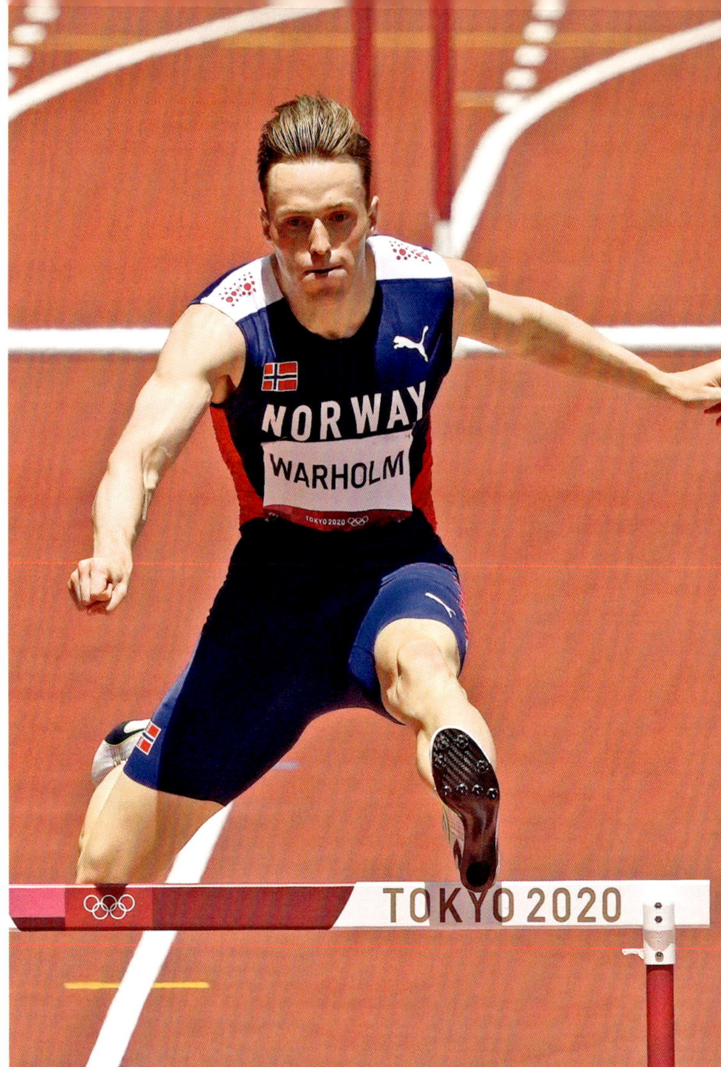

In der Weltrekordzeit von 45,94 Sekunden siegt Norwegens Karsten Warholm über 400 Meter Hürden vor Rai Benjamin.

mit 18 Jahren erstmals Europameister geworden war und als 20-Jähriger den Weltrekord des legendären Sergej Bubka geknackt hatte, benötigte in Tokio gerade einmal fünf Sprünge, um sich die Goldmedaille zu sichern. Auch die Sieghöhe von 6,02 Metern überwand er im ersten Versuch und verkörperte die Leichtigkeit des Seins. Anschließend versuchte sich Duplantis an einem neuen Weltrekord und ließ die Latte auf 6,19 Meter legen. Im ersten Versuch überwand er diese schwindelerregende Höhe, touchierte in der Abwärtsbewegung die Latte aber ganz leicht mit der Brust. Auch die Versuche zwei und drei scheiterten, vermochten die Laune des neuen Olympiasiegers aber nicht zu trüben.

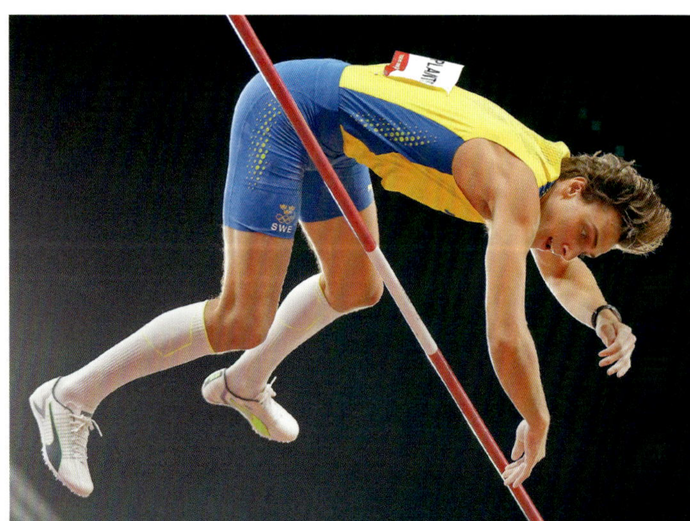

Nur Fliegen ist schöner. Der 21-jährige Armand Duplantis aus Schweden dominiert auch in Tokio die Stabhochsprung-Konkurrenz.

400 METER HÜRDEN (MÄNNER)

1	Karsten Warholm		NOR	45,94 Sekunden
2	Rai Benjamin		USA	+ 0,23 Sekunden
3	Alison dos Santos		BRA	+ 0,78

Luke Campbell im Halbfinale ausgeschieden

STABHOCHSPRUNG (MÄNNER)

1	Armand Duplantis		SWE	6,02 Meter
2	Christopher Nilsen		USA	5,97
3	Thiago Braz		BRA	5,87

9. Oleg Zernikel 5,70

TAG 11

200 METER (FRAUEN)

1	Elaine Thompson-Herah		JAM	21,53 Sekunden
2	Christine Mboma		NAM	+ 0,28 Sekunden
3	Gabrielle Thomas		USA	+ 0,34

Lisa Marie Kwayie im Halbfinale ausgeschieden

800 METER (FRAUEN)

1	Athing Mu		USA	1:55:21 Minuten
2	Keely Hodgkinson		GBR	+ 0,67 Sekunden
3	Raevyn Rogers		USA	+ 1,60

Katharina Trost im Halbfinale ausgeschieden

HAMMERWURF (FRAUEN)

1	Anita Wlodarczyk		POL	78,48 Meter
2	Wang Zheng		CHN	77,03
3	Malwina Kopron		POL	75,49

Samantha Borutta in Qualifikation gescheitert

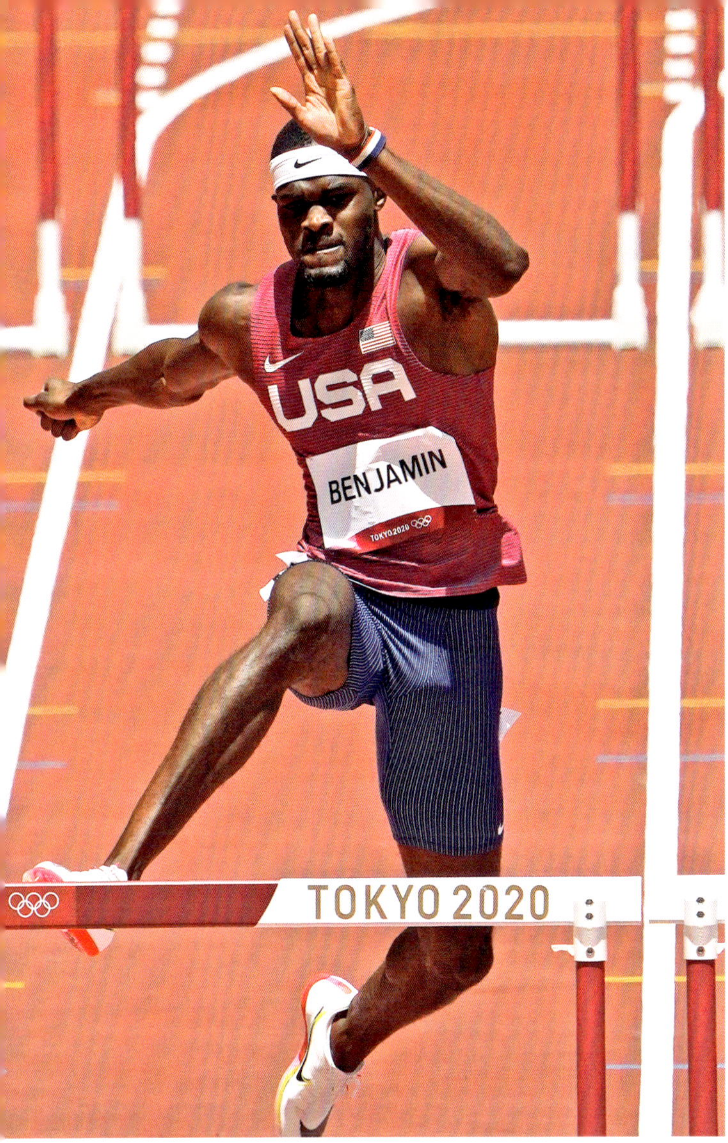

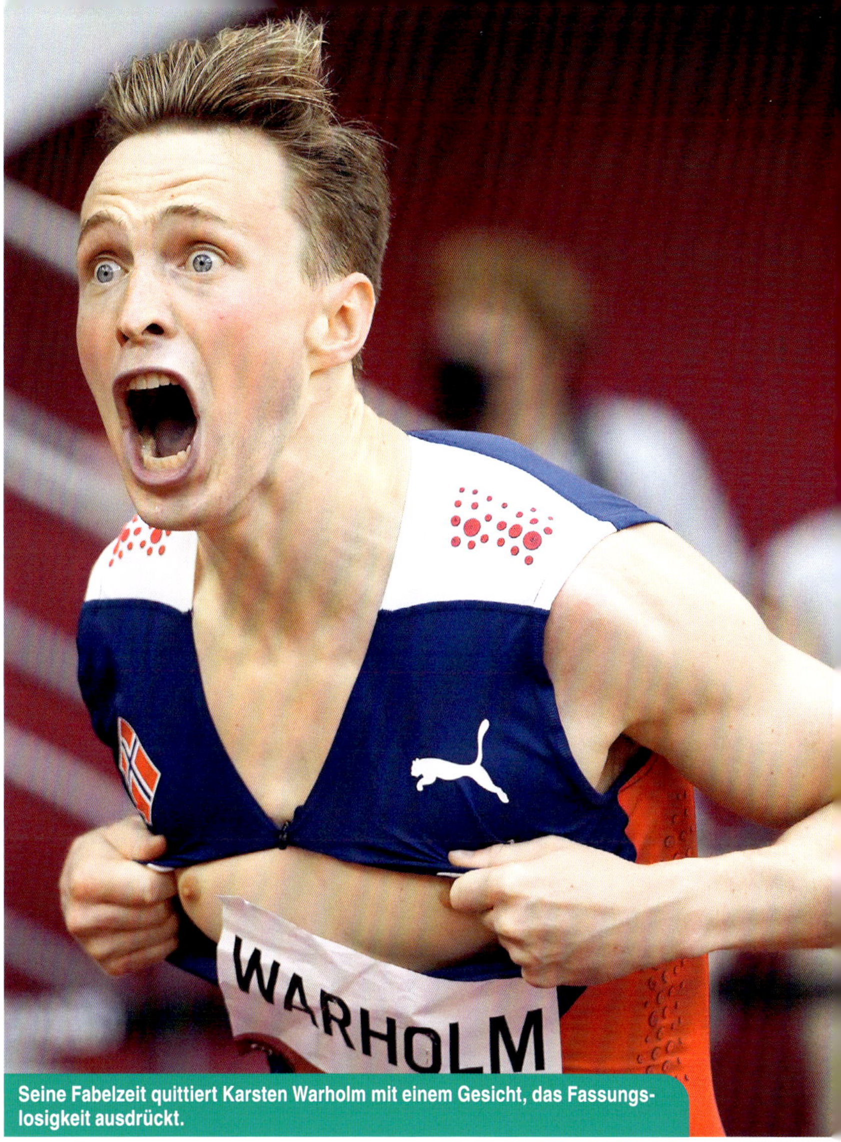

Seine Fabelzeit quittiert Karsten Warholm mit einem Gesicht, das Fassungslosigkeit ausdrückt.

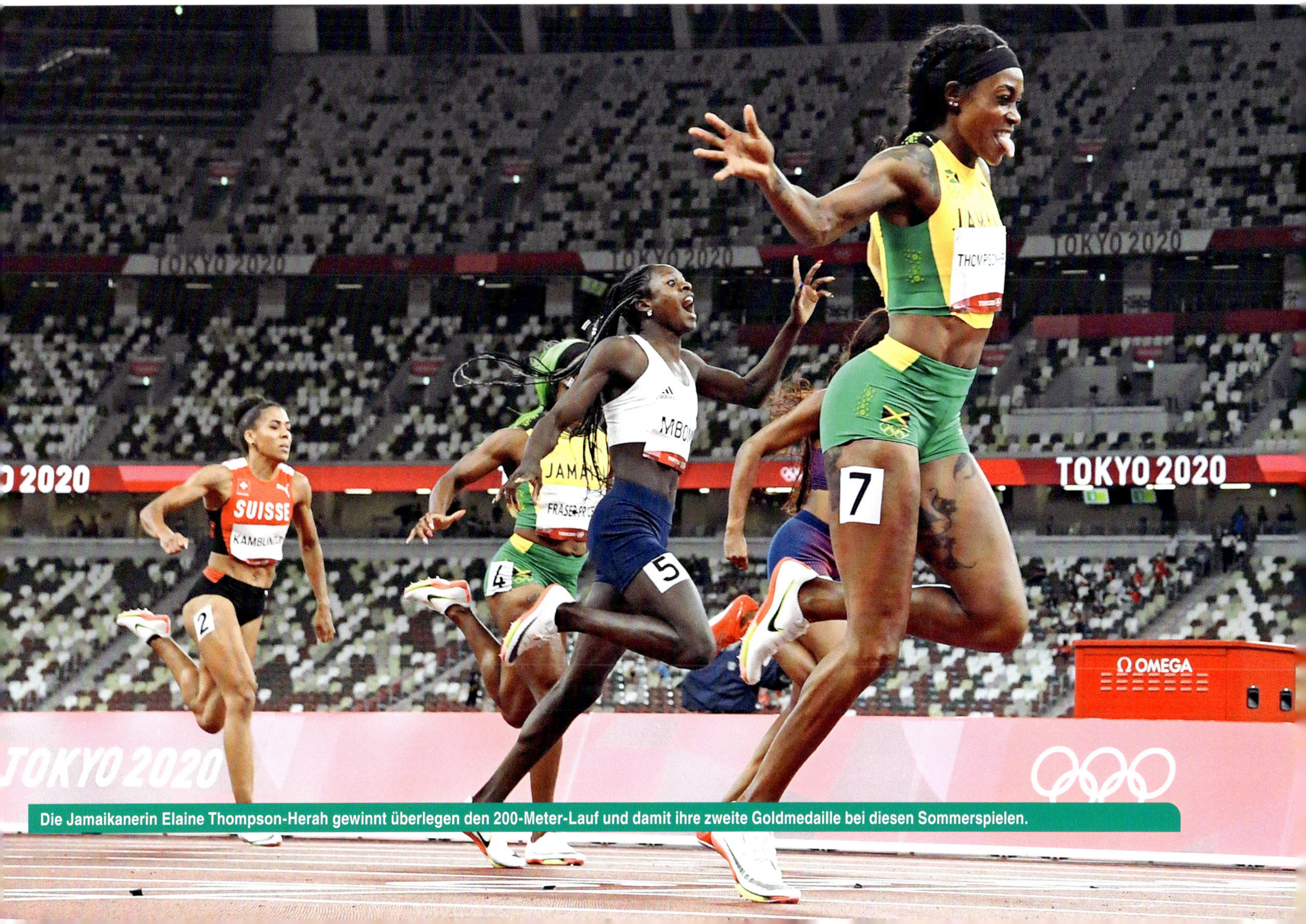

Die Jamaikanerin Elaine Thompson-Herah gewinnt überlegen den 200-Meter-Lauf und damit ihre zweite Goldmedaille bei diesen Sommerspielen.

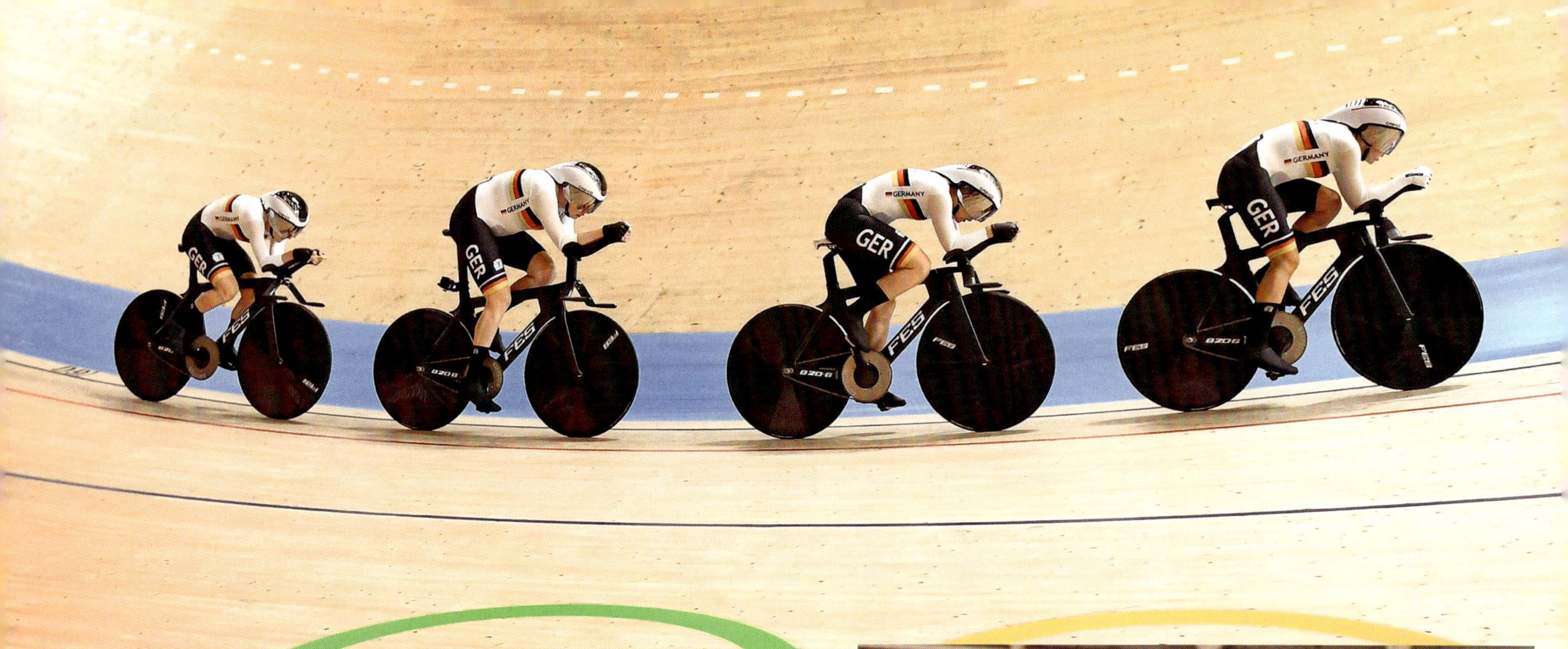

Die deutschen Bahnradfrauen ließen es auf Hochgeschwindigkeitsbahn des Izu Velodrome krachen: Sie gewannen nicht nur die Goldmedaille in der Mannschaftsverfolgung, sondern verbesserten gleich dreimal den Weltrekord.

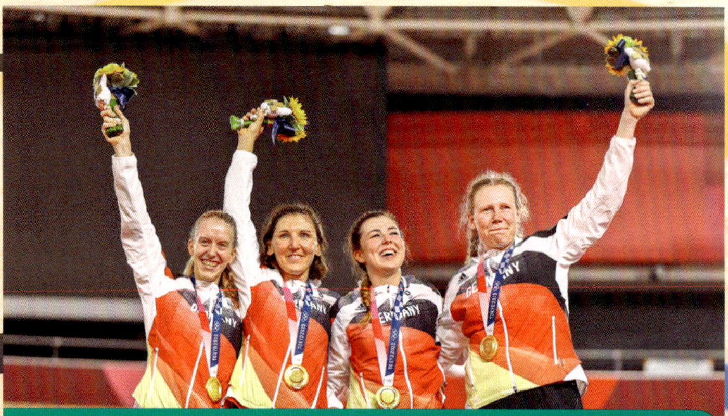

So sehen die erfolgreichen deutschen Bahnradfrauen ohne Helm und Maske aus: Franziska Brauße, Lisa Brennauer, Lisa Klein und Mieke Kröger (von links) bei der Siegerehrung.

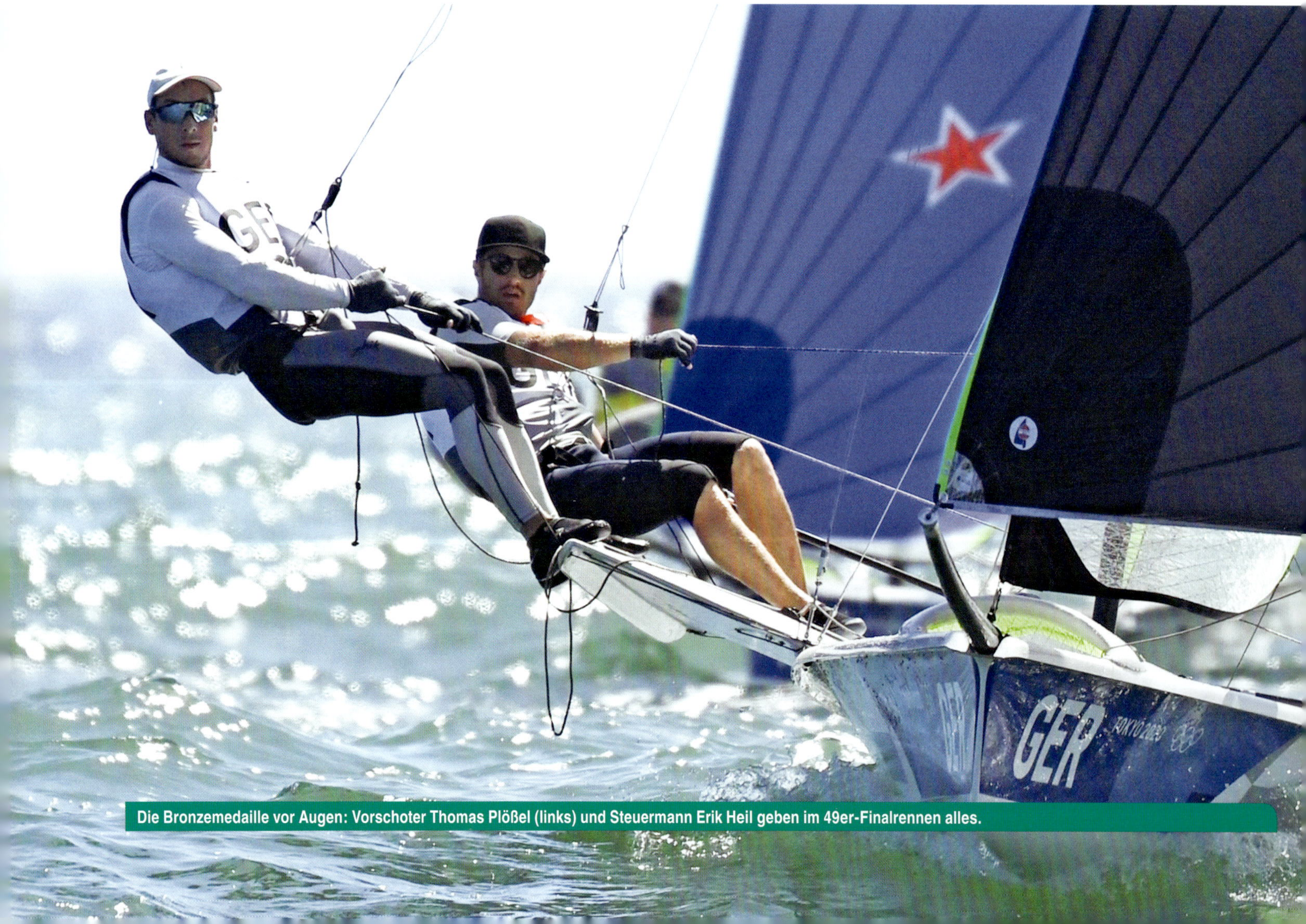

Die Bronzemedaille vor Augen: Vorschoter Thomas Plößel (links) und Steuermann Erik Heil geben im 49er-Finalrennen alles.

WEITERE ENTSCHEIDUNGEN

Der elfte Wettkampftag verlief für die deutschen Sportler überaus erfolgreich. Das Weitsprunggold von Malaika Mihambo veredelten die Bahnradfrauen (ebenfalls Gold), die Segler (einmal Silber, zweimal Bronze), Turner Lukas Dauser (Silber) und das Kanuduo Sebastian Brendel/Tim Hecker (Bronze). Im Medaillenspiegel verbesserte sich Deutschland mit nun acht Goldmedaillen auf den siebten Rang.

Auf der Hochgeschwindigkeitsbahn des Izu Velodrome knapp 100 Kilometer südwestlich von Tokio ließen es Franziska Brauße (Öschelbronn), Lisa Brennauer (Durach), Lisa Klein (Erfurt) und Mieke Kröger (Bielefeld) in der Mannschaftsverfolgung so richtig krachen. Bereits am Vortag hatte das deutsche Quartett in der Qualifikation den fünf Jahre alten Weltrekord in der Königsdisziplin des Bahnradsports um 2,929 Sekunden unterboten. Im Halbfinale gegen Italien verbesserten sie diesen zunächst um 1,141 und zwei Stunden später im Finale gegen Rio-Olympiasieger Großbritannien um weitere 1,924 Sekunden auf nunmehr 4:04,242 Minuten. Bundestrainer Andre Korff war mit seinen Schützlingen mehr als zufrieden. »Ich bin positiv überrascht, dass sie so explodiert sind«, sagte er. Rund 1000 Zuschauer wohnten dem Geschehen bei.

Eine silber- und zwei bronzefarbene Medaillen heimsten die Segler vor der Halbinsel Enoshima ein. Zunächst gewannen Steuerfrau Tina Lutz (Holzhausen) und Vorschoterin Susann Beucke (Strande) Silber im 49erFX – ihr größter Erfolg nach 14-jähriger Segelgemeinschaft. Eine Stunde später verdrängten Steuermann Erik Heil und Vorschoter Thomas Plößel aus Kiel im 49er-Finalrennen das spanische Boot noch vom dritten Rang und wiederholten damit ihren Bronzecoup von Rio de Janeiro. »Ich freue mich zehnmal mehr als damals«, sagte Plößel. Die Katamaransegler Paul Kohlhoff (Kiel) und Alica Stuhlemmer (Altenholz) setzten im Nacra17 eine weitere Bronzemedaille obendrauf.

BAHNRADSPORT MANNSCHAFTSVERFOLGUNG (FRAUEN)

1	Deutschland	GER
2	Großbritannien	GBR
3	USA	USA

BAHNRADSPORT TEAMSPRINT (MÄNNER)

1	Niederlande	NED
2	Großbritannien	GBR
3	Frankreich	FRA

5. Deutschland

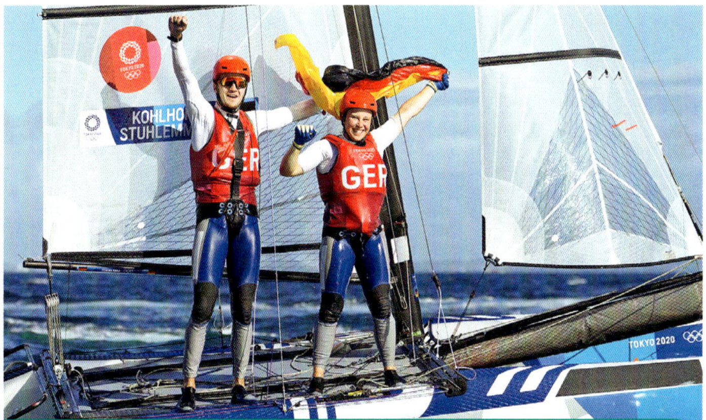

Dritter Platz: Paul Kohlhoff und Alica Stuhlemmer feiern auf dem Nacra 17 ihren Erfolg mit einer Deutschlandfahnen.

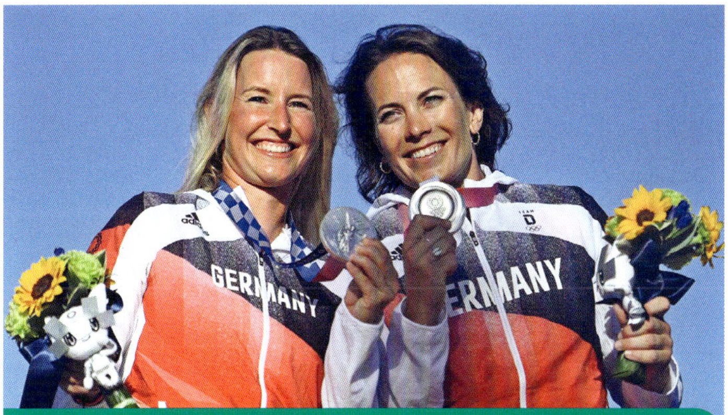

Verdienter Lohn nach 14-jähriger Segelgemeinschaft: Tina Lutz (links) und Susann Beucke präsentieren die Silbermedaille, die sie im 49erFX gewonnen hatten.

SEGELN 49ER (MÄNNER)

1	Dylan Fletcher-Scott/Stuart Bithell	GBR	58 Punkte
2	Peter Burling/Blair Tuke	NZL	58
3	Erik Heil/Thomas Plößel	GER	70

SEGELN FINN-DINGHY (MÄNNER)

1	Giles Scott	GBR	36 Punkte
2	Zsombor Berecz	HUN	39
3	Joan Cardona Mendez	ESP	51

SEGELN 49ER FX (FRAUEN)

1	Martine Soffiatti Grael/Kahena Kunze	BRA	76 Punkte
2	Tina Lutz/Susann Beucke	GER	83
3	Annemiek Bekkering/Annette Duetz	NED	88

SEGELN NACRA 17 (MIXED)

1	Ruggero Tita/Caterina Banti	ITA	35 Punkte
2	John Gimson/Anna Burnet	GBR	45
3	Paul Kohlhoff/Alica Stuhlemmer	GER	63

RINGEN FREISTIL BIS 68 KG (FRAUEN)

1	Tamyra Mensah-Stock	USA
2	Blessing Oborududu	NGR
3	Alla Tscherkassowa	UKR
3	Meerim Schumanasarowa	KGZ

Anna Schell im Viertelfinale ausgeschieden

RINGEN GRIECHISCH-RÖMISCH BIS 77 KG (MÄNNER)

1	Tamas Lorincz	HUN
2	Akschol Machmudow	KGZ
3	Shohei Yabiku	JPN
3	Rafig Huseynow	AZE

RINGEN GRIECHISCH-RÖMISCH BIS 97 KG (MÄNNER)

1	Musa Jewlojew	ROC
2	Artur Alexanjan	ARM
3	Tadeusz Michalik	POL
3	Mohammadhadi Saravi	IRI

Lukas Dauser belohnte sich am letzten Wettkampftag im Ariake Turnzentrum am Barren überraschend mit Silber. Eine Woche nach der Enttäuschung mit Platz acht im Mannschaftsmehrkampffinale verhinderte der 28-Jährige damit medaillenlose Spiele für die deutschen Turner und trat in die Fußstapfen seines Unterhachinger Vereinskollegen Marcel Nguyen, der 2012 am gleichen Gerät ebenfalls Silber gewonnen hatte. »Besser als heute kann es nicht laufen«, sagte Dauser nach dem größten Erfolg seiner Karriere.
Der dreimalige Olympiasieger Sebastian Brendel begann seine Medaillenjagd am ersten Finaltag der Rennsport-Kanuten auf dem Sea Forest Waterway mit Bronze im Canadier-Zweier. Im Finale über 1000 Meter verpassten der 33-jährige Potsdamer und sein zehn Jahre jüngerer Partner Tim Hecker aus Berlin die Goldmedaille um nur 0,620 Sekunden. Bitter verlief der Tag für Brendels Vereinskameraden Jacob Schopf, dem im Kajak-Einer lediglich 0,276 Sekunden zu Bronze fehlten.

Fahnenträgerin Laura Ludwig musste ihren Medaillentraum im Beachvolleyball begraben. Mit ihrer Partnerin Margareta Kozuch verlor die Olympiasiegerin von 2016 im Viertelfinale gegen die Vizeweltmeisterinnen April Roos/Alix Klineman (USA) mit 0:2.
Tischtennisstar Dimitrij Ovtcharov hingegen blieb vier Tage nach Bronze im Einzel auch mit der Mannschaft im Medaillenrennen. Mit Routinier Timo Boll und Patrick Franziska feierte er einen 3:2-Viertelfinalsieg gegen Taiwan. Auch das Frauenteam mit Petrissa Solja, Shan Xiaona und Han Ying zog durch ein 3:2 gegen Südkorea in die Vorschlussrunde ein.
Die brasilianischen Fußballer haben die Chance, ihren Titel von vor fünf Jahren in Rio de Janeiro zu verteidigen. Im Halbfinale gegen Mexiko setzten sie sich nach torlosen 120 Spielminuten im Elfmeterschießen 4:1 durch. Endspielgegner ist Spanien, das Gastgeber Japan mit 1:0 nach Verlängerung ausschaltete.

KANU CANADIER-ZWEIER 1000 METER (MÄNNER)

1	Torres Madrigal, Jorge Enriquez	CUB	3:24,995 Minuten
2	Liu Hao, Zheng Pengfei	CHN	+ 0,203 Sekunden
3	Sebastian Brendel/Tim Hecker	GER	+ 0,620

KANU KAJAK-EINER 1000 METER (MÄNNER)

1	Balint Kopasz	HUN	3:20,643 Minuten
2	Adam Varga	HUN	+ 1,788 Sekunden
3	Fernando Pimenta	POR	+ 1,835

4. Jacob Schopf + 2,111

KANU KAJAK-EINER 200 METER (FRAUEN)

1	Lisa Carrington	NZL	38,120 Sekunden
2	Teresa Portela	ESP	+ 0,763
3	Emma Aastrand Jörgensen	DEN	+ 0,781

KANU KAJAK-ZWEIER 500 METER (FRAUEN)

1	Lisa Carrington/Caitlin Regal	NZL	1:35,785 Minuten
2	Karolina Naja/Anna Pulawska	POL	+ 0,968 Sekunden
3	Danuta Kozak/Dora Bodonyi	HUN	+ 1,082

8. Sabrina Hering-Pradler/Tina Dietze +6,621

BOXEN BIS 69 KG (MÄNNER)

1	Roniel Iglesias	CUB
2	Pat McCormack	GBR
3	Aiden Walsh	IRL
3	Andrej Samkowoj	ROC

BOXEN BIS 57 KG (FRAUEN)

1	Sena Irie	JPN
2	Nesthy Petecio	PHI
3	Karriss Artingstall	GBR
3	Irma Testa	ITA

GEWICHTHEBEN BIS 109 KG (MÄNNER)

1	Akbar Djuraew	UZB	430 Kilogramm
2	Simon Martirosyan	ARM	423
3	Arturs Plesnieks	LAT	410

KUNSTTURNEN BARREN (MÄNNER)

1	Zou Jingyuan	CHN	16,233 Punkte
2	Lukas Dauser	GER	15,700
3	Ferhat Arican	TUR	15,633

KUNSTTURNEN RECK (MÄNNER)

1	Daiki Hashimoto	JPN	15,066 Punkte
2	Tin Srbic	CRO	14,900
3	Nikita Nagorni	ROC	14,533

KUNSTTURNEN SCHWEBEBALKEN (FRAUEN)

1	Guan Chenchen	CHN	14,633 Punkte
2	Tang Xijing	CHN	14,233
3	Simone Biles	USA	14,000

WASSERSPRINGEN 3-METER-BRETT EINZEL (MÄNNER)

1	Xie Siyi	CHN	558,75 Punkte
2	Wang Zongyuan	CHN	534,90
3	Jack Laugher	GBR	518,00

7. Martin Wolfram 426,75

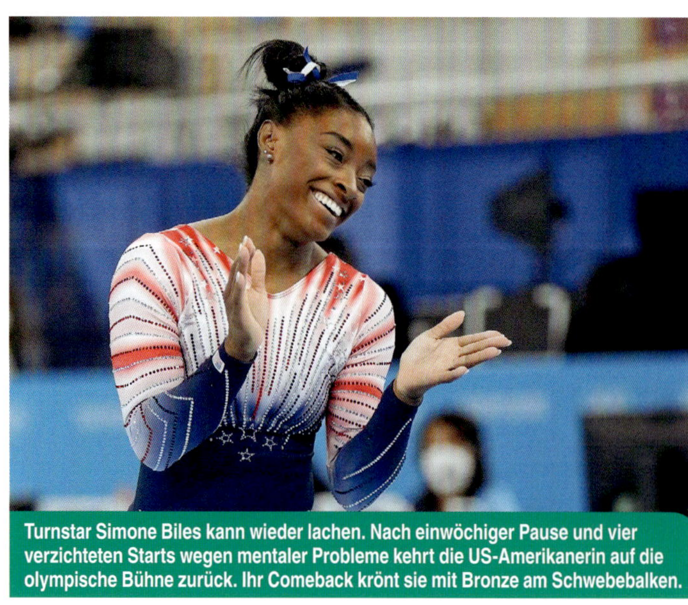

Turnstar Simone Biles kann wieder lachen. Nach einwöchiger Pause und vier verzichteten Starts wegen mentaler Probleme kehrt die US-Amerikanerin auf die olympische Bühne zurück. Ihr Comeback krönt sie mit Bronze am Schwebebalken.

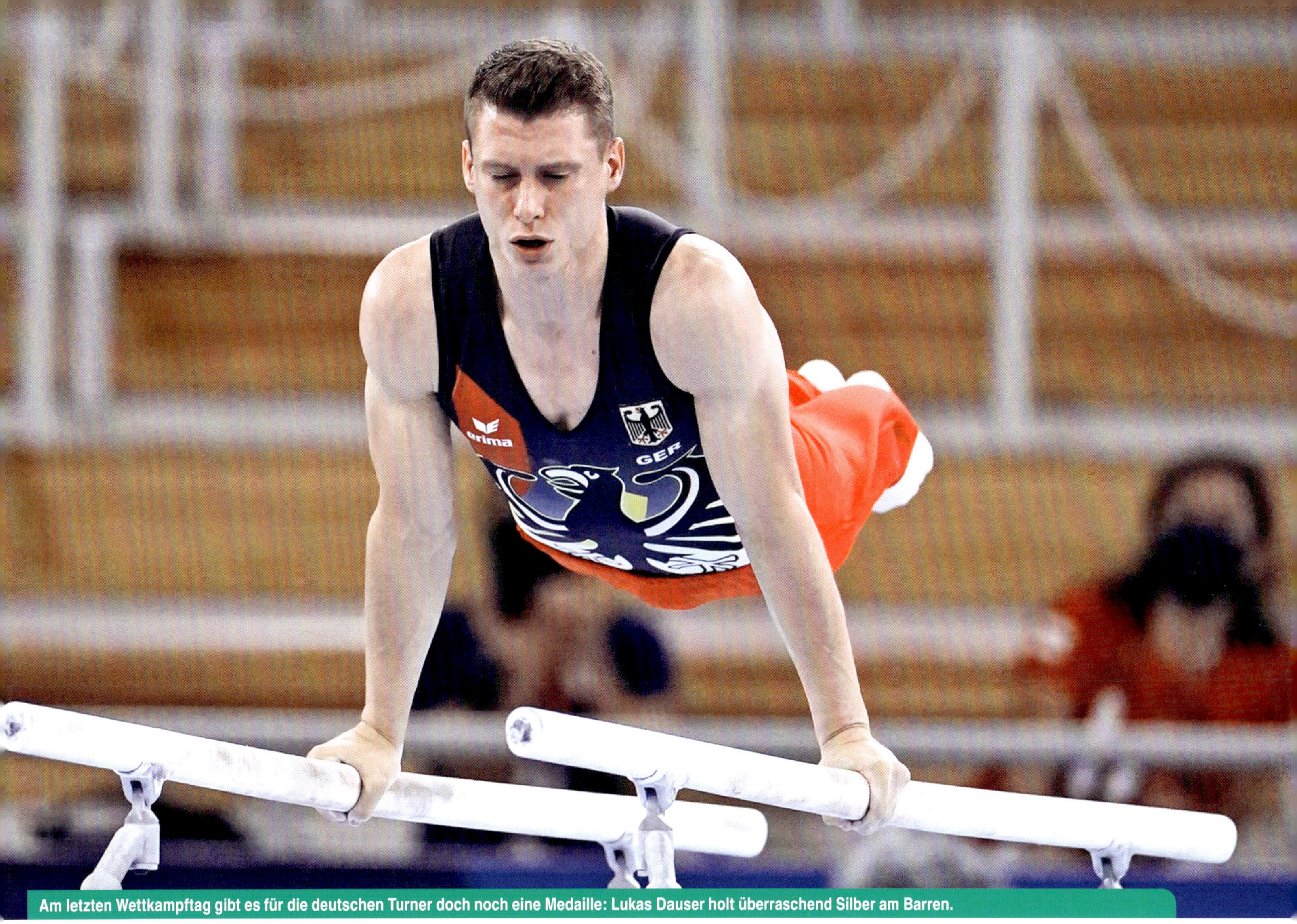

Am letzten Wettkampftag gibt es für die deutschen Turner doch noch eine Medaille: Lukas Dauser holt überraschend Silber am Barren.

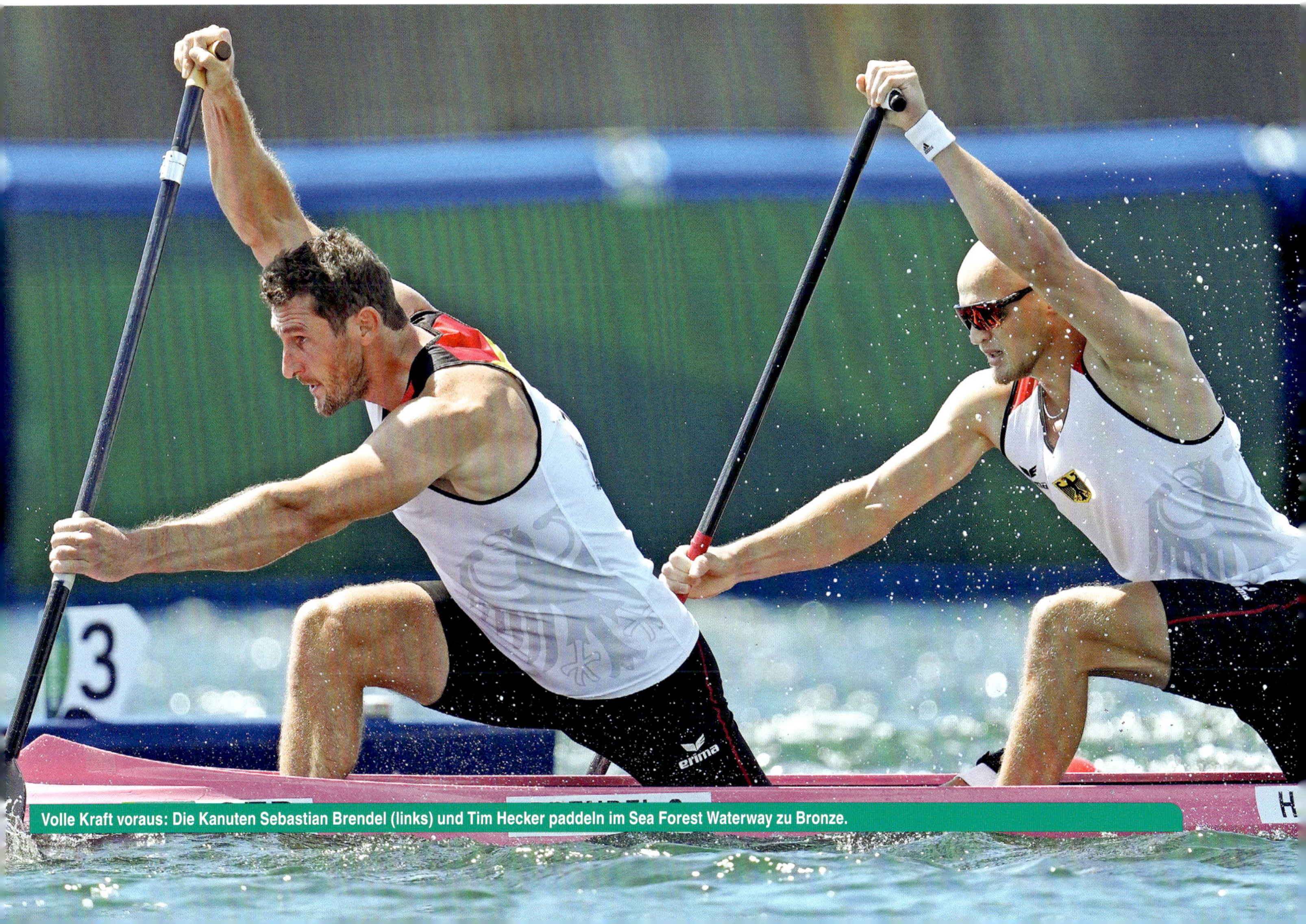

Volle Kraft voraus: Die Kanuten Sebastian Brendel (links) und Tim Hecker paddeln im Sea Forest Waterway zu Bronze.

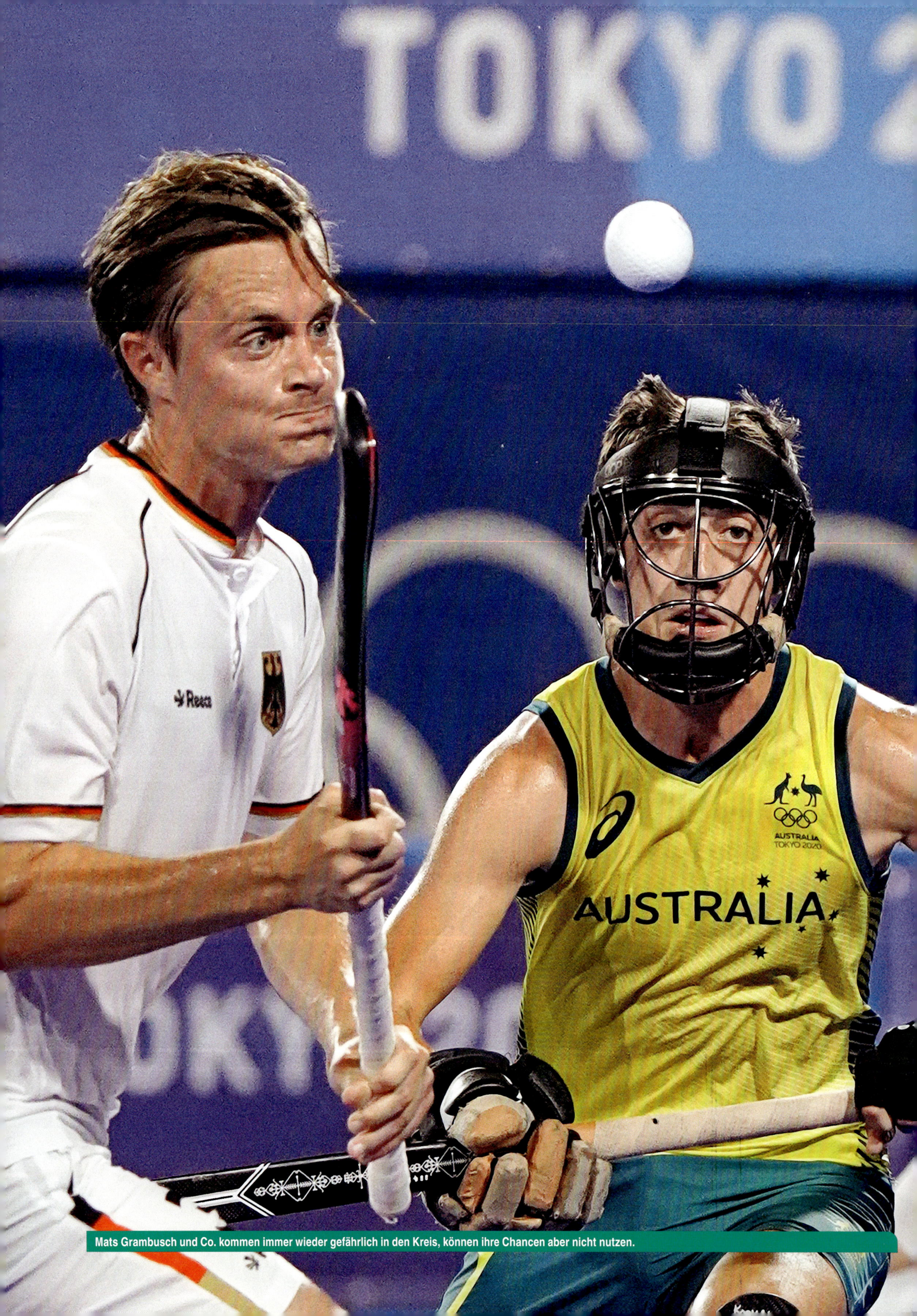

Mats Grambusch und Co. kommen immer wieder gefährlich in den Kreis, können ihre Chancen aber nicht nutzen.

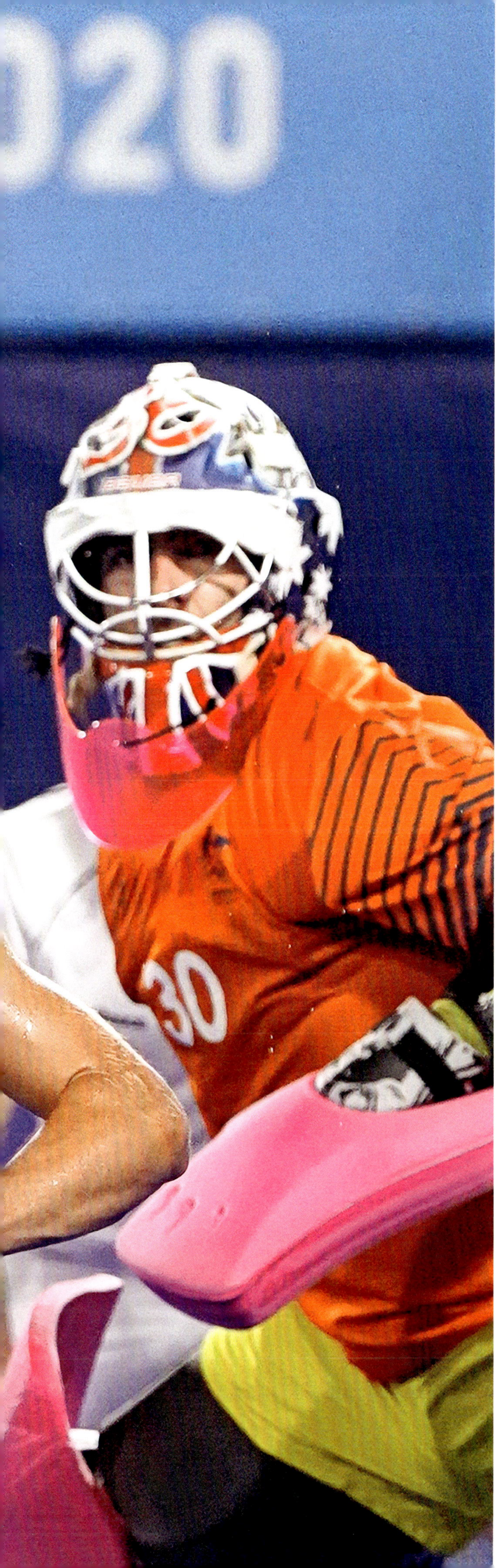

HOCKEY

Sport ist nicht immer gerecht. Diese bittere Erfahrung mussten auch die deutschen Hockey-Männer in Tokio machen. Im Halbfinale gegen Australien diktierten sie über weite Strecken die Partie, doch am Ende stand eine 1:3 (1:2)-Niederlage und der geplatzte Traum vom fünften Olympiagold. Die Mannschaft von Trainer Kais al Saadi begann nervös und geriet bereits in der siebten Minute nach einem Abstimmungsfehler in der Abwehr durch Tim Brand in Rückstand. Nach einer Strafecke gelang Lukas Windfelder jedoch der schnelle Ausgleich (10. Minute). Der Treffer löste die Verkrampfung der DHB-Auswahl, die fortan mit großem Selbstbewusstsein und zielstrebigen Aktionen dem Spiel ihren Stempel aufdrückte. Was fehlte, war allein die Effizienz im Abschluss. Die folgenden drei Strafecken verpufften, die Australier hingegen nutzten ihre erste Strafecke, um kurz vor der Pause durch Blake Govers mit 2:1 in Führung zu gehen (27.). In der zweiten Halbzeit bekam Australien rasch die nächste Strafecke zugesprochen, doch Alexander Stadler hielt die deutsche Mannschaft mit einer starken Parade im Spiel. Danach spielten nur noch die Deutschen. Angriffswelle um Angriffswelle rollte auf das australische Tor zu, immer wieder drangen Florian Fuchs und Co. in den Kreis ein. Doch nicht immer fanden sie dann auch die beste Lösung. Niklas Wellen scheiterte an Australiens Torhüter Andrew Charter (44.), Constantin Staib (47.) verpasste knapp, oft kam der finale Pass nicht an. 3:16 Minuten vor Schluss nahm al Saadi Torwart Stadler zugunsten eines weiteren Feldspielers vom Platz. Dieses Risiko zahlte sich jedoch nicht aus. Gegen das aufgerückte DHB-Team fuhren die Australier eineinhalb Minuten vor Schluss den entscheidenden Konter. Lachlan Sharp musste nach starker Vorarbeit von Tom Wickham nur noch den Schläger zum 3:1 hinhalten. Die deutschen Spieler sanken frustriert zu Boden.

HOCKEY (MÄNNER)

Halbfinale
Indien – Belgien 2:5 (2:2)
Australien – Deutschland 3:1 (2:1)

TAG 11

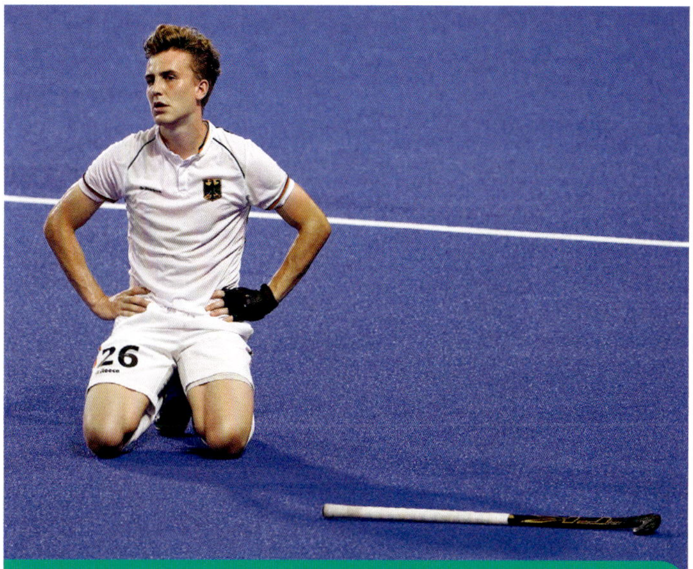

Nach der Halbfinalniederlage gegen Australien ist der Frust nicht nur bei Niklas Bosserhoff groß.

HANDBALL

Sie hatten auf eine Medaille spekuliert, doch stattdessen ereilte sie das Aus bereits im Viertelfinale: Nach einer enttäuschenden Vorstellung scheiterten die deutschen Handballer in der Runde der letzten Acht mit 26:31 (12:16) an Afrikameister Ägypten und blieben dabei völlig chancenlos. Die Mannschaft von Trainer Alfred Gislason, die bei der Olympiageneralprobe denselben Gegner noch mit 29:27 bezwungen hatte, fand überhaupt nicht ins Spiel und handelte sich gegen die leichtfüßigen und entschlossenen Ägypter zügig einen 1:6-Rückstand ein. Dank des wurfgewaltigen Julius Kühn tastete sich die DHB-Auswahl zwar auf 7:9 heran, doch insgesamt blieb das deutsche Spiel zu ausrechenbar. Timo Kastening und Marcel Schiller verhungerten auf den Außenpositionen, und die Würfe aus dem Rückraum waren gegen den famosen ägyptischen Torhüter Karim Hendawy nur bedingt ein Mittel. Als die Ägypter im Angriff wieder das Tempo erhöhten, wuchs der Rückstand des DHB-Teams schnell wieder an. In die zweite Halbzeit starteten die Deutschen mit deutlich erhöhter Aggressivität in der Abwehr. Die Wirkung blieb nicht aus. Die Ägypter fanden nur noch selten Lücken, zudem konnten sie das hohe Tempo aus der ersten Hälfte mit ihrer kurzen Rotation nicht halten. Zu einer Wende in diesem Viertelfinale sollte es aber dennoch nicht kommen, denn nun wuchs Hendawy über sich hinaus und brachte die deutschen Angreifer reihenweise zur Verzweiflung. Das Duell gegen das deutsche Duo Andreas Wolff und Johannes Bitter gewann Ägyptens Torhüter um Längen. In der Schlussphase verließ das deutsche Team dann auch noch der Mut. Zwischenzeitlich zeichnete sich sogar ein Debakel ab, doch in den letzten Minuten ließen auch die Ägypter locker. Sie konnten es sich leisten.

Deutschland – Ägypten 26:31 (12:16)
Deutschland: Wolff, Bitter – Golla (6 Tore), Kühn (6), Schiller (5), Kastening (3), Häfner (2), Weinhold (2), Gensheimer (1), Drux (1), Pekeler, Weber, Knorr, Lemke.

HANDBALL (MÄNNER)

Viertelfinale
Frankreich – Bahrain 42:28 (21:14)
Schweden – Spanien 33:34 (20:18)
Dänemark – Norwegen 31:25 (13:12)
Deutschland – Ägypten 26:31 (12:16)

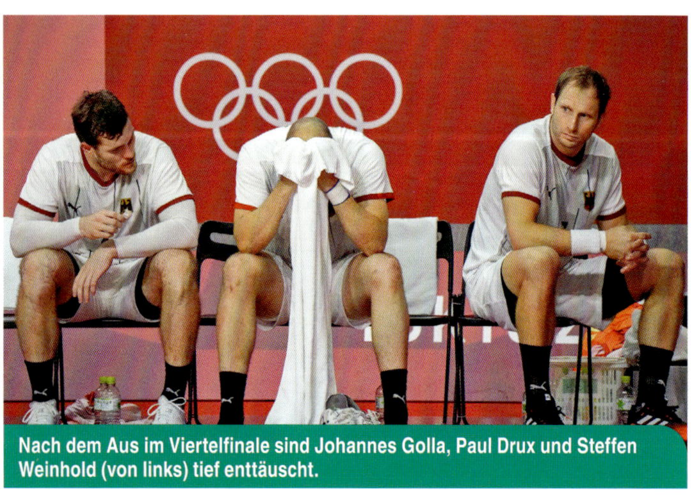

Nach dem Aus im Viertelfinale sind Johannes Golla, Paul Drux und Steffen Weinhold (von links) tief enttäuscht.

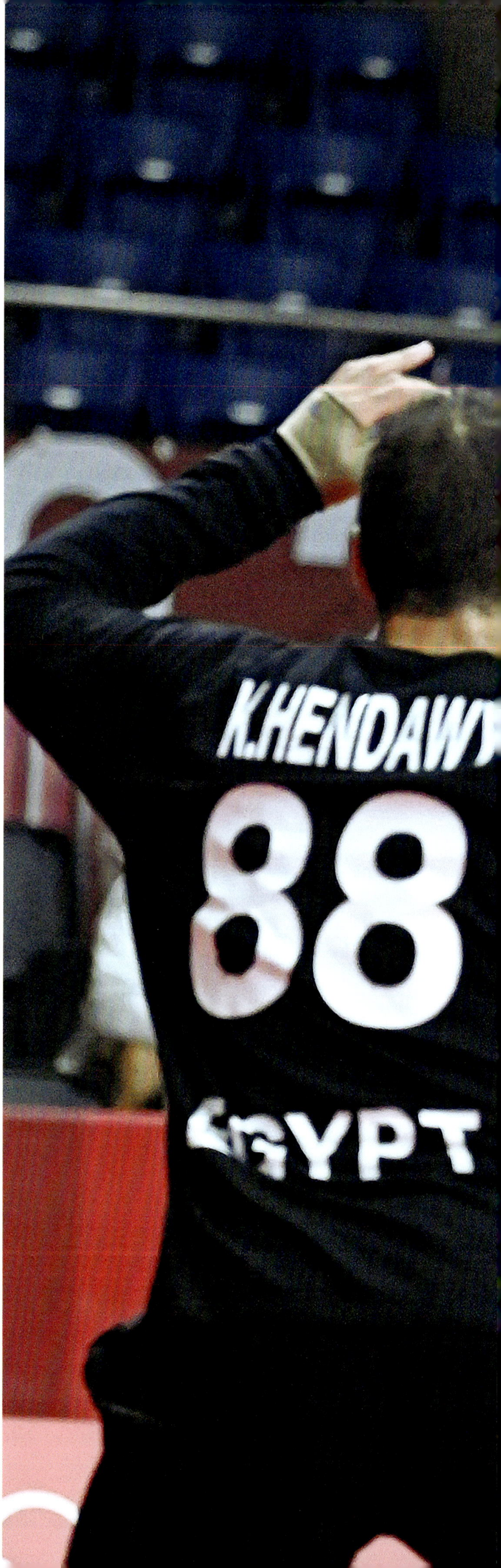

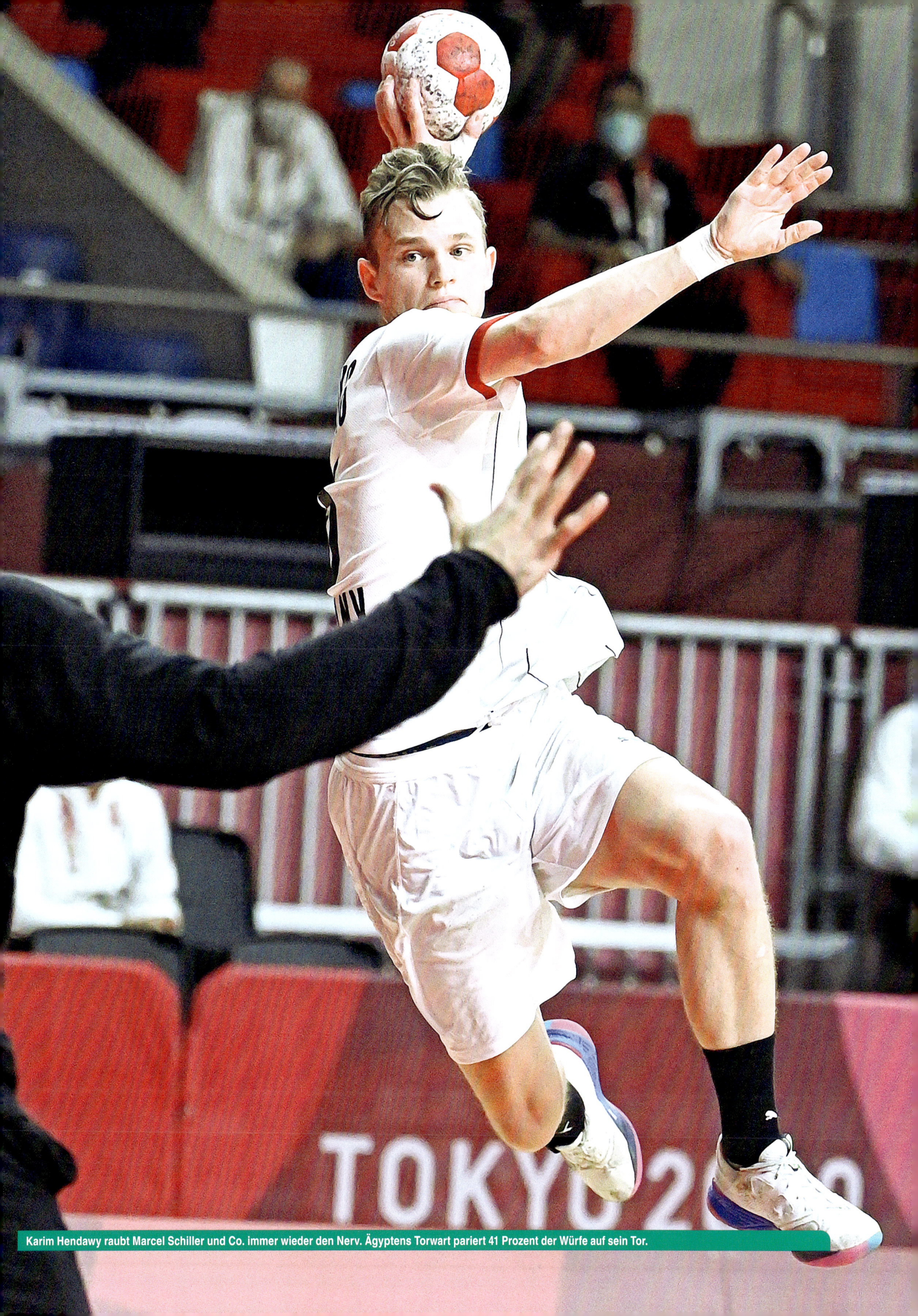

Karim Hendawy raubt Marcel Schiller und Co. immer wieder den Nerv. Ägyptens Torwart pariert 41 Prozent der Würfe auf sein Tor.

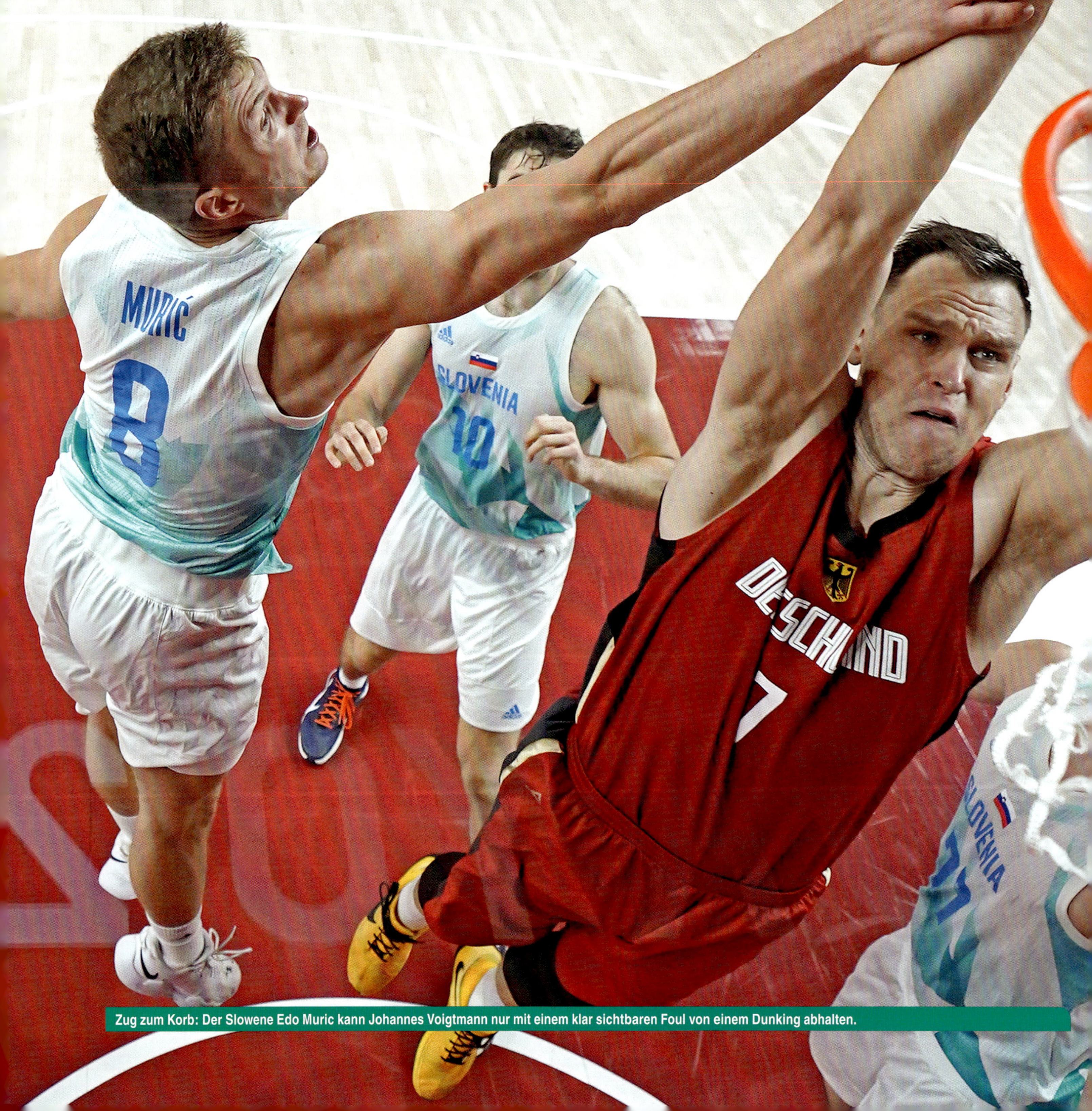

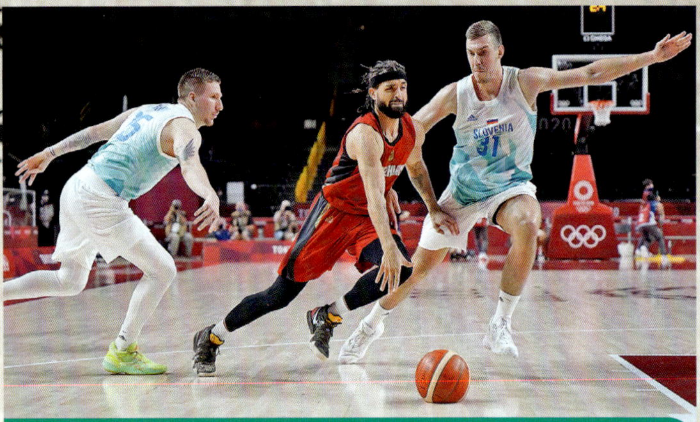

Ab durch die Mitte: Joshiko Saibou lässt die Slowenen Gregor Hrovat (links) und Vlatko Cancar wie Slalomstangen stehen.

Zug zum Korb: Der Slowene Edo Muric kann Johannes Voigtmann nur mit einem klar sichtbaren Foul von einem Dunking abhalten.

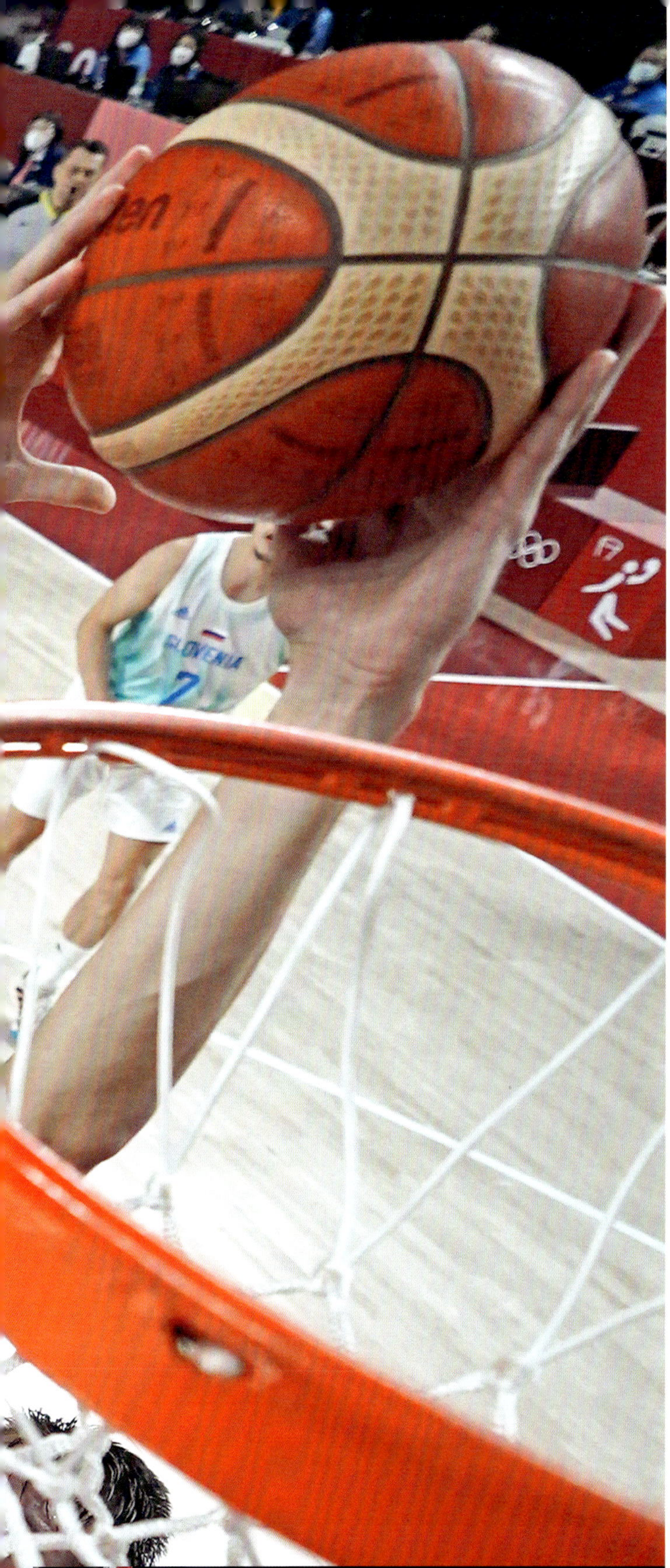

BASKETBALL

Die erhoffte Überraschung ist ausgeblieben. Die deutschen Basketballer mussten im Viertelfinale gegen Europameister Slowenien die Segel streichen. Beim 70:94 (37:44) konnte die Mannschaft von Bundestrainer Henrik Rödl nur eine Halbzeit mithalten, dann zogen die von NBA-Star Luka Doncic angeführten Slowenen das Tempo an und fuhren letztlich einen souveränen Sieg ein.
Trotz der dritten Niederlage im vierten Spiel überwog die Zufriedenheit. Schon die erste Olympiateilnahme seit Peking 2008 war für die deutschen Basketballer ein Erfolg. Nach dem enttäuschenden 18. Platz bei der WM 2019 hatten sie das Ticket für Tokio erst drei Wochen zuvor beim Qualifikationsturnier in Split gelöst und sich anschließend erstmals seit 29 Jahren wieder für das Viertelfinale qualifiziert. »Jeder geht hier raus mit erhobenem Kopf und breiter Brust«, sagte Rödl. »Das Ausscheiden nimmt von unserem Sommer überhaupt nichts weg. Es war mir eine Freude, diese Mannschaft zu coachen. Es war ein Privileg, hier mit dabei sein zu dürfen. Ich habe jede Sekunde genossen.«
Die Slowenen waren in der Saitama Super Arena das in allen Bereichen bessere Team. Defensiv wie offensiv dominierten sie das Spiel direkt unter den Körben, deutlich zielsicherer waren sie bei den Würfen aus der Distanz. Nur wenn sich NBA-Star Doncic eine Verschnaufpause nahm, kamen die Deutschen etwas auf. Der 22 Jahre alte Ausnahmespieler von den Dallas Mavericks dominierte mit 20 Punkten, elf Assists und acht Rebounds. In Sachen Punktausbeute wurde er vom ehemaligen Ulmer Zoran Dragic (27) sogar noch übertroffen. Die deutsche Mannschaft hatte in den Berliner Meisterspielern Maodo Lo (elf) und Niels Giffey (zehn) ihre besten Schützen.

Deutschland – Slowenien 70:94 (37:44)
Deutschland: Lo (11 Punkte), Giffey (10), Wagner (9), Bonga (9), Barthel (7), Obst (7), Saibou (6), Voigtmann (6), Wimberg (3), Thiemann (2), Wank, Benzing.

BASKETBALL (MÄNNER)

Viertelfinale
Deutschland – Slowenien 70:94 (37:44)
USA – Spanien 95:81 (43:43)
Italien – Frankreich 75:84 (42:43)
Australien – Argentinien 97:59 (39:33)

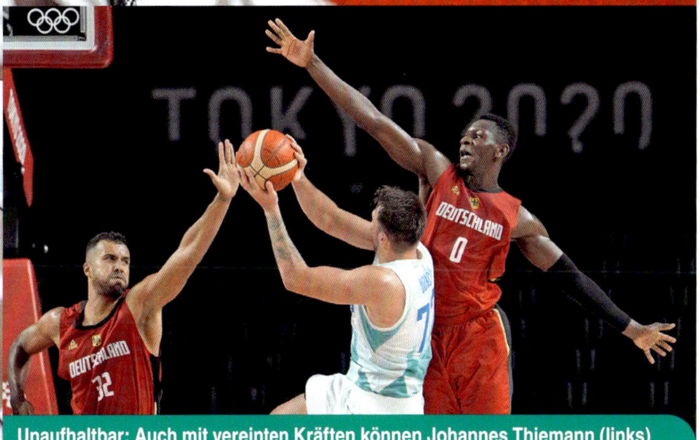

Unaufhaltbar: Auch mit vereinten Kräften können Johannes Thiemann (links) und Isaac Bonga den Slowenen Luka Doncic nicht am Korbwurf hindern.

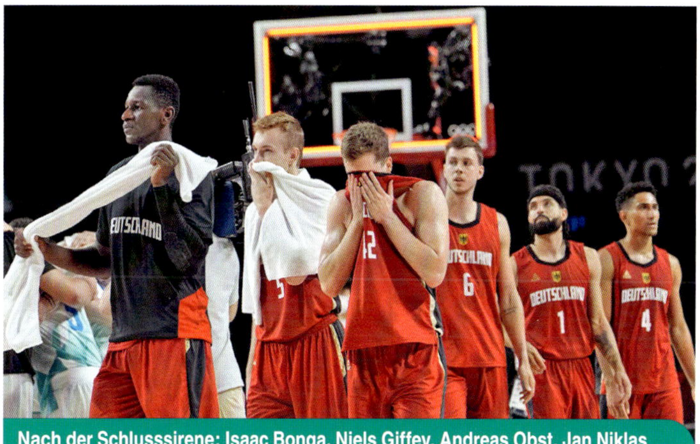

Nach der Schlusssirene: Isaac Bonga, Niels Giffey, Andreas Obst, Jan Niklas Wimberg, Joshiko Saibou und Maodo Lo (von links) verlassen das Spielfeld.

TAG 12
MI., 04.08.

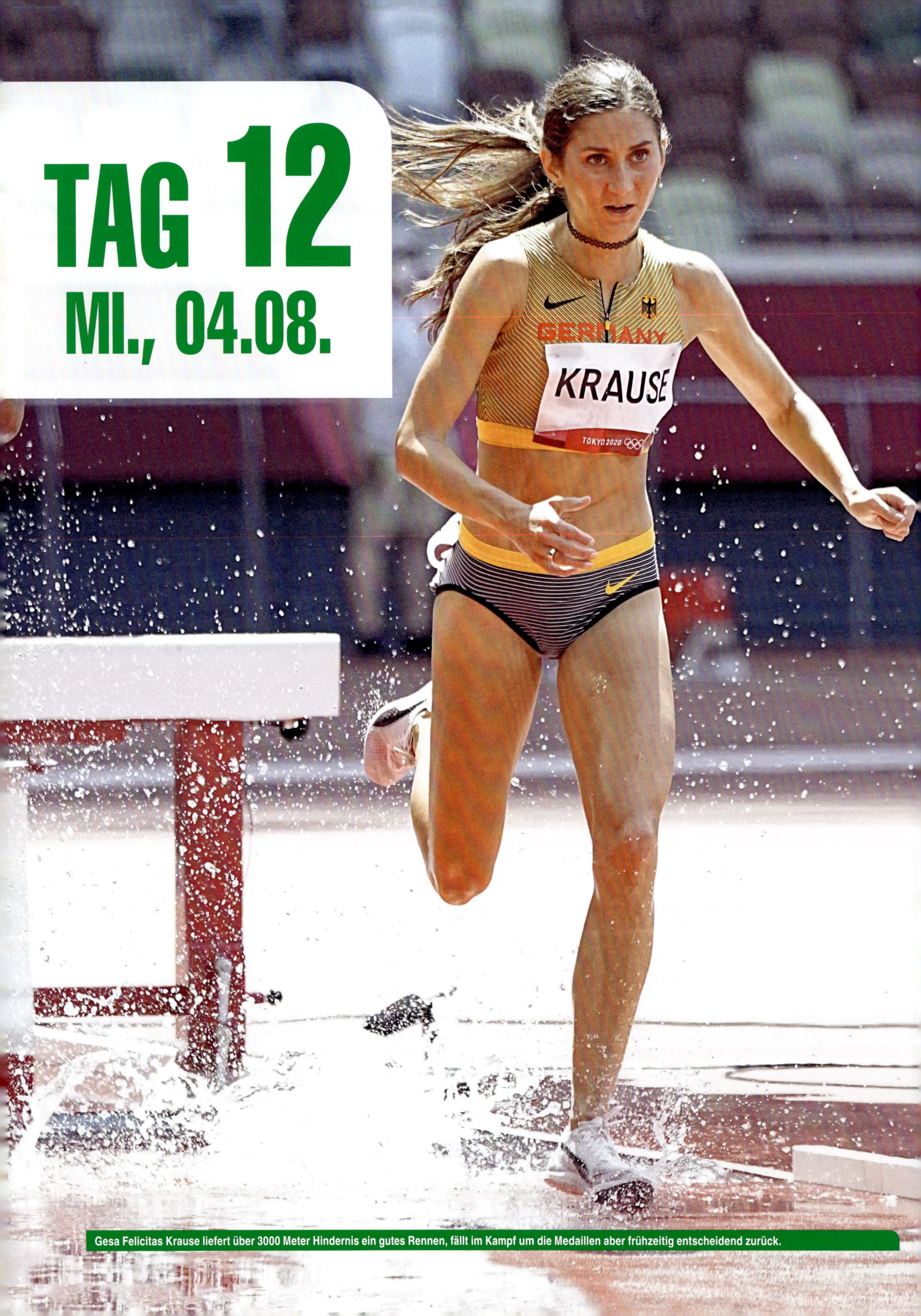

Gesa Felicitas Krause liefert über 3000 Meter Hindernis ein gutes Rennen, fällt im Kampf um die Medaillen aber frühzeitig entscheidend zurück.

LEICHTATHLETIK

Gesa Felicitas Krause bewies in Tokio einmal mehr, dass ihr keine Europäerin über 3000 Meter Hindernis das Wasser reichen kann. Doch es nutzte ihr herzlich wenig, denn sie verpasste in Tokio eine olympische Medaille klar. Wie schon 2012 und 2016 ging der Sieg an eine afrikanische Läuferin. Nach einer grandiosen Schlussrunde siegte Peruth Chemutai aus Uganda vor der US-Amerikanerin Courtney Frerichs. Krause feierte als Fünftplatzierte ihr bestes Olympiaresultat, war allerdings weit weg von den Medaillenrängen. Bereits auf dem zweiten Kilometer schwand Krauses Hoffnung auf einen Coup wie bei der WM 2019 in Doha, als sie Dritte geworden war. Denn mit einer gewaltigen Tempoverschärfung sprengte Frerichs das Feld, allein Chemetai vermochte der 28-Jährigen zu folgen und hatte auf der letzten Runde mehr zuzusetzen. Krause ging als Achte mit großem Rückstand in die Schlussrunde, überholte auf dieser aber noch drei Läuferinnen.

Die Erinnerung an das furiose Männerrennen über 400 Meter Hürden war noch frisch. Karsten Warholm hatte einen Fabelweltrekord aufgestellt, und sechs der acht Starter waren neue persönliche Bestleistungen gelaufen. Einen Tag später fand nun das Finale der Frauen in dieser Disziplin statt, und auch das hatte es in sich. Die US-Amerikanerin Sydney McLaughlin stürmtein 51,46 Sekunden zu einem neuen Weltrekord, und auch die zweitplatzierte Dalilah Muhammad (USA) unterbot in 51,58 Sekunden den vormaligen Weltrekord, den McLaughlin erst wenige Wochen zuvor aufgestellt hatte. Femke Bol aus den Niederlanden freute sich nicht nur über Bronze, sondern auch über einen neuen Europarekord (52,03 Sekunden).

Seine zweite Medaille bei diesen Sommerspielen gewann Andre De Grasse. Nach Bronze über 100 Meter setzte sich der Kanadier im 200-Meter-Rennen durch und holte erstmals Gold bei Olympia. Seine 19,62 Sekunden bedeuteten zudem eine neue persönliche Bestleistung für den 26-Jährigen.

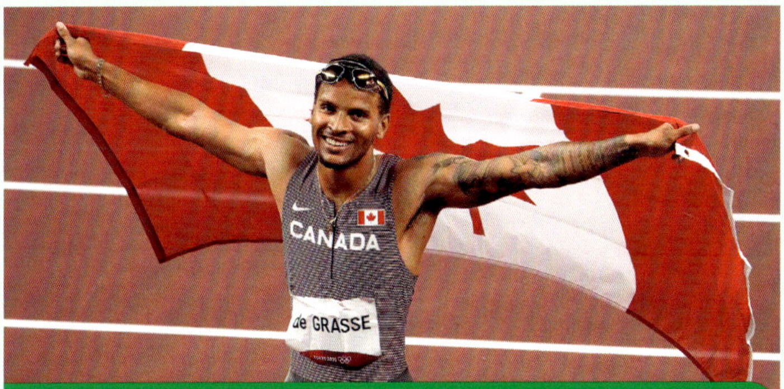

Bronze über 100 Meter, Gold über 200 Meter: Der Kanadier Andre De Grasse prägt in Tokio die Sprintwettbewerbe.

3000 METER HÜRDEN (FRAUEN)

1	Peruth Chemutai	UGA	9:01:45 Minuten
2	Courtney Frerichs	USA	+ 3,34 Sekunden
3	Hyvin Kiyeng	KEN	+ 3,94

5. Gesa Felicitas Krause + 12,15

400 METER HÜRDEN (FRAUEN)

1	Sydney McLaughlin	USA	51,46 Sekunden
2	Dalilah Muhammad	USA	+ 0,12 Sekunden
3	Femke Bol	NED	+ 0,57

Carolina Krafzik im Halbfinale ausgeschieden

800 METER (MÄNNER)

1	Emmanuel Korir	KEN	1:45:06 Minuten
2	Ferguson Rotich	KEN	+ 0,17 Sekunden
3	Patryk Dobek	POL	+ 0,33

200 METER (MÄNNER)

1	Andre De Grasse	CAN	19,62 Sekunden
2	Kenneth Bednarek	USA	+ 0,06 Sekunden
3	Noah Lyles	USA	+ 0,12

Steven Müller im Vorlauf ausgeschieden

HAMMERWURF (MÄNNER)

1	Wojciech Nowicki	POL	82,52 Meter
2	Eivind Henriksen	NOR	81,58
3	Pawel Fajdek	POL	81,53

Tristan Schwandke in Qualifikation gescheitert

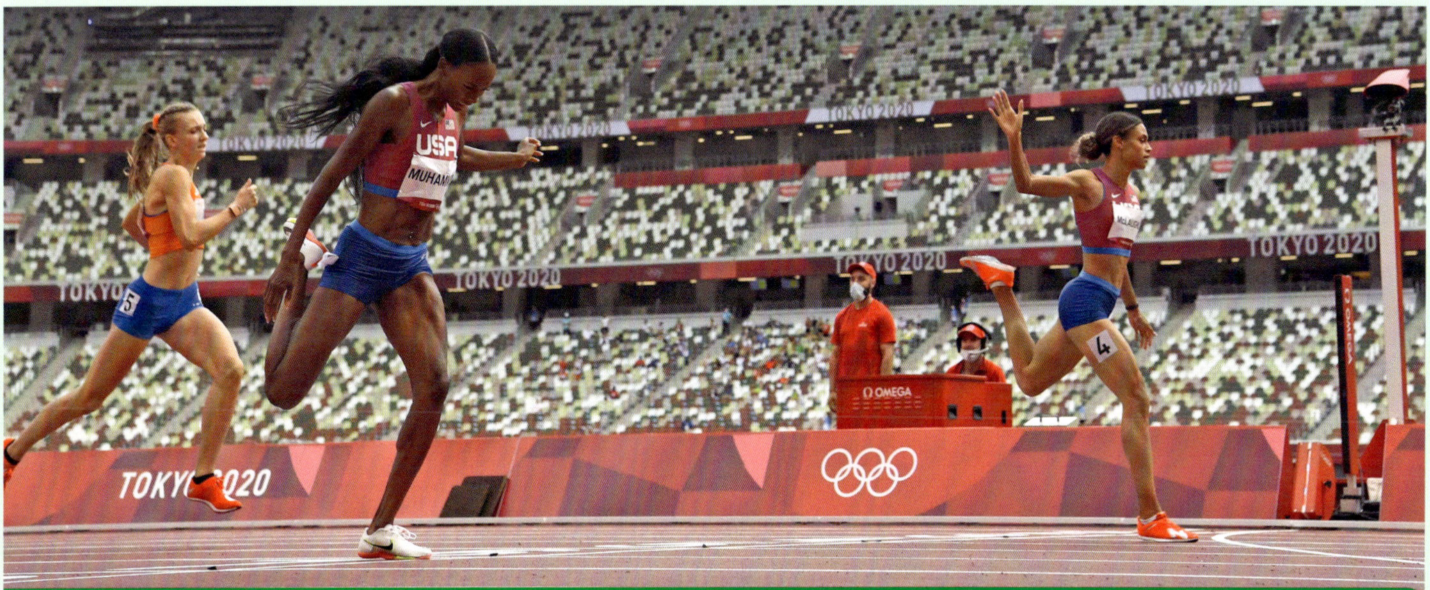

Über 400 Meter Hürden purzeln die Weltrekorde. US-Topfavoritin Sydney McLaughlin (rechts) siegt in unglaublichen 51,46 Sekunden.

WEITERE ENTSCHEIDUNGEN

Die Ringer Frank Stäbler und Denis Kudla haben am zwölften Tag der Spiele für die einzigen deutschen Medaillen gesorgt. Stäbler setzte sich zum Abschluss seiner internationalen Karriere im Kampf um Bronze in der griechisch-römischen Klasse bis 67 Kilogramm (Leichtgewicht) gegen den Georgier Ramas Soidse durch. Symbolisch ließ der 32 Jahre alte Schwabe aus Musberg danach seine Schuhe auf der Matte zurück. Der sechs Jahre jüngere Kudla gewann eine halbe Stunde später das kleine Finale in der griechisch-römischen Klasse bis 87 Kilogramm (Mittelgewicht) gegen den Ägypter Mohamed Metwally. Aline Rotter-Focken, die zwei Tage zuvor Gold gewonnen hatte, fieberte auf der Tribüne der Makuhari Messehalle mit ihren Kollegen.

Nach den Enttäuschungen 2012 in London (Niederlage im Bronzekampf) und 2016 in Rio de Janeiro (verletzungsbedingt nur Siebter) schloss der dreimalige Weltmeister Stäbler zum Karriereende Frieden mit Olympia: »Der Traum von einer Medaille ist mit den allerletzten Kräften in Erfüllung gegangen. Bronze ist für mich wie Gold.«

Die Medaillenfarbe der Tischtennismänner war indes noch unklar. Silber war dem Team mit Timo Boll, Dimitrij Ovtcharov und Patrick Franziska nach dem 3:2-Halbfinalsieg gegen Gastgeber Japan aber nicht mehr zu nehmen. Altmeister Boll avancierte mit Siegen in Einzel und Doppel zum Matchwinner. Die Tischtennisfrauen waren im Halbfinale mit 0:3 gegen Topfavorit China chancenlos, bewahrten sich aber die Chance auf Bronze.

Weniger erfreulich verlief der Tag für die Beachvolleyballer Julius Thole und Clemens Wickler. Das Hamburger Duo schied durch ein 0:2 in der Neuauflage des WM-Endspiels von 2019 gegen die russischen Weltmeister Wjatscheslaw Krassilnikow/Oleg Stojanowski im Viertelfinale aus. Damit traten die durch die Goldmedaillen 2012 in London (Brink/Reckermann) und 2016 in Rio de Janeiro (Ludwig/Walkenhorst) erfolgsverwöhnten deutschen Beachvolleyballer diesmal mit leeren Händen die Heimreise an.

Freiwasserschwimmerin Leonie Beck aus Würzburg fehlten nach zehn Kilometern im Odaiba Marine Park lediglich 2,6 Sekunden zu Bronze. Springreiter Daniel Deußer aus Wiesbaden leistete sich im Sattel von Stute Killer Queen im Finale zwei Abwürfe und landete als Weltranglistenerster auf einem ernüchternden 18. Platz.

RINGEN GRIECHISCH-RÖMISCH BIS 67 KG (MÄNNER)

1	Mohammadreza Geraei	IRI
2	Parwis Nasibow	UKR
3	Frank Stäbler	GER
3	Mohamed Ibrahim Elsayed	EGY

RINGEN GRIECHISCH-RÖMISCH BIS 87 KG (MÄNNER)

1	Schan Belenjuk	UKR
2	Victor Lorincz	HUN
3	Denis Kudla	GER
3	Zurabi Datunashvili	SRB

RINGEN FREISTIL BIS 62 KG (FRAUEN)

1	Yukako Kawai	JPN
2	Aisuluu Tynybekowa	KGZ
3	Iryna Koljadenko	UKR
3	Tajbe Jussein	BUL

REITEN SPRINGEN EINZEL

1	Ben Maher	GBR	37,85 Sekunden
2	Peder Fredricson	SWE	+ 0,17
3	Maikel van der Vleuten	NED	+ 1,05

18. Daniel Deußer

FREIWASSERSCHWIMMEN (FRAUEN)

1	Ana Marcela Cunha	BRA	1:59:30,8 Stunden
2	Sharon van Rouwendaal	NED	+ 0,9 Sekunden
3	Kareena Lee	AUS	+ 1,7

5. Leonie Beck + 4,3

SYNCHRONSCHWIMMEN DUETT (FRAUEN)

1	S. Kolesnitschenko/S. Romaschina	ROC	195,9079 Punkte
2	Huang Xuechen/Sun Wenyan	CHN	192,4490
3	Marta Fjedina/Anastassija Sawtschuk	UKR	189,4620

BAHNRADSPORT MANNSCHAFTSVERFOLGUNG (MÄNNER)

1	Italien	ITA
2	Dänemark	DEN
3	Australien	AUS

6. Deutschland

SEGELN 470ER (FRAUEN)

1	Hannah Mills/Eilidh McIntyre	GBR	38 Punkte
2	Agnieszka Skrzypulec/Jolanta Ogar	POL	54
3	Camille Lecointre/Aloise Retornaz	FRA	54

6. Luise Wanser/Anastasiya Winkel

SEGELN 470ER (MÄNNER)

1	Mathew Belcher/Will Ryan	AUS	23 Punkte
2	Anton Dahlberg/Fredrik Bergström	SWE	45
3	Jordi Xammar/Nicolas Rodriguez	ESP	55

SKATEBOARD PARK (FRAUEN)

1	Sakura Yosozumi	JPN	60,09 Punkte
2	Kokona Hiraki	JPN	59,04
3	Sky Brown	GBR	56,47

9. Lilly Stoephasius

BOXEN BIS 81 KG (MÄNNER)

1	Arlen Lopez	CUB
2	Benjamin Whittaker	GBR
3	Imam Chatajew	ROC
3	Loren Berto Alfonso Dominguez	AZE

GEWICHTHEBEN ÜBER 109 KG (MÄNNER)

1	Lascha Talachadse	GEO	488 Kilogramm
2	Ali Davoudi	IRI	441
3	Man Asaad	SYR	424

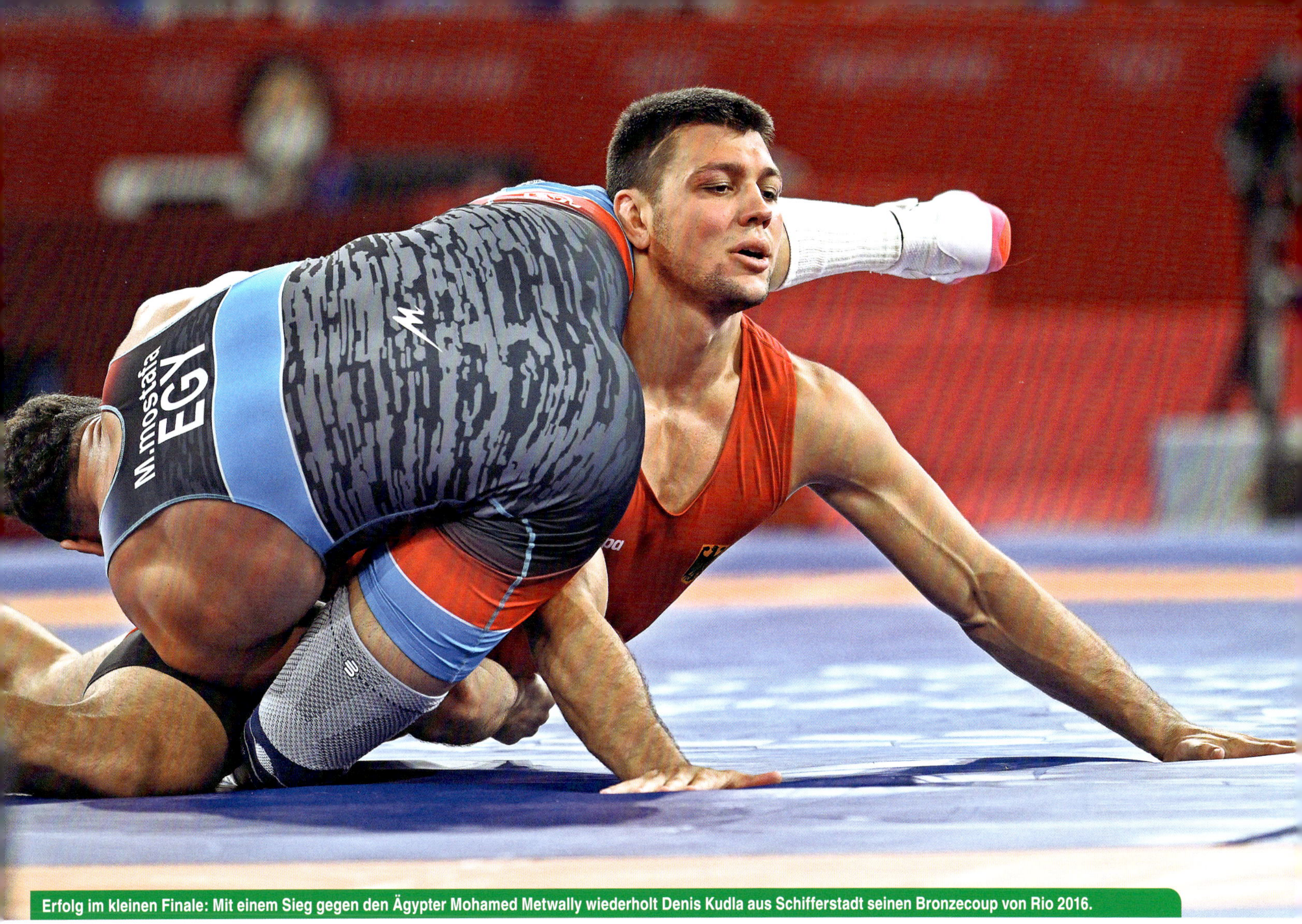

Erfolg im kleinen Finale: Mit einem Sieg gegen den Ägypter Mohamed Metwally wiederholt Denis Kudla aus Schifferstadt seinen Bronzecoup von Rio 2016.

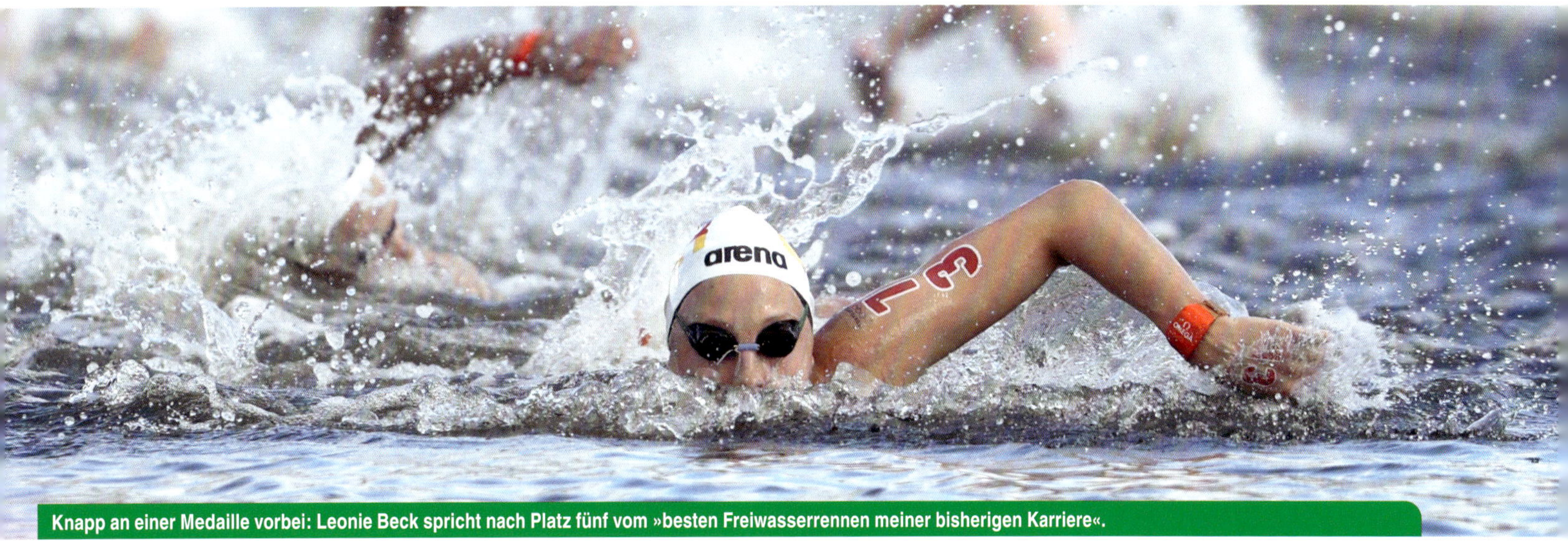

Knapp an einer Medaille vorbei: Leonie Beck spricht nach Platz fünf vom »besten Freiwasserrennen meiner bisherigen Karriere«.

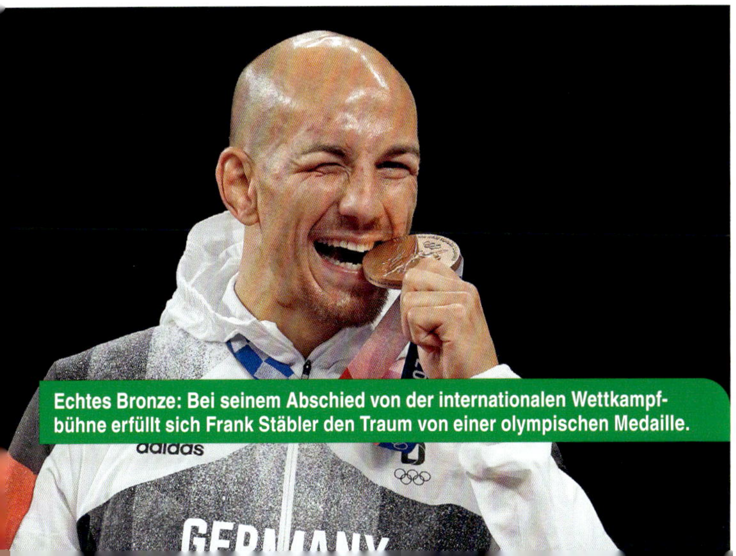

Echtes Bronze: Bei seinem Abschied von der internationalen Wettkampfbühne erfüllt sich Frank Stäbler den Traum von einer olympischen Medaille.

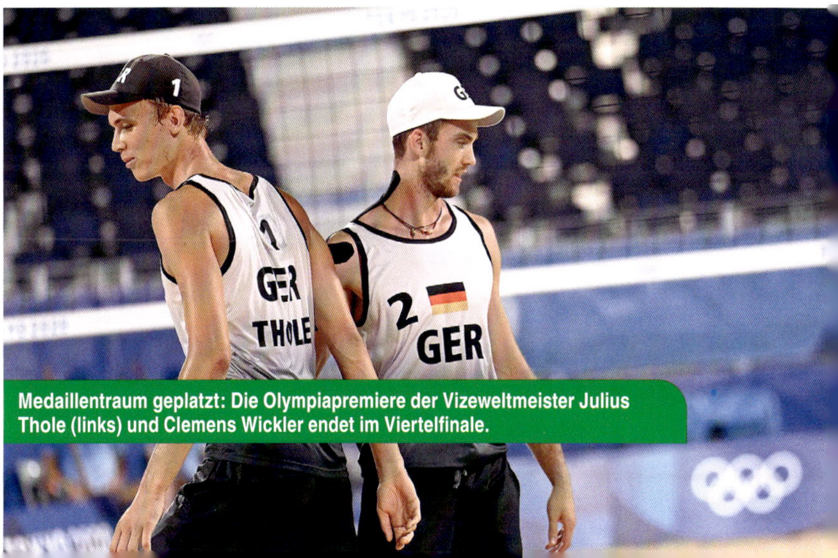

Medaillentraum geplatzt: Die Olympiapremiere der Vizeweltmeister Julius Thole (links) und Clemens Wickler endet im Viertelfinale.

TAG 13

DO., 05.08.

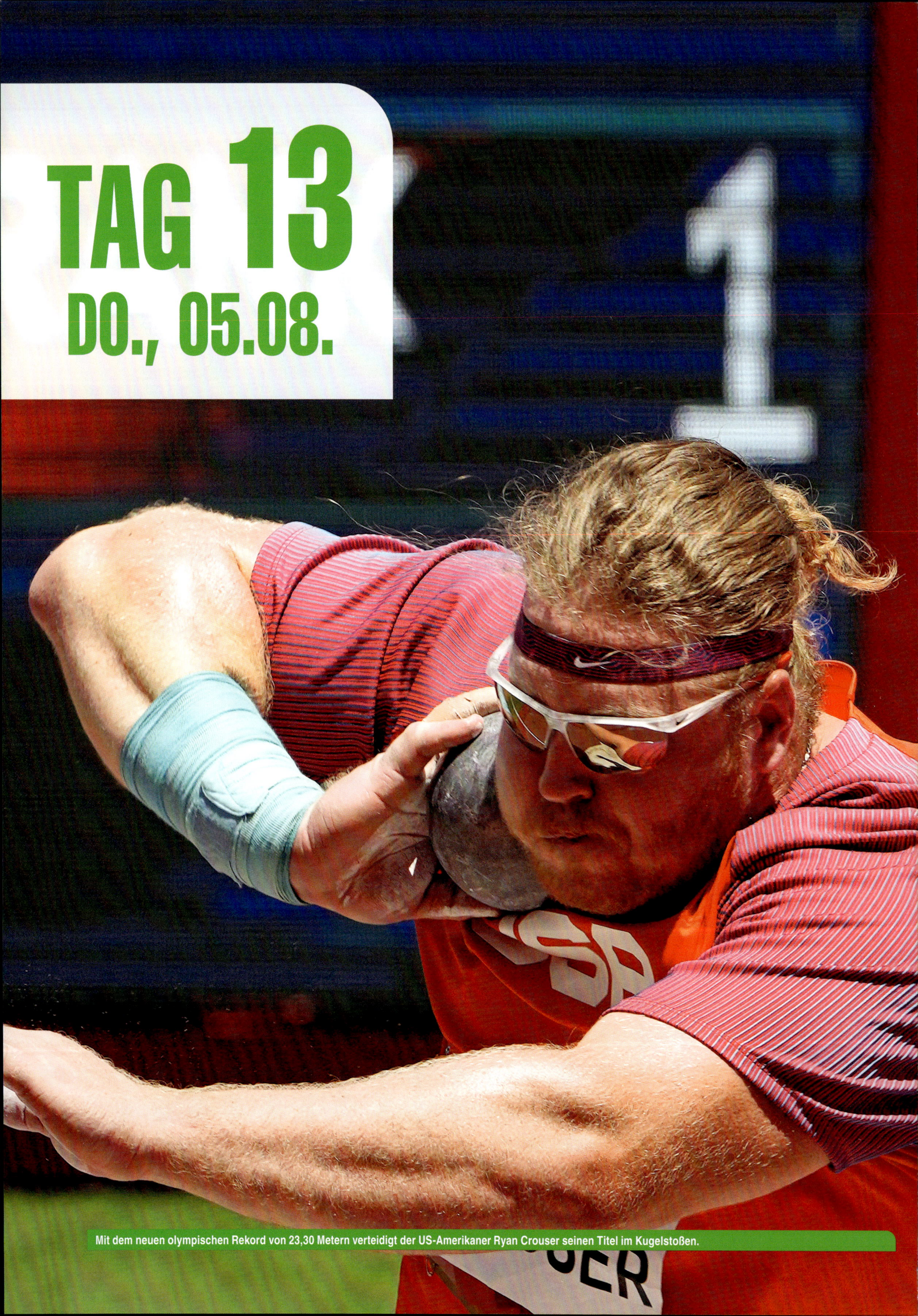

Mit dem neuen olympischen Rekord von 23,30 Metern verteidigt der US-Amerikaner Ryan Crouser seinen Titel im Kugelstoßen.

LEICHTATHLETIK

Ryan Crouser begnügte sich nicht mit der Goldmedaille, er wollte mehr. Also schritt er ein letztes Mal in den Kugelstoßring, mit dem festen Vorsatz, seinen eigenen Weltrekord zu überbieten. Es klappte nicht ganz. Sieben Zentimeter fehlten ihm dafür, doch mit 23,30 Metern setzte der 28-Jährige noch einmal ein Ausrufezeichen unter einen Auftritt, der an Dominanz nicht zu überbieten war. Mit all seinen sechs Versuchen überbot Crouser den olympischen Rekord, den er selbst fünf Jahre zuvor in Rio de Janeiro aufgestellt hatte. Fünf seiner sechs Versuche hätten für Gold gereicht. Seine Konkurrenten stritten sich nur um den Titel »Best of the Rest«. Mit 22,65 Metern gewann Crousers US-Teamkollege Joe Kovacs letztlich Silber.
Für Carolin Schäfer standen die Vorzeichen vor den Olympischen Spielen denkbar schlecht. Eine starke Impfreaktion hatte die Siebenkämpferin im Training um Wochen zurückgeworfen. Ohne einen einzigen absolvierten Wettkampf war die ehemalige Vizeweltmeisterin nach Tokio gereist, um dort das Unmögliche möglich zu machen: eine Medaille. Und tatsächlich ignorierte Schäfer die widrigen Umstände und legte einen famosen ersten Wettkampftag hin. Bescheidene 5,78 Meter im Weitsprung machten dann jedoch alle Medaillenhoffnungen zunichte. Da half Schäfer selbst eine neue persönliche Bestleistung im Speerwerfen (54,10 Meter) nicht mehr. Am Ende wurde sie Siebte. Im Zehnkampf der Männer legte Weltmeister Niklas Kaul stark los, zog sich dann jedoch im Hochsprung eine Fußverletzung zu. Zum 400-Meter-Rennen trat der 23-Jährige zwar noch an, musste allerdings aufgeben. 2024 in Paris will Kaul den nächsten Anlauf auf Olympiagold nehmen.
Mit einer Überraschung endete der Stabhochsprung der Frauen. Die russische Topfavoritin Anschelika Sidorowa musste sich mit Silber hinter Katie Nageotte (USA) begnügen.

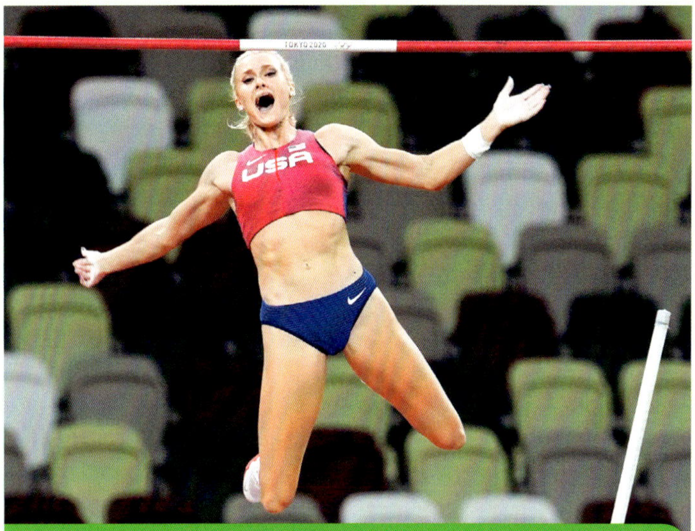

Mit übersprungenen 4,90 Metern krönt sich US-Stabhochspringerin Katie Nageotte überraschend zur Olympiasiegerin.

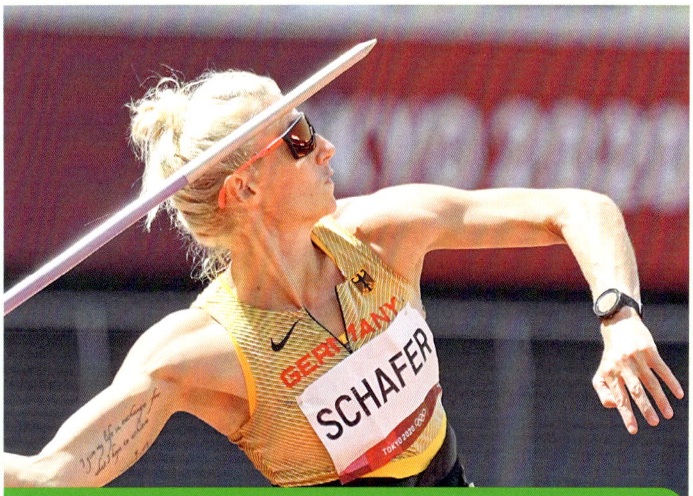

Trotz neuer persönlicher Bestweite im Speerwurf verpasst Siebenkämpferin Carolin Schäfer eine Medaille.

DREISPRUNG (MÄNNER)

1	Pedro Pichardo	POR	17,98 Meter
2	Zhu Yaming	CHN	17,57
3	Hugues Fabrince Zango	BUR	17,47

Max Heß in Qualifikation ausgeschieden

KUGELSTOSSEN (MÄNNER)

1	Ryan Crouser	USA	23,30 Meter
2	Joe Kovacs	USA	22,65
3	Tomas Walsh	NZL	22,47

110 METER HÜRDEN (MÄNNER)

1	Hansle Parchment	JAM	13,04 Sekunden
2	Grant Holloway	USA	+ 0,05 Sekunden
3	Ronald Levy	JAM	+ 0,06

Gregor Traber im Vorlauf ausgeschieden

400 METER (MÄNNER)

1	Steven Gardiner	BAH	43,85 Sekunden
2	Anthony Zambrano	COL	44,08
3	Kirani James	GRN	44,19

Marvin Schlegen im Vorlauf ausgeschieden

20 KILOMETER GEHEN (MÄNNER)

1	Massimo Stano	ITA	1:21:05 Stunden
2	Koki Ikeda	JPN	+ 9,0 Sekunden
3	Toshikazu Yamanishi	JPN	+ 23,0 Sekunden

5. Christopher Linke + 45,0

STABHOCHSPRUNG (FRAUEN)

1	Katie Nageotte	USA	4,90 Meter
2	Anschelika Sidorowa	ROC	4,85
3	Holly Bradshaw	GBR	4,85

SIEBENKAMPF (FRAUEN)

1	Nafissatou Thiam	BEL	6791 Punkte
2	Anouk Vetter	NED	6689
3	Emma Oosterwegel	NED	6590

7. Carolin Schäfer 6419

ZEHNKAMPF (MÄNNER)

1	Damian Warner	CAN	9018 Punkte
2	Kevin Mayer	FRA	8726
3	Ashley Moloney	AUS	8649

14. Kai Kazmirek 8126

HOCKEY

Erstmals seit den Olympischen Spielen 2000 in Sydney blieb den deutschen Hockey-Männern eine Medaille versagt. In der Gluthitze von Tokio unterlag die DHB-Auswahl im Spiel um Bronze Indien mit 4:5 (3:3). Zum Verhängnis wurde der deutschen Mannschaft in einem rasanten Spiel die Schwäche bei Standardsituationen. Nur eine von 13 Strafecken führte zu einem Treffer. Die letzte Chance vergab Lukas Windfeder sieben Sekunden vor Schluss. Dabei hatte es anfangs sehr gut ausgesehen für das DHB-Team, das furios loslegte und bereits in der zweiten Minute durch Timur Oruz in Führung ging. Indiens Ausgleich nach einem schnellen Gegenangriff konterten Niklas Wellen und Benedikt Fürk mit einem Doppelschlag (24. und 25. Minute). Zwei Strafecken verhalfen Indien vor der Pause zum schmeichelhaften Ausgleich. Danach nutzten die Inder die Lücken in der deutschen Defensive gnadenlos aus, Windfeder gelang nur noch der Anschluss zum 4:5 (48.). Den Olympiasieg sicherte sich Belgien nach einem dramatischen 3:2 im Penaltyschießen gegen Australien.

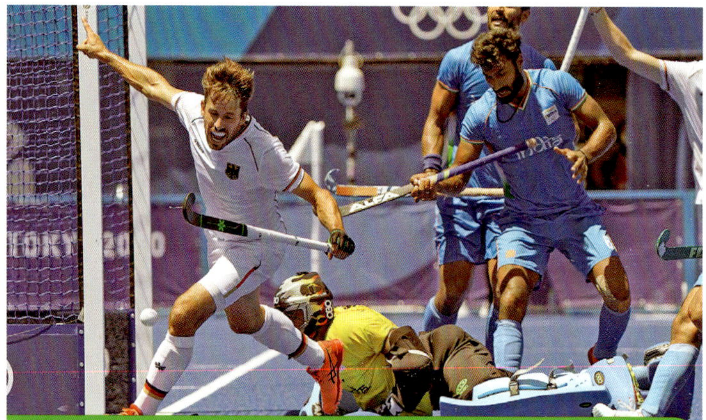

Hier ist die Welt für das DHB-Team noch in Ordnung: Benedikt Fürk bejubelt den Treffer zum 3:1.

HOCKEY (MÄNNER)

1	Belgien	BEL
2	Australien	AUS
3	Indien	IND

4. Deutschland

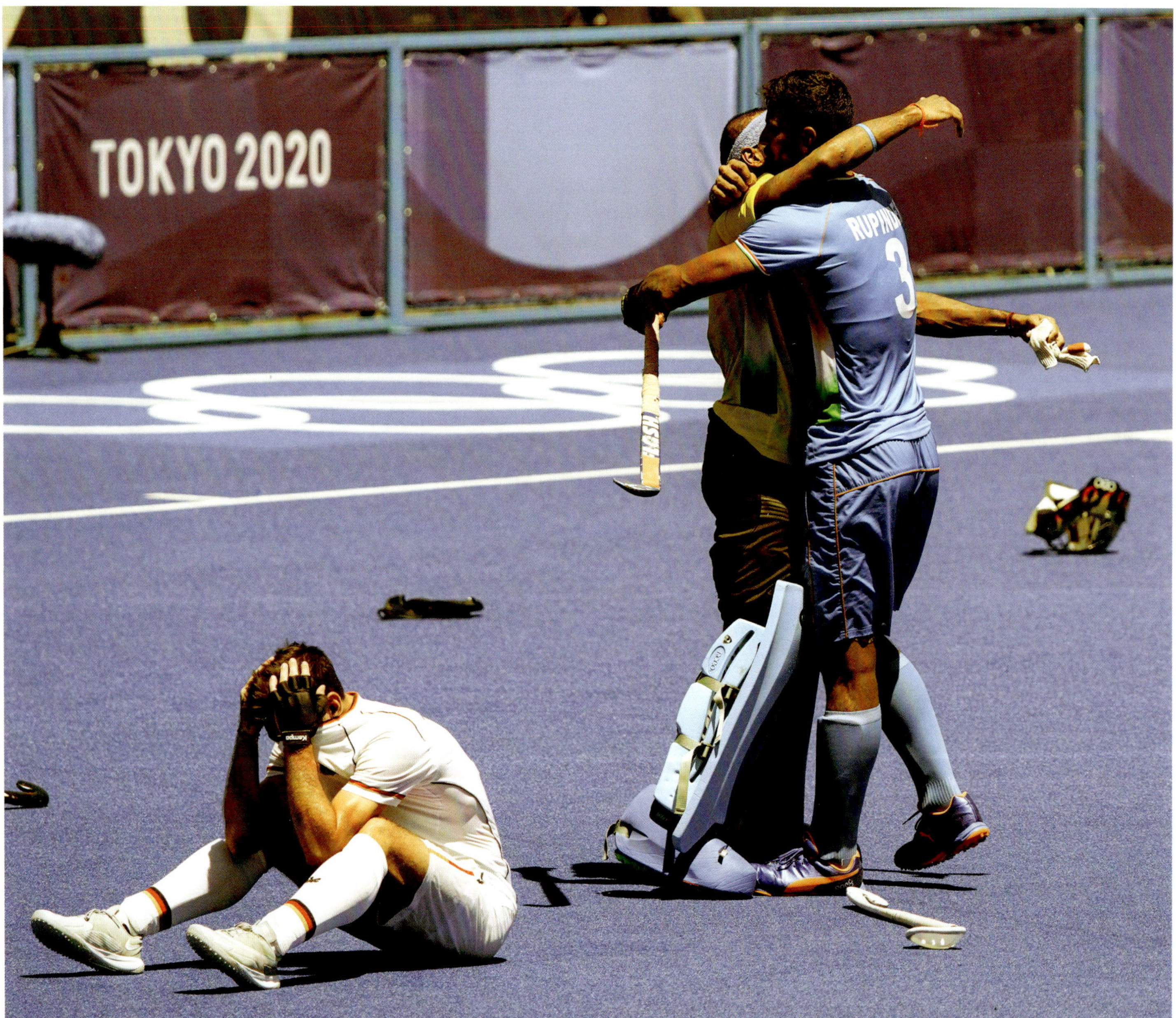

Freud und Leid auf einem Bild: Die Inder bejubeln Bronze, Deutschlands Lukas Windfeder trauert.

TAG 13

WEITERE ENTSCHEIDUNGEN

Bei seinen Beckenstarts über 800 und 1500 Meter hatte Florian Wellbrock sein Minimalziel, eine Bronzemedaille, erreicht. Im Freiwasserschwimmen war der 23-Jährige aus Magdeburg als Topfavorit an den Start gegangenen und ließ nach einer eindrucksvollen Machtdemonstration Gold folgen. Wellbrock lag schon unmittelbar nach dem Startsprung in Führung, am Ende der zehn Kilometer langen Strecke im Odaiba Marine Park war sein Vorsprung auf den Zweiten Kristof Rasovszky (Ungarn) und den Dritten Gregorio Paltrinieri (Italien) mit 25,3 bzw. 27,4 Sekunden gigantisch. »Vielleicht habe ich den kleinen Dämpfer über 800 Meter gebraucht, um heute so stark zurückzukommen«, erinnerte Wellbrock an seinen ersten Olympiastart eine Woche zuvor, als er auf der letzten Bahn von gleich drei Konkurrenten überholt wurde und sich mit dem vierten Platz zufriedengeben musste.

Im freien Gewässer, wo erst seit 2008 um olympische Medaillen geschwommen wird, hat Wellbrock damit einmal mehr Sportgeschichte geschrieben. 2019 war er als erster Schwimmer überhaupt Weltmeister im Becken und im Freiwasser geworden. Nun holte er dort das erste deutsche Schwimmgold seit Britta Steffen 2008 in Peking. Das letzte Gold bei den Männern lag sogar noch 20 Jahre länger zurück: Michael Groß und Uwe Daßler 1988 in Seoul. Bereits um 6.30 Uhr Ortszeit waren Wellbrock und seine Konkurrenten ins Wasser gesprungen, 1:48:33,7 Stunden später war der Sieger im Ziel. Seine zwischenzeitlich nach Deutschland zurückgereiste Verlobte Sarah Köhler und seine Eltern zitterten am Familienwohnsitz in Bremen am TV-Gerät mit. »Man weiß ganz genau: Die Familie ist wach, wenn ich hier bin«, sagte er. »Dieser Rückhalt tut wahnsinnig gut.«

FREIWASSERSCHWIMMEN (MÄNNER)

1	Florian Wellbrock	GER	1:48:33,7 Stunden
2	Kristof Rasovszky	HUN	+ 25,3 Sekunden
3	Gregorio Paltrinieri	ITA	+ 27,4 Sekunden

WASSERSPRINGEN TURM EINZEL (FRAUEN)

1	Quan Hongchan	CHN	466,2 Punkte
2	Chen Yuxi	CHN	425,4
3	Melissa Wu	AUS	371,4

Christina Wassen im Halbfinale ausgeschieden

BAHNRADSPORT KEIRIN (FRAUEN)

1	Shanne Braspennincx	NED	10,622 Sekunden
2	Ellesse Andrews	NZL	+ 0,061
3	Lauriane Genest	CAN	+ 0,148

Emma Hinze im Halbfinale ausgeschieden

BAHNRADSPORT OMNIUM (MÄNNER)

1	Matthew Walls	GBR	153 Punkte
2	Campbell Stewart	NZL	129
3	Elia Viviani	ITA	124

9. Roger Kluge 91

SKATEBOARD PARK (MÄNNER)

1	Keegan Palmer	AUS	95,83 Punkte
2	Pedro Barros	BRA	86,14
3	Cory Juneau	USA	84,13

15. Tyler Edtmayer

BOXEN BIS 57 KG (MÄNNER)

1	Albert Batyrgasijew	ROC
2	Duke Ragan	USA
3	Samuel Takyi	GHA
3	Lazaro Alvarez	CUB

Hamsat Shadalov in der ersten Runde ausgeschieden

TISCHTENNIS MANNSCHAFT (FRAUEN)

1	China	CHN
2	Japan	JPN
3	Hongkong	HKG

4. Deutschland

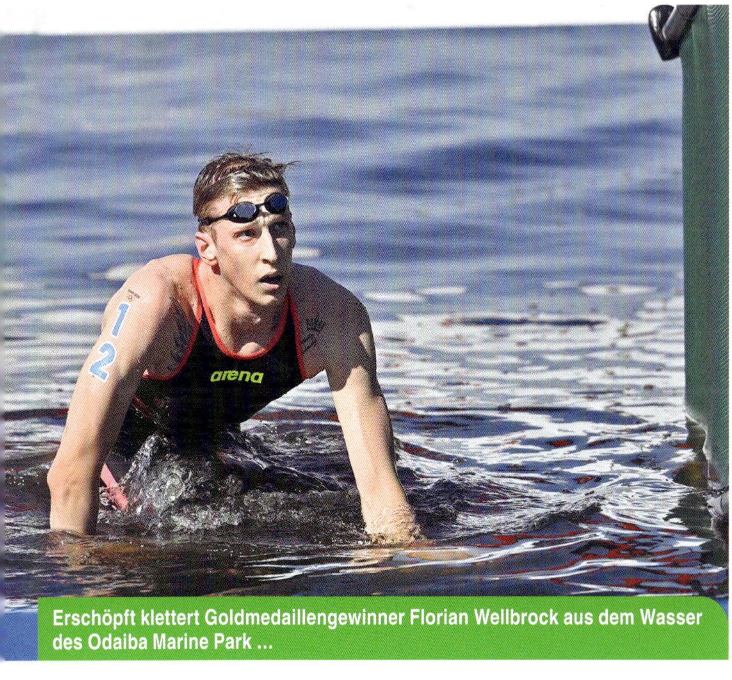

Erschöpft klettert Goldmedaillengewinner Florian Wellbrock aus dem Wasser des Odaiba Marine Park ...

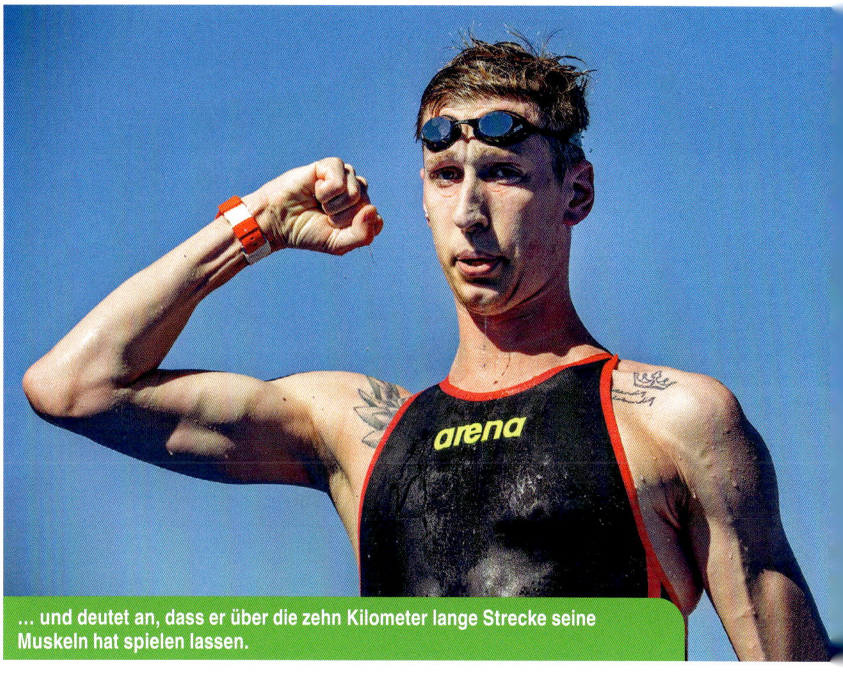

... und deutet an, dass er über die zehn Kilometer lange Strecke seine Muskeln hat spielen lassen.

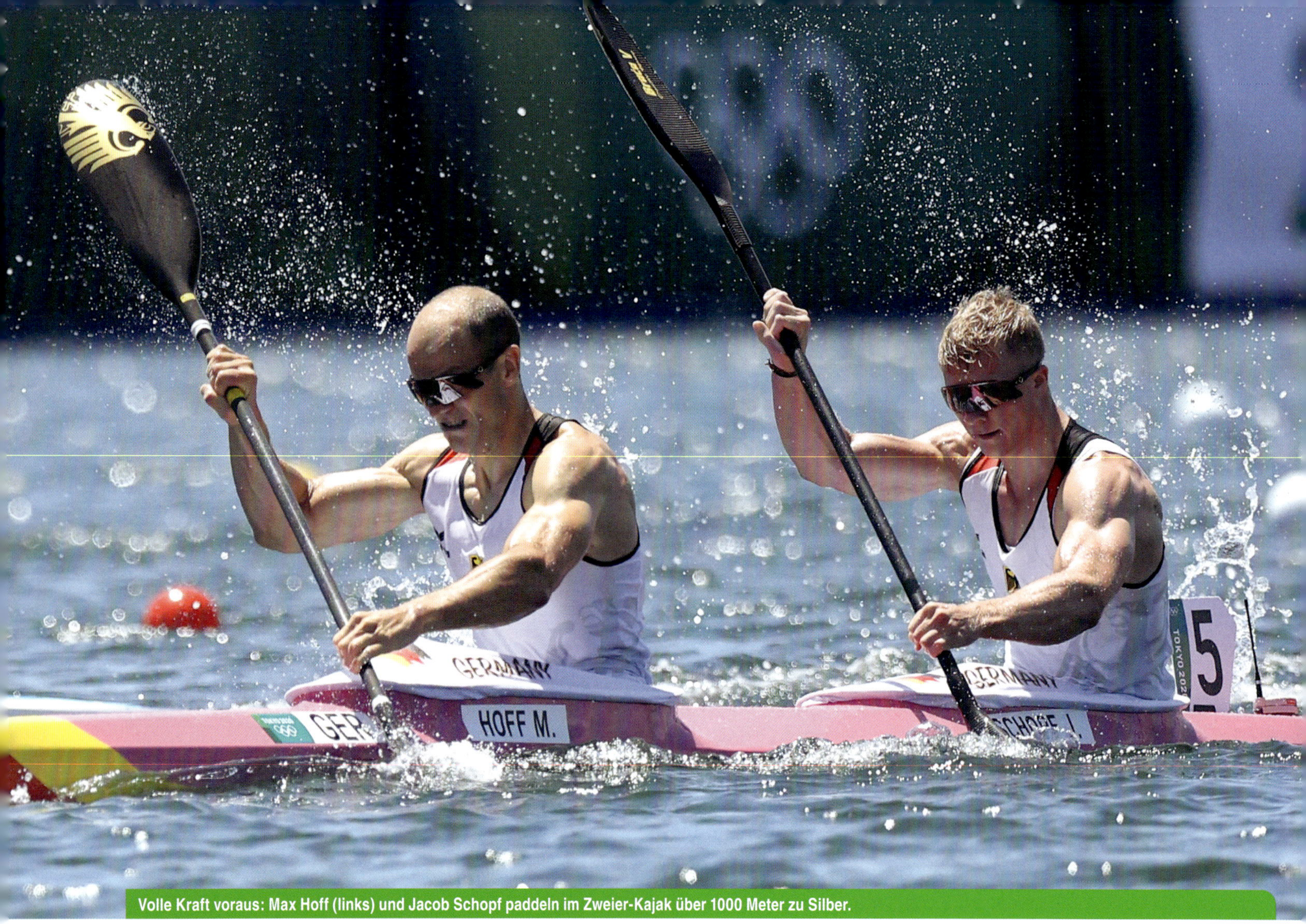

Volle Kraft voraus: Max Hoff (links) und Jacob Schopf paddeln im Zweier-Kajak über 1000 Meter zu Silber.

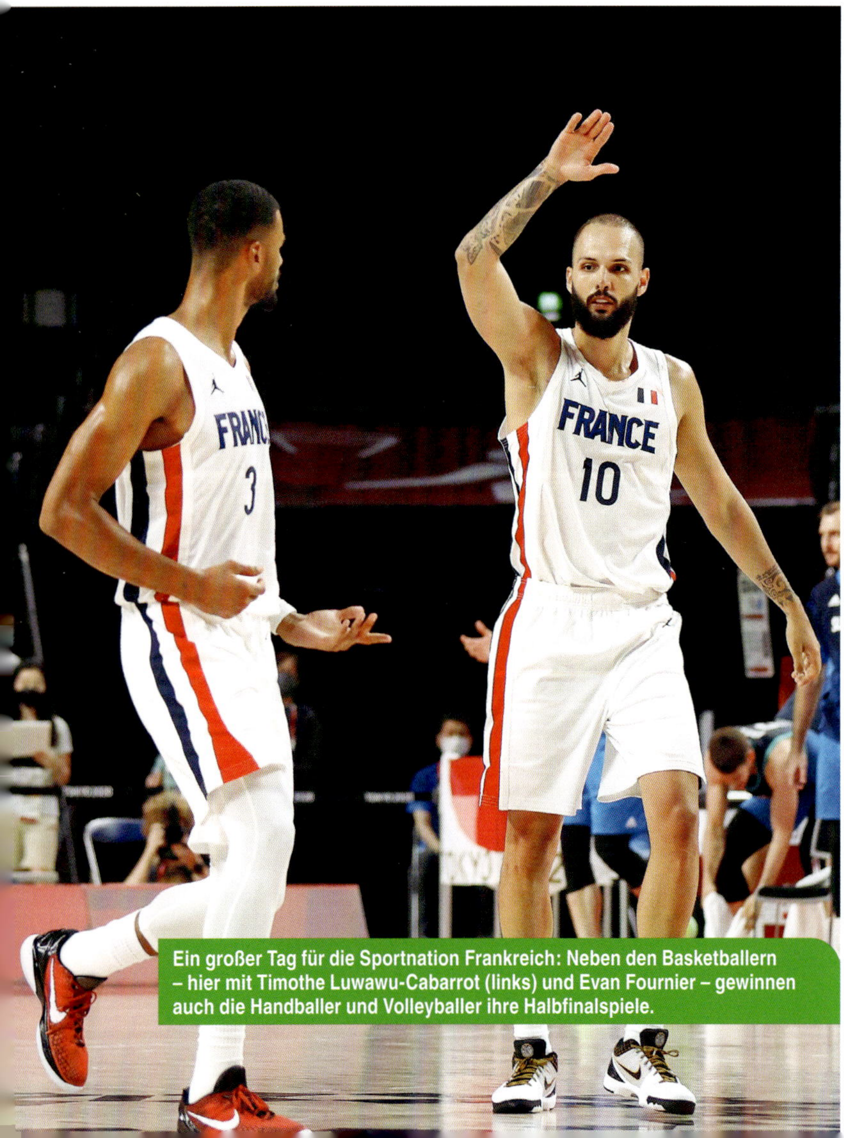

Ein großer Tag für die Sportnation Frankreich: Neben den Basketballern – hier mit Timothe Luwawu-Cabarrot (links) und Evan Fournier – gewinnen auch die Handballer und Volleyballer ihre Halbfinalspiele.

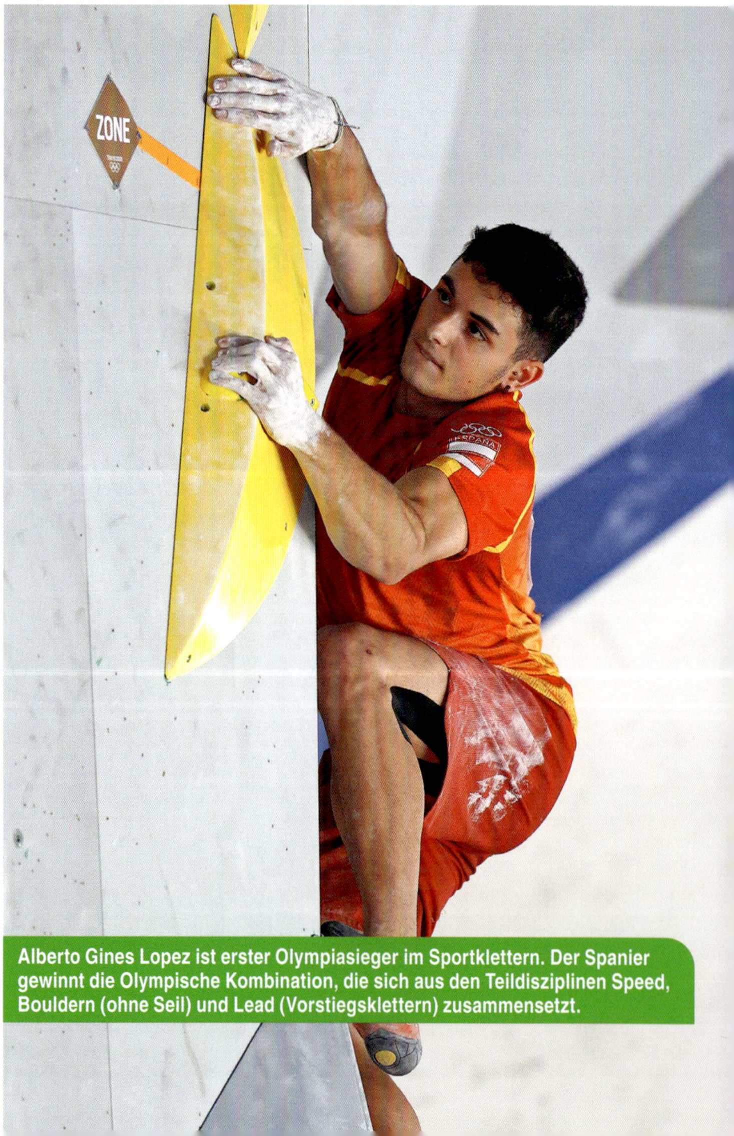

Alberto Gines Lopez ist erster Olympiasieger im Sportklettern. Der Spanier gewinnt die Olympische Kombination, die sich aus den Teildisziplinen Speed, Bouldern (ohne Seil) und Lead (Vorstiegsklettern) zusammensetzt.

Kanute Max Hoff konnte im letzten großen Rennen seiner Karriere seinen olympischen Medaillensatz komplettieren. Bronze im Einer-Kajak 2012 in London und Gold im Vierer-Kajak 2016 in Rio de Janeiro ließ der 38-Jährige aus Essen Silber im Zweier-Kajak folgen. »Ich bin dankbar, dass ich das nochmal erleben durfte«, sagte Hoff. Nach 1000 Metern auf dem Sea Forest Waterway fehlten dem Schlagmann und dem 16 Jahre jüngeren Steuermann Jacob Schopf (Potsdam) lediglich 0,304 Sekunden zu Gold. Die Tischtennisfrauen gingen im Medaillenkampf hingegen leer aus. Das Spiel um Bronze gegen Hongkong ging trotz 1:0-Führung 1:3 verloren.

Im Basketballhalbfinale machte das US-Team gegen Australien einen 15-Punkte-Rückstand (26:41) wett und gewann letztlich souverän 97:78 (42:45). Im zweiten Halbfinale fiel die Entscheidung erst unmittelbar vor der Schlusssirene, als der Franzose Nicolas Batum einen Korbleger des Slowenen Klemen Prepelic blockte und der Equipe tricolore damit den 90:89 (42:44)-Sieg sicherte. Auch im Handball und Volleyball schafften die Franzosen den Einzug ins Endspiel. Die Handballer um Starspieler Nikola Karabatic besiegten Ägypten 27:23 (13:13). Rio-Olympiasieger und Weltmeister Dänemark zog gegen Europameister Spanien mit ebenfalls 27:23 (14:10) nach. Die französischen Volleyballer feierten einen 3:0-Halbfinalsieg gegen Argentinien.

KARATE KATA (FRAUEN)

1	Sandra Sanchez Jaime	ESP
2	Kiyou Shimizu	JPN
3	Mo Sheung Grace Lau	HKG
3	Viviana Bottaro	ITA

Jasmin Jüttner in der Vorrunde ausgeschieden

KARATE KUMITE BIS 67 KG (MÄNNER)

1	Steven Da Costa	FRA
2	Eray Samdan	TUR
3	Abdel Rahman Almasatfa	JOR
3	Darchan Assadilow	KAZ

KARATE KUMITE BIS 55 KG (FRAUEN)

1	Iwet Goranowa	BUL
2	Anschelika Terliuga	UKR
3	Wen Tzuyun	TPE
3	Bettina Plank	AUT

SPORTKLETTERN OLYMPISCHE KOMBINATION (MÄNNER)

1	Alberto Gines Lopez	ESP	28 Punkte
2	Nathaniel Coleman	USA	30
3	Jakob Schubert	AUT	35

Alexander Megos, Jan Hojer in der Qualifikation ausgeschieden

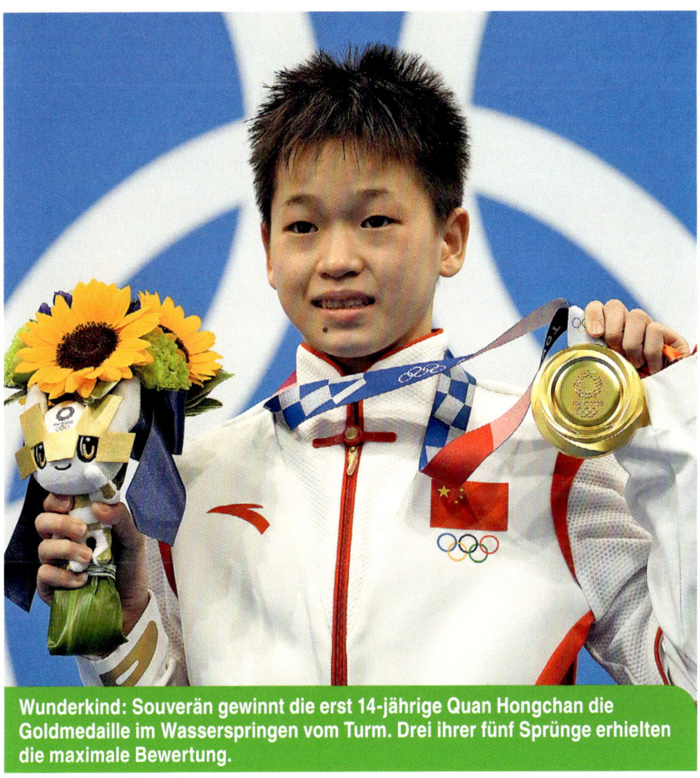

Wunderkind: Souverän gewinnt die erst 14-jährige Quan Hongchan die Goldmedaille im Wasserspringen vom Turm. Drei ihrer fünf Sprünge erhielten die maximale Bewertung.

RINGEN FREISTIL BIS 57 KG (MÄNNER)

1	Sawur Ugujew	ROC
2	Kumar Ravi	IND
3	Nurislam Sanajew	KAZ
3	Thomas Gilman	USA

RINGEN FREISTIL BIS 86 KG (MÄNNER)

1	David Taylor	USA
2	Hassan Yazdanicharati	IRI
3	Artur Najfonow	ROC
3	Myles Nazem Amine	SMR

RINGEN FREISTIL BIS 57 KG (FRAUEN)

1	Risako Kawai	JPN
2	Iryna Kuratschkina	BLR
3	Helen Maroulis	USA
3	Jewelina Nikolowa	BUL

KANU KAJAK-EINER 200 METER (MÄNNER)

1	Sandor Totka	HUN	35,035 Sekunden
2	Manfredi Rizza	ITA	+ 0,045
3	Liam Heath	GBR	+ 0,165

KANU KAJAK-ZWEIER 1000 METER (MÄNNER)

1	Jean van der Westhuyzen/Thomas Green	AUS	3:15,280 Minuten
2	Max Hoff/Jacob Schopf	GER	+ 0,304
3	Josef Dostal/Radek Slouf	CZE	+ 0,826

KANU CANADIER-EINER 200 METER (FRAUEN)

1	Nevin Harrison	USA	45,932 Sekunden
2	Laurence Vincent-Lapointe	CAN	+ 0,854
3	Lijudmyla Lusan	UKR	+ 1,102

Lisa Jahn im Halbfinale ausgeschieden

KANU KAJAK-EINER 500 METER (FRAUEN)

1	Lisa Carrington	NZL	1:51,216 Minuten
2	Tamara Csipes	HUN	+ 0,639 Sekunden
3	Emma Aastrand Jörgensen	DEN	+ 1,557

Sabrina Hering-Pradler, Jule Hake im Halbfinale ausgeschieden

TAG 14

FR., 06.08.

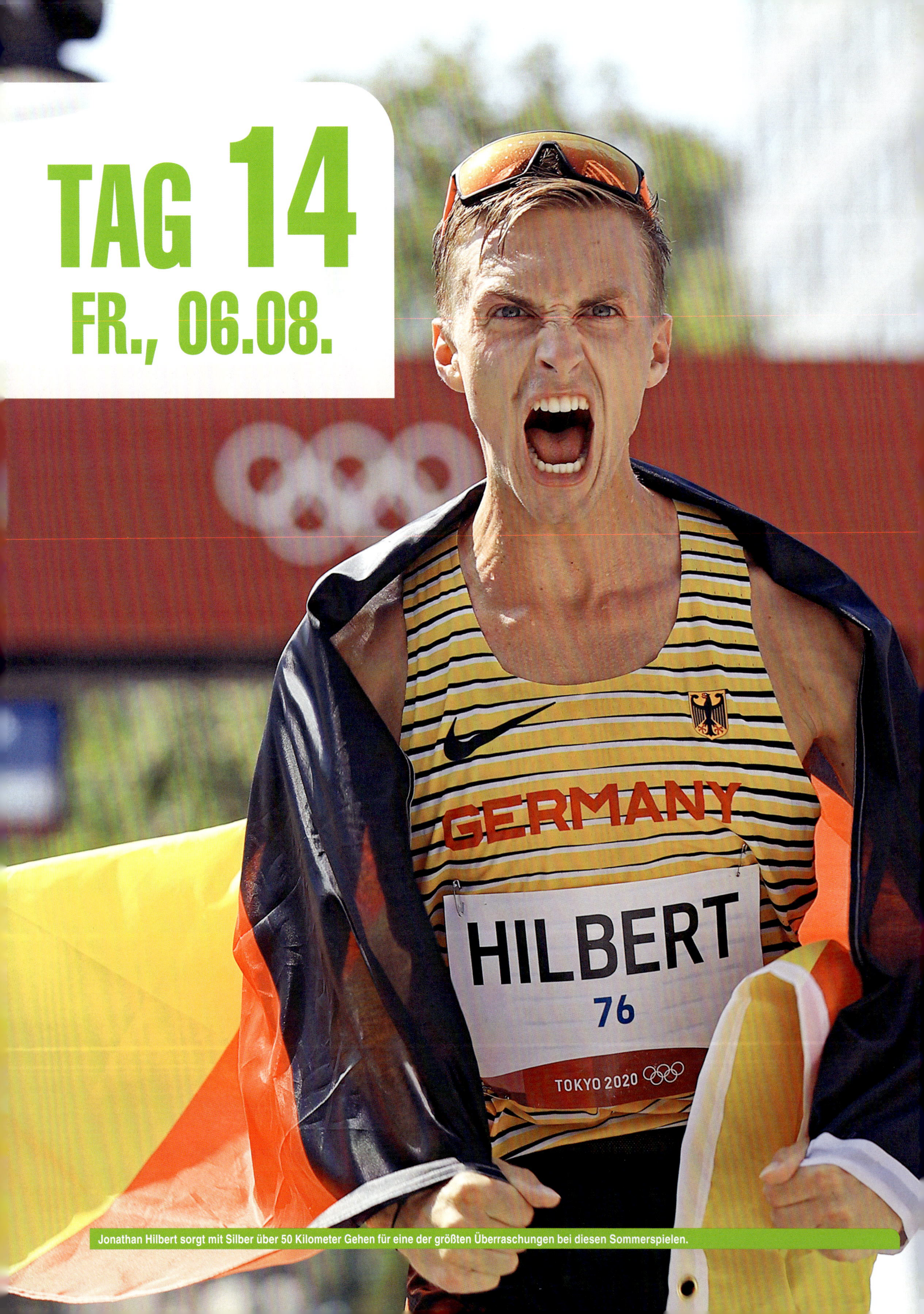

Jonathan Hilbert sorgt mit Silber über 50 Kilometer Gehen für eine der größten Überraschungen bei diesen Sommerspielen.

LEICHTATHLETIK

Das pure Glück durchströmte den abgekämpften Jonathan Hilbert, doch in dieses Hochgefühl hinein mischte sich auch Fassungslosigkeit. Der 26-Jährige wähnte sich in einer Zwischenwelt von Traum und Realität, nachdem er im 50-Kilometer-Wettbewerb sensationell Silber und damit die erste Olympiamedaille für einen deutschen Geher seit 29 Jahren gewonnen hatte. Für Hilbert war bereits die Teilnahme an diesen Spielen ein Geschenk, nach einer Saison, in der ihn Verletzungen zeitweise völlig außer Gefecht gesetzt hatten. Doch in Sapporo, wohin die Geherwettbewerbe wegen der im Vergleich zu Tokio vermeintlich kühleren Temperaturen verlegt worden waren, lieferte Hilbert das Rennen seines Lebens ab. Er teilte sich seine Kräfte hervorragend ein und hatte in der Schlussphase noch genügend Energiereserven, um sich vom Spanier Marc Tur abzusetzen, mit dem er über viele Kilometer Seite an Seite gegangen war. Am Ende fehlten Hilbert gar nur 36 Sekunden auf den Olympiasieger Dawid Tomala aus Polen. Hilberts Silber war auch deshalb so besonders, weil der Geherwettbewerb über 50 Kilometer bei den kommenden Spielen in Paris nicht mehr zum Programm zählen wird.

Eine große Enttäuschung erlebte indes Christin Hussong im Speerwerfen. Die 26-Jährige, die bei ihrem EM-Titel 2018 in Berlin noch mit 67,90 Metern geglänzt hatte, musste im Finale bereits nach drei von sechs Würfen ihre Sachen packen. Hussong offenbarte große technische Probleme und verpasste mit einer Weite von nur 59,94 Metern die Qualifikation für die Würfe vier bis sechs um ganze zwei Zentimeter. Am Ende stand nur Rang neun zu Buche.

Die deutschen 4 x 100-Meter-Staffeln überzeugten, hatten mit der Medaillenvergabe aber erwartungsgemäß nichts zu tun. Das Frauenquartett um Vizeeuropameisterin Gina Lückenkemper belegte Rang fünf, die Männer um Routinier Julian Reus wurden Sechste. Topfavorit USA scheiterte bereits im Halbfinale.

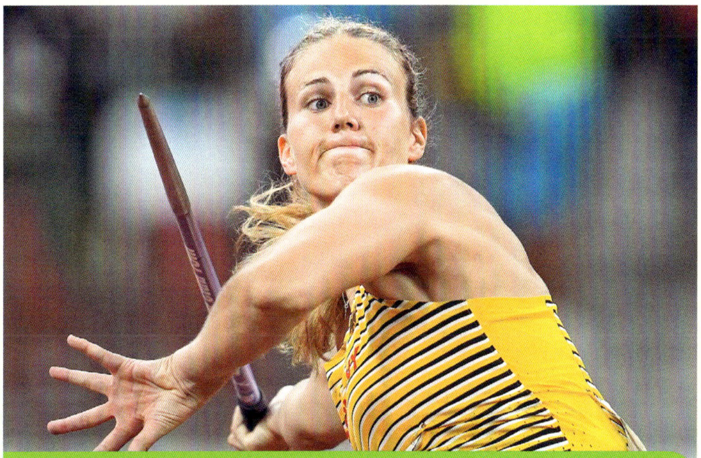

Speerwerferin Christin Hussong bleibt weit unter ihren Möglichkeiten und wird nur Neunte.

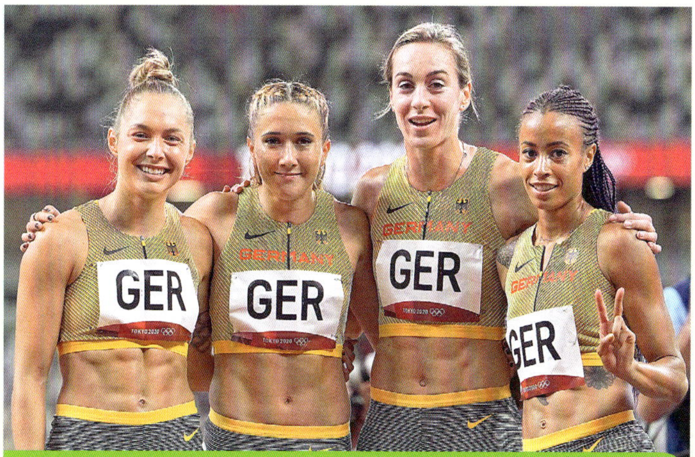

Gina Lückenkemper, Rebekka Haase, Alexandra Burghardt und Tatjana Pinto (von links) sprinten über 4 x 100 Meter auf Rang fünf.

50 KILOMETER GEHEN (MÄNNER)

1	Dawid Tomala	POL	3:50:38 Stunden
2	Jonathan Hilbert	GER	+ 36,0 Sekunden
3	Evan Dunfee	CAN	+ 51,0

400 METER (FRAUEN)

1	Shaunae Miller-Uibo	BAH	48,36 Sekunden
2	Marileidy Paulino	DOM	+ 0,84 Sekunden
3	Allyson Felix	USA	+ 1,10

Corinna Schwab im Vorlauf ausgeschieden

20 KILOMETER GEHEN (FRAUEN)

1	Antonella Palmisano	ITA	1:29:12 Stunden
2	Sandra Arenas	COL	+ 25,0 Sekunden
3	Liu Hong	CHN	+ 45,0

Saskia Feige nicht im Ziel

1500 METER (FRAUEN)

1	Faith Kipyegon	KEN	3:53:11 Minuten
2	Laura Muir	GBR	+ 1,39 Sekunden
3	Sifan Hassan	NED	+ 2,75

Caterina Granz im Halbfinale ausgeschieden

SPEERWURF (FRAUEN)

1	Liu Shiying	CHN	66,34 Meter
2	Maria Andrejczyk	POL	64,61
3	Kelsey-Lee Barber	AUS	64,56

9. Christin Hussong 59,94

4 x 100 METER (MÄNNER)

1	Italien	ITA	37,50 Sekunden
2	Großbritannien	GBR	+ 0,01 Sekunden
3	Kanada	CAN	+ 0,20

6. Deutschland + 0,62

5000 METER (MÄNNER)

1	Joshua Cheptegai	UGA	12:58:15 Minuten
2	Mohammed Ahmed	CAN	+ 0,46 Sekunden
3	Paul Chelimo	USA	+ 0,90

Mohamed Mohumed im Vorlauf ausgeschieden

4 x 100 METER (FRAUEN)

1	Jamaika	JAM	41,02 Sekunden
2	USA	USA	+ 0,43 Sekunden
3	Großbritannien	GBR	+ 0,86

5. Deutschland + 1,10

TISCHTENNIS

Den größten Erfolg seit den Olympischen Spielen 2008 hatten die deutschen Tischtennis-Männer mit dem Einzug ins Finale bereits sicher. Dort warteten jedoch die übermächtigen Chinesen und zertrümmerten mit einem 3:0 erwartungsgemäß die zarten Goldhoffnungen des deutschen Teams. Timo Boll und Patrick Franziska hatten zum Auftakt im Doppel gegen das chinesische Duo Ma Long/Xu Xin nichts zu bestellen und unterlagen in drei Sätzen (7:11, 3:11, 9:11). Danach trat Dimitrij Ovtcharov, Bronzemedaillengewinner im Einzel, gegen den Weltranglistenersten Fan Zhendong an die Platte. Ovtcharov bestätigte dabei seine herausragende Form und führte bereits mit 2:1 Sätzen, ehe sich der Chinese in einen Spielrausch steigerte und die Partie noch drehte (3:11, 11:6, 9:11, 11:5, 11:3). Timo Boll versuchte gegen Einzel-Olympiasieger Ma Long noch einmal alles, wehrte im dritten Satz drei Matchbälle ab, unterlag aber schließlich doch in vier Sätzen (5:11, 9:11, 13:11, 7:11).

TISCHTENNIS (MÄNNER)

1	China		CHN
2	Deutschland		GER
3	Japan		JPN

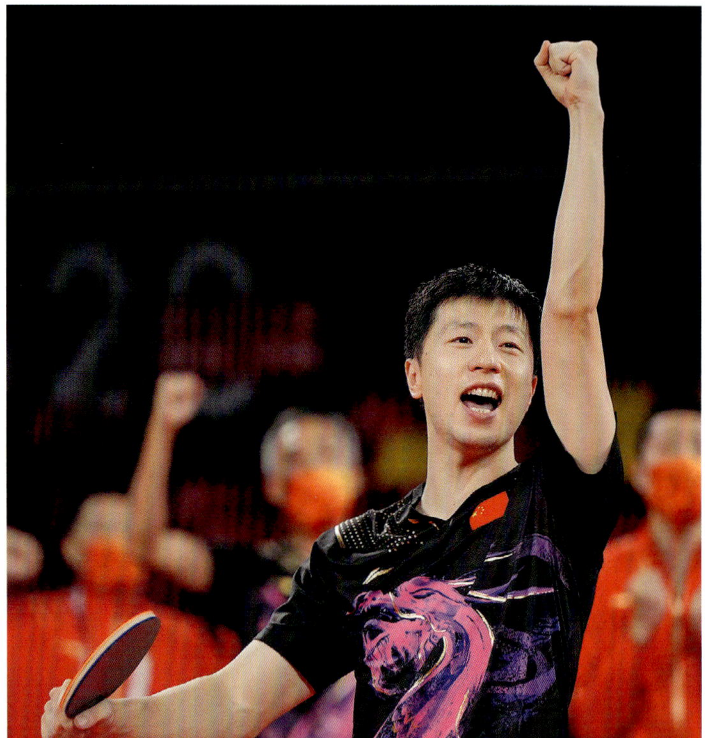

Einzel-Olympiasieger Ma Long holt den entscheidenden Punkt zum souveränen 3:0-Erfolg der Chinesen gegen Deutschland.

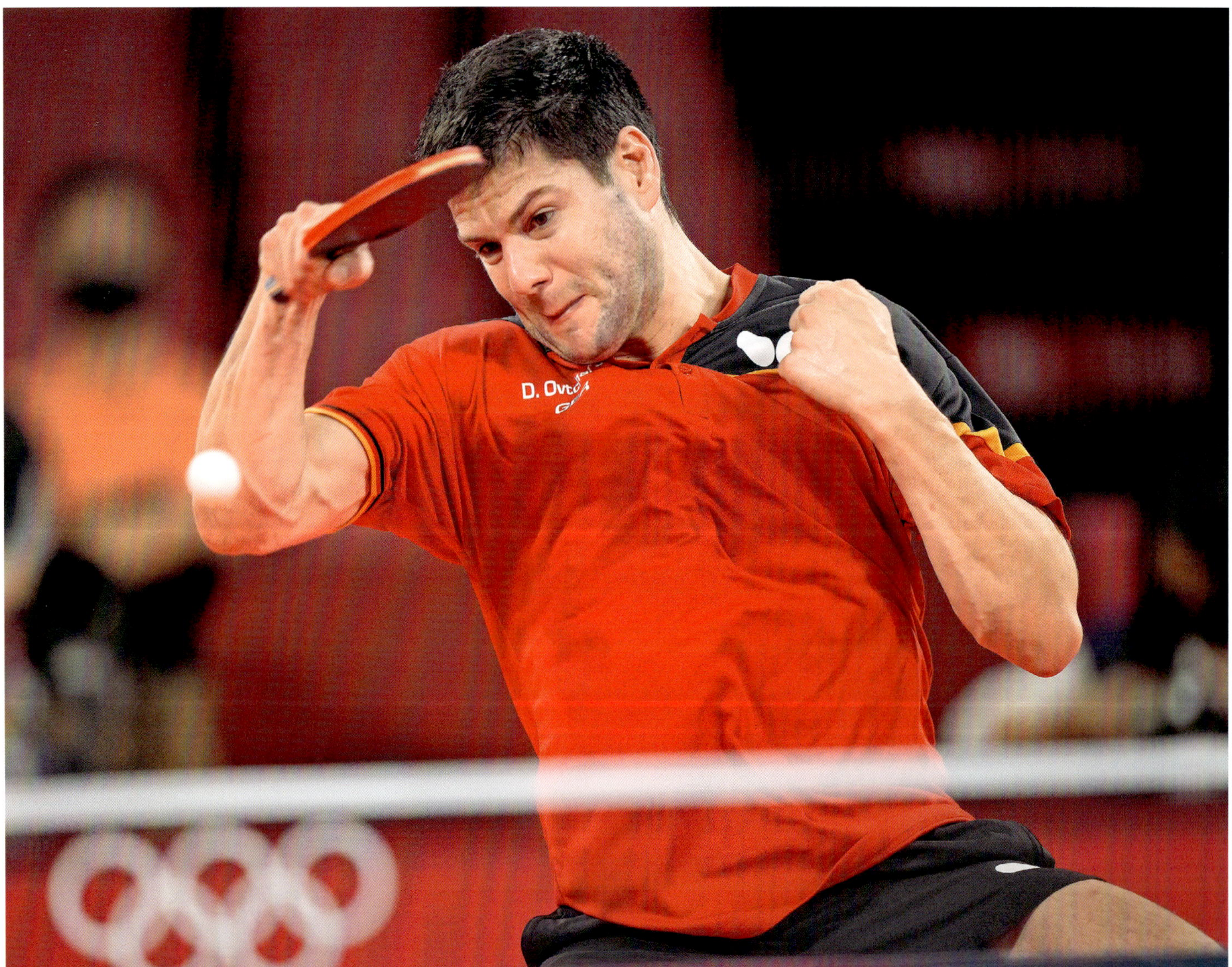

Von den deutschen Spielern verkauft sich Dimitrij Ovtcharov im Mannschaftsfinale am teuersten. Er verlangt dem Chinesen Fan Zhendong in fünf Sätzen alles ab.

TAG 14

WEITERE ENTSCHEIDUNGEN

Ein sportliches Drama im Modernen Fünfkampf erlebte Annika Schleu am drittletzten Tag der Sommerspiele. Als Gesamtführende war sie in die vierte Disziplin, das Springreiten, gegangen. Die 32-jährige Berlinerin durfte auf eine Medaille hoffen, sogar Gold war greifbar. Doch dann wurde Schleu die Chance genommen. Das ihr zugeloste Pferd Saint Boy weigerte sich zunächst, überhaupt loszulaufen. Völlig verzweifelt saß Schleu im Sattel, erste Tränen begannen zu fließen. Durch Schläge mit der Gerte brachte sie Saint Boy in den Parcour, doch nach einem Abriss am fünften Hindernis verweigerte das Pferd die nächsten vier Sprünge. Schleu wurde disqualifiziert und fiel mit null Punkten vom ersten auf den 31. Rang zurück. Beim abschließenden Laserrun, einer Kombination aus Laufen und Schießen, konnte sie sich nicht mehr verbessern.
Die Umstände, wie Schleu um eine Medaille gebracht wurde, waren skandalös. Das Pferd hatte schon zuvor bei einer anderen Reiterin einen verstörten Eindruck hinterlassen und hätte aus dem Wettbewerb genommen werden müssen. Ein Tierarzt erklärte es jedoch für einsatzbereit. »Es ist tragisch«, sagte die fünfmalige Deutsche Meisterin. »Ich werde wohl eine Weile brauchen, um darüber hinwegzukommen.« Doppelt bitter: Fünf Jahre zuvor in Rio de Janeiro war Schleu auf dem undankbaren vierten Platz gelandet.
Um eine Medaille betrogen fühlte sich auch Karateka Noah Bitsch. Der 31-Jährige aus Waltershausen unterstellte dem Aserbaidschaner Rafael Rafael Aghajew in dessen letzten Vorrundenkampf in der Klasse bis 75 Kilogramm eine absichtliche Niederlage gegen den Italiener Luigi Busa, sodass dieser im Ranking an Bitsch vorbeizog und als Zweiter das Halbfinale erreichte. »Zu Olympia gehört Fairplay. Was sie gebracht haben, war nicht olympiareif«,

MODERNER FÜNFKAMPF (FRAUEN)

1	Kate French		GBR	1385 Punkte
2	Laura Asadauskaite		LTU	1370
3	Sarolta Kovacs		HUN	1368

28. Rebecca Langrehr 1248

KARATE KATA (MÄNNER)

1	Ryo Kiyuna		JPN
2	Damian Quintero		ESP
3	Ariel Torres		USA
3	Ali Sofuoglu		TUR

Ilja Smorguner in der Vorrunde ausgeschieden

KARATE KUMITE BIS 75 KG (MÄNNER)

1	Luigi Busa		ITA
2	Rafael Aghajew		AZE
3	Stanislaw Horuna		UKR
3	Gabor Harspataki		HUN

Noah Bitsch in Vorrunde ausgeschieden

KARATE KUMITE BIS 61 KG (FRAUEN)

1	Jovana Prekovic		SRB
2	Yin Xiaoya		CHN
3	Giana Lotfy		EGY
3	Merve Coban		TUR

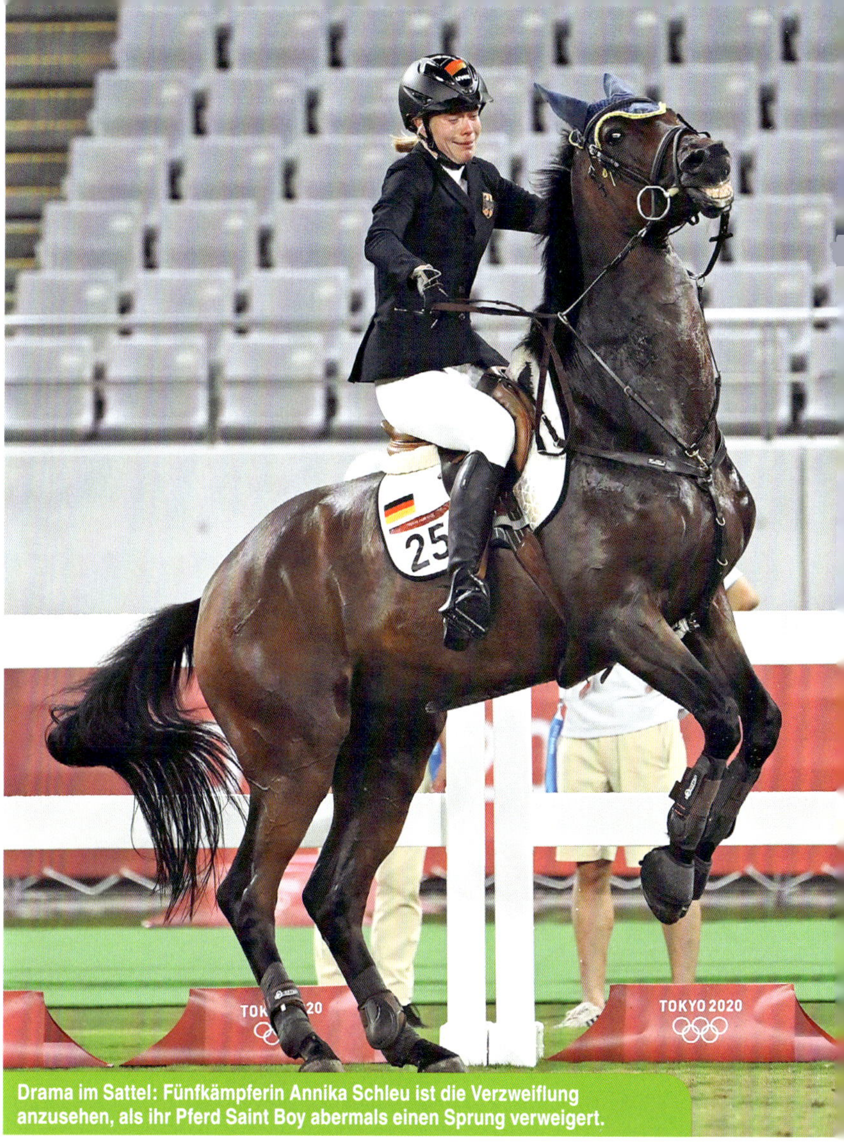

Drama im Sattel: Fünfkämpferin Annika Schleu ist die Verzweiflung anzusehen, als ihr Pferd Saint Boy abermals einen Sprung verweigert.

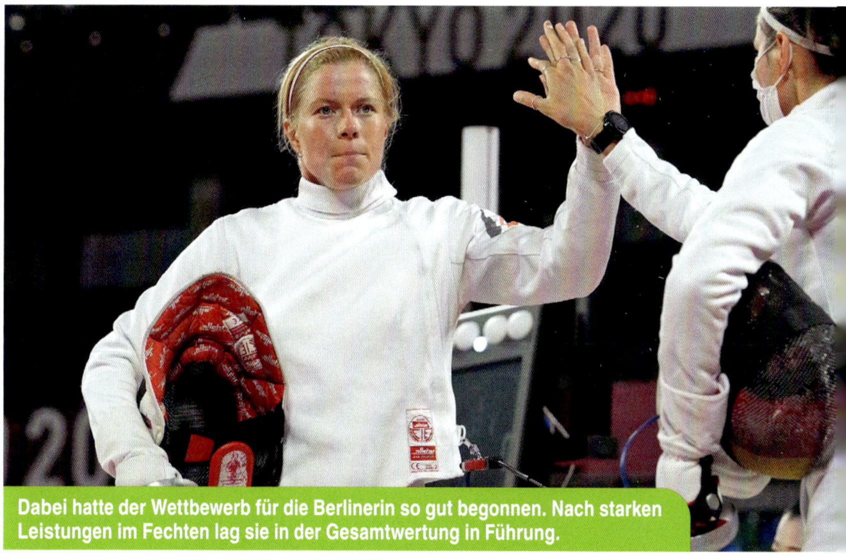
Dabei hatte der Wettbewerb für die Berlinerin so gut begonnen. Nach starken Leistungen im Fechten lag sie in der Gesamtwertung in Führung.

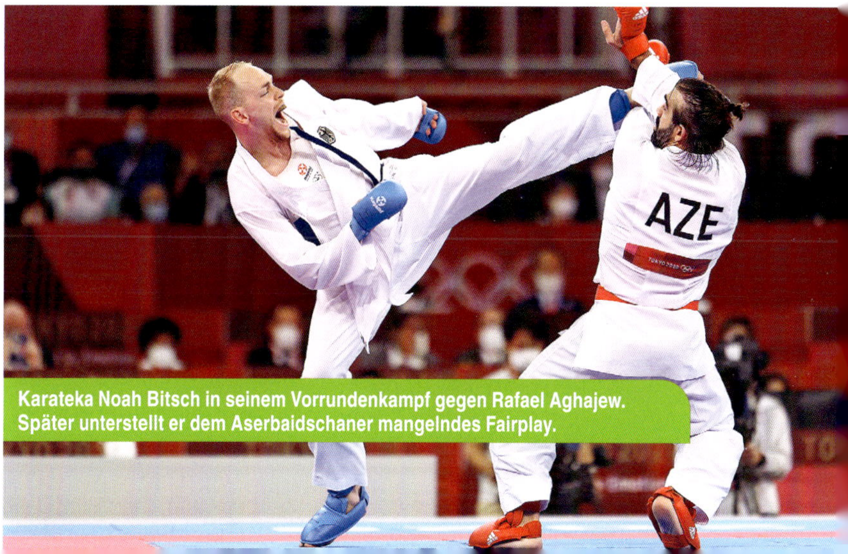

Karateka Noah Bitsch in seinem Vorrundenkampf gegen Rafael Aghajew. Später unterstellt er dem Aserbaidschaner mangelndes Fairplay.

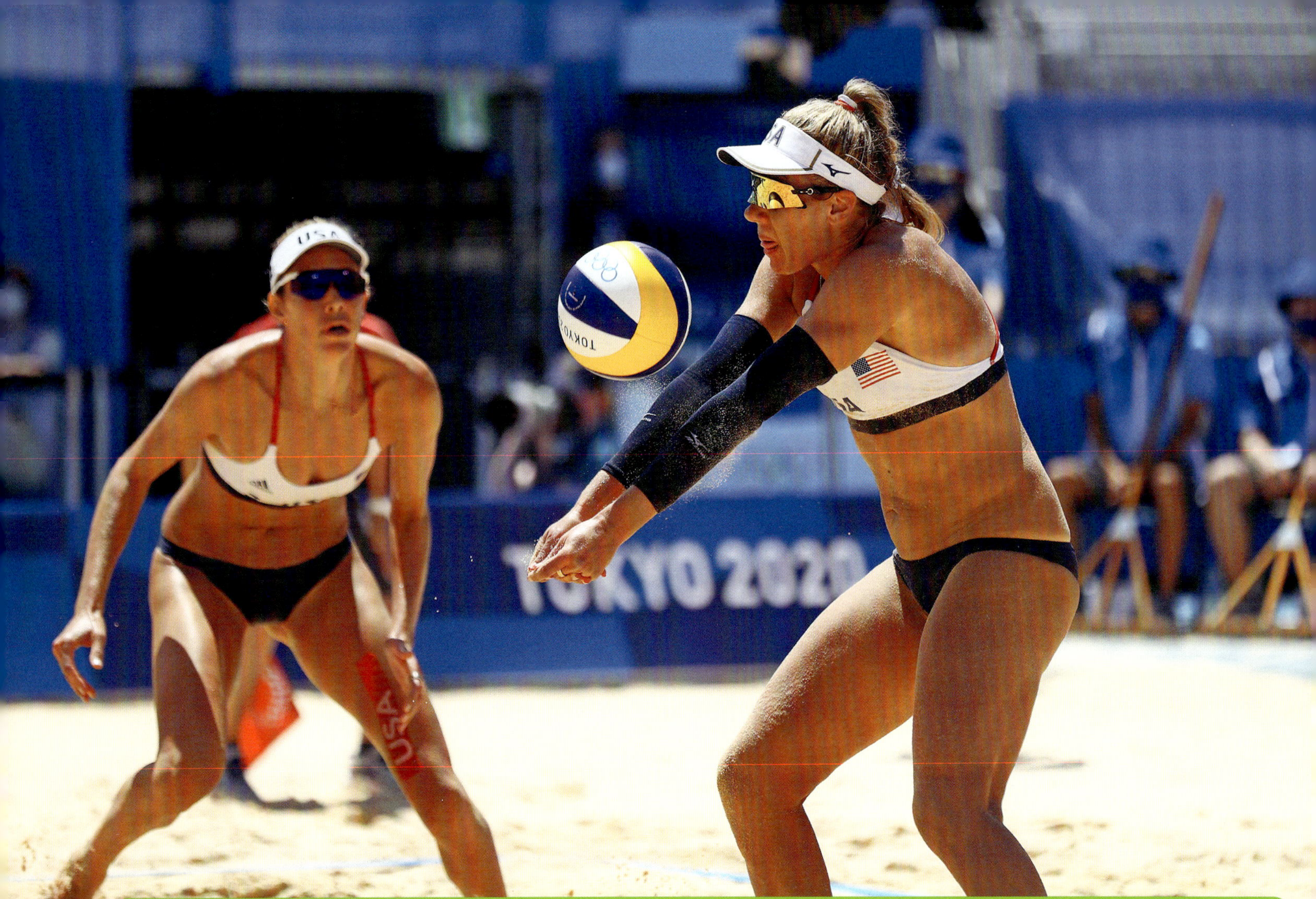

Erfolgsduo: WM-Silber 2019 in Hamburg lassen die US-Beachvolleyballerinnen Alix Klineman (links) und April Ross Gold in Tokio folgen.

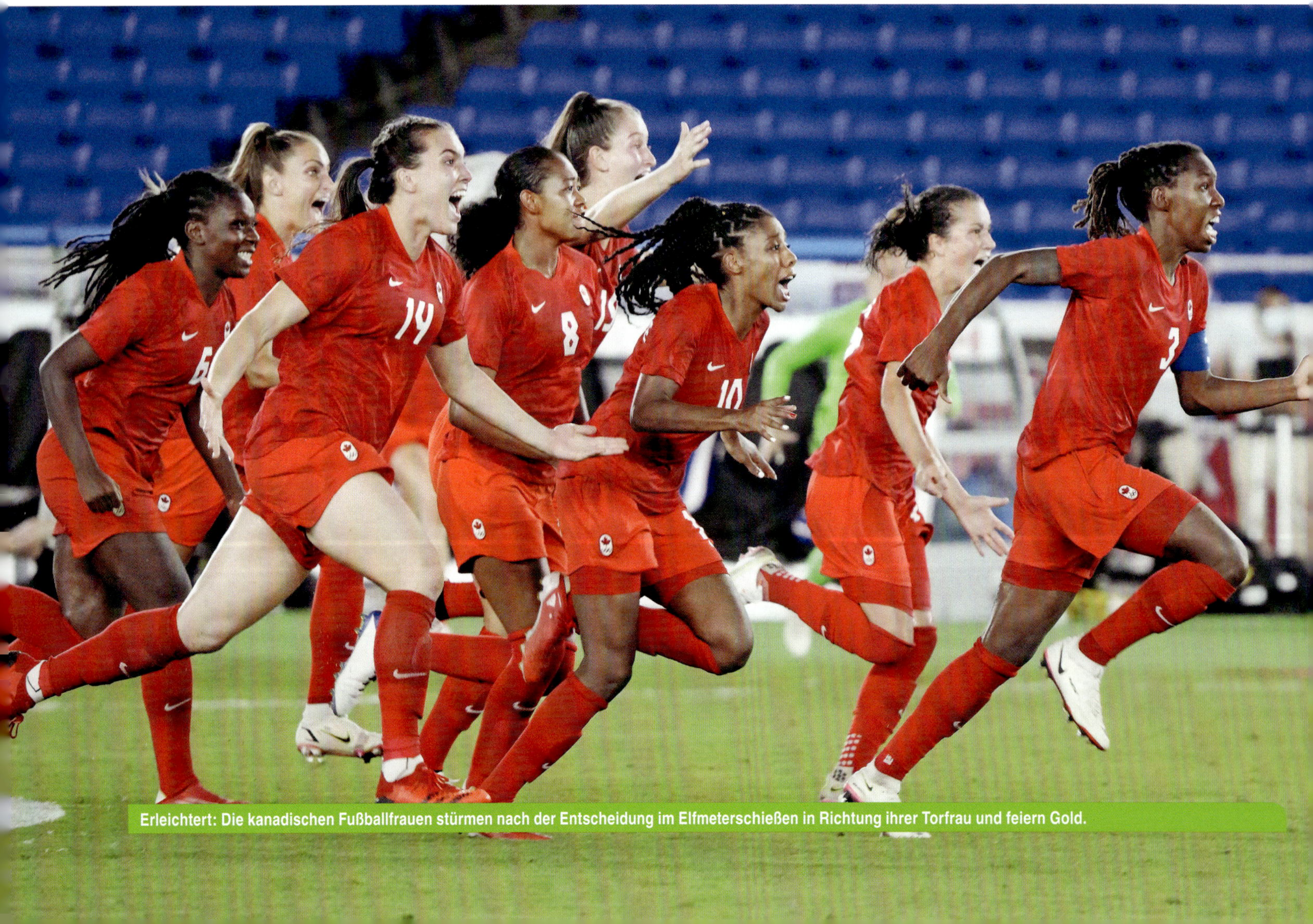

Erleichtert: Die kanadischen Fußballfrauen stürmen nach der Entscheidung im Elfmeterschießen in Richtung ihrer Torfrau und feiern Gold.

schimpfte Bitsch und erklärte seine Karriere für beendet. »Ich bin glücklich über meine Leistung. Was will ich mehr? Eine Medaille ist nicht alles im Leben.«
Silber von Geher Jonathan Hilbert blieb an diesem Tag die einzige Ausbeute der deutschen Sportler. Freistilringer Gennadij Cudinovic (Heusweiler) schied in der Gewichtsklasse bis 125 Kilogramm (Superschwergewicht) im Viertelfinale aus. Die Bahnradfahrerinnen Lisa Klein und Franziska Brauße belegten drei Tage nach Gold und Weltrekord im Vierer nur den zwölften Platz im erstmals olympischen Zweiermannschaftsfahren (Madison).
Auf dem Programm standen auch drei Endspiele der Frauen: Die US-Beachvolleyballerinnen Alix Klineman und April Ross, die im Viertelfinale das deutsche Duo Laura Ludwig/Margareta Kozuch ausgeschaltet hatten, setzten sich im Finale 2:0 gegen die Australierinnen Mariafe Artacho del Solar/Taliqua Clancy durch. Im Fußball holten die Kanadierinnen erstmals Gold. Im Elfmeterschießen bezwangen sie Schweden 3:2. Nach regulärer Spielzeit und Verlängerung hatte es 1:1 gestanden. Hockeygold gewannen die niederländischen Frauen durch einen 3:1 (3:1)-Endspielsieg gegen Deutschlandbezwinger Argentinien.

HOCKEY (FRAUEN)

1	Niederlande	NED
2	Argentinien	ARG
3	Großbritannien	GBR

Deutschland im Viertelfinale ausgeschieden

BOXEN BIS 91 KG (MÄNNER)

1	Julio la Cruz	CUB
2	Muslim Gadschimagomedow	ROC
3	Abner Teixeira	BRA
3	David Nyika	NZL

5. Ammar Abduljabbar

FUSSBALL (FRAUEN)

1	Kanada	CAN
2	Schweden	SWE
3	USA	USA

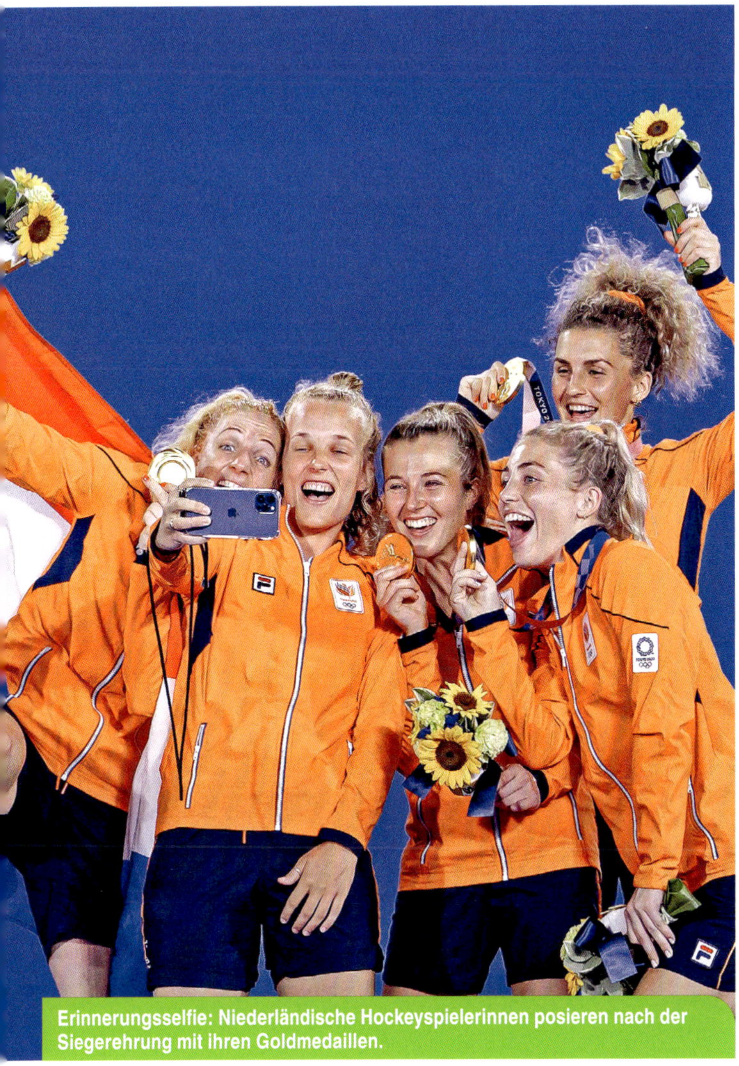

Erinnerungsselfie: Niederländische Hockeyspielerinnen posieren nach der Siegerehrung mit ihren Goldmedaillen.

RINGEN FREISTIL BIS 125 KG (MÄNNER)

1	Gable Steveson	USA
2	Geno Petriaschwili	GEO
3	Amir Hossein Zare	IRI
3	Taha Akgül	TUR

Gennadij Cudinovic im Viertelfinale ausgeschieden

RINGEN FREISTIL BIS 74 KG (MÄNNER)

1	Saurbek Sidakow	ROC
2	Mahamed Khabib Kadsimahamedau	BLR
3	Beksod Abdurachmonow	UZB
3	Kyle Dake	USA

RINGEN FREISTIL BIS 53 KG (FRAUEN)

1	Mayu Mukaida	JPN
2	Pang Qianyu	CHN
3	Wanessa Kaladsinskaja	BLR
3	Bolortuya Bat Ochir	MGL

BAHNRADSPORT MADISON (FRAUEN)

1	Katie Archibald/Laura Kenny	GBR	78 Punkte
2	Amalie Dideriksen/Julie Leth	DEN	35
3	Guinas Chatunzewa/Marija Nowolodskaja	ROC	26

12. Lisa Klein/ Franziska Brauße

BAHNRADSPORT SPRINT (MÄNNER)

1	Harrie Lavreysen	NED
2	Jeffrey Hoogland	NED
3	Jack Carlin	GBR

5. Maximilian Levy

SPORTKLETTERN OLYMPISCHE KOMBINATION (FRAUEN)

1	Janja Garnbret	SLO	5 Punkte
2	Miho Nonaka	JPN	45
3	Akiyo Noguchi	JPN	64

BEACHVOLLEYBALL (FRAUEN)

1	Alix Klineman/April Ross	USA
2	Mariafe Artacho del Solar/Taliqua Clancy	AUS
3	Joana Heidrich/Anouk Verge-Depre	SUI

Margareta Kozuch/Laura Ludwig im Viertelfinale ausgeschieden

TAG 15
SA., 07.08.

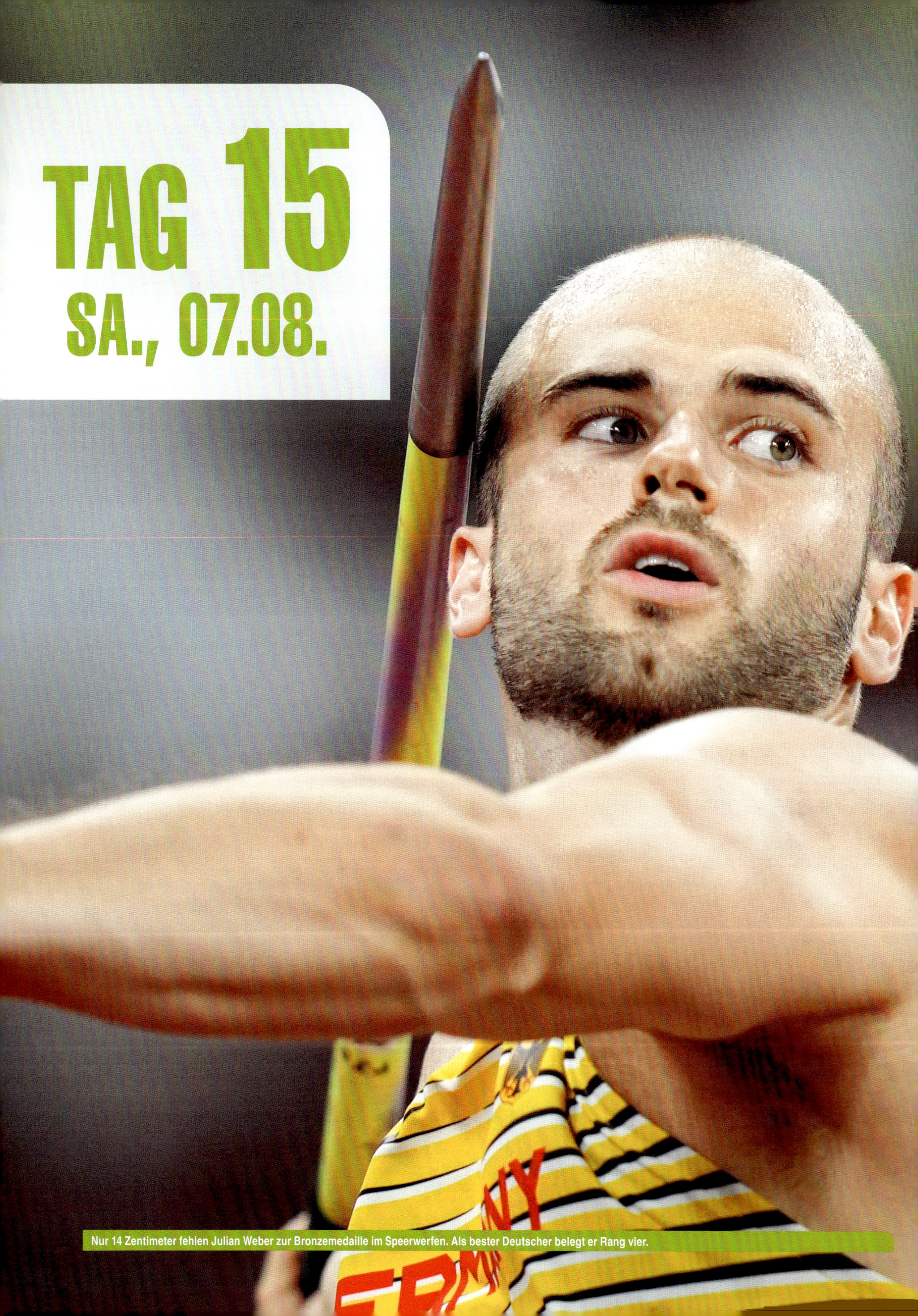

Nur 14 Zentimeter fehlen Julian Weber zur Bronzemedaille im Speerwerfen. Als bester Deutscher belegt er Rang vier.

LEICHTATHLETIK

Johannes Vetter war als großer Goldfavorit im Speerwerfen nach Tokio gereist. Niemand hatte in dieser Saison auch nur annähernd so weit geworfen wie der 28-jährige Deutsche. Ihm traute man sogar zu, den 25 Jahre alten Weltrekord von Jan Zelezny anzugreifen. Doch es kam alles anders. Vetter kam mit dem weichen Boden in Tokios Olympiastadion überhaupt nicht zurecht. Er verlor entweder den Halt oder konnte seine Dynamik nicht ausspielen. Platz neun und das Aus bereits nach drei von sechs Versuchen bedeuteten ein Debakel für ihn. Besser machte es Teamkollege Julian Weber, doch auch er war am Ende unglücklich. Trotz seiner Saisonbestleistung von 85,30 Metern verpasste er Bronze um 14 Zentimeter.

Die vagen Hoffnungen auf eine Medaille über 10 000 Meter erfüllten sich für Konstanze Klosterhalfen nicht. Ein Belastungssyndrom im Becken hatte die beste deutsche Mittel- und Langstreckenläuferin im Vorfeld der Spiele lange außer Gefecht gesetzt. In Tokio sah sie deshalb von einem Start auf den von ihr favorisierten 5000 Metern ab, um ein paar zusätzliche Tage zum Formaufbau zu haben. Gegen die starke Konkurrenz half aber auch das nichts. Als die Weltrekordhalterin Letesenbet Gidey Mitte des Rennens das Tempo verschärfte, fiel Klosterhalfen bereits entscheidend zurück. Auf der Schlussrunde brach die bis dato konstant führende Gidey ein und wurde nur Dritte. Sifan Hassan feierte nach einem taktisch klugen Rennen ihren zweiten Olympiasieg nach den 5000 Metern, Klosterhalfen kam als Achte ins Ziel und verpasste haarscharf einen neuen deutschen Rekord.

Melat Yisak Kejeta hatte noch Kraft, um die Arme hochzureißen. Als Sechstplatzierte kam sie bei ihrem ersten olympischen Marathon abgekämpft, aber sichtlich zufrieden ins Ziel. Die gebürtige Äthiopierin, die seit 2013 in Deutschland lebt, lief bei sengender Hitze in Sapporo Saisonbestleistung. Zur Bronzemedaille fehlten ihr eineinhalb Minuten.

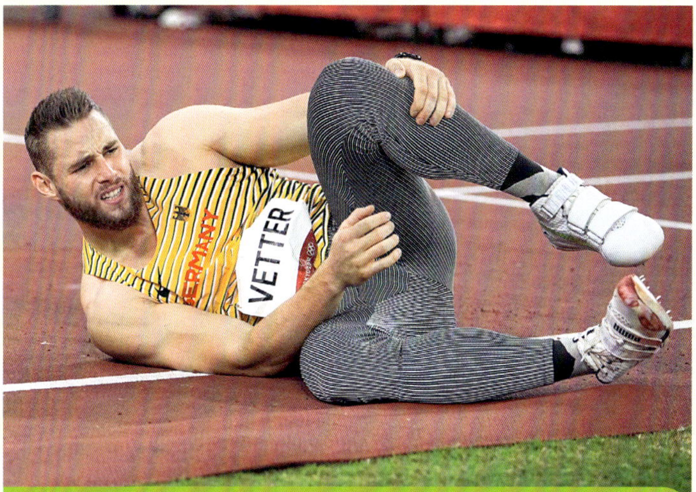

Ein Debakel erlebt Speerwurf-Topfavorit Johannes Vetter. Er findet nie in den Wettkampf und muss sich mit Rang neun begnügen.

SPEERWURF (MÄNNER)

1	Neeraj Chopra	IND	87,58 Meter
2	Jakub Vadlejch	CZE	86,67
3	Vitezslav Vesely	CZE	85,44

4. Julian Weber 85,30

HOCHSPRUNG (FRAUEN)

1	Mariya Lasitskene	ROC	2,04 Meter
2	Nicola McDermott	AUS	2,02
3	Yaroslava Mahuchikh	UKR	2,00

10. Marie-Laurence Jungfleisch 1,93

MARATHON (FRAUEN)

1	Peres Jepchirchir	KEN	2:27:20 Stunden
2	Brigid Kosgei	KEN	+ 16,0 Sekunden
3	Molly Seidel	USA	+ 26,0 Sekunden

6. Melat Yisak Kejeta + 1:56 Minuten

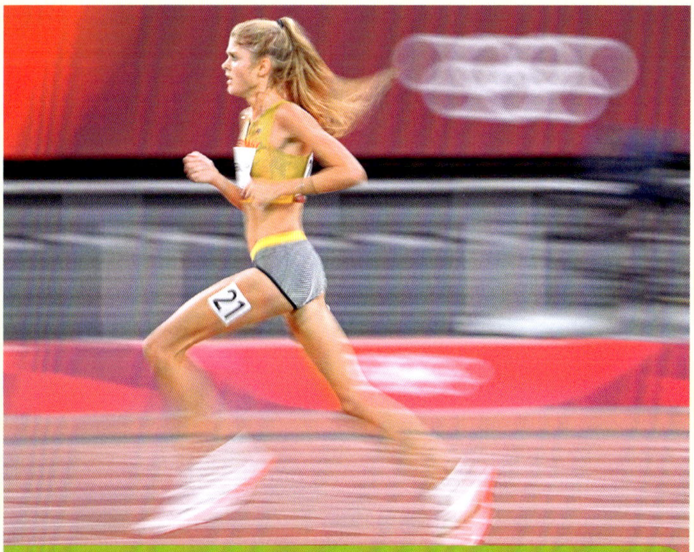

Nach einer schwierigen Saison kann Konstanze Klosterhalfen in Tokio nicht ins Medaillenrennen über 10 000 Meter eingreifen.

10 000 METER (FRAUEN)

1	Sifan Hassan	NED	29:55:32 Minuten
2	Kalkidan Gezahegne	BRN	+ 0,86 Sekunden
3	Letesenbet Gidey	ETH	+ 6,40

8. Konstanze Klosterhalfen + 1:06 Minuten

1500 METER (MÄNNER)

1	Jakob Ingebrigtsen	NOR	3:28:32 Minuten
2	Timothy Cheruiyot	KEN	+ 0,69 Sekunden
3	Josh Kerr	GBR	+ 0,73

Robert Farken im Halbfinale ausgeschieden

4 x 400 METER (FRAUEN)

1	USA	USA	3:16:85 Minuten
2	Polen	POL	+ 3,68 Sekunden
3	Jamaika	JAM	+ 4,39

Deutschland im Vorlauf ausgeschieden

4 x 400 METER (MÄNNER)

1	USA	USA	2:55:70 Minuten
2	Niederlande	NED	+ 1,48 Sekunden
3	Botswana	BOT	+ 1,57

Deutschland im Vorlauf ausgeschieden

BASKETBALL

Schon die Vorbereitung mit überraschenden Niederlagen gegen Nigeria und Australien war für die US-amerikanischen Basketballer alles andere als glanzvoll verlaufen. Das 76:83 zum Olympiaauftakt gegen Frankreich diente dann als endgültiger Weckruf: So konnte es für die Startruppe aus der nordamerikanischen Profiliga NBA nicht weitergehen. Kapitän Kevin Durant und seine prominenten Kollegen rissen sich zusammen und gewannen die folgenden fünf Spiele souverän. Im Viertelfinale warfen sie Weltmeister Spanien aus dem Turnier (95:81), im Halbfinale die bis dahin so starken Australier (97:78), im Finale revanchierten sie sich gegen Frankreich mit 87:82 (44:39) und gewannen damit – wie nicht anders erwartet – zum vierten Mal nacheinander Gold. Seitdem sie 1992 in Barcelona erstmals mit Profis aus der NBA angetreten waren, standen die US-Amerikaner nur ein einziges Mal nicht ganz oben auf dem Siegertreppchen – 2004 in Athen mussten sie Argentinien den Vortritt lassen. Bei Weltmeisterschaften ist ihre Erfolgsbilanz seither weniger eindrucksvoll, von sieben möglichen WM-Titeln konnten sie nur drei gewinnen. Aber Weltmeisterschaften haben in den USA generell einen geringeren Stellenwert als Olympische Spiele.

Der 72 Jahre alte Trainerroutinier Gregg Popovich, im Hauptberuf seit 1996 Headcoach der San Antonio Spurs, hat in Tokio seine Goldmission erfüllt. Von einer »schwierigen Mission« sprach nach der Siegerehrung Kapitän Durant. »Niemand hat erwartet, dass wir verlieren.« Im Finale kontrollierte der große Favorit weitestgehend das Geschehen. Ende des dritten Viertels schien das Spiel bei einer 71:57-Führung entschieden. Doch dann wurden die US-Amerikaner nachlässig, die Franzosen kamen in der 35. Minute (70:73) und ein weiteres Mal zehn Sekunden vor Schluss (82:85) auf drei Punkte heran. Doch ernsthaft in Gefahr geriet der Sieg dabei nie.

Die Bronzemedaille gewann Australien um Topscorer Patty Mills (42 Punkte) mit 107:93 (53:45) gegen Europameister Slowenien.

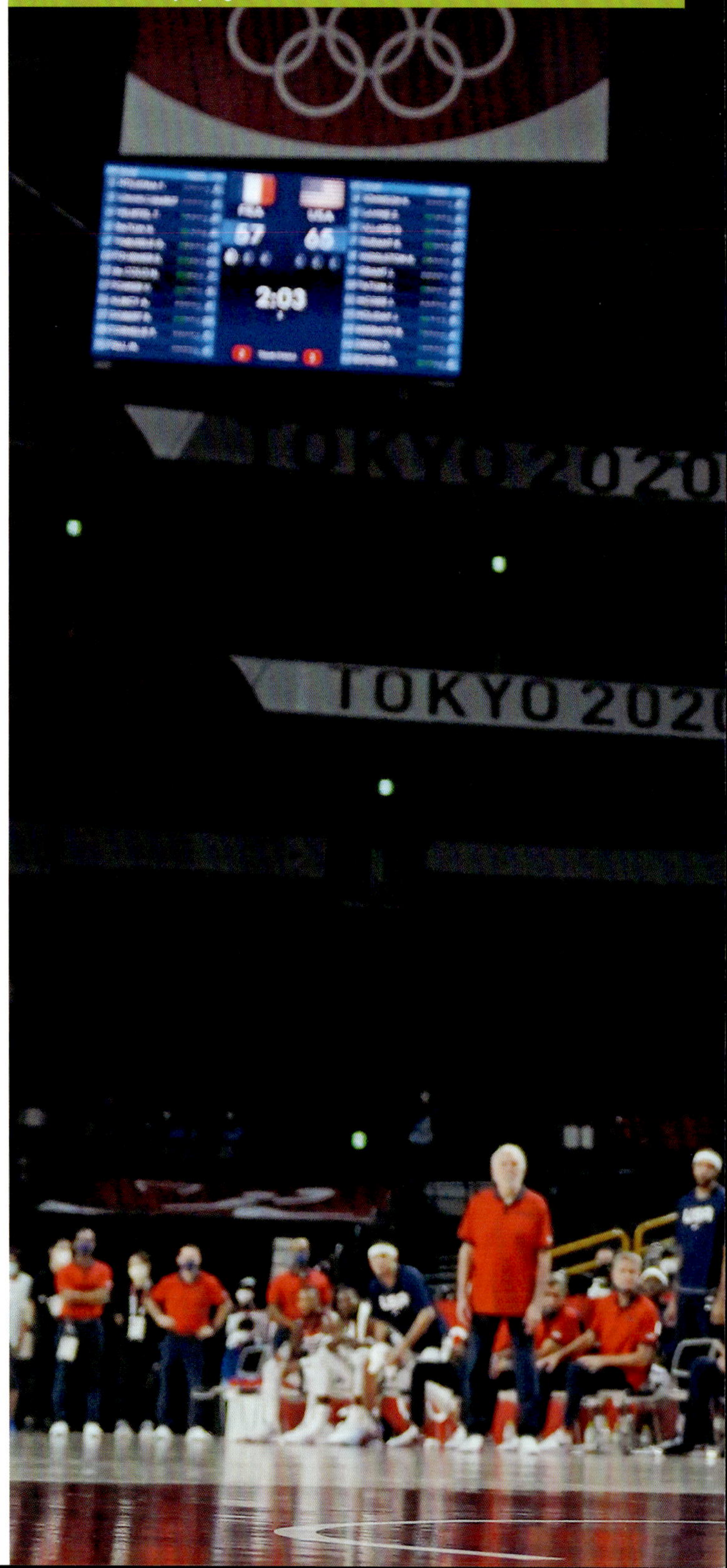

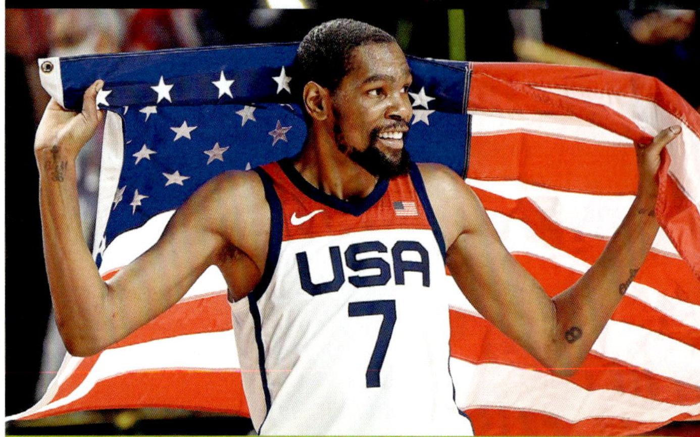

Kevin Durant wird im Finale seiner Führungsrolle gerecht und führt das US-Team mit 29 Punkten zum Sieg. Für den NBA-Star von den Brooklyn Nets ist es das dritte Olympiagold nach 2012 und 2016.

BASKETBALL (MÄNNER)

1	USA		USA
2	Frankreich		FRA
3	Australien		AUS

Deutschland im Viertelfinale ausgeschieden

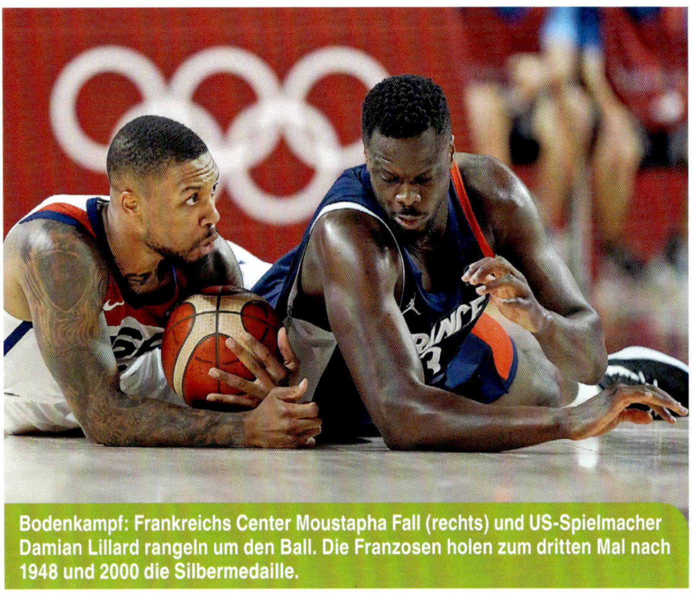

Bodenkampf: Frankreichs Center Moustapha Fall (rechts) und US-Spielmacher Damian Lillard rangeln um den Ball. Die Franzosen holen zum dritten Mal nach 1948 und 2000 die Silbermedaille.

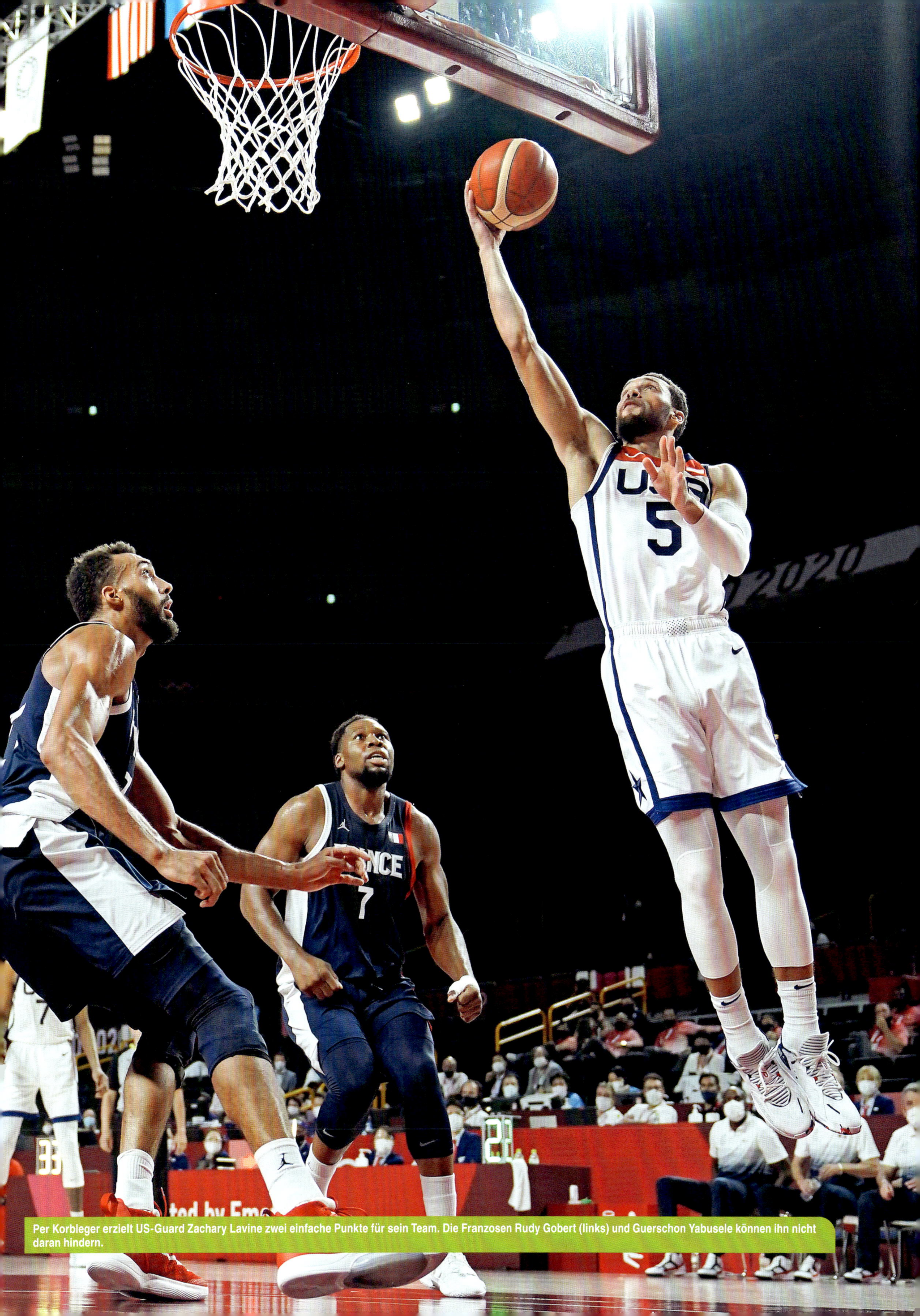

Per Korbleger erzielt US-Guard Zachary Lavine zwei einfache Punkte für sein Team. Die Franzosen Rudy Gobert (links) und Guerschon Yabusele können ihn nicht daran hindern.

HANDBALL

Die Spannung war mit Händen zu greifen. Mit ihrem letzten Angriff hatten die Dänen die Chance auf den Ausgleich. Doch Mathias Gidsel verlor zwölf Sekunden vor Schluss den Ball, und mit einem Wurf ins leere Tor besiegelte Ludovic Fabregas den dritten Olympiasieg für Frankreichs Handballer. Durch ein 25:23 (14:10) revanchierten sich die Franzosen zugleich für die 26:28-Niederlage gegen Dänemark vor fünf Jahren im olympischen Finale von Rio de Janeiro. Der Außenseiter verdankte den Erfolg vor allem einer überragenden Abwehrleistung. Der favorisierte Weltmeister aus Dänemark fand kaum einmal Lücken in der französischen Deckung und lag zwischenzeitlich mit bis zu sechs Toren zurück. Erst in der Schlussphase kamen die Dänen um Superstar Mikkel Hansen stärker auf, konnten am verdienten Sieg Frankreichs aber nicht mehr rütteln. Bronze sicherte sich Spanien durch einen knappen 33:31 (19:16)-Erfolg gegen Deutschlandbezwinger Ägypten.

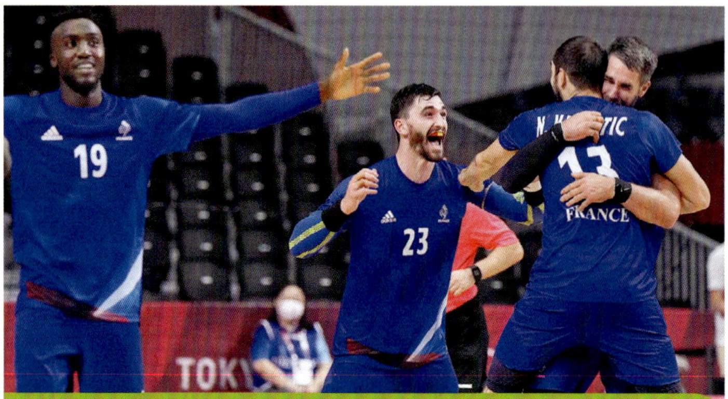

Die französischen Spieler bejubeln ihren dritten Olympiasieg nach 2008 und 2012.

HANDBALL (MÄNNER)

1	Frankreich	FRA
2	Dänemark	DEN
3	Spanien	ESP

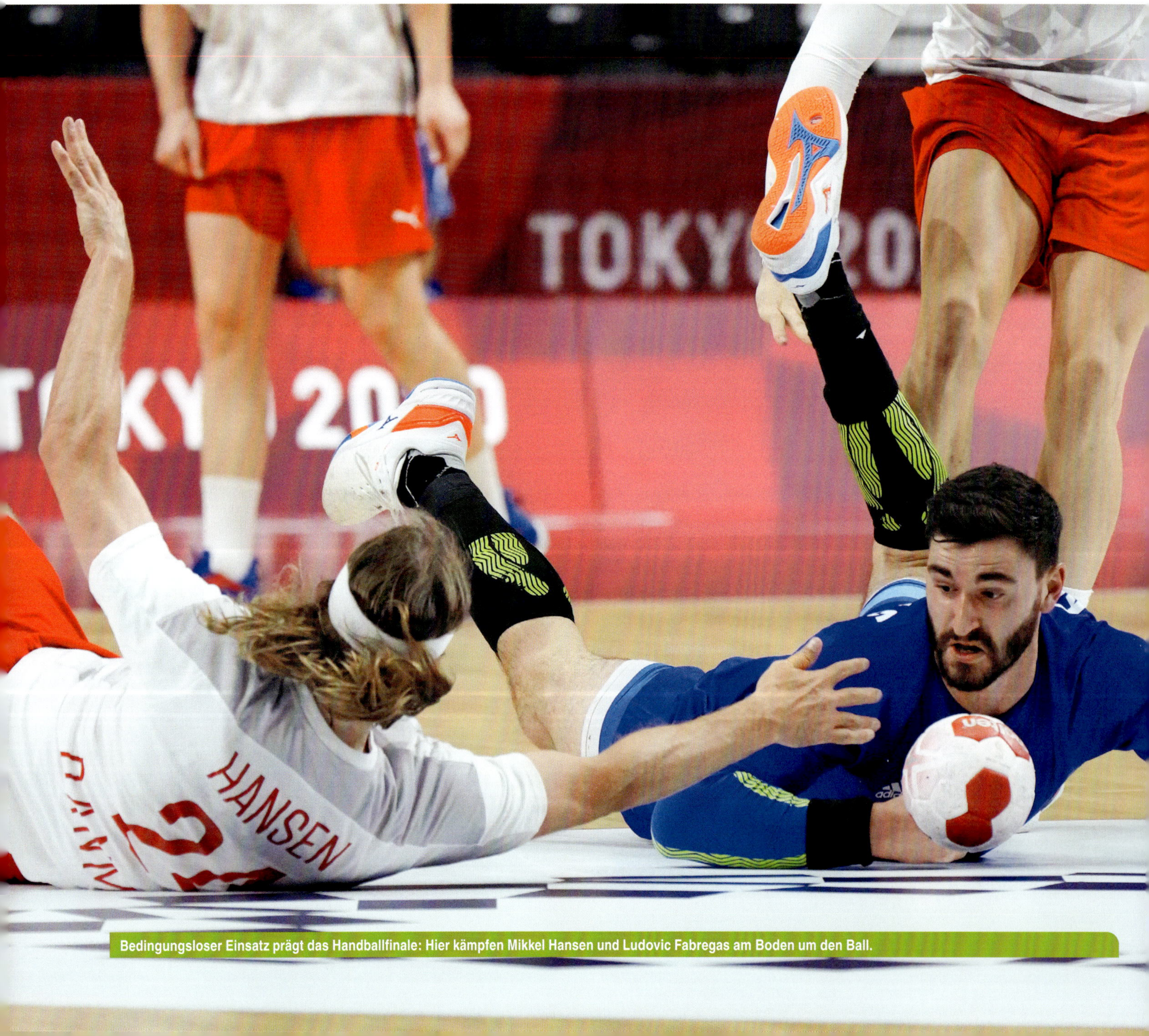

Bedingungsloser Einsatz prägt das Handballfinale: Hier kämpfen Mikkel Hansen und Ludovic Fabregas am Boden um den Ball.

FUSSBALL

Erst vernaschte Malcom den spanischen Verteidiger Jesus Vallejo, dann donnerte er den Ball ins lange Eck. Dank ihres Einwechselspielers setzten sich die Brasilianer im olympischen Finale in Yokohama mit 2:1 (1:1, 1:0) nach Verlängerung gegen Spanien durch und wiederholten damit ihren Olympiasieg von 2016.

Das Traumfinale wurde den hohen Erwartungen zunächst jedoch nicht gerecht. Beide Teams begannen abwartend, aufregend wurde es erst nach 37 Minuten, als die Brasilianer einen Elfmeter zugesprochen bekamen. Stürmerstar Richarlison knallte den Ball über das Tor. In der Nachspielzeit der ersten Halbzeit nutzte Matheus Cunha dann jedoch ein Abstimmungsproblem in der spanischen Abwehr zum 1:0. Die Spanier steigerten sich nach der Pause immens und verdienten sich durch ein Traumtor von Mikel Oyarzabal den Ausgleich (61.). In der Verlängerung hatte Malcom in der 108. Minute das letzte Wort. Bronze ging an Mexiko, das Japan mit 3:1 (2:0) bezwang.

FUSSBALL (MÄNNER)

1	Brasilien		BRA
2	Spanien		ESP
3	Mexiko		MEX

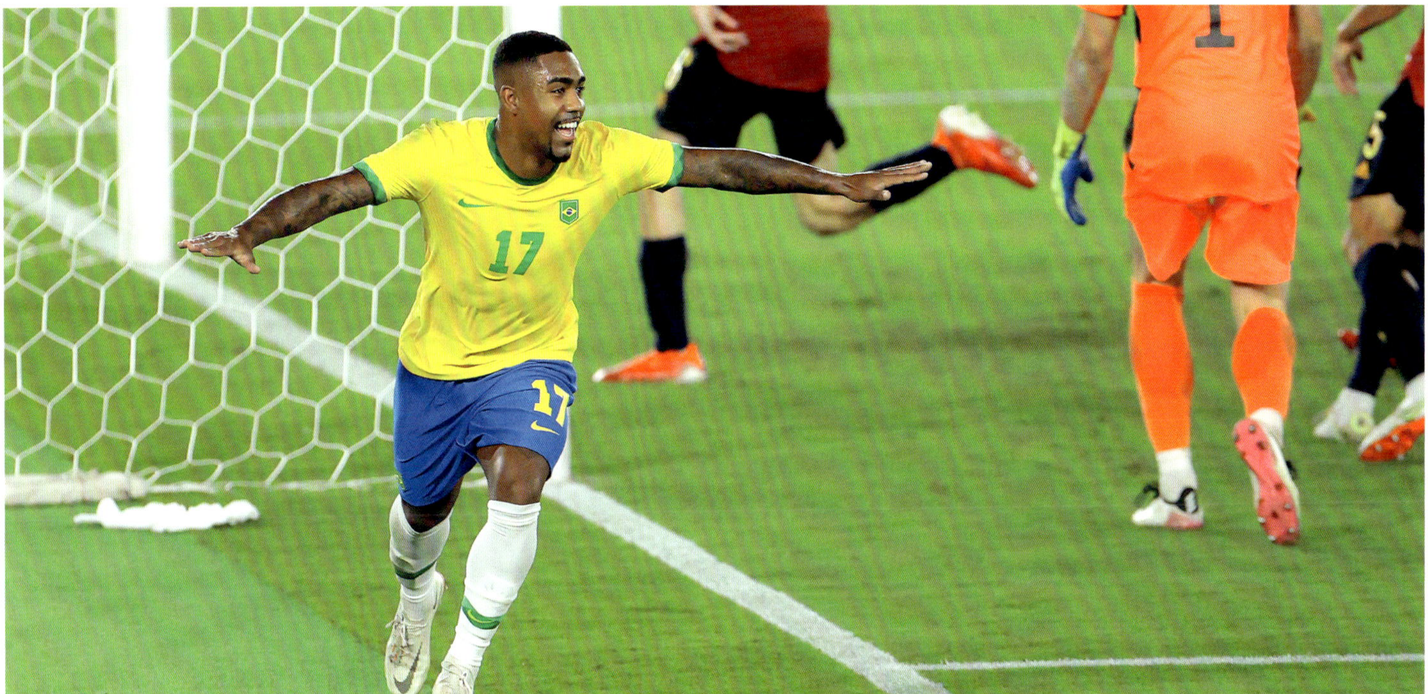

In der Verlängerung schießt der eingewechselte Malcom den 2:1-Siegtreffer für die Brasilianer.

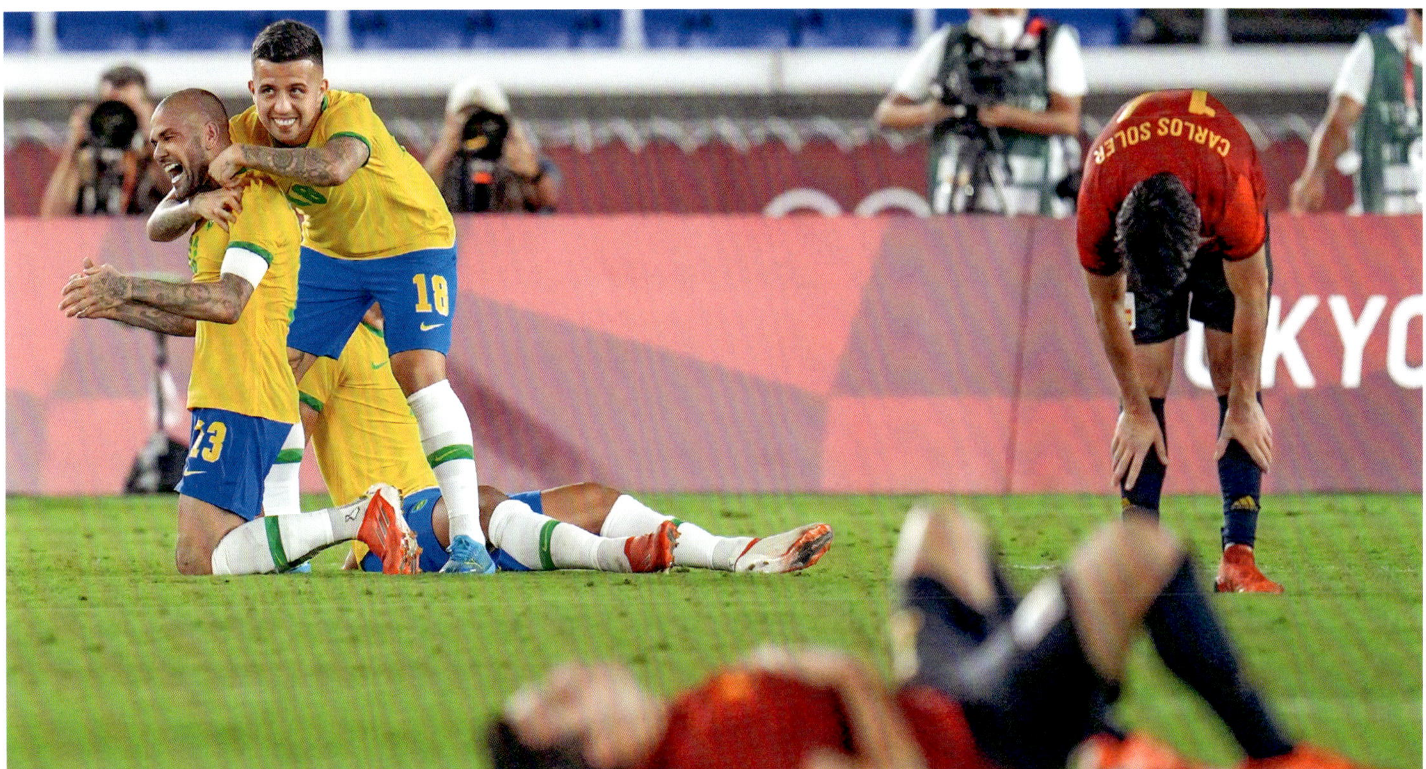

Der 38-jährige Kapitän Dani Alves (links) und seine Brasilianer bejubeln den Olympiasieg, die Spanier sind am Boden zerstört.

TAG 15

WEITERE ENTSCHEIDUNGEN

Am Dienstag hatten Sebastian Brendel und Tim Hecker im Canadier-Zweier mit Bronze vorgelegt. Am Donnerstag ließen Max Hoff und Jacob Schopf im Kajak-Zweier Silber folgen. Am Samstag, dem letzten Wettkampftag der Rennsportkanuten, komplettierten Ronald Rauhe und seine Teamkollegen im Kajak-Vierer den deutschen Medaillensatz mit Gold. »Das macht es mir heute leicht, meine Karriere zu beenden«, sagte der 39-Jährige aus Potsdam. In dem spannenden Rennen über 500 Meter auf dem Sea Forest Waterway setzten sich Rauhe, Schlagmann Max Rendschmidt (Essen), Tom Liebscher (Dresden) und Max Lemke (Potsdam) knapp vor Spanien durch. Die vier Kanuten hatten dem gemeinsamen Erfolg im Vierer alles untergeordnet und auf Einzelstarts in Tokio verzichtet. Rendschmidt und Liebscher hatten schon 2016 in Rio de Janeiro gemeinsam Gold im Kajak-Vierer über 1000 Meter gewonnen. Für Rauhe war es die fünfte Olympiamedaille seiner Karriere, die erste hatte er 2000 in Sydney geholt. Als Belohnung für seine erfolgreiche Laufbahn wurde er vom DOSB zum deutschen Fahnenträger bei der Abschlussfeier tags darauf bestimmt.

Sein Vorgänger Sebastian Brendel, der 2016 in Rio die Fahne bei der Schlussfeier getragen hatte, verpasste im Canadier-Einer über 1000 Meter den Olympiahattrick. Nach Gold 2012 und 2016 schied er diesmal bereits im Halbfinale aus. Lisa Jahn (Berlin) und Sophie Koch (Karlsruhe) wurden im Canadier-Zweier über die 500-Meter-Distanz Vierte. Mit drei Medaillen im Rennsport waren die Funktionäre des Deutschen Kanu-Verbandes nicht zufrieden. Die Zielvorgabe waren mindestens sechs gewesen.

RINGEN FREISTIL BIS 97 KG (MÄNNER)

1	Abdulraschid Sadulajew	ROC
2	Kyle Frederick Snyder	USA
3	Reineris Salas Perez	CUB
3	Abraham de Jesus Conyedo Ruano	ITA

RINGEN FREISTIL BIS 65 KG (MÄNNER)

1	Takuto Otoguro	JPN
2	Haji Alijew	AZE
3	Gadschimurad Raschidow	ROC
3	Bajrang Bajrang	IND

BOXEN BIS 69 KG (FRAUEN)

1	Busenaz Surmeneli	TUR
2	Gu Hong	CHN
3	Lovlina Borgohain	IND
3	Oshae Jones	USA

Nadine Apetz im Achtelfinale ausgeschieden

BOXEN BIS 51 KG (FRAUEN)

1	Stoyka Scheljaskowa Krasstewa	BUL
2	Buse Naz Cakiroglu	TUR
3	Tsukimi Namiki	JPN
3	Huang Hsiao-Wen	TPE

GOLF (FRAUEN)

1	Nelly Korda	USA	267 Schläge
2	Mone Inami	JPN	268
3	Lydia Ko	NZL	268

40. Caroline Masson 284, Sophia Popov 284

RHYTHMISCHE SPORTGYMNASTIK EINZEL (FRAUEN)

1	Linoy Ashram	ISR	107,800 Punkte
2	Dina Awerina	ROC	107,650
3	Alina Harnasko	BLR	102,700

KANU KAJAK-VIERER 500 METER (MÄNNER)

1	Deutschland	GER	1:22,219 Minuten
2	Spanien	ESP	+ 0,226 Sekunden
3	Slowakei	SVK	+ 1,315

KANU KAJAK-VIERER 500 METER (FRAUEN)

1	Ungarn	HUN	1:35,463 Minuten
2	Belarus	BLR	+ 0,610 Sekunden
3	Polen	POL	+ 0,982

5. Deutschland + 1,780

KANU CANADIER-EINER 1000 METER (MÄNNER)

1	Isaquias Queiroz dos Santos	BRA	4:04,408 Minuten
2	Liu Hao	CHN	+ 1,316 Sekunden
3	Serghei Tarnovschi	MDA	+ 1,661

6. Conrad-Robin Scheibner + 9,317

KANU CANADIER-ZWEIER 500 METER (FRAUEN)

1	Sun Mengya/Xu Shixiao	CHN	1:55,495 Minuten
2	A. Tschetwerikowa/L. Lusan	UKR	+ 2,004 Sekunden
3	L. Vincent-Lapointe/K. Vincent	CAN	+ 3,546

4. Lisa Jahn/Sophie Koch + 4,448

RINGEN FREISTIL BIS 50 KG (FRAUEN)

1	Yui Susaki	JPN
2	Sun Yanan	CHN
3	Marija Stadnik	AZE
3	Sarah Ann Hildebrandt	USA

BOXEN BIS 75 KG (MÄNNER)

1	Hebert Sousa	BRA
2	Aleksander Tschyschnijak	UKR
3	Eumir Marcial	PHI
3	Gleb Bakschi	ROC

BOXEN BIS 52 KG (MÄNNER)

1	Galal Yafai	GBR
2	Carlo Paalam	PHI
3	Ryomei Tanaka	JPN
3	Saken Bibossinow	KAZ

SYNCHRONSCHWIMMEN TEAM (FRAUEN)

1	ROC	ROC	98,8000 Punkte
2	China	CHN	97,3000
3	Ukraine	UKR	96,0333

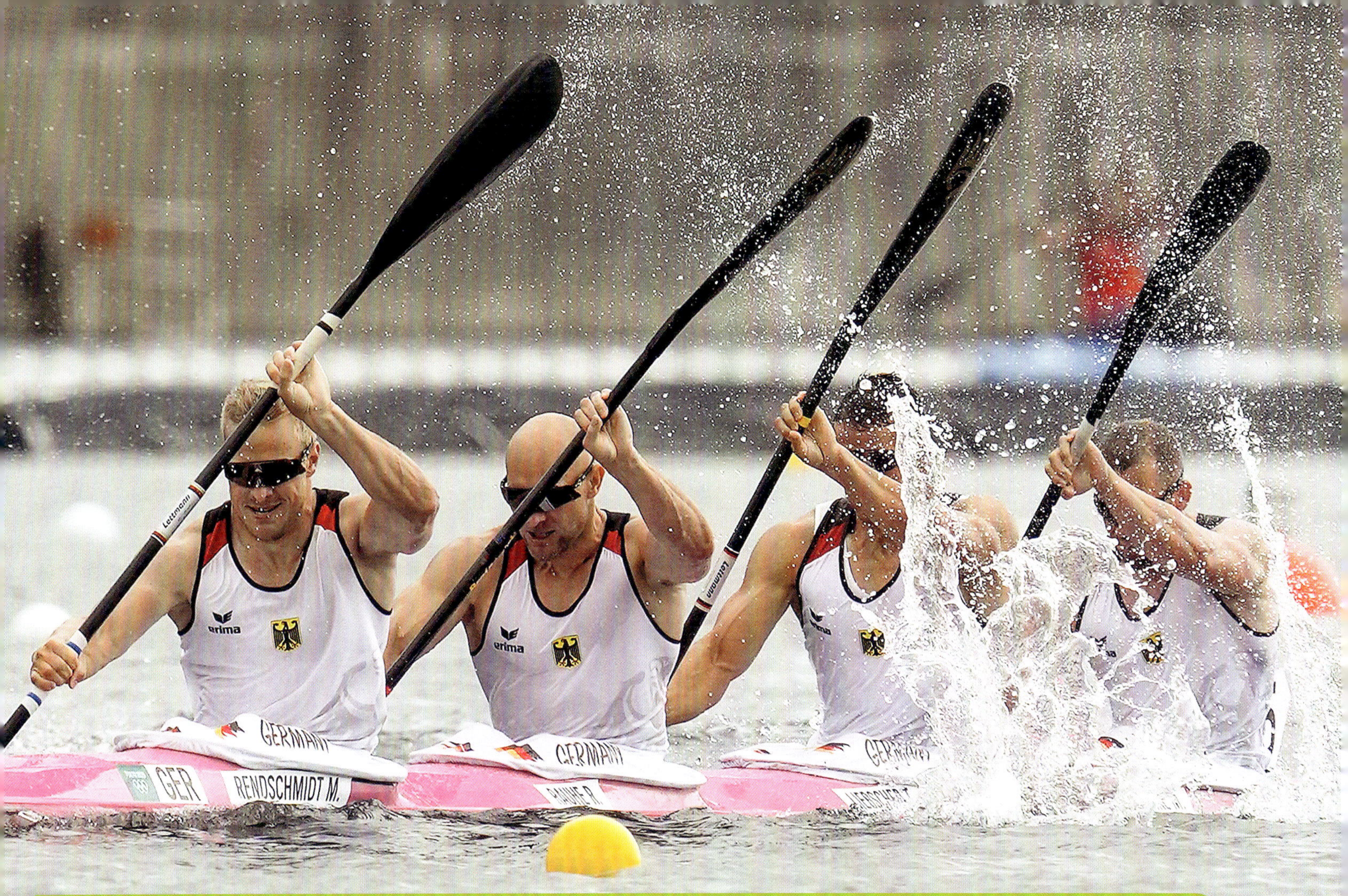

Max Rendschmidt, Ronald Rauhe, Tom Liebscher und Max Lemke (von links) auf dem Weg zu Gold. Das Quartett muss in einem Ersatzkajak antreten, weil das eigens angefertigte Olympiaboot beim Transport nach Tokio beschädigt wurde. Immerhin ist der Ersatzkajak baugleich.

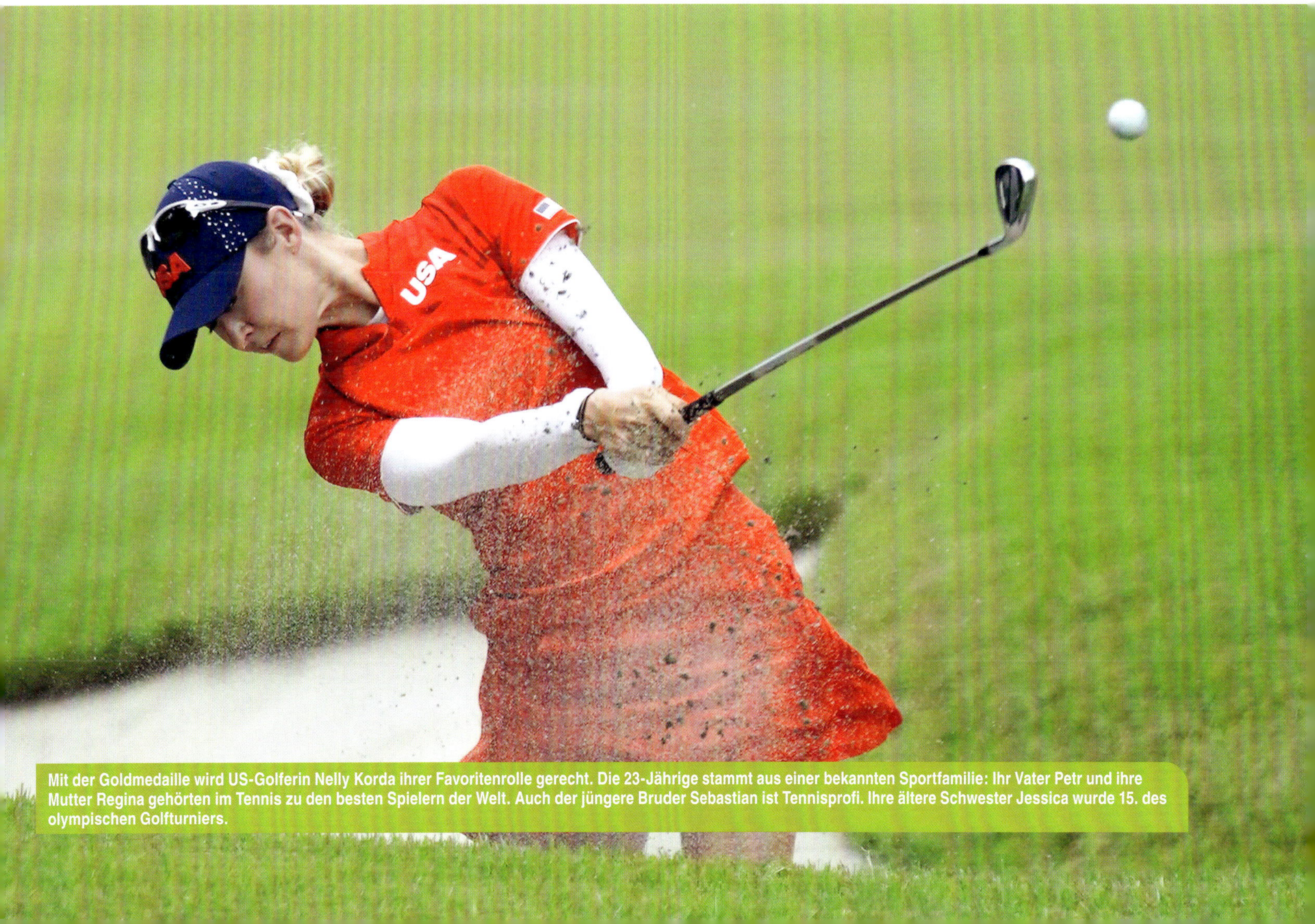

Mit der Goldmedaille wird US-Golferin Nelly Korda ihrer Favoritenrolle gerecht. Die 23-Jährige stammt aus einer bekannten Sportfamilie: Ihr Vater Petr und ihre Mutter Regina gehörten im Tennis zu den besten Spielern der Welt. Auch der jüngere Bruder Sebastian ist Tennisprofi. Ihre ältere Schwester Jessica wurde 15. des olympischen Golfturniers.

Die Medaillenträume anderer deutscher Sportler endeten jäh. Radrennfahrer Roger Kluge kam im Zweiermannschaftsfahren (Madison) zehn Minuten vor dem Ende zu Fall und hatte danach mit Partner Theo Reinhardt keine Chance mehr auf einen der vorderen Plätze. 2018 und 2019 war das Duo aus Eisenhüttenstadt und Berlin in dieser Disziplin Weltmeister geworden. Karateweltmeister Jonathan Horne (Kaiserslautern) schied beim Kumite über 75 Kilogramm nach einer Armverletzung in der Vorrunde aus.
Andre Thieme (Pau am See), Maurice Tebbel (Emsbüren) und Daniel Deußer (Wiesbaden) enttäuschten im Teamfinale der Springreiter mit Rang neun. Für Frankreich endete der große Finaltag der Ballsportarten mit einer weiteren Goldmedaille nach der im Handball.
Die Volleyballer um Starspieler Earvin N'Gapeth krönten sich durch einen 3:2-Sieg gegen das favorisierte ROC-Team erstmals zum Olympiasieger. Ebenfalls erstmals Gold gewannen die Japaner im Baseball. Im Finale in Yokohama besiegten die Gastgeber die US-Amerikaner mit 2:0. Spieler aus der nordamerikanischen Profiliga MLB waren bei Olympia nicht im Einsatz.

BAHNRADSPORT MADISON (MÄNNER)

1	Lasse Norman Hansen/Michael Mörköv	DEN	43 Punkte
2	Ethan Hayter/Matthew Walls	GBR	40
3	Benjamin Thomas/Donavan Grondin	FRA	40

9. Theo Reinhardt/Roger Kluge

KARATE KUMITE ÜBER 75 KG (MÄNNER)

1	Sajad Ganjzadeh	IRI
2	Tareg Hamedi	KSA
3	Ryutaro Araga	JPN
3	Ugur Aktas	TUR

Jonathan Horne in der Vorrunde ausgeschieden

KARATE KUMITE ÜBER 61 KG (FRAUEN)

1	Feryal Abdelaziz	EGY
2	Iryna Sarezka	AZE
3	Gong Li	CHN
3	Sofja Berulzewa	KAZ

REITSPORT SPRINGEN (TEAM)

1	Schweden	SWE
2	USA	USA
3	Belgien	BEL

9. Deutschland

BEACHVOLLEYBALL (MÄNNER)

1	Anders Mol/Christian Sörum	NOR
2	W. Krassilnikow/O. Stojanowski	ROC
3	Cherif Younousse/Ahmed Tijan	QAT

Julius Thole/Clemens Wickler im Viertelfinale ausgeschieden

VOLLEYBALL (MÄNNER)

1	Frankreich	FRA
2	ROC	ROC
3	Argentinien	ARG

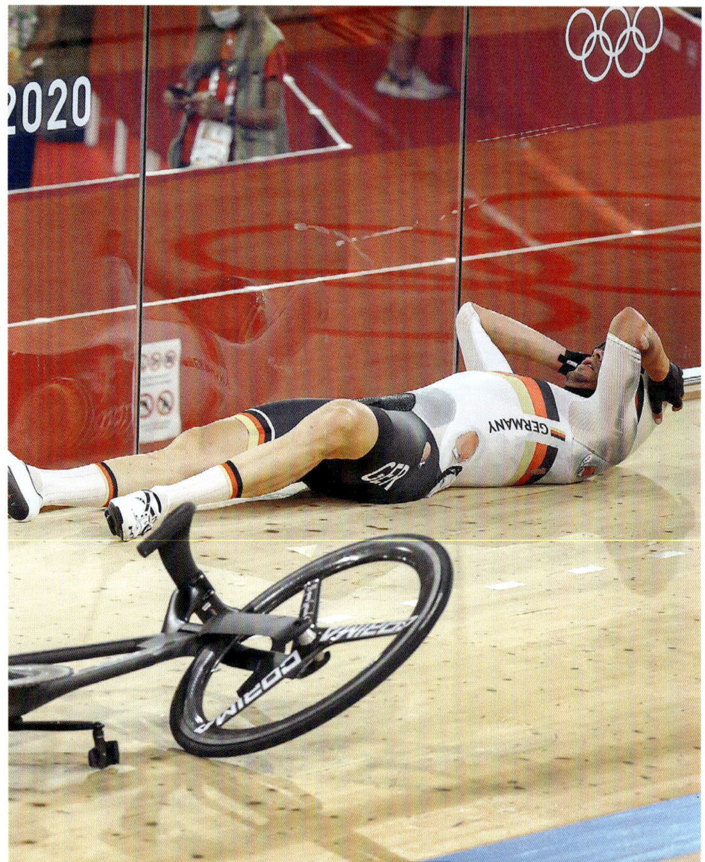

Nach einem Sturz von Roger Kluge sind die Medaillenchancen des deutschen Madisonduos dahin. Immerhin kann der Eisenhütterstädter das Rennen fortsetzen.

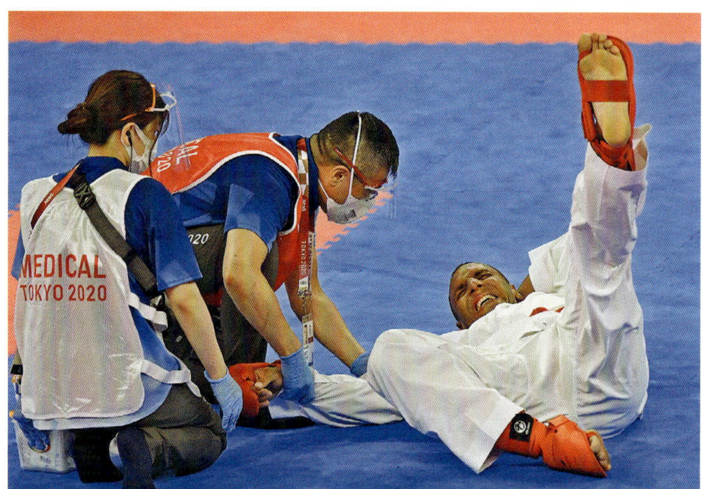

Karateka Jonathan Horne verletzt sich im Vorrundenkampf gegen den Georgier Gogita Arkania am Arm und muss aufgeben.

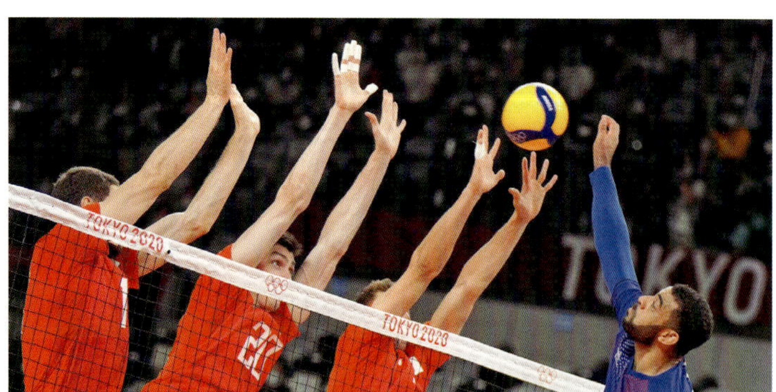

Frankreichs Starspieler Earvin N'Gapeth schmettert, gleich drei Russen versuchen zu blocken. Erstmals geht Olympiagold im Volleyball an die Grande Nation.

BASEBALL (MÄNNER)

1	Japan	JPN
2	USA	USA
3	Dominikanische Republik	DOM

WASSERBALL (FRAUEN)

1	USA	USA
2	Spanien	ESP
3	Ungarn	HUN

MODERNER FÜNFKAMPF (MÄNNER)

1	Joseph Choong	GBR
2	Ahmed Elgendy	EGY
3	Jun Woong-Tae	KOR

19. Fabian Liebig

WASSERPRINGEN TURM EINZEL (MÄNNER)

1	Cao Yuan	CHN	582,35 Punkte
2	Yang Jian	CHN	580,40
3	Thomas Daley	GBR	548,25

Timo Barthel im Halbfinale ausgeschieden

MEDAILLENNACHTRAG

TAG 1 SA., 24.07.

GEWICHTHEBEN BIS 49 KG (FRAUEN)

1	Hou Zhihui	CHN	210 Kilogramm
2	Chanu Saikhom Mirabai	IND	202
3	Windy Cantika Aisah	INA	194

JUDO BIS 48 KG (FRAUEN)

1	Distria Krasniqi	KOS
2	Funa Tonaki	JPN
3	Daria Bilodid	UKR
3	Urantsetseg Munkhbat	MGL

Katharina Menz in 1. Runde ausgeschieden

JUDO BIS 60 KG (MÄNNER)

1	Naohisa Takato	JPN
2	Yang Yung Wei	TPE
3	Jeldos Smetow	KAZ
3	Luka Mkheidze	FRA

Moritz Plafky in 1. Runde ausgeschieden

TAEKWONDO BIS 49 KG (FRAUEN)

1	Panipak Wongpattanakit	THA
2	Adriana Cerezo Iglesias	ESP
3	Abishag Semberg	ISR
3	Tijana Bogdanovic	SRB

TAEKWONDO BIS 58 KG (MÄNNER)

1	Vito Dell'Aquila	ITA
2	Mohamed Khalil Jendoubi	TUN
3	Michail Artamonow	ROC
3	Jun Jang	KOR

FECHTEN DEGEN (FRAUEN)

1	Sun Yiwen	CHN
2	Ana Maria Popescu	ROU
3	Katrina Lehis	EST

FECHTEN SÄBEL (MÄNNER)

1	Aron Szilagyi	HUN
2	Luigi Samele	ITA
3	Kim Junghwan	KOR

10. Max Hartung

SCHIESSEN LUFTGEWEHR (FRAUEN)

1	Qian Yang	CHN	251,8 Ringe
2	Anastasia Galaschina	ROC	251,1
3	Nina Christen	SUI	230,6

Jolyn Beer in Qualifikation gescheitert

SCHIESSEN LUFTPISTOLE (MÄNNER)

1	Javad Foroughi	IRI	244,8 Ringe
2	Damir Mikec	SRB	237,9
3	Pang Wei	CHN	217,6

5. Christian Reitz 176,6

BOGENSCHIESSEN TEAM (MIXED)

1	An San/Kim Je Deok	KOR
2	Gabriela Schloesser/Steve Wijler	NED
3	Alejandra Valencia/Luis Alvarez	MEX

Michelle Kroppen/Florian Unruh im Achtelfinale ausgeschieden

RADSPORT STRASSENRENNEN (MÄNNER)

1	Richard Carapaz	ECU	6:05:26 Stunden
2	Wout Van Aert	BEL	+ 1:07 Minuten
3	Tadej Pogacar	SLO	+ 1:07

10. Maximilian Schachmann + 1:21

TAG 5 MI., 28.07.

REITSPORT DRESSUR (EINZEL)

1	Jessica von Bredow-Werndl	GER	91,732 Punkte
2	Isabell Werth	GER	89,657
3	Charlotte Dujardin	GBR	88,543

TAG 16
SO., 08.08.

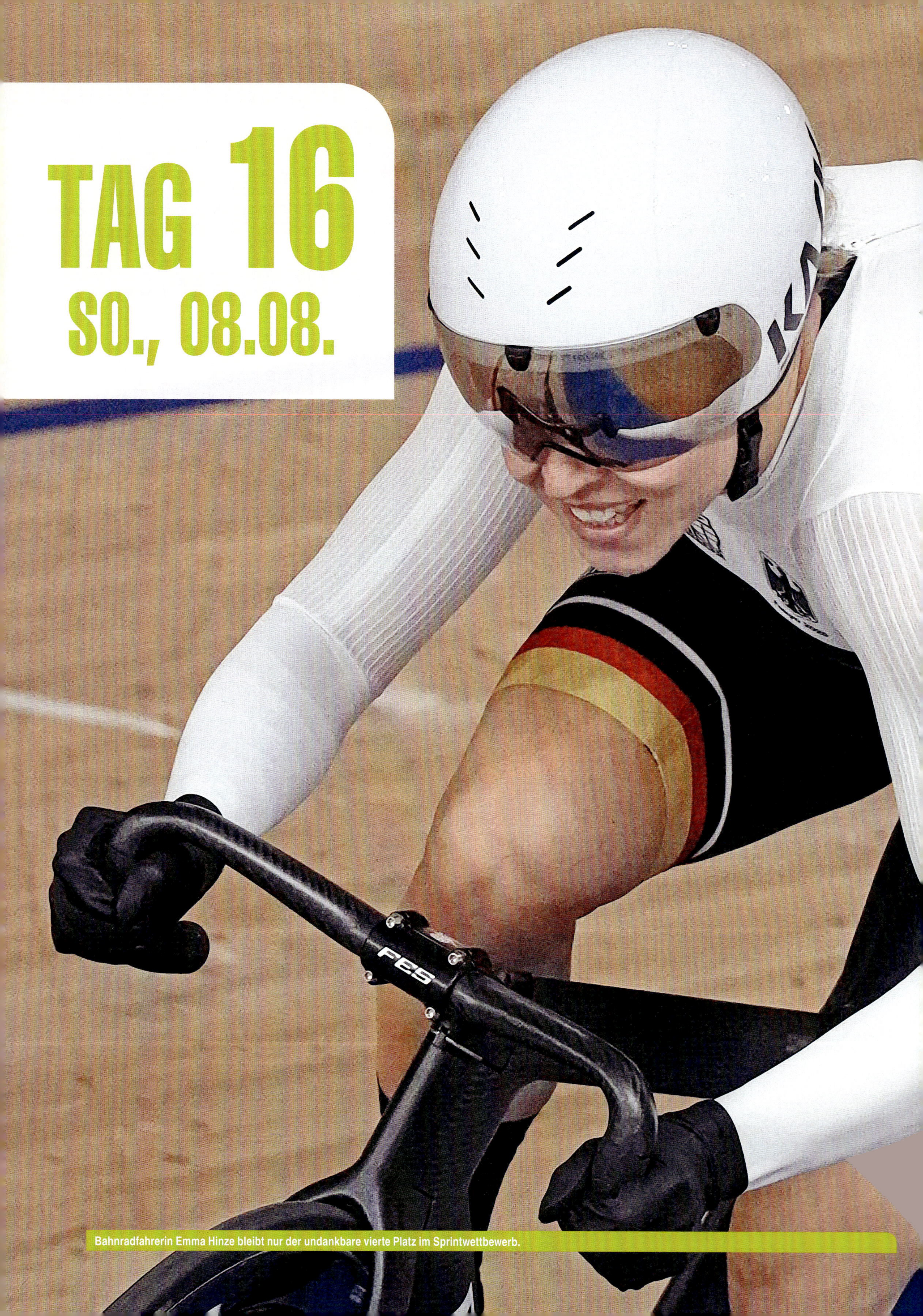

Bahnradfahrerin Emma Hinze bleibt nur der undankbare vierte Platz im Sprintwettbewerb.

DER ABSCHLUSS

Emma Hinze ging an die Schmerzgrenze, niemand sollte ihr hinterher nachsagen können, sich für eine Olympiamedaille nicht gequält zu haben. Doch alle Anstrengungen führten nur zur undankbarsten aller Platzierungen: Hinze wurde Vierte im Bahnrad-Sprint. Hinter der Dreifach-Weltmeisterin von 2020 lagen sechs kräftezehrende Tage im Velodrome von Izu, die Spuren hinterlassen hatten. Und doch wäre für die 23-Jährige zum Abschluss sogar Gold möglich gewesen. Im zweiten Halbfinale gegen die spätere Olympiasiegerin Kelsey Mitchell aus Kanada konterte sie nach einer Niederlage im ersten Rennen mit einem überzeugenden Sieg im zweiten. Im entscheidenden Durchgang steigerten beide Kontrahentinnen noch einmal ihr Niveau, letztlich war es aber Mitchell, die sich durchsetzte.
Im Duell um Bronze traf Hinze auf die deutlich ausgeruhtere Lee Wai Sze aus Hongkong, die ihr Halbfinale zuvor in zwei Durchgängen verloren hatte. Die Deutsche verlor den ersten Durchgang klar und probierte im zweiten noch einmal alles, doch es fehlte ihr schlichtweg die Energie. Der nächste Anlauf auf Olympiagold soll 2024 in Paris erfolgen. Auch Lea Sophie Friedrich will dann wieder am Start sein. Die 21-Jährige belegte im Sprint Rang fünf. Keine Rückkehr auf die olympische Bühne wird es dagegen für Maximilian Levy geben. Der 34-jährige Ex-Weltmeister verpasste im letzten großen Rennen seiner Karriere einen krönenden Abschluss und als Sechster im Keirin deutlich eine Medaille.

BAHNRADSPORT SPRINT (FRAUEN)

1	Kelsey Mitchell	CAN
2	Olena Starikowa	UKR
3	Lee Wai Sze	HKG

4. Emma Hinze

BAHNRADSPORT OMNIUM (FRAUEN)

1	Jennifer Valente	USA	124 Punkte
2	Yumi Kajihara	JPN	110
3	Kirsten Wild	NED	108

BAHNRADSPORT KEIRIN (MÄNNER)

1	Jason Kenny	GBR
2	Mohd Azizulhasni Awang	MAS
3	Harrie Lavreysen	NED

6. Maximilian Levy

MARATHON (MÄNNER)

1	Eliud Kipchoge	KEN	2:08:38 Stunden
2	Abdi Nageeye	NED	+ 1:20 Minuten
3	Bashir Abdi	BEL	+ 1:22

26. Richard Ringer + 7:30

RHYTHMISCHE SPORTGYMNASTIK GRUPPE (FRAUEN)

1	Bulgarien	BUL	92,100 Punkte
2	ROC	ROC	90,400
3	Italien	ITA	87,700

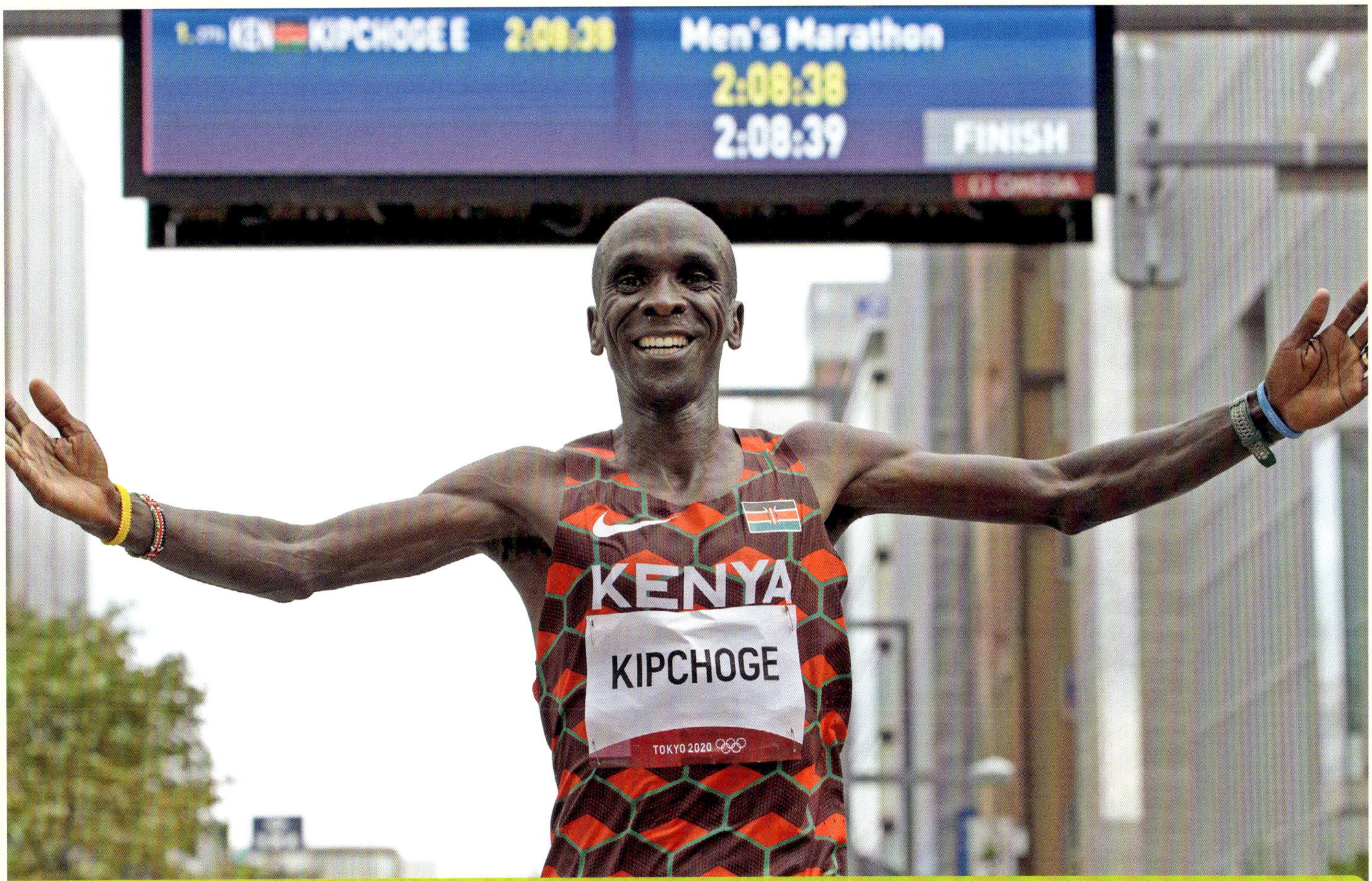

Topfavorit Eliud Kipchoge siegt überlegen im Marathon und holt sein zweites Olympiagold nach Rio 2016.

Am letzten Wettkampftag standen noch Entscheidungen in vier Mannschaftssportarten aus. Die Handballfrauen aus Frankreich machten es den männlichen Kollegen nach und sicherten sich den Olympiasieg durch ein 30:25 (15:13) im Finale gegen das Team aus Russland. Im Volleyball triumphierten erstmals die US-Amerikanerinnen (3:0 gegen Brasilien), der Triumph der US-Basketballerinnen (90:75 gegen Japan) war dagegen erwartet worden. Das letzte Mannschaftsgold ging an die Wasserballer Serbiens (13:10 gegen Griechenland).

BASKETBALL (FRAUEN)

1	USA	USA
2	Japan	JPN
3	Frankreich	FRA

BOXEN AB 91 KG (MÄNNER)

1	Bachodir Jalolow	UZB
2	Richard Torrez	USA
3	Frazer Clarke	GBR
3	Kamschybek Kunkabajew	KAZ

BOXEN BIS 60 KG (FRAUEN)

1	Kellie Anne Harrington	IRL
2	Beatriz Ferreira	BRA
3	Mira Potkonen	FIN
3	Sudaporn Seesondee	THA

BOXEN BIS 63 KG (MÄNNER)

1	Andy Cruz	CUB
2	Keyshawn Davis	USA
3	Howhannes Batschkow	ARM
3	Harry Garside	AUS

HANDBALL (FRAUEN)

1	Frankreich	FRA
2	ROC	ROC
3	Norwegen	NOR

VOLLEYBALL (FRAUEN)

1	USA	USA
2	Brasilien	BRA
3	Serbien	SRB

WASSERBALL (MÄNNER)

1	Serbien	SRB
2	Griechenland	GRE
3	Ungarn	HUN

BOXEN BIS 75 KG (FRAUEN)

1	Lauren Price	GBR
2	Li Qian	CHN
3	Nouchka Fontijn	NED
3	Senfira Magomedalijewa	ROC

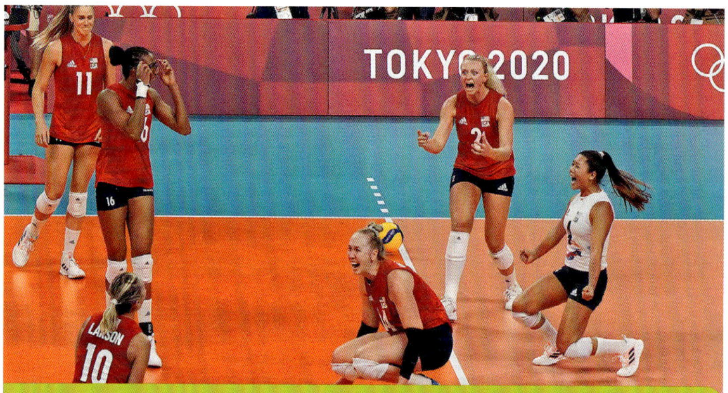

Es ist vollbracht: Die US-Volleyballerinnen gewinnen erstmals Olympiagold.

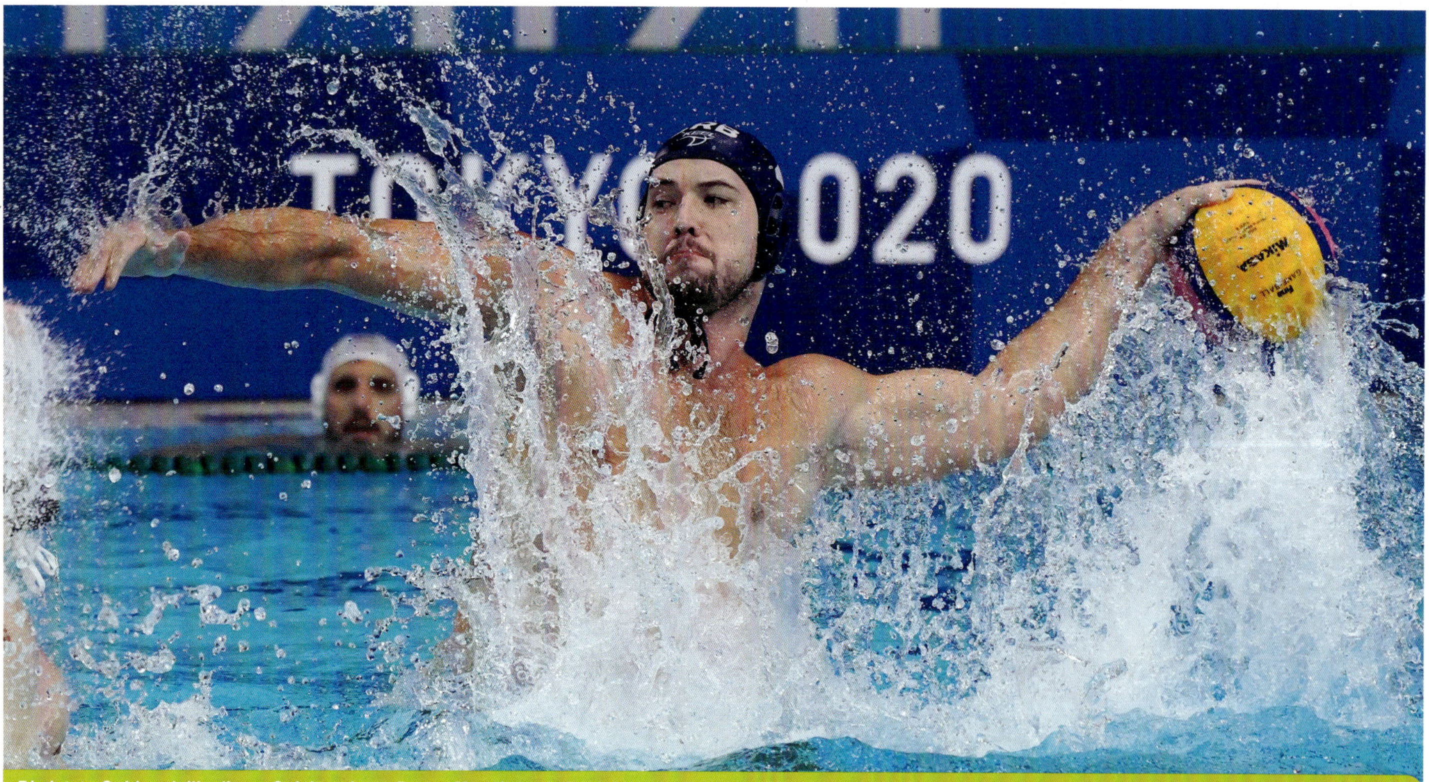

Die letzte Goldmedaille dieser Spiele geht an Dusan Mandic und die serbischen Wasserballer.

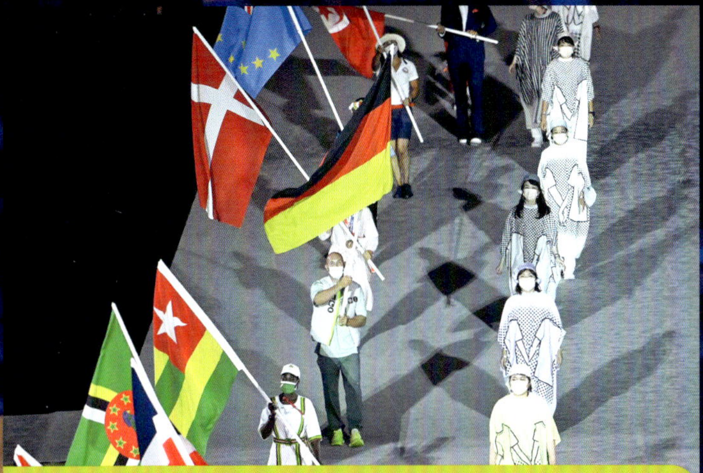

Rennsportkanute Ronald Rauhe, Goldmedaillengewinner im Kajakvierer, darf zum Abschluss seiner aktiven Laufbahn die deutsche Fahne bei der Schlussfeier tragen.

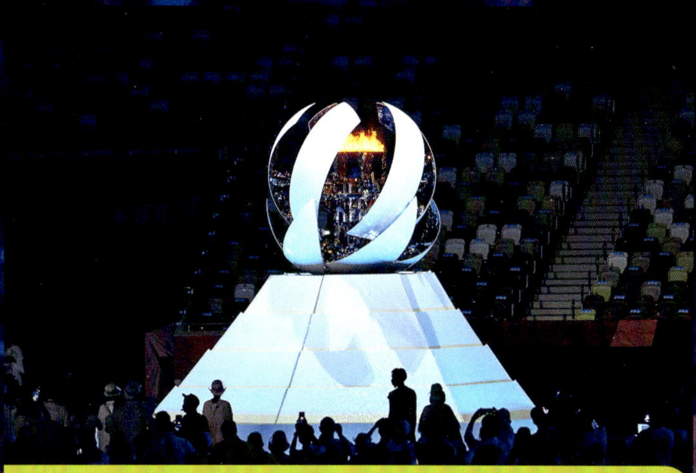

16 Tage nach dessen Entzündung erlischt um 22.14 Uhr Ortszeit das Olympische Feuer. Es wird bei den Olympischen Winterspielen im Februar 2022 in Peking wieder lodern.

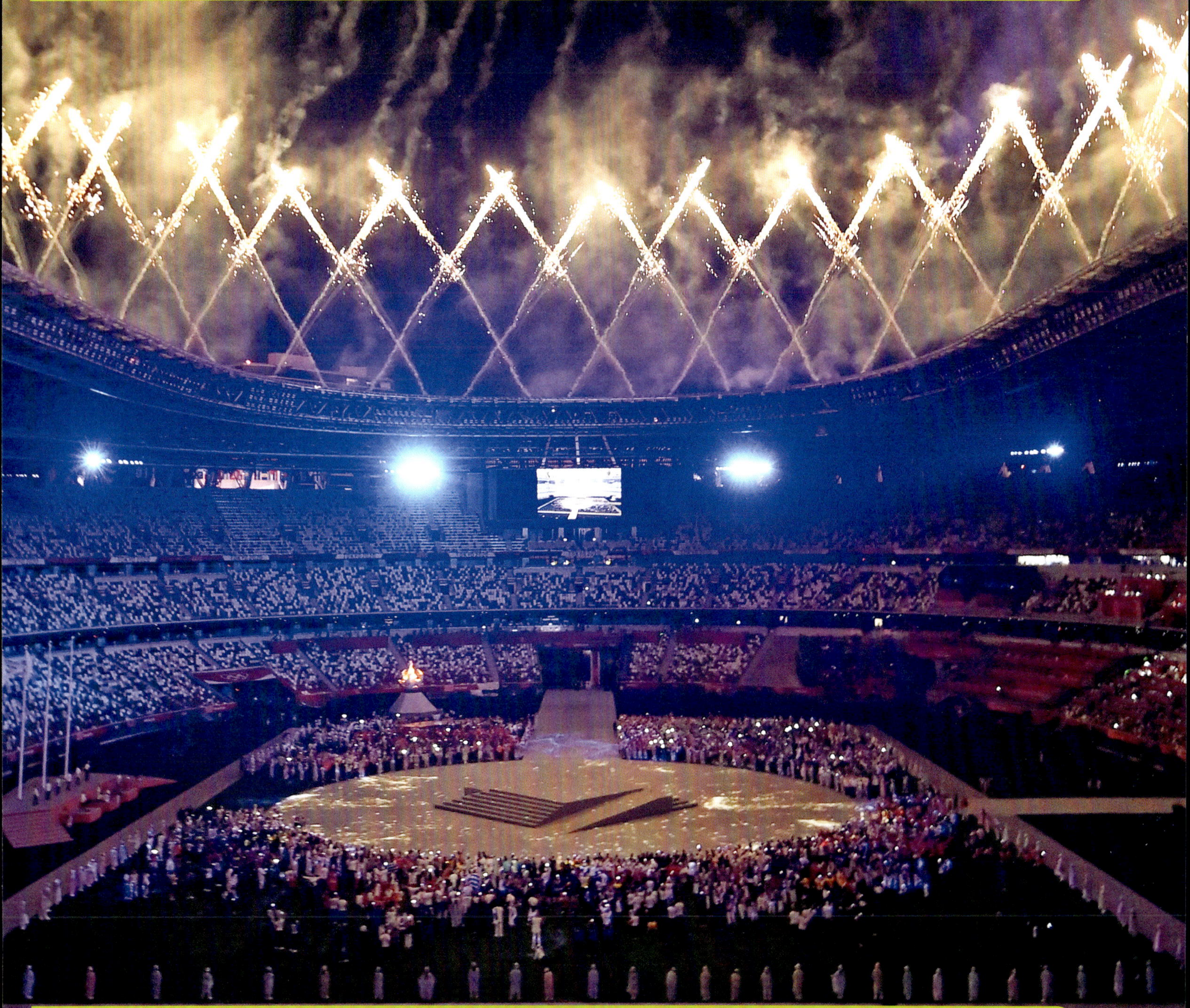

Mit einer bunten Musik- und Tanzshow sowie einem Feuerwerk gehen am 8. August im Olympiastadion von Tokio die XXXII. Olympischen Sommerspiele zu Ende. Um 22.07 Uhr Ortszeit spricht IOC-Präsident Thomas Bach die traditionelle Schlussformel. Zuvor hatte er die olympische Flagge an Anne Hidalgo, die Bürgermeisterin von Paris, übergeben. In der französischen Hauptstadt werden 2024 die nächsten Sommerspiele ausgetragen.

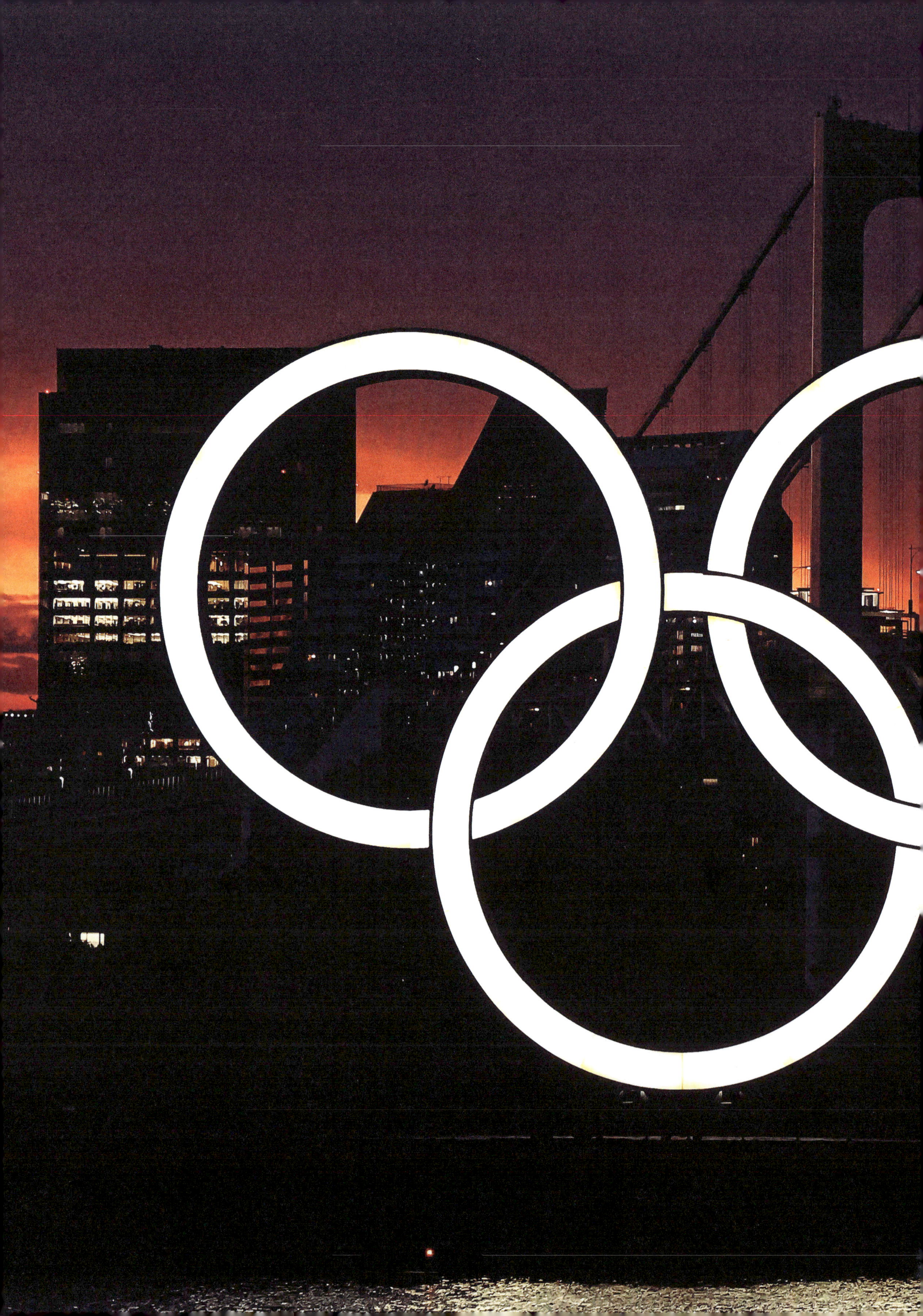